U0869139

哈尔滨工程大学
人文社科文库
HARBIN ENGINEERING UNIVERSITY LIBRARY OF
HUMANITIES AND SOCIAL SCIENCES

哈爾濱工程大學出版社
Harbin Engineering University Press

国家社会科学基金项目“20 世纪马克思主义社会理论的整体演进”[项目编号:22VRC063]

哈尔滨工程大学中央高校基本科研业务费专项资金资助项目“东欧新马克思主义人学思想研究”[项目编号:3072020CFJ1311]

哈尔滨工程大学
人文社科文库
HARBIN ENGINEERING UNIVERSITY LIBRARY OF
HUMANITIES AND SOCIAL SCIENCES

纪念赫勒翻译专辑

主　编　衣俊卿　张笑夷

羞愧的力量

一种理性的视角

〔匈〕阿格妮丝·赫勒（Agnes Heller）　著

关斯玥　译

哈爾濱工程大學出版社
Harbin Engineering University Press

黑版贸登字 08-2023-054 号

图书在版编目(CIP)数据

羞愧的力量：一种理性的视角 / (匈) 阿格妮丝·赫勒 (Agnes Heller) 著；关斯玥译. — 哈尔滨：哈尔滨工程大学出版社，2020. 12
(纪念赫勒翻译专辑)
ISBN 978-7-5661-2848-5

Ⅰ. ①羞… Ⅱ. ①阿… ②关… Ⅲ. ①哲学-文集 Ⅳ. ①B-53

中国版本图书馆 CIP 数据核字(2020)第 223358 号

羞愧的力量——一种理性的视角
XIUKUI DE LILIANG——YIZHONG LIXING DE SHIJIAO

选题策划 邹德萍
责任编辑 章 蕾
封面设计 李海波

出版发行 哈尔滨工程大学出版社
社　　址 哈尔滨市南岗区南通大街 145 号
邮政编码 150001
发行电话 0451-82519328
传　　真 0451-82519699
经　　销 新华书店
印　　刷 哈尔滨午阳印刷有限公司
开　　本 787 mm×1 092 mm　1/16
印　　张 21. 5
字　　数 345 千字
版　　次 2020 年 12 月第 1 版
印　　次 2020 年 12 月第 1 次印刷
定　　价 108. 00 元
http://www. hrbeupress. com
E-mail:heupress@ hrbeu. edu. cn

总　　序

阿格妮丝·赫勒与中国学术界的相遇

衣俊卿

2019 年 7 月 19 日，当代著名哲学家、卢卡奇最杰出的弟子、东欧新马克思主义重要代表人物、布达佩斯学派领军人物阿格妮丝·赫勒（Ágnes Heller，1929—2019）突然离世，震惊了国际学术界和理论界。这一令人心碎的事件不仅对笔者和很多一直受赫勒精神鼓舞、一直从事赫勒思想研究的青年学者是一个沉重的打击，使我们长时间无法摆脱深深的悲痛和不舍的心绪，而且对很多与赫勒同时代的哲学家和理论家来说，也是一件令人痛心的事情，很多人以各种方式表达了自己的哀思和怀念之情。著名哲学家哈贝马斯在赫勒去世后的第三天就在《法兰克福汇报》上发表了题为《向一位哲学家告别》的悼念文章。

赫勒的突然离世，是当代哲学事业的一个重大损失。在 20 世纪众多哲学家和理论家之中，无论从哪个视角来看，赫勒都是思想最为丰富的哲学家之一。众所周知，20 世纪的哲学和人类思想理论发展呈现百花齐放、异彩纷呈、丰富多样的特征和态势。传统的哲学时代往往被一位或者数位有影响的哲学家所主导，而在黑格尔所说的“哲学的终结”之后的 20 世纪，哲学领域中则是各种独具特色的理论流派或者独具个性的哲学家如雨后春笋般地不断涌现，不同的理论流派或者哲学家相互争论、相互交流或各说各话。这些理论流派和理论观点的影响时间或长或短：各种新奇和新颖的理论或轰动一时，然后逐步走向平常，或被其他更新的理论所迅速取代或者含纳。相比之下，赫勒与哈贝马斯一样，是 20 世纪少数几位哲学家之一，其理论影响一直延续到 21 世纪初叶。从 20 世纪 40 年代末赫勒开始学习和研究哲学开始，赫勒的哲学生涯达七十余年，即便刨除20世纪四五十年代和六十年代初期的“学徒时期”，赫勒从事哲学研究的时间也长达五十多年。在这半个多世纪中，无论是早期以“复兴马克思主义”为宗旨的人道主义理论阐发时期，以及左翼激进哲学和社会批判理论时期，还是后来带有后现代色彩的伦理批判时期，赫勒思想的影响力一直存在，而且越来越大。

赫勒哲学理论的独特影响力，首先来自她的思想的深刻和理论的坚实。从思想渊源和知识谱系来看，赫勒既传承了从古希腊开始的西方哲学传统，又分沾了黑格尔所说的“哲学的终结”之后的各种哲学反思，特别是各种激进哲学的批判思想；从理论范式来看，赫勒得心应手地、游刃有余地统合了形而上的(超验的)和现实的(经验的)层面、宏观的和微观的层面、理论理性和实践理性的层面；从哲学的具体学科领域来看，赫勒的理论研究涉猎了存在论、哲学人类学、伦理学、美学、历史理论、政治哲学、文化理论、文学艺术等诸多领域；从主要的研究主题来看，赫勒的哲学反思聚焦于人的境况、人的存在、道德、伦理、个性、自由、情感、需要、日常生活、正义、民主、政治、技术、现代性、资本主义、社会主义、共同体、历史、文化，等等。这些研究领域和主题几乎涵盖了20世纪哲学争论的主要问题域，而在所涉猎的所有重要理论问题中，赫勒都贡献了自己独特的理论见解和智慧。

赫勒哲学理论的独特影响力，还来自她独有的理论激情、哲学品格和精神感召力。哈贝马斯把自己的纪念文章定位于“纪念充满热情和生活智慧的阿格妮丝·赫勒”，他通篇盛赞赫勒的生命活力和理论激情：“阿格妮丝·赫勒直到生命的最后一刻都充满生命活力。她精神的弹簧从来不会疲惫。”在哈贝马斯看来，赫勒的这种生命活力和理论激情来自她的哲学自信与独立精神，她是一位真正继承了哲学传统，特别是欧洲哲学传统的哲学家。哈贝马斯指出：“尽管在其思想的评判方向上我们有很多共同点，但她更像是哲学形象的年轻而充满魅力的化身，这一形象我们从我们老师那一代人的身上看到过。”①这种生命活力和理论激情

① Jürgen Habermas, Abschied von einer Philosophin, in *Frankfurter Allgemeine Zeitung*, 2019-07-22(9).

形塑了赫勒独特的个性与哲学品格，使她的哲学理论超越了那种灰色的、无生命活力的抽象形式，成为真正植根于生活世界的鲜活的精神。哈贝马斯高度评价赫勒的哲学品格和独特的个性："赫勒作为一名哲学家的与众不同之处，同时也是真正将她与汉娜·阿伦特联系起来的，正是这种能够将对崇高思想的强调与日常生活中那些极其简单且显而易见的闪光智慧和经验结合起来的能力。"而且，哲学对赫勒而言，就是她的生活，就是她的存在方式。"阿格妮丝·赫勒认为自己不是一名知识分子，而是作为一位哲学家而存在。她从中汲取着力量，使自己不会因时代的打压而崩溃绝望。"①因而，无论什么样的时代困境和生活遭遇，都没能阻挡赫勒表达独立的精神、反抗不合理的现实。

赫勒本人也反复强调，哲学不是远离生活的抽象理论体系；哲学就是哲学家的生活。她在《我的哲学简史》中强调，哲学是她一直没有改变、一直没有中断的生活。她指出，思考、写作、接受访谈，"这就是我的生活，我的生活之一，我唯一持续的生活。从我二十多岁到八十多岁，发生了很多事情，但有一件事从未改变：我一刻也未停止过哲学思考和哲学写作……因此，我的哲学史就是我一生的故事"②。在《个性伦理学》中，赫勒借一个参与争论的青年学生劳伦斯之口，具体阐述了"哲学就是哲学家的生活"的含义："我并不是说一个重要的哲学家必须根据他的哲学来生活，我也不认为他会在其哲学中直接表达他的生活经历。我的意思是，哲学就是哲学家的生活，他就是过着这种生活，他不是在'解决问题'。或者毋宁说，似乎他也在解决问题，但是这些所谓的问题，让我重复一遍，是他自己创造出来的，因为这些都是他自己世界中的问题。人们认为康德在创造他的批判哲学时建立了他自己的世界。在这个世界中，他才开始了生活；在快乐的世界中，他过着快乐的生活：他的世界，他的生活。但是他将自己的世界呈现为'那个'世界，似乎在描述一个对我们所有人而言都共同的、唯一的真实和正确的世界。"③

① Jürgen Habermas, Abschied von einer Philosophin, in *Frankfurter Allgemeine Zeitung*, 2019-07-22(9).

② Ágnes Heller, *A Short History of My Philosophy*, Lanham: Lexington Press, 2011, p. x.

③ 阿格妮丝·赫勒：《个性伦理学》，赵司空译，黑龙江大学出版社 2015 年版，第 141 页。

我们在这里不准备进一步分析和阐述赫勒的哲学理论建树与独特的哲学品格，关于这些问题，笔者在为本套纪念丛书中的赫勒生前最后一部手稿《悲剧与哲学——一部平行的历史》所写的中译者序言“一位思想者的生命姿态——纪念阿格妮丝·赫勒（1929—2019）”中，已经做了比较深入的探讨，故不再进一步展开。在这里，我们想从赫勒与中国学术界的相遇、交往和交流，特别是我国学术界关于赫勒理论的研究这一特殊视角入手，来阐释我们纪念赫勒的独特意义，以及关于这套纪念丛书的基本构想。众所周知，改革开放以来，国际上各种哲学流派都进入了我国学术研究的视野之中，很多当代有影响的哲学家以各种不同的方式与我国学术界发生关联和交流。然而，相比之下，赫勒与我国学术界的相遇有其独特性，这不是某种萍水相逢、蜻蜓点水式的偶然相遇和交流，更不是未曾谋面、缺少直接的人际交流的纯粹书面研究，而是从一开始就有意识地、有目的地开展的直接的和互动式的学术交流与理论研究，有的研究者从研究文献和研究活动等多方面详细描绘了我国学术界研究赫勒思想的四十年历程①。可以断言，东欧新马克思主义研究在新世纪能够成为我国国外马克思主义研究中的一个重要的、日益凸显的领域，关于赫勒的持续不断地走向深化的研究，以及赫勒直接参与中国学者组织的相关研究活动等因素，在其中发挥了至关重要的作用。而正是我们前面分析的赫勒哲学思想的深刻与厚重，特别是赫勒独有的生命活力、理论激情和哲学品格，深深地打动了我们这些东欧新马克思主义研究者，特别是那些在自己的学术研究生涯伊始就专注于赫勒和东欧新马克思主义研究的青年学者。正是赫勒独有的理论感召力和我国学术界关于赫勒越来越丰富的研究成果，使赫勒这位杰出的哲学家与思想者真真正正地走入了中国学术界。在某种意义上，赫勒与当代其他哲学家不同，她不再是我和一些年轻学者远距离的理论研究对象，而是与我们处于某种交集之中，是与我们同行的一位思想者，她的很多理论和思想已经成为越来越多青年学者的重要研究主题与得心应手的理论拐杖。

---

① 参见匡存玖、曹应娟：《国内赫勒研究四十年》，载《阿坝师范学院学报》2021 年第 3 期。

从20世纪80年代初开始，赫勒的名字和她的理论观点开始零星地出现在一些关于国外学术动态与理论进展的文献之中，而关于赫勒的自觉研究真正始于20世纪80年代末笔者对赫勒《日常生活》的翻译和研究。笔者从20世纪80年代中期在贝尔格莱德大学攻读博士学位、研究实践派哲学时，就已经开始关注赫勒的观点，特别是她的日常生活人道化的理论。1987年回国后，笔者设法与当时已经移居纽约的赫勒教授建立起通信联系，并得到了她的热情关怀和悉心指导：一是在她的帮助下梳理了布达佩斯学派的主要代表人物、基本观点和代表性文献；二是决定依据赫勒提供的刚刚出版的英文版来翻译《日常生活》；三是陆续得到赫勒提供的一些重要文献，以及她关于布达佩斯学派研究的一些珍贵的建议。《日常生活》是赫勒早期“复兴马克思主义”时期的重要作品，写于20世纪60年代后期，于1970年出版。这部著作确立了赫勒哲学的基本定位、哲学品格和基本的理论范式，并为后来的伦理思想研究、历史理论研究、政治哲学和现代性批判等理论研究确立了基本前提，因而，这部著作对于我们深入理解赫勒的全部理论具有重要的价值。赫勒在《我的哲学简史》中谈到《日常生活》关于个性和特性、对象化及对象化领域的划分、日常思维范式、日常生活革命的构想等重要思想时，强调了这部著作的基础性地位和其中一些观点的重要性，她指出，“我后来会回到上述提及的所有问题上来，几乎很少有什么修改”①。因此，1990年，赫勒《日常生活》中文版②的正式出版和此后关于赫勒的研究是一个重要的开端，标志着我国学术界开始自觉地把赫勒当作布达佩斯学派和东欧新马克思主义的主要代表人物来加以译介与研究。那个期间曾有一个很大的遗憾，原本笔者已经同赫勒约定，在1989年或者1990年《日常生活》中文版出版之际，邀请赫勒和费赫尔夫妇来中国进行学术交流。后来由于当时的一些特殊历史背景，这次学术交流没有成行。可以想象，如果赫勒和费赫尔夫妇这两位布达佩斯学派的主要代表人物在20世纪90年代初就能来中国与我们进行面对面的学术交流，那么我们的东欧新

① Ágnes Heller, *A Short History of My Philosophy*, Lanham: Lexington Press, 2011, p. 34.
② 阿格妮丝·赫勒：《日常生活》，衣俊卿译，重庆出版社1990年版。

马克思主义研究无论在进度上还是在深度和广度上都将呈现为另一种景观①。

从20世纪90年代起，陆续有学者加入赫勒研究、布达佩斯学派研究和东欧新马克思主义研究之中。到了2010年前后，国内学术界关于赫勒的研究进入快速发展时期。2007年，赫勒亲自来到中国，专程到中国社会科学院、复旦大学、四川大学等高校开展学术交流，围绕艺术自律、后现代的艺术反思等主题做了多场学术报告，并与傅其林和冯宪光等国内学者进行了学术对话，促进了国内学术界关于赫勒的美学思想研究。而推动赫勒研究，以及东欧新马克思主义研究全面展开的重要契机是笔者作为首席专家和丛书主编所主持的两项国家出版基金项目的开展：一是2010年获准立项的“东欧新马克思主义译丛”（共40种译著）；二是2011年获准立项的“东欧新马克思主义理论研究”（共20本著作）。“东欧新马克思主义译丛”的40种译著包括十余位东欧新马克思主义理论家的著作，其中选用的赫勒著作数量最多。同样，在“东欧新马克思主义理论研究”丛书的20本著作中，研究赫勒理论的著作数量也最多。这些成果从基本文本文献和基础研究成果两个方面奠定了国内学术界赫勒研究的基础。“东欧新马克思主义译丛”中包含的赫勒著作主要有《日常生活》《一般伦理学》《道德哲学》《个性伦理学》《激进哲学》《超越正义》《现代性能够幸存吗?》《历史理论》《碎片化的历史哲学》，以及赫勒主编的《卢卡奇再评价》，赫勒与费赫尔合著的《后现代政治状况》，赫勒与费赫尔主编的《美学的重建——布达佩斯学派论文集》，赫格居什、赫勒、玛丽亚·马尔库什和瓦伊达合著的《社会主义的人道主义——布达佩斯学派论文集》等②。此外，还有其他出版社出版的赫勒的《现代性理论》（商务印书馆，2005年）、《脱节的时代——作为历史哲人的莎士比亚》（华夏出版社，2020年）等。“东欧新马克思主义理论研究”丛书中以

---

① 关于笔者与赫勒教授通信交往的详细情况，请参见本套纪念丛书中《悲剧与哲学——一部平行的历史》的中译者序言“一位思想者的生命姿态——纪念阿格妮丝·赫勒（1929—2019）”。

② 这些译著由黑龙江大学出版社于2010—2015年陆续出版。

赫勒思想为主题的研究成果有王秀敏的《个性道德与理性秩序——赫勒道德理论研究》、傅其林的《宏大叙事批判与多元美学建构——布达佩斯学派重构美学思想研究》、李晓晴的《激进需要与理性乌托邦——赫勒激进需要革命论研究》、颜岩的《个性自由与道德责任——布达佩斯学派社会批判理论研究》、王静的《作为文化批判的审美——赫勒美学思想研究》、范为的《历史哲学中的现代性反思——赫勒的后期思想研究》、杜红艳的《多元文化阐释与文化现代性批判——布达佩斯学派文化理论研究》等①。此外，还有傅其林的《阿格妮丝·赫勒审美现代性思想研究》(巴蜀书社，2006年)、李霞的《个性化的日常生活如何可能——赫勒日常生活理论研究》(人民出版社，2011年)、赵司空的《后马克思主义与后现代的乌托邦——阿格妮丝·赫勒后期思想述评》(上海社会科学院出版社，2013年)、李伟的《后马克思主义视域的历史想象——赫勒历史哲学研究》(中国社会科学出版社，2016年)等。从不同侧面入手研究赫勒思想的文章、博士研究生和硕士研究生论文的数量也迅速增长，在关于东欧新马克思主义代表人物的研究论文中所占比重最大。

随着这些译著和专著的陆续问世，我国学术界关于赫勒思想的研究就全方位地展开了。在某种意义上，更为重要的不仅仅是这些翻译和研究成果，而是赫勒理论研究队伍的不断发展壮大。令人欣喜的是，经过近十年的努力，参加“东欧新马克思主义译丛”和“东欧新马克思主义理论研究”两套丛书翻译与研究工作的数十位年轻学者逐步成长为东欧新马克思主义研究的中坚力量，进而，他们源源不断提供的翻译和研究成果又为全国很多高校，更为年轻的学者、博士研究生与硕士研究生提供了关于赫勒理论研究的丰富课题。年轻血液的不断输入，带来了更大的活力和创造力，使得赫勒研究领域呈现出生机勃勃的景象。过去几年，傅其林作为首席专家所主持的国家社会科学基金重大项目“东欧马克思主义美学文献整理与研究”，对拓展关于赫勒研究的视野和问题域具有重要的推动作用。2018年11月14—15日，四川大学依托该课题组举办了题为“现代性与文明对话会议”的国际学术会议，匈牙利、澳大利亚、

① 这些专著由黑龙江大学出版社于2010—2016年陆续出版。

印度、墨西哥等十余名国外学者和国内数十位学者参会或者参加交流，年近九十的赫勒教授又一次来到了中国，她热情饱满地全程参加了此次会议，做了多场学术报告，参加了各种专题讨论会，并且做了学术访谈。赫勒的理论激情和生命活力再一次近距离地感染与鼓舞了很多年轻的学者，她一直与我们同行。

经过近四十年的不懈努力，东欧新马克思主义研究已经成为我国的国外马克思主义研究，乃至哲学研究十分有影响的重要领域之一，而赫勒研究是整个东欧新马克思主义研究中最重要的板块之一。为了更好地推动这一研究领域的深入发展，我们把此次纪念赫勒的活动重点依旧放到赫勒重要文献的翻译之上，以期为今天和今后的年轻学者研究赫勒思想提供更为厚实的文献基础。我们在这一翻译专辑中，从尚未翻译成中文版的赫勒著作中选取了《我的哲学简史》《马克思的需要理论》《文艺复兴的人》《情感理论》《羞愧的力量——一种理性的视角》《悲剧与哲学——一部平行的历史》，以及赫勒与费赫尔合著的《生命政治》《激进普遍主义的辉煌与衰落》，共八本文献。

纪念专辑首先收录的是赫勒在八十岁的时候所写的一部思想自转《我的哲学简史》。在这部哲学自传中，赫勒讲述了她从 1950 年到 2010 年的哲学经历。在某种意义上，赫勒是一位道德哲学家，她始终相信哲学的力量，始终相信哲学有力量去影响这个世界的运行和人的存在。她通过提问、说明、示范、论证、对话，贡献了自己独特的伦理话语和历史理论。这部著作是我们了解她的哲学历程和思想脉络最重要与珍贵的文献之一。

我们在构思和组织这一套纪念专辑时认真参详了赫勒在《我的哲学简史》中对自己的思想演变脉络的把握，以及对自己著述的自我评价。赫勒把自己从大学期间受教于卢卡奇，直至自己八十岁这近六十年的哲学研究历程划分为四个阶段：学徒时期（1950—1964）；对话时期（1965—1980）；建构与介入时期（1980—1995）；漫游时期（1995—2010）。

在学徒时期，赫勒主要是学习哲学，阅读经典，并在大学开设伦理学讲座，因此，这一时期除了以“车尔尼雪夫斯基伦理观”为主题的博士论文，以及《亚里士多德伦理学与古代精神》一书外，赫勒的著述不是很多，所以我们的纪念专辑的文献主要从赫勒思想演进的后几个时期选取。

在对话时期，赫勒成为布达佩斯学派的领军人物和东欧新马克思主义重要代表人物。在卢卡奇的引领下，赫勒与费赫尔、马尔库什、瓦伊达等布达佩斯学派的其他成员一道，反对教条主义的马克思主义，致力于发展一种真正符合马克思人道主义立场和批判精神的马克思主义。这是人们常说的东欧新马克思主义“回到马克思”和“复兴马克思主义”的时期，在国际学术交流中，赫勒这一时期的思想也属于新左派的激进哲学。这一时期赫勒的主要著作有：《文艺复兴的人》《日常生活》《马克思的需要理论》《激进哲学》《情感理论》等。此外，这一时期赫勒还出版了几本文集：《价值与历史》《伦理学思想史管窥》等。鉴于《日常生活》在1990年就出版了中文版，并且后来与《激进哲学》一道被收录到笔者主编的“东欧新马克思主义译丛”之中，在这套纪念专辑中我们从赫勒这一时期的其他著作中选取了《马克思的需要理论》《文艺复兴的人》和《情感理论》。

《马克思的需要理论》是赫勒早期阐述马克思关于人的需要革命思想的专著。她从卢卡奇关于个性、对象化、物化批判等思想出发，围绕着马克思思想中异化的需要与人的需要的丰富性之间的二元对立的思想，力图在马克思思想的框架中寻找一条扬弃需要的异化的路径。赫勒所阐述的激进需要和人的需要革命的范式，对于克服现代性条件下需要的普遍异化、推动未来联合起来的生产者社会中的新需要体系的生产，具有重要的理论借鉴意义。

《文艺复兴的人》考察了文艺复兴对人的价值与世俗生活价值的确立和重建，围绕着文艺复兴的“动态的人”的基本范式，提供了关于现代人的一种理解及对于文化现代性的概括，并从审美、日常生活、宗教世俗化、政治学、科学、经济学、伦理学等角度，探究美学建设和文化批判的诸种可能性。哈贝马斯认为，赫勒早期的这部著作充分展现了她作为一位真正的哲学家对人类优秀哲学传统和文化精神的继承。“在该书中，赫勒基于那个时代及其伟大现象，毫不掩饰地颂扬了人文主义精神，及其这种精神凝结而成的美德。”①

《情感理论》是赫勒社会人类学思想的重要代表著作。为了回答“人是什么”这一终极问题，赫勒融合了人类学、心理学、社会学、伦理学等视域，对人类的感觉、感情、情绪等类型的分类原则、生成逻辑以及与情境和思维的关系等问题展开了分析。赫勒力图通过对感情和情感的探究体现人的本质的丰富性，进而彰显马克思主义理论的价值内涵和伦理维度。赫勒在《我的哲学简史》中说过，她曾经围绕着本能、情感、需要、个性、第二自然等问题，制订过一个五卷本的“社会人类学”写作计划。最终她只写了《论本能》②和《情感理论》，其他内容或是放弃了，或是纳入后来的伦理学写作之中。赫勒强调，她不会同意人们再版《论本能》，因为这个问题已经不是她所关注的问题，但是，《情感理论》不同，“情感理论不仅填补了我哲学中的空白，而且从总体上说对于当代哲学也是如此”③。

建构与介入时期是赫勒完全融入国际学术环境之中，开始直接用英语写作，其国际影响力日益增强的时期。在这一时期，赫勒把自己的哲学理论的全面建构和对当今世界现实问题的介入与反思很好地结合起来，展现出旺盛的创造力，推出了十分丰富的理论成果。这一时期赫勒最具代表性的作品是她用七部著作建构起基本的理论体系，即伦理学和历史哲学相互交汇、交融的理论体系。其中《超越正义》直接处于伦理学和历史哲学的交叉点上；历史哲学或历史理论“三部曲”为《历史理论》《碎片化的历史哲学》和《现代性理论》；伦理学“三部曲”为《一般伦理学》《道德哲学》和《个性伦理学》。此外，赫勒还发表了文集《羞愧的力量——一种理性的视角》和《现代性能够幸存吗？》等。这一时期，虽然布达佩斯学派不再作为一个有机的学派存在，但是，赫勒同布达佩斯学派其他成员的学术合作依旧很广泛。她主编了两部布达佩斯学派论文集：《卢卡奇再评价》和《美学的重建——布达佩斯学派论文集》；与费赫尔合

---

① Jürgen Habermas, Abschied von einer Philosophin, in *Frankfurter Allgemeine Zeitung*, 2019-07-22(9).

② 参见艾格妮丝·赫勒：《人的本能》，邵晓光、孙文喜译，辽宁大学出版社 1988 年版。

③ Ágnes Heller, *A Short History of My Philosophy*, Lanham: Lexington Press, 2011, p. 48.

著了多部著作：《激进普遍主义的辉煌与衰落》《后现代政治状况》《末日或威慑》《生命政治》，以及长篇研究报告《现代性的钟摆》等；还与费赫尔、瓦伊达合著了《对需要的专政》。鉴于赫勒的《超越正义》《历史理论》《碎片化的历史哲学》《一般伦理学》《道德哲学》《个性伦理学》《现代性能够幸存吗？》《卢卡奇再评价》《美学的重建——布达佩斯学派论文集》，以及她与费赫尔合著的《后现代政治状况》，已经收录在笔者主编的"东欧新马克思主义译丛"之中，此外《现代性理论》也已经出版了中文版，所以我们从赫勒这一时期的著作中选取了她的《羞愧的力量——一种理性的视角》，以及赫勒与费赫尔合著的《生命政治》和《激进普遍主义的辉煌与衰落》，收录到这套纪念专辑之中。

《羞愧的力量——一种理性的视角》是赫勒移居澳大利亚后写的文集，也是她的"建构与介入时期"较早的著作，在她的思想演变中具有承上启下的地位。一方面，赫勒回到了早期的日常生活范式，通过对自在的对象化领域与自为的对象化领域中"规范和规则"的不同作用机制的分析，区分了两种不同类型的合理性，即理性的合理性与理智的合理性；另一方面，对于理性的合理性与理智的合理性的区分，为作为实践理性的伦理思想的建构提供了理论前提。赫勒关于羞愧所做的心理学、社会学和伦理学等多视角的研究，以羞愧和良心这两个核心范畴，确立起道德行为中的外在权威和内在权威，并且通过这两种权威的作用揭示了现代社会的道德危机。赫勒认为，作为画龙点睛之笔，关于羞愧的研究实际上成为一个新的开始，尤其是在伦理学方面，在关于羞愧的研究后面紧接着的就是关于正义研究的书和关于一般伦理学研究的书。所以，赫勒断言："《羞愧的力量——一种理性的视角》在若干方面是我下一部著作《超越正义》的预告。"①

《生命政治》是赫勒与费赫尔对20世纪90年代兴起的生命政治运动进行理论反思的产物。在该书中，他们从健康、环境、性（性别）和种族四个主要领域，具体探讨了生命政治中自由与生命价值的艰难共存，详细揭示了生命政治因自我封闭而滑向极权主义的危险，初步阐明了生命

① Ágnes Heller, *A Short History of My Philosophy*, Lanham: Lexington Press, 2011, p. 71.

政治超越其困境的差异政治纲领。无疑，他们提出的生命政治理论为反思当代生命政治提供了可贵的新视角。

《激进普遍主义的辉煌与衰落》是赫勒与费赫尔的文集，在这部文集中，他们对马克思思想、新马克思主义代表人物和西方哲学一些代表人物思想进行了研究与评述，表达了他们对哲学立场和后现代语境下哲学的境遇的基本看法。他们试图把马克思思想和后现代理论视野结合起来，并以此为基本视角考察马克思主义和20世纪各个思想流派的理论关系，以及新马克思主义哲学与西方的政治哲学、社会学等学科和各流派的关系，展现了广阔的理论视野。

漫游时期是指其丈夫费赫尔1995年去世之后，赫勒在布达佩斯和世界各地参加各种学术会议，进行思想漫游的时期。鉴于赫勒已经基本完成了其伦理思想和历史理论体系的建构，所以，在思想漫游阶段，赫勒参加全球各种学术会议且就更为广泛的话题和课题自由地阐发自己的见解。不仅如此，赫勒在这个时期的兴奋点不再拘泥于严格的哲学理论，而是回到了她的一生所爱：文学艺术和审美；她在更广阔的视野，在真、善、美相融合的视域中审视人类历史和人的世界。赫勒这一时期出版的一些著作大多集中于与美学相关的话题，如《美的概念》《脱节的时代——作为历史哲人的莎士比亚》《不朽的喜剧》《<创世记>的哲学解释》以及《当代历史小说》。考虑到研究主题的特点，我们的纪念专辑没有选取这几本著作，而是选取了赫勒生前最后一部同样与审美相关的手稿，即《悲剧与哲学——一部平行的历史》。

《悲剧与哲学——一部平行的历史》是赫勒生前最后几年的一部力作。在赫勒看来，在人类精神和文化的各种体裁中，悲剧和哲学具有独特性，它们诞生的特殊历史境遇是新旧两个世界激烈碰撞的时期，是旧的世界已经坍塌，而新的世界秩序尚未完全确立的“脱节的时代”。因此，哲学与悲剧所携带的相似的或者相同的东西不是某种枝节性的、无关紧要的东西，而是关于世界的本质和人的命运的讯息与要旨。赫勒认为，真正的悲剧和原创性哲学在人类历史上主要出现了两次：一是古希腊时期；二是伊丽莎白时代和路易十四时代所代表的早期现代。所以，赫勒花费了很多笔墨探讨古希腊三大悲剧作家和从苏格拉底到亚里士多德的古希腊哲学之间、从莎士比亚到拉辛的现代悲剧之间和从笛卡儿到黑格尔的理性哲学之间如影随形的平行关系。这部手稿一共设有二十一章，象征着人类精神作为人类历史的血脉，从历史深处一直流淌到新世纪。

从上述不难看出，我们以这样精选的一套翻译专辑来纪念著名哲学家赫勒，具有特别重要的意义和价值：更多赫勒重要著作文献的翻译为我们进一步深入研究赫勒思想和东欧新马克思主义理论提供了重要的文献基础；赫勒的理论激情、哲学品格和丰富思想为更多的年轻学者提供了重要的“理论拐杖”。笔者在为《悲剧与哲学——一部平行的历史》所写的中译者序言“一位思想者的生命姿态——纪念阿格妮丝·赫勒(1929—2019)”中，曾发表了如下的感言：

> 1990 年，赫勒的《日常生活》中文版出版，迄今已逾三十载；从三十年前我孤身一人推动关于赫勒以及东欧新马克思主义研究，到今天来自全国各地越来越多的青年才俊投身这一研究领域，我们积累了越来越丰富的翻译和研究成果。这些研究成果的积累和学术氛围的营造，使赫勒这位杰出的哲学家和思想者真真正正地走入了中国学术界，她的很多理论和思想已经成为越来越多青年学者的重要研究主题和得心应手的理论拐杖。也正因如此，当 21 世纪初叶，赫勒真的来到中国，走到我们中间，与我们开启面对面的学术交流时，很多学者突然发现：原来这么多年来赫勒与我们如此亲近，她就在我们中间，与我们同行，在思想探索和理论研究中给予我们很多的引领和指导。令我特别欣喜的是，目前我国学术界不仅有很多“70 后”“80 后”的年轻学者成为赫勒研究以及东欧新马克思主义研究的主力军，而且有更年轻的来者——“90 后”青年才子加入了这个研究行列。我们可以毫不犹豫地断言，在未来的学术研究中，赫勒依旧是与我们同行的杰出思想者！

中译者序言

“羞愧”：一个道德哲学视域中的问题

无论是从对当代中西方学术界的理论贡献来看，还是从积极参与关于当代欧洲公共事务的理论分析来看，阿格妮丝·赫勒(Agnes Heller，1929—2019)无疑都是具有重要影响力的东欧思想家之一。赫勒全部的理论生涯涵盖了从哲学、艺术、心理学、伦理学，到戏剧、美学等诸多领域。与体系化的哲学思想不同，她的哲学思想犹如一座百花盛开的思想花园，每种思想之花皆可自由绽放且不会成为彼此自由发声的阻碍。但由于特殊的时代背景与个体化的人生体验，赫勒将自己的全部思想建构于对20世纪灾难的反思之上。她在六十多年的哲学研究生涯中，研究的思维方式、理论视角和阐释风格几经变化，但“人怎么能做出他们所做出的这些事呢？普普通通的男人和女人们怎么可能成为冷静的大屠杀的刽子手呢？20世纪的欧洲究竟发生了什么，才使得奥斯威辛成为可能”①？这一个个谜题始终伴随其生，构成其哲学思想的出发点和归宿。

在《我的哲学简史》一书中，赫勒将自己的理论生涯划分为四个时期，即师从卢卡奇的“学徒时期”(1950—1964)、置身于左派思想话语之中的“对话时期”(1965—1980)、抵达澳大利亚之后的“建构与介入时期”(1980—1995)，以及在她的丈夫——布达佩斯学派重要代表人物之一——费伦茨·费赫尔去世以后开始的“漫游时期”(1995—2010)。《羞愧的力量——一种理性的视角》一书就形成于20世纪80年代的“建构与介入时期”。在抵达澳大利亚后，由于环境所带来的理论受众的变化和

① Agnes Heller, *A Short History of My Philosophy*, Lanham: Lexington Press, 2011, p. viii.

“新左派”自身的转变，赫勒“开始越来越批判地看待当时西方左派的某些倾向和计划”①。而在理论建构方面，赫勒则希望把之前研究的各种线索编织起来，并加入新的理论线索“形成一张新的绣帷”②。这在《羞愧的力量——一种理性的视角》一书中表现得尤为明显。

该书由六篇文章构成。赫勒在该书的前言中指出，除《“真实的”和“虚假的”需要能被假设吗?》一文写于更早时期，其余文章皆为最近两年所作。但文章中的一些思想却是赫勒早期研究的深化。例如，《日常生活、理性的合理性、理智的合理性》这篇文章是对之前《日常生活》一书中尚未解决的问题所做出的进一步探讨。赫勒认为，聚焦“合理性”问题，是她在进行伦理学理论研究之前必须要澄清的问题。鉴于《羞愧的力量——一种理性的视角》一书是六篇文章的合集，与整体上逻辑严密的专著不同，故而我们可以打乱原书中文章的布局，从以下几个方面对全书做整体性的把握。

一、日常生活视域中的合理性问题

何为“合理性”？赫勒认为，所谓合理性，是按照理性行事。而所谓的“理性”，是指辨别好与坏、善与恶、真与假等的能力，因此，它是一种实践理性。合理性问题的产生源于外在权威有效性的丧失，以及特定情况下界定良好行为的能力的缺失。此时，个人必须在深思熟虑后做出正确的决定。因此，合理性概念在赫勒这里是一个道德范畴，它带有对一种善的生活的渴望。通过对合理性问题的探讨，赫勒希望在现代社会中引导异化的理性“回家”。

由于强调日常生活对于合理性的基础性地位，赫勒在阐释合理性问题时的路径是以日常生活为背景，引入整体的人和人的整体性的理论图式，并将人的情感、性格与个性同合理性问题相联系。

赫勒首先批判地分析了马克思在《巴黎手稿》和《资本论》中所运用的

① Agnes Heller, *A Short History of My Philosophy*, Lanham: Lexington Press, 2011, p. 56.

② Ibid.

工作范式与生产范式，指出二者是对社会完全不同的重建，并且都遇到了各种困难。因此，在解决当代日常生活和合理性问题时，她用对象化范式取而代之，将"自在的对象化领域"视为当代日常生活的支柱。在赫勒看来，自在的对象化领域是人的经验的社会先验，它以异质性和理所当然性为特征。对于同时具有"自然"先天与"文化"先天的个人而言，占有自在的对象化领域是个人在特定社会中生存与自我繁衍的条件。此外，这一领域中所有的规范和规则在日常生活中为个人与社会提供意义。自在的对象化领域的异质性主要源于日常活动的多样性。由于该领域的主体是作为整体的人，因此，社会化的个体必须通过一系列异质性的日常活动才能展现其自身。该领域的理所当然性主要表现为遵守自在的对象化领域的"规范和规则"不需要解释，以及"规范和规则"不会被反思。然而，赫勒认为，事实上，自在的对象化领域的"规范与规则"的内容属于历史上的可变因素，只是被特定社会成员视为不容置疑的。随着现代社会的不断发展，尤其是社会分化的加深，人们习以为常的规范与规则出现危机，合理性问题便由此产生。

根据两种不同的理性态度，赫勒区分了两种不同类型的合理性，即理性的合理性与理智的合理性。前者将自在的对象化领域的"规范和规则"本身视为理所当然的，因此所有的"规范和规则"本身并不会受到质疑和检验。相反，后者则认为，那些经过理性验证的规范才能被视为"真实的"。由此可见，较之理性的合理性而言，理智的合理性是一种更高的理性态度，它并非简单地遵守现有的规范与规则，而是检验其理所当然性。但这种将合理性二分的做法并非主张用理智的合理性取代理性的合理性，恰恰相反，赫勒认为，正是因为理智的合理性必须求助于被认为是理所当然的规范，所以它必须与理性的合理性联姻，否则，理智的合理性就会因含有理智的非合理性因素而变得自相矛盾，进而成为一种扭曲的理智。当这种扭曲的理智成为一种社会力量时，它就会变成邪恶的理智，这被赫勒称为"理智的合理性的辩证法"，也被她视为现代社会极权主义产生的原因之一。

如果在日常生活视域下理解两种不同类型的合理性，我们会看到，随着现代社会中科学制度化程度的日益加深、日常生活逐渐被殖民化，自在的对象化领域的规范和规则在理智的合理性的审视下开始变得越来越灵活，不断积累的文化剩余与认识剩余便被自为的对象化领域所吸收。赫勒强调，为人的生活提供意义的自为的对象化领域同样也是社会生活的前提。与自在的对象化领域不同，由于创造性和直觉在自为的对象化领域中始终具有重要作用，因此它被赫勒视为一种"乌托邦式的生活形式"，具有强大的批判潜力。赫勒十分重视自为的对象化领域的批判功能。她认为，由于"自为的"主体源自"自在的"主体，因此，主体从自在的对象化领域上升至自为的对象化领域，从理性的合理性向理智的合理性的跃迁，需要将作为整体的人转变为人的整体性。然而，现代性条件下，科学被日益制度化为一种纯粹的认知过程，并作为主导性的世界观渗透至日常生活的各个领域。作为主导性世界观的科学对日常生活的"殖民化"并没有改变其不变性特征，自在的对象化领域的异质性也没有受到科学和理性化制度入侵的影响，相反，却进一步加强了后者。由于作为主导性世界观的科学无法为生活提供意义，这就造就了一种空虚感，而在日常生活中则表现为一种持续的焦虑。此外，制度化的科学缺少了规范性维度而无助于我们区分善与恶。因此，在制度化科学的促发下，主体并没有真正实现从自在的对象化领域上升到自为的对象化领域，而是进入了由制度所构成的自在自为的对象化领域。在该领域中，主体并非是作为整体的人，而是专业化的人。由于该领域是被理性化进程所控制的制度领域，因此，其活动既非作为整体的人的活动，也非人的整体性的活动，而是通过教育和培训发展人的某些能力，获得某项专业技能。赫勒尤其重视与强调作为整体的人和人的整体性，然而，自在自为的对象化领域中专业化的人无法在行动中表现出个性，因此，这种主体所具有的理性是一种排除了人的情感和直觉的、异化的、片面的工具理性。这也是现代社会日常生活问题化的根源。这里，赫勒试图解决韦伯提出但没有解决的问题，即价值的合理性与目的的合理性的二元对立及其克服。她在现代理性中加入直觉、情感、想象力等诸多所谓的"非理性"因素，将工具理性与价值理性的二元对立整合为一种"辩证理性”，从而引导被异化的理性“回家”。因为，在赫勒看来，理性的发源地是作为整体的人，而不是专业化的、碎片化的人。

正是基于对理性的上述界定，赫勒反对现代社会将合理性异化为工具合理性的做法，她从亚里士多德“理性的个性”思想中汲取有益的内容，将合理性解释为一种生活形式，即“善的生活”。亚里士多德的“理性的个性”与以科学为主导性世界观的现代社会所认可的“理性的个性”不同。前者的主体是作为整体的人，而后者的主体是专业化的人，它以“成功”为善。可见，在现代社会中，合理性问题已经远离了伦理，实践理性变成了善于计算的理性。赫勒将韦伯所提出的“实质的合理性”一词进行了改造，以应对现代社会将合理性异化为工具合理性的做法。她不但在一般行为理论的框架内强调实质的合理性，还将其视为人的性格的一个特征。从性格的角度来看，实质的合理性即个性的合理性，亦即性格的合理性。赫勒将其视为后传统时代唯一的社会性格类型，是现代社会的理性性格类型。

二、羞耻与良心的变迁

虽然《日常生活、理性的合理性、理智的合理性》是该书中最为冗长的一篇文章，但它只扮演了第二小提琴手的角色①。赫勒在总结自己的思想发展历程时指出，“在完成我关于历史理论的书之后，以及开始研究伦理学理论之前，澄清我自己对合理性的理解是一项必要的任务，而且从几个方面来看，也是一项严峻的任务”②。由于合理性问题归根结底是道德问题，所以借助合理性问题的研究，赫勒从心理学领域的“羞耻”范畴出发，将合理性问题具体化为对羞耻与良心问题的阐释。

长久以来，羞耻主要是一种被心理学和人类学关注的现象，它很少在现代道德哲学中被问题化。因此，赫勒旨在提供一种关于羞耻的一般

① Agnes Heller, *A Short History of My Philosophy*, Lanham: Lexington Press, 2011, p. 68.

② Agnes Heller, *The Power of Shame: a rational perspective*, London: Routledge and Kegan Paul, 1985, p. vii.

理论，从而使心理学问题具有哲学特征①。在《羞愧的力量》一文中，赫勒明确了她所论证的内容，即道德规制的过度理性化侵蚀了同一个规则的支柱，从而为非理性的外在权威的出现开辟了道路。而完全形式化的道德哲学不仅无法应对这些危险，有时甚至还会加剧这些危险②。赫勒由此提出了她的一个结论：将实质伦理学与形式伦理学相结合③。

在《羞愧的力量》的引言中，赫勒通过对弗洛伊德、米德与本尼迪克特等人类学家相关理论的研究指出，羞耻和负罪明显不能与具有相同的种属概念相联系。因为负罪既是羞耻的延续，也是良心的折磨；它是对必须偿还的道德债务的意识④。赫勒更倾向于用羞耻和良心的划分代替弗洛伊德在《文明及其不满》中对两种负罪情感的区分，并分别探讨了羞耻和良心的来源、二者的区别与联系及其变迁。

赫勒强调，羞耻和良心都是情感，二者都涉及由人的行为权威所做出的判断。不同的是，羞耻涉及的权威是以“他人的目光”所反映的社会习俗为特征的外在权威；而良心涉及的是内在权威，它听从一种来自内心的声音，因此受实践理性的支配。赫勒指出，虽然外在权威和内在权威有不同的功能，但二者在结构上具有同源性。这保证了外在权威和内在权威之间的相互依赖性，进而证明了羞耻和良心之间的互补关系。在分别讨论羞耻和良心之前，赫勒首先强调对羞耻的分析应该先于对良心的分析。

羞耻感源于“羞耻的情感”（shame affect），这是一种能够使我们适应自己的文化环境的情感。它规范个人行为和一般行为，使之符合个人所在的群体的规范和习俗。“他人的目光”引发了羞耻感，它使我们脸红，并把脸藏起来；它唤起了人们对逃跑、无地自容和消失的渴望⑤。因此，羞耻在社会化过程中被整合到认知之中。赫勒将羞耻感视为一种我们唯

---

① Agnes Heller, *A Short History of My Philosophy*, Lanham: Lexington Press, 2011, p. 68.

② Agnes Heller, *The Power of Shame: a rational perspective*, London: Routledge and Kegan Paul, 1985, p. 2.

③ Ibid.

④ Ibid.

⑤ Ibid., p. 5.

一与生俱来的道德感，因为它是对赞同或反对的回应，并在社会化的过程中起到巨大的作用。然而，在实践理性作为人的行为和良心的独立权威出现以后，拥有与生俱来的特征的羞耻感虽然未被真正克服，但羞愧的力量却日渐模糊。这是因为近两个世纪以来，由于人们不再生活于小型共同体中，以及“他人的目光”的消亡导致理想之眼的消失，人的行为的外在权威一方面在单向度中被特殊化和同质化，另一方面又被普遍化。随之而来的是羞耻的特殊化和单向度同质化。前者发生于规范失去其客观性的核心家庭中，后者则发生于规范失去其等级结构的社会中。通过对外在权威和羞耻在多元化的现代社会中的变迁，赫勒以一种价值中立的方式试图得出的结论是：当代人的道德品质并不比以前更好也没有更差，只是有所不同①。

与羞耻不同，作为一种内在权威的良心出现要更晚一些。赫勒在非原始文化中历史性地考察了良心发展的不同阶段。她将良心划分为三个基本类型，即增补性的良心、作为终极裁决者的良心、作为实际决断的唯一裁决者的良心。

增补性的良心又包括应用性的良心、矫正性的良心和解释性的良心。它在结构上与外部权威类似，其特征包括某些规范的日益抽象化、关于这些抽象规范的有效性的共通感，以及社会行动者带来的抽象规范的变化。在实际决策中，作为终极裁决者的良心可以是立法的良心、怀疑的良心或坏的良心。前两者的共同之处在于都能够导致外在权威的贬值，不同之处在于，立法的良心是进攻性的，而怀疑的良心是防御性的。立法的良心主张其所选价值的经验普遍化。拥有立法的良心的人认为他的启示性权威应该被视为对**每个人**来说是唯一的和绝对有效的外在权威②。而怀疑的良心并不要求其所选价值的经验普遍化。它是作为终极裁决者的最纯粹的良心形式，因为它对任何外在权威的认可或反对完全漠不关心③。与立法的良心和怀疑的良心不同，坏的良心是良心的外

---

① Agnes Heller, *The Power of Shame: a rational perspective*, London: Routledge and Kegan Paul, 1985, p. 25.

② Ibid. , p. 32.

③ Ibid.

化。这里，赫勒赞同韦伯的观点，即良心的外化暗示了世俗的成功是一种体面生活方式的标志。但这种成功由于其脆弱性和暂时性，它必须通过不断地折磨自己才能达到。而由于良心是外化的，当人们的行为偏离实践理性时，良心便只能罪责人们的本性。因此，在坏的良心下，良心必须不断在犯罪之前折磨本性。因此，持续的悔恨折磨——一种无法摆脱的负罪感——是坏的良心的一个显著特征①。赫勒将作为实际决断过程的唯一裁决者的良心区分为形式化的良心、善于计算的良心、自恋性的良心和善的良心。其中，形式化的良心是没有伦理的道德，因此，它是一种理论上的建构，而不是真正的良心。善于计算的良心与外在权威的单向度同质化相一致，其前提预设是将他人用作实现个人目标和公共目标的纯粹手段。因此，其工具理性的特征使它无法超越善、恶。自恋性的良心是内省的和内向的，它只专注于自身的自我发展，关注自身"灵魂"的分析。它不会故意将他人当作纯粹的手段，也拒绝承担所有责任，因此，仍然没有超越善恶。赫勒沿用了尼采的做法，将最后一种类型的唯一裁决者的良心命名为"善的良心"。

善的良心虽然不善于计算，也不意味着将他人用作计算的目标实现的手段，但它确实意味着在这种自我实现的过程中摧毁他人。坏的良心强调良心表现为全能的上帝，其判断不以共同体或制度的调解为前提。如果"上帝死了"，良心的规制力量便由使其外化的人所拥有。上帝的意志变成人的意志，全能的意志变成了"权力的意志"。这个被神化的人便是善的良心。善的良心强调被神化的人就是法律；除了他的意志，没有别的法律；于是他废除了所有的法律②。作为内在权威的实践理性开始变得绝对化，并具有破坏性，从而揭开自己作为道德上的邪恶的面纱。因为善的良心本质上是从上帝那里"解放"出来的坏的良心，它的外化源于对良心的毁灭。这里，赫勒旨在从良心的演变角度来解释纳粹主义。她认为，纳粹主义是"善的良心"的具体表现。由于它将自身神化，其结

① Agnes Heller, *The Power of Shame: a rational perspective*, London: Routledge and Kegan Paul, 1985, p. 34.

② Ibid., p. 39.

果便是用自己的意志取代其他一切意志，从而使良心以一种极端的形式表现出来。可见，无论是善于计算的良心还是善的良心，都将会使良心走向其反面。

赫勒在此对不同类型的良心做历史性的划分并非旨在建立一种良心的类型学，也并非认为历史必须遵循良心类型的发展逻辑。事实上，只有近代欧洲的历史才遵循了这种逻辑。而且，将这种发展的逻辑与历史描述为进步还是倒退，这主要取决于所采取的价值立场。她想得出的结论是：良心作为道德判断的唯 权威，可能是善、恶的来源。当然，她也承认，在某些情况下，把良心作为最终的道德判断可能会存在问题。良心实质上是一种实践理性，而赫勒认为实践理性存在着悖论。一方面，实践理性引导我们按照自己的理性决定一切实践问题；另一方面，如果所有实际决定都完全按照我们自己的理性做出，那么，任何实际决定都将不再是理性的。她认为，解决这一悖论的关键在于外部权威的作用，亦即羞愧的力量的全力复归。

三、令人不满意的社会与激进需要

该书的最后，赫勒从现代社会的需要结构的角度分析了“令人不满意的社会”。她首先批评了以马尔库塞为代表的新左派将需要划分为“真实的”需要和“虚假的”需要的做法。在《“真实的”和“虚假的”需要能被假设吗?》一文中，赫勒指出，对需要做出的“真实的”和“虚假的”划分包含了理解或评价需要的三个不同方面，因此，对这种划分的考察也需要从这三个不同方面展开。

从本体论方面看，将需要划分为“真实的”和“虚假的”意味着将需要划分为现实的与非现实的需要两种。在这种划分中，当今社会的大多数人的需要不能被认为是“现实的”，因为它们只是社会存在的拜物教或是操控需要的衍生物。而使人们设法满足这些需要时，“想象的”(“非现实的”)需要就会被“实际的”需要所取代。因此，这种划分的理论缺陷在于“把审判者(即理论家)置于被审判的世界之外。将‘现实的’需要和‘想象的'需要区分开的姿态，迫使理论家站在上帝的立场上，对社会需要体系进行评判"①。赫勒认为，必须避免将"真实的"需要和"虚假的"需要等同于"现实的"需要与"非现实的"(想象的)需要。人们认为现实的一切需要都必须被认为是现实的。它们包括人们意识到的需要、由人们制定的需要、人们试图满足的需要。因此，就其现实性而言，需要之间没有区别，其结果就是必须承认每一种需要。

从伦理方面看，既然所有需要都是现实的，那么所有需要都应该被承认和满足。但这一结论忽略了道德判断的问题，因为"真实的"需要和"虚假的"需要的划分并没有区分善的需要与恶的需要。因此，赫勒主张，拒绝将需要划分为真实的和虚假的需要，并接受道德规范的引导，从而提出这样一个命题，即除了那些其满足会使人成为他人的纯粹手段的需要外，所有需要都应该得到承认和满足。

从政治方面看，需要的各种选择都声称能够实现相同的功能，但实际上却不能。每一现存的社会权力结构都内在地包含对具体需要体系的偏爱。然而，不同的权力中心能够做到那些部分失去或完全失去权力的人所无法做到的事情，即实现需要及其满足形式的对象化与制度化。正是通过这种对象化与制度化，实现了对需要的操纵。而被操纵了的需要显然违反了这样一个规范，即除了那些将一个人变成其他人的纯粹手段的需要外，所有需要都应该得到承认，所有需要都应该得到满足②。

基于上述分析，赫勒提出用"激进需要"代替将需要划分为"真实的"与"虚假的"做法。她从马克思的思想中汲取理论资源，指出拥有激进需要的人是超越了以依附和等级制度为基础的社会条件下的人。为了满足激进需要，这些人必须通过建立"联合起来的生产者的社会"来超越他们特定的社会。而在现代社会中，激进需要是存在的，不断出现的新的运动是激进需要得以满足的前提条件。激进需要本身是多元的，它对需要体系的引导也是多元的，因此，它不具有操纵性。但多元化的激进需要

① Agnes Heller, *The Power of Shame: a rational perspective*, London: Routledge and Kegan Paul, 1985, p. 285.

② Ibid. , p. 295.

都有一个共同特征，即所有激进需要都将那些压迫他人或将一个人假定为他人的纯粹手段的需要体系排除在首选的需要体系之外①。

从现代社会的需要结构的角度出发，赫勒分析了“令人不满意的社会”。她追随马克思和韦伯的脚步，本着他们的精神，将现代社会称为令人不满意的社会，将现代个人称为不满的个人。赫勒从现代性的自相矛盾的却又具有各自逻辑的三个方面，即资本主义、工业化和民主入手，指出最令人不满意的社会是那些结合了这三个方面的社会。在随后对“令人不满意的社会”的分析中，赫勒建构了一个理想类型，来描绘现代性的各个方面和需要结构的特征。

她指出，现代人的需要是无止境的，但无论是资本主义还是工业化都不能单独带来以人的需要的无限性为特征的新需要结构。正是价值的新普遍化趋势重塑了需要体系。其中，资本主义的发展为这种普遍化扫清了道路，而这种普遍化反过来又有助于加速资本主义工业生产的普遍扩散。在审查“令人不满意的社会”的深层特征时，赫勒借用康德对现代个人所拥有的对名誉、权力和财富的渴望的划分，提出这样一个事实，**即我们的价值体系及其形成的需要体系出了问题**。其中最典型的是与进步的价值相关的例子。赫勒认为，进步的观念是在令人不满意的社会中出现的。但由于它的不明确性，使得它可以带来两种不同的需要模式，即寻求并刺激增加生产、增加消费主义、增加权力和支配的需要结构；促进自由、平等和减轻痛苦的需要结构。二者相互交织在一起构成一种内部矛盾的需要结构，这种内部矛盾是资本主义与工业化发展逻辑同民主发展逻辑之间的张力。

在谈到消费主义时，赫勒认为，消费主义态度是三种欲望发挥作用的最民主的渠道。但它是一种没有道德意蕴的行为，因此没有任何责任。如果从“民主的激进化”的进程来看，与其他欲望的含义相比，消费主义相对更民主的特征将证明其民主价值的缺失。这里，赫勒提醒人们

---

① Agnes Heller, *The Power of Shame: a rational perspective*, London: Routledge and Kegan Paul, 1985, p. 297.

要意识到这样一个事实，即包括所有对苦难、屈辱、压迫和统治的抗议在内的普遍不满意是同一文化、同一价值体系，以及对其进行批评、拒绝并试图进行克服的同一进程的产物。因此，对令人不满意的社会的不满意属于同一个社会。

在“令人不满意的社会”中，赫勒设想了一种“善的生活”。这里，她将亚里士多德的“善的生活”概念做了现代性阐释。在现代社会中，现实生活上的满足在数量上的增长无法带来“善的生活”的幸福感，进步的观念也不一定会产生“善的生活”的可能性。赫勒认为，“善的生活”源自一种生活行为，即对普遍性价值的反思。它指的是一种连贯的、特殊的，但可模仿的生活策略，其基础是遵守由普遍性的价值的解释所设定的义务①。赫勒承认，这种生活行为具有精英主义的特征，不能被普遍化，但激进需要所组织起来的运动能够为这种生活行为的实现提供条件。

最后，赫勒针对“令人不满意的社会”提出如下问题，并给出自己的理解。①不满的(现代)个人是否应该被推崇为一个无可争议的远离价值的自我(value-far-itself)；②在使人感到满意的社会中能否可以发展同类的个体；③一个“使人感到满意的社会”能否出现；如果能出现，它是否也是值得拥有的；④对任何满意的限制是否会阻碍个人的自我发展②。在这些问题中，赫勒首先对第三个问题给予否定性回答。一方面，由于自然资源是有限的，所以不断扩大对物质商品的需要无法实现彻底富足的状态。另一方面，由于我们无法想象一个需要结构包含几个无限需要和其他有限需要，因此，完全的富足与无限的需要的扩张无法共存。针对第四个问题，赫勒从激进民主出发，借助亚里士多德的观点，从而得出结论：一个完全富足的社会，一个同时满足人类所有需要的社会，不可能是一个“善的社会”，因为它不能保证“善的生活”③。然而，针对第一个和最后一个问题，赫勒的答案显然并不明朗。总体上看，她推崇现

---

① Agnes Heller, *The Power of Shame: a rational perspective*, London: Routledge and Kegan Paul, 1985, p. 311.

② Ibid., p. 312.

③ Ibid., p. 313.

代个人，但也强调他们对权力、财富和名誉的无休止的渴望。现代个人一方面拥有无法满足的各种欲望，另一方面又意识到应该采取一些措施来应对这种肆无忌惮的想法和做法。在这里，赫勒对生活于“令人不满意的社会”的现代个人的未来之路从理论上提供了一些开放性的思考。

关斯玥

2020 年 6 月 26 日

前　言

本书中所有的文章，除了一篇外（这一例外是《“真实的”和“虚假的”需要能被假设吗?》一文），都是最近两年撰写的。在完成我的关于历史理论的书之后，以及开始研究伦理学理论之前，澄清我自己对合理性的理解是一项必要的任务，而且从几个方面来看，也是一项严峻的任务。【vii】

这本书的最后一句话是向公众发出的邀请。作者重复了布莱希特（Brecht）的戏剧《四川好人》（*The Good Person of Setzuan*）中演员的话：“必须有一个答案。”我还要补充一点，答案可能不止一个。我的意图是保留理论的解决方案的实际可行性。合理性问题并非要以一目了然的（open-and-shut）例子得出结论，而是要以一个开放性的例子得出结论。我坚信，本书的散文风格在体裁上强烈地表明了理论努力的开放性。

由于研究的这一特点，对当代理论的借鉴在本质上是匮乏的和引起争论的。因此，我想在此提及几位我觉得在理论方面与我有最深联系的作者。他们属于不同的理论传统，他们各自的理论可能几乎没有共同之处。尽管如此，我还是觉得我与他们所有人都关系密切，即使程度不同。他们是卡尔–奥托·阿佩尔（Karl-Otto Apel）、汉娜·阿伦特（Hannah Arendt）、科内利乌斯·卡斯托里亚迪斯（Cornelius Castoriadis）、尤尔根·哈贝马斯（Jürgen Habermas）、阿拉斯戴尔·麦金泰尔（Alasdair Maclntyre）、格奥尔格·卢卡奇（Georg Lukács）和约翰·罗尔斯（John Rawls）。“注视”这一范畴和它的特殊用法是从萨特那里借来的。当然，如果略见这份“入围名单”，那么立刻想到的就是三个“新亚里士多德学派学者”的引人注目的形象。我自写了有关亚里士多德伦理学的书以来（1958—1959年），一直试图将亚里士多德的范畴重新引入道德话语和政治话语中。对亚里士多德遗产的强调源于对道德和政治在现代性中的地位所持的相同的（或至少相似的）批判态度，这在阿伦特、卡斯托里亚【viii】

迪斯和麦金泰尔的作品中有所体现。然而，我对亚里士多德的解释与上述作者的解释之间的差异，几乎与这些作者相互之间的差异一样大。与阿伦特和卡斯托里亚迪斯相反，我更强调对**技艺**(techné)的亚里士多德式的理解，虽然程度小一些。与麦金泰尔相反，我没有将希腊启蒙之子亚里士多德与启蒙运动的哲学相比较；他是第一位将形式伦理学与实质伦理学相结合的人。他从来没有规定人们应该做什么才能成为有道德的人，就像所有纯粹的实质伦理学所做的那样，而是要让个人做出良好的判断，以发现如何、何时以及在什么情况下他们才能成为有道德的人。我认为，**中道**(mesotes)①(中间尺度)这一范畴是亚里士多德伦理学的焦点之一，而麦金泰尔在关于美德的精彩著作中完全忽略了这一范畴。这些对亚里士多德理解上的差异不仅仅是解释上的问题，因为它们深深根植于对现代性的不同看法中。难怪我与笛卡儿(Descartes)、斯宾诺莎(Spinoza)、康德(Kant)、黑格尔(Hegel)或马克思等作者的理论关系比当代新亚里士多德主义更具有肯定性(即便不是非批判性的)。

古罗马的《罗马史》(*Ab urbe condita*)现在被"从现代性中显现"的说法所取代，尽管在史学中没有在社会哲学中那么多。本书只是众多关注同一问题的书之一。虽然我的理论绝不是"价值中立的"，并且我不止一次地陈述了我的主导价值，但就现代与前现代的比较而言，我既不沉溺于抱怨人类失去了贞操，也不分享进化论的自满。我只是从另一个角度再次确认了我的历史理论的结果：与以前的人的历史相比，我们还不知道现代性是进步的还是倒退的阶段。现代性包括诺言和警告。我的意图是通过提出强有力的警告来强化诺言。

这听起来像是韦伯式的理论，但其实不是。与所有的社会理论家一样(不管他们承认与否)，我也深深感激马克思、涂尔干(Durkheim)和韦伯。但今天我们生活在一个后马克思主义的、后涂尔干的和后韦伯的时
【ix】代。既然，韦伯被当作福音来解读，那么此时讲几句关于韦伯的话就更合适了。韦伯属于存在主义的一代，他在克尔恺郭尔(Kierkegaard)和海德格尔(Heidegger)之间进行了调和。只有在韦伯将科学添加到了神灵列

① 也可译作中庸。——译者注

表中的情形下，在相互矛盾的神灵之间进行选择的必要性才会与克尔恺郭尔的非此即彼有所不同。在选择一个神时，我们选择了自己(我们的恶魔)，这一观点已经是海德格尔-萨特式的解决方案。存在主义不足以为我们提供**任何**伦理学、道德哲学或政治哲学来回应我们时代的迫切需要。韦伯式的政治责任伦理学是由亨利·基辛格(Henry Kissinger)实施的，《白宫岁月》(*White House Years*)就是最好的见证。这一必须提出的问题超越了韦伯和马克思。

我还应该提前发表两点评论。第一点是关于简短的研究，“工作范式，生产范式”。它是在克鲁格(Kluge)和内格特(Negt)的《历史与固执》(*Geschichte und Eigensinn*)出版前几个月写的。后者以比卢卡奇将其**本体论**视为这种范式的例证更具决定性的方式应用于劳动范式。“工作思考”(work thinks)就是克鲁格和内格特完成这一系统阐述的方式。必须补充的是，在将他们的范式应用于历史时，他们以生产范式代替工作范式，就像我相信每个人在从事这种理论实验时都会被迫做的那样。

第二点是关于术语的问题。在对“日常生活、理性的合理性、理智的合理性”的漫长的研究中，我对韦伯的“价值的合理性”和“目的的合理性”进行了批判。然而，在我以前的一些研究中，我使用了相同的范畴。为了避免造成混淆(这种可能性直到后来我才明白)，我在这里声明，在我1976年写的《激进哲学》(*For a Radical Philosophy*)一书中，我在几处脚注中也都提到，我用亚里士多德的，而不是韦伯的方式来定义这些范畴。如果目的(善)包含在行动中，也就是说，如果行动是以自身为目的(end-in-itself)，那么行动就是价值理性的。如果目的(善)在行动之**外**，则该行动是目的-理性的。由于我不知道这本书是否会首次以英文出现，因此我做出这一澄清是很重要的。

我要感谢拉筹伯大学(La Trobe University)社会学系的行政人员打印了这份手稿。 【x】

由于我的书面英语仍然非常需要文体上的修订，因此所有文章都必须经过检查和润色。我的一些同事和朋友花了大量宝贵的时间来整理手稿。没有他们好心的帮助，这本书是不可能出版的。我非常感谢格伦·

马利根(Glenn Mulligan)、布雷特·洛克伍德(Brett Lockwood)和朱利安·特里亚多(Julian Triado)的帮助。

“日常生活、理性的合理性、理智的合理性”的研究文本是基于1981—1982年冬季学期我在德国康斯坦茨大学的课程中所做的演讲。在康斯坦茨逗留期间，我有机会与阿尔布莱希特·韦尔默(Albrecht Wellmer)反复讨论合理性问题。他的言论为我关于这一主题的思想的形成做出了重大贡献，我对此深表感谢。我也非常感谢约翰·阿纳森(John Arnason)、乔治·马尔库什(George Markus)、格伦·马利根和朱利安·特里亚多的批评。

在我过去二十年的所有工作和努力中，我的丈夫和朋友费伦茨·费赫尔一直给予我帮助与鼓励。作为我所有作品的第一位读者和最热情的评论家，他为本书的每一页都做出了积极的贡献。我最深的谢意应该给予他。

目　　录

第一章　羞愧的力量 【1】

引　言

与良心问题形成鲜明对比的羞耻问题在现代道德哲学中很少被主题化，而羞耻作为一种现象的讨论则主要局限于心理学和人类学的框架内。（在人类学中，“耻感文化”[shame cultures]和“罪感文化”[guilt cultures]的对立已经广泛存在。）尽管确实有某些**文化批判**（Kulturkritik）和人类学的倡导者已经注意到，对人的行为的羞耻规制的考虑在我们的时代已经取得了进展，但这种认识的多种含义尚未得到探索。以下研究试图通过提供关于**羞耻的一般理论**来填补这一空白。在详细审查中，主要问题是人的行为和判断的道德规制，它既审查其不变的因素，也审查其不断变化的因素。我知道我所承担的任务中存在着固有的困难。对伦理规制体系中不断变化的模式进行深入分析需要历史性解释，而对体系中不变的模式进行深入分析则需要结构性解释。如果一个人要同时承担这两方面的工作，他就必须不可避免地选择历史**类型学**的特征。我希望从一开始就明确指出，我的选择是指向于对当代道德规则类型的理解（和批评）。这项工作意味着对某些表达和认可这些规则的道德理论的批评，而这些批评通常会在没有明确提及这些理论的文本中完成。我要 【2】
论证的是，道德规制的**过度理性化**①侵蚀了那同一个规则的支柱；②为非理性的外在权威的出现开辟了道路；③完全形式化的道德哲学不仅无法应对这些危险，有时甚至会加剧这些危险。将实质伦理学（material ethics）与形式伦理学（formal ethics）相结合的假设，将表述为一个结论。

在下文中，我以羞耻和良心之间的区分代替了通常将道德感划分为羞耻与**负罪**的情形。某些杰出的现代人类学学者基于羞耻与负罪的相反观点对弗洛伊德的心理学进行特殊的解释，虽然我不是弗洛伊德的追随者，但我确实会仔细阅读他对这一问题的分析，因为这是为了证实我的理论，而不是他们的理论。在《文明及其不满》(*Civilization and its Discontents*)一书中，弗洛伊德区分了两种负罪。历史上主要的负罪类型本质上是对外在权威恐惧的反应，而历史上次要的负罪类型本质上是**对内在权威的恐惧**。在做出这一区分时，弗洛伊德显然将罪感归因于那些后来被误认为拥有与“罪”感文化**截然相反的**“耻”感文化的人。我不想贬低像玛格丽特·米德(Margaret Mead)或鲁思·本尼迪克特(Ruth Benedict)等伟大人类学家的价值。我更不想检验他们弗洛伊德式的“正统观念”。但事实的真相是，羞耻与负罪明显不能和具有相同的**种属概念**(genus proximum)相联系。负罪既是羞耻的延续，也是良心的折磨；它是对必须偿还的道德债务的意识。能够偿还或将要偿还得越少，受罪感的折磨就越多。本尼迪克特本人将日本传统的耻感描述为“负债累累”的感觉，而德语中关于负罪的“**罪**”(Schuld)，其字面意思也是“负债累累”。艺术作品证明，负罪可以(而且经常)与羞耻有关。马萨乔著名的《亚当与夏娃》(*Adam and Eve*)就是其中的一个例子。亚当遮住他的脸，夏娃遮住她的裸体——这都是典型的羞耻的姿势——因为他们犯了罪，他们和整个人类都必须通过繁重的劳动与终有一死的惩罚来偿还该罪。

一

羞耻和良心都是情感。就其本身而言，它们涉及由人的行为权威做
【3】出的判断。情感可以被定义为“参与某件事”①。因此，“人的参与”**意味着**情感，而“在人的行为权威的判断中”则**限定了**情感。由于任何“人的行为的权威”都是**规范性**权威，参与这种权威可以恰当地称为**道德上的**情感。

羞耻和良心在所涉及的**权威**方面有所不同。就羞耻而言，权威是

① 在我的《情感理论》(*A Theory of Feelings*)一书中，我为这一理论提议做了详尽的论证。由于我不能在此重复我的论点，我只是建议读者参阅本书前两章的详细内容。

"他人的目光"所反映的**社会习俗**——礼仪、习惯、规范或行为清单。就良心而言，权威是**实践理性**，可以表现为"内心声音"。两种权威都可以获得批准，也可以被否决。问心无愧并非只是没有良心的痛苦。它也是一种非常令人愉悦的感觉，当我们在公共场合受到赞扬，并谦虚地脸红时，它是一种令人愉快的尴尬的辉煌体验。

对二者中任何一种权威的反对都可能引起各种情感，从简单的不安到负罪的折磨。这种情感的强度和特性当然取决于所违反的规范的特征，但仅部分取决于。心理学上已经对各种负罪感的阴暗色度进行了充分的分析，我不能在本文的内容中简单地探讨这个问题。但必须强调的是，负罪感的强度并不取决于所涉及的特定的判断权威。反对外在权威会引发负罪感，让生活变得完全无法忍受，而反对内在权威（有时）很容易克服负罪感。

羞耻参与了外在权威的判断这一断言并不支持普遍认为羞耻没有被内化的理论。一旦人们认为羞耻是一种情感，而且就其本身而论是一种内在的现象，那么，关于**羞耻**是否被内化的问题就变得无关紧要了。那么，恰当的问题是这种情感的出现是否意味着（不是羞耻的）是外在权威的内化。如果不是这样，羞耻只会是反应性的，并不意味着群体成员会承认外在权威的规范的有效性。但是如果一个群体的成员不认为某些行动和行为模式是"可耻的"，那么**害怕**蒙羞就不会使人们躲避违反行为的 【4】
外在权威，也就根本没有人会感到羞耻。但是内化的不同类型和不同水平在每个共同体中都是有区别的（也必须有区别）。一个新几内亚部落的成员通过以下方式向人类学家解释了羞耻的不同概念。羞耻要么是"表面的羞耻"（shame on the skin），要么是"深层的羞耻"（deep shame）。如果小便或者性交被他人**目睹**，那么这种羞耻感就是"表面的羞耻"；如果有人冒犯了祖先的精神，那么这种羞耻感就是"深层的羞耻"。这里，受到违背的规范的性质决定了羞耻的强度，而且理所当然地是，引起"表面的羞耻"的对规范的侵犯行为总是**无意的**。在我们的社会中，羞耻的强度不仅取决于规范，而且在很大程度上取决于**个人**与这些规范的关系。如果两个实业家破产了，一个可能会自杀，不是因为失去了财富，而是因为无法面对“他人的目光”，而另一个可能根本不会感到羞耻。当规范是多元的，或者当它们可以以多元的方式加以解释时，不是每个人都会感到羞耻，或者至少在违反外在权威的情况下不会感到同样的羞耻。

一些学者认为将羞耻与负罪区分开来的不是缺乏内化，而是**制裁**(sanction)的特征(在违反的情况下)。羞耻需要**外在的**制裁，而负罪是一种内在的制裁。尽管羞耻与负罪的对立立场已被拒绝，但额外的评论还是适当的。如果制裁意味着**惩罚**(punishment)，则无法合理地支持基于其各自制裁的羞耻与负罪之间的区分。在一些可耻的情况下，根本没有惩罚性的制裁，感到羞耻本身就是一种惩罚。(如果愿意，在这种情况下可以说是“内在的制裁”。当然，即使按照规定的期望，他们应该感到羞耻，但有些人也并没有感到羞耻。但是也有一些人，即使他们实际上是有罪的，但他们也不觉得负罪。)如果制裁不意味着惩罚而是自我的折磨，那么这种区分就又不成立了。当我们回想起我们感到羞耻的情形时，即使我们的良心很清楚，我们仍然会有一种强烈的屈辱感和被嘲笑的感觉。在羞耻的情况下，这种感觉不是来自制裁，而是来自外在权威。如果外在权威被内化了，如果我们违反了它的规范或礼仪，**我们就失去了我们的尊严**。失去尊严就意味着失去**脸面**。“丢脸”一词恰当地描
【5】述了羞耻的**显而易见的**特征。如前所述，对外在权威的违背不为“他人的目光”所赞成。如果我们的行为所违反的规范在我们群体的价值结构中处于很高的位置，那么“他人的目光”的判决就是孤立和驱逐。当**别人**不符合行为规范时，被“目光”所驱逐的我们再也不能用非难来对待**他人**，因为我们不再有**面子**。如果我们失去了尊严，我们会觉得有罪；失去尊严的痛苦就是“羞耻-负罪”的痛苦。

在进行任何进一步分析之前，我希望论证羞耻先于良心。

羞耻感源于“羞耻的情感”(shame affect)。情感是人在经验上的共性，是我们类中每个健康标本所固有的。它们富于表现力、善于交流，可能表现在面部表情、声音的调节和手势中。情感的基本表达不是后天习得的，而是对相当复杂的刺激结构的“自然的”情感-反应。然而，激

发这种情感的刺激可能会随着时间而改变。习惯和远离情感对象可以降低情感强度。下面这些属于情感：恐惧(带有恐惧的表情)、羞耻(带有羞耻的表情)、愤怒、厌恶、好奇、欢乐、悲伤(带有它们各自的表情)。虽然肉体疼痛本身不完全是一种情感，但它属于同一家族。对情感进行了全面研究的达尔文总结说，它们是侵蚀本能调节和替代文化调节的本能的残余。正是文化为人提供了情感的主要对象。然而，羞耻(带有羞耻的表情)必须在情感的范围内加以区分。例如，与恐惧不同，羞耻的情感不能**先于**文化被设想出来。事实上，羞耻和文化是同时出现的。如果人们认为羞耻的情感仅在家养的(而不是野生的)动物之中发生，换句话说，仅在面对人的文化规范的动物(例如，狗)中发生，那么他可以证实这种说法。然而，如果本能调节在某种程度上被侵蚀，并得到学习与智力的补充，那么在生活于自然环境中的动物中能够观察到其他的情感。

羞耻感正是使我们适应自己的文化环境的情感。“他人的目光”引发了这种感觉和羞耻的表情：它使我们脸红，并把脸藏起来；它唤起了人们对逃跑、无地自容和消失的渴望。毋庸置疑，羞耻的情感与所有其他情感一样，在社会化过程中被整合到认知中(反之亦然)。正是在儿童时【6】
期和在我们不准备面对的情况下，我们才能最好地观察到纯粹的羞耻的情感。如果羞耻的情感已经融入认知中，它就不再是一种“纯粹的”情感，而或多或少是一种**情绪**。因此羞耻-负罪是一种情绪。

论及认知与羞耻的情感的整合，我认为这是一个连续的过程。第一步是将这种情感分为“好的”羞愧和“坏的”羞耻。奇怪的是，两种情况下羞愧的表达方式是相同的。无论某人在公共场合是受到好评还是受到谴责，其自然反应都是相似的——脸红、掩面等，尤其是如果这个受到质疑的人被吓了一跳，更是如此。对这种现象的一个明显的解释是，很长一段时期，某人胜过他的同事在某种程度上无异于越界，二者都是可耻的。对希腊的**狂妄自大**(hubris)概念的分析可能会支持这种推测。

羞耻的情感理应被称为一种道德感，因为它是对赞同或反对的回应。这是我们唯一与生俱来的道德感。它曾在社会化的过程中起到(现在仍然起着)巨大的作用就不足为奇了。自实践理性作为人的行为和良心的独立权威出现以来，羞愧的力量就变得越来越模糊。但是由于它与生俱来的特征，羞耻的情感永远不会被真正克服。我们是否应该克服它，这是我稍后将尝试回答的一个问题。

当然，不仅仅是羞耻的情感，在社会化过程中，我们所有的情感都被视为一种“自然要素”。厌恶、色情、恐惧、快乐和悲伤，以及身体疼痛和愤怒，不仅被“社会化”，同时也作为社会化的**手段**。它们是文化的工具和武器，被用来彼此反对。厌恶“被用来”反对色情，色情“被用来”反对恐惧，身体疼痛被用来反对愤怒，愤怒被用来反对恐惧等。但无论哪种情感都是作为他人社会化的手段，无论它们被用作工具还是武器，它们都与羞耻的情感有关。如果一个人没有对他或她应该厌恶的东西感到厌恶，那这个人就应该感到羞耻。另一个主要的“社交者”是身体上的疼痛，它只有在伴有羞耻的情况下才有效。

我将羞耻的情感描述为一种非常优秀的道德感，这是带着一些犹豫的，因为我们经常用羞耻来回应我们认为与道德问题无关的各种类型的
【7】反对。但是，在将羞耻的情感等同于天生的道德感时，我指的是一件简单但至关重要的事情：羞耻的情感是一种情感，它规范个人行为和一般行为，使之符合他或她所在群体的规范和习俗。既然我们是社会的存在，然而却生于一个规范和价值对我们而言是**外在的**世界之中，那么遵守这些规范就等于成为人。当然，在行为规范各异的社会中，遵守也意味着“选择”。但是，在所有拥有同质的行为规范的社会中——人的历史中99%的情况可能皆如此——羞耻反应是(而且一直是)社会化的主要调节者。因为这是表现出这个人既没有按照规范行事，也没有在遵守这些规范方面超出他人的一种反应。羞耻的情感在这两种情况下都表达了对行为体系的偏离或偏转，而感到羞耻的情感(本身)就是对这一体系有效性的一种认可。新几内亚土著居民翁卡(Ongka)向人类学家解释了羞耻的概念，他对“表面的羞耻”(pipil)发表了如下评论：“所有明智的人都会感觉到这种表面的羞耻。如果有人不这样做，他的亲戚们就会告诉他：你的面孔没有一点儿羞耻，你疯了。”但是，如果背离规范就意味着

不道德的行为，那么，仅仅通过羞耻的感觉来承认习俗的有效性是不足以纠正错误的。羞耻表达的是对群体或群体的神灵的一种债务——根据涂尔干的说法，这些都是一回事——一种必须偿还的债务。羞耻不能纠正什么样的背离、债务有多大，以及如何（和在何种程度上）偿还债务，这些事情不是由债务人决定的，而是由债权人——作为共同体的集中体现的行为体系——所决定的。

只有在以下情况下，外在权威才能自行规范人的行为：①行为规范是同质的——换句话说，如果同一规范适用于属于同一"群体"（年龄、性别等）的每个人；②群体很小；③社会变化对同代人来说不明显。

在上述条件下，每个人都**知道**什么是合适的行为，以及什么样的行为适用于他或她的"群体"。行动（而不是动机）才是最重要的。但是，如果不满足这些条件，则内在的规制必须补充外在的规制。我的意思是"补充"，而非"替代"。（这种双重权威体系的发展同样可以在个体发育中观察到。由于对皮亚杰[Piaget]的深入而基础的研究，我们现在对在补充性的内在规制方面具有悠久传统的社会中儿童的道德发展有相当多的了解。） 【8】

如果行为规范不能涵盖所有可能发生的社会情况，那么一些基本规范就会变得越来越抽象。它们不是在不变的情况下，即**在完全相同的**情况下，对人的行为进行调节，而在可变的情况下，即在**类似的**情况下，对人的行为进行调节。一个想要遵守一项规范的人——将其内化并希望避免羞耻和惩罚——必须具备在特殊的（往往是不可预见的）情况下充分**应用**该规范的能力。这个应用过程至少以某些审慎为先决条件，而审慎的代理人就是**实践理性**。如果特定的行为规范不是同质的，如果社会变化（因此规范结构的变化）对同代人来说变得明显，这种道德上的考虑的需要就会加强。于是，人们就会问真正的"善"是什么，传统的行为规范是否是唯一的好规范，甚至这些规范是否在根本上是好的。人们可以从规范中进行选择，接受一种，而拒绝另一种。好的行为将越来越依赖于好的推理，依赖于"实践智慧"（phronesis），也就是亚里士多德所说的实践理性。

外在权威和内在权威有不同的**功能**，但是认为它们没有共同之处是错误的。内在权威不是天生的能力；当社会系统没有它就无法维持其伦理整合时，它就会发展。诚然，内在的规制可以在**功能上变得独立**，并且与外在权威背道而驰。它甚至可能导致破坏社会系统的伦理整合，如果后者已经受到破坏的话。但是，无论实践理性在功能上是否变得独立，它都带有道德习俗和习惯体系的胎记——外在权威——这是它所补充的。我甚至会冒险提出这样一个命题，即内在权威的**结构**总是与外在权威的**结构同源**，它补充了外在权威，进一步说，这种同源性是由于它们是**同一**社会结构的权威。所谓“同源”，并非指“社会空间”中两种权威内部各种因素在安排上的同一性或相似性，而是指这些结构在以下方面的同一性或相似性：严格的控制-宽松的控制；一维的-二维的，或三维
【9】的；统一的-分离的；价值范畴的安排（善的-恶的、成功的-不成功的、神圣的-亵渎的、真的-假的等）；单向的-对话的；抽象的-具体的。上述因素在安排上的同一性（或相似性）保证（或导致）了内在权威和外在权威之间的**相互依赖**。稍后，我将用现代社会的例子来说明这种结构上的同源性。但是为了表明我的假设的普适性，我们需要做一些历史上的解释。但是，由于篇幅有限，我无法用历史的细节来佐证这个假设，下面的想法将是简略的，而不是完整的分析。

《旧约》（*The Old Testament*）与雅典哲学证明了两种截然不同的外在权威和内在权威的模式。尽管这些伦理系统的书面文化的对象化——以及最高层次上的对象化——并不能充分说明支持它们的群体中道德行为的平均模式，但就两个群体的道德**理想**而言，它们的证词是可靠的。

在《旧约》的例子中，我们显然面对的是一种“耻感文化”，道德判断是外在权威的独有活动。这种权威体现在共同体的法律中，由永生的上帝制定和命令。但是共同体的经验和特殊习俗，以及上帝所命令（并体现在上帝身上）的法律并**不**完全相同。后者能够而且已经开始反对前者。因此，外在权威本身是重复的：特定社会规范的体系和或多或少抽象规范的（理想）体系是不同的。不赞成某人行为的目光不仅是他人的目光，而且首先是上帝的目光。没有人可以躲避永生的上帝。上帝不仅可以看

到**可见的**东西，还可以看到**不可见的**东西。他的目光能够刺入灵魂深处。他不仅能看到行动，还能看出行动的**动机**。在这种外在权威的独特例子中，羞耻的**互惠性**完全丧失了。因为羞耻的互惠性总是建立在相互的可见性之上——当别人能看到我们时，我们也能看到他们；当上帝能看见我们时，我们也能看见上帝。在多神教的世界中，众神可以互相反对对方的行为，而我们可以站在其中一方反对另一方。但是犹太人的上帝在过去和现在都是看不见的。他能看见我们，我们却无法看到他。他能使我们感到羞耻，但我们不能冒着被逐出道德世界的风险而站在他的对立面。在上帝面前可耻的事情就是**罪**。我们若犯罪，遮住我们的脸是徒劳的。我们无法逃脱，因为从洞察一切的目光中我们无处可逃。这 【10】 种(次级的)外在权威的诫命(commandments)不仅被内化了——在某种程度上，外在权威的规范总是如此——而且它们充当了**良心**的诫命、内在权威的诫命，它们是即使**其他人**的目光**不赞成**我们的行为和举止，我们也必须遵循的"内在的声音"。这种外在权威规范向内在权威规范的"转变"，使得犹太人(尽管人数不多)能够在一个有着陌生的和敌对的风俗习惯的环境中生存下来。正是这种转变使群体在藐视外来的价值和行为规范条件下，遵守"律法"。但是，外在权威不仅是**相对于**外部群体作为一种内在权威发挥作用，而且在共同体**内部**作为一种内在权威发挥作用。从上帝的律法的立场上**批评和拒绝**经验上存在的行为规范是可能的，这一过程在羞耻规制的历史上是前所未有的。人们可以将法律的"真知"与大多数人的意见进行对比。一个人可以告诉他的邻居：不是他认为的事情和所做的事情是好的，而是其他事情是好的。在善与恶方面，可以将真知与意见相比较。此外，正如韦伯精彩地指出的那样，道德义务**被高度合理化了**。关于犹太人为什么必须遵守律法的问题得到了理性的回答。这一义务是建立在**契约**(Covenant)的基础上的，或者用现代的术语来说，是建立在上帝和他的子民之间的契约上的。契约暗示了**彼此的承诺**。先知们可以证明：正如上帝总是遵守他的诺言一样，我们也有义务遵守我们的诺言。羞耻互惠的消亡已经被提及。它很可能是逐渐消失的。(雅各已经与上帝照面，摩西请求上帝让他自己也可见。)但最终，**良心的互惠**代替了羞耻的互惠。无形的上帝用言语交流，他的决定会受言语的影响。再次提及韦伯：先知们与上帝**争论**。文字面对文字，而不是面对面。

在古代的以色列，外在权威和内在权威之间的结构相似性是惊人的。既然圣灵是(律法)这个词，良心的声音就不是消极的(就像苏格拉底的情况一样)，而是积极的，它命令我们在任何情况下都要遵守法律。倾听良心的声音不是为了使人**与自己**和平相处，而是为了**拯救**自伤己命
【11】的以色列人。“拯救自伤己命的以色列人”是重复外在权威的反映；但内在权威与外在权威一样存在分歧。只要对特定人群的承诺是对上帝承诺的内在部分，那么，对上帝的承诺就不可能**完全**变成**个人的**。我们不仅应该为正义而正义，还因为只有在仍然可以找到正义之人的情况下，上帝才能(并且将会)拯救民众。

当耶稣说“我是真理”时，这是对统一的和纯粹的**个人**良心的陈述，在此基础上，所有习俗、传统的行为形式、法律和意见都可以被宣布为无效。但是，这种“纯粹的良心”的姿态产生于我上面分析的分裂的良心(divided conscience)结构。对所选的人的承诺被对全体人民、对人类的承诺所取代，因此，分裂的良心得以统一。人变成了上帝，良心代替了律法。但是，由于没有外在权威就没有内在权威，所以内在权威的化身就成了**他人**的外在权威。看不见的上帝变得可见。上帝再次拥有了一个**面孔**。他甚至可以被**描绘**出来。他在每一个教堂里注视着我们，我们可以看着他，不仅用我们的言语，而且用我们的泪水请求宽恕。

希腊的启蒙运动为我们提供了完全不同的情况。由于无法在此论述希腊理性主义的史前史，所以读者在提到多德(Dodd)的富有启发性的研究时有所保留。多德将古希腊文化描述为“充满负罪感的”，与荷马时代的“耻感文化”形成对比。然而，我提供的证据表明，这种负罪更多的是一种羞耻-负罪，而不是良心-负罪。对上帝的**傲慢**就是对社会规范的**傲慢**，反之亦然。一旦人的行为的世俗权威不仅被侵犯，而且受到“理智上的”挑战，那么实际上上帝的权威也受到挑战。在雅典城邦的黄金时代，由于**国家**(the body politic)是公民唯一的外在权威，同一城邦的内部

腐败导致了权威危机，并转向良心规制和利益规制。这些规制形式虽然不同，但它们有一个共同之处，即它们都认为**人**是理性决定和理性行动的来源。在良心规制的情况下，合理性就是价值的合理性——人遵守其理性证明是有效的价值。在利益规制情况下，合理性是目的的合理性——人理性地选择促使其成功的目标和手段。【12】

外在权威与内在权威之间的同源性在希腊语中和在希伯来语中一样引人注目。作为外在权威的城邦也被认为是**合理的**，但这种合理性是**人为的**(man-made)。希腊的摩西没有在神圣的法律和人民之间进行调停。有几个立法者，他们都是人。雅典的法律是可以改变的。不仅是梭伦(Solon)、佩西斯特拉索斯(Peisistrathos)、泰米斯托尔斯(Themistokles)、佩里克斯(Perikles)为制度的变革做出了贡献，全体**民众**(demos)也做出了贡献。最后，在民主时期，公民遵守法律，因为**他们本身就是法律**。如果每个人都是法律，那么外在权威和内在权威是相同的，所有人的亲密关系保证了所有人的美好生活。但是，如果城邦不再确保所有人的美好生活，公民就变成了**个人**，并**因此**成为唯一的道德权威。这就是为什么良心的声音既不是先知的，也不是弥赛亚的，而是哲学的。如果人(而不是上帝)成为万物的尺度，哲学就有了最终的发言权。

苏格拉底倾听良心的声音，他对自己所在的共同体中反对的目光无动于衷。然而，他服从自己国家的法律。尽管如此，他承认外在权威吗？他所接受的并不是现有城邦的权威，而是他认为自己所效忠的**理想**城邦的权威。这样，一种新的外在权威就从内在权威的子宫中诞生了：善与真的**观念**的权威——自我赋予的外部哲学的权威。这种权威是由理性人的理性构成的，但它是由**超越**其创造人的某种东西构成的。对真理的**热爱**绝对不是自恋，因为在它的新的上帝面前，自己是谦卑的。正如苏格拉底的神灵(daimonion)与城邦旧的外在权威在结构上是同源的一样，新创建的外在权威与实践理性的结构也是同源的。一旦它在现实中消失，国家的外在权威就在观念的世界中得以重建。每个观念世界都变成个体的和私人的。这样的世界是相互排斥的，就像个性一样，它们都以一种理性的方式、以一种特殊的方式构成了外在权威。

在所谓的**本土文化**(Binnenkulturen)(韦伯)中，这段短暂的历史弯路被用作外在权威和内在权威之间结构上的同源性的范例。但是，尽管
【13】 **本土文化**决定了随后的发展方向，但它们并不面向未来。自欧洲文艺复兴以来，各种权威之间的相互作用变得更加复杂。具有不同结构的外在权威——以及它们各自的内在权威——可以在同一时间和同一地点共存，这是不足为奇的。因此，同一个人可以同时承认两个不同的外在权威，或者可以承认一个外在权威和一个在结构上与次级外在权威具有同源性的内在权威。正是在这种情况下，"负罪感"(弗洛伊德所指的)出现了。"负罪感"不是由任何具体的过错——犯罪、罪恶或不法行为——引起的感觉，而是由对两个(不同的)外在权威和内在权威的承诺引起的。这就可以解释为什么"负罪感"是由一位深信启蒙运动的犹太人所发现的——他是一个犹太教堂的背弃者，而不是他部落的背弃者。在这种情况下，"负罪感"并不少见，尽管它很少如此强烈。如果怀疑者以不去教堂为耻；如果某人鄙视财富、尊敬父母，但当(衣衫褴褛的)他在"上流社会"中遇到他们时却会感到羞耻；如果某人不赞成各种暴力行为，但被称为"懦夫"时却会感到羞耻——尽管在这些情况下没有任何违法行为，但如果我们将每种"负罪感"都归结为遵循由不同权威所控制的相互矛盾的行为规范，那么，我们就没有错。

在当今社会，纯粹的羞耻规制和纯粹的良心规制都是难以辨识的极端例子。但是，需要对它们进行单独分析(并以其最纯粹的方式)，以便讨论它们的共存并发现其中涉及的道德问题。

二

在羞耻规制中，人们必须遵守的规范、规则和礼仪**不是理性的**。当然，它们也不是非理性的。它们的有效性必须(并且确实)在未经推理的情况下被接受，换句话说，它们在没有被观察者证明它们是理性的情况下被接受。这些规范没有被合理化的事实并不意味着**遵守**这些规范是不

合理的。遵守我们外界的规范是一个社会的自我保护的问题，而不这样做可能会被认为是非理性的。即使在今天，这种非理性化的规范仍然存在。我们不会在炎热的夏天赤身裸体地走在街上，尽管没有人能**合理地**
说服我们为什么不应该这样做。任何赤身裸体地走在街上的人都会被认 【14】
为是疯子，就像没有“表面的羞耻”的新几内亚土著民被认为是疯子一样。

对外在权威的违反使人们想要从地球上消失、躲藏在或沉入地下。在羞耻或多或少内化的情况下，我们试图隐藏自己，以免将来自己会暴露；对被“发现”的恐惧变成了永久的恐惧。当被询问时，说谎作为第一反应是一种众所周知的避免羞耻的技巧。彼得谎称自己不是耶稣的门徒，不是因为他害怕，而是因为他对他的主人明显违反共同体的代表们的规范惊讶不已。他的第一反应是避免羞耻。赫伯特·芬格莱特（Herbert Fingarett）提议我们将羞耻解释为未能与理想自我（Ego-ideal）相匹配，这一提议只具有有限的相关性，因为它只能适用于根据外在权威的规范塑造理想自我的情况。如果我们的理想自我是按照我们的良心塑造的，即使我们完全符合标准，我们也会感到羞耻。如果这种理想自我与外在权威的规范相矛盾，当我们面对后者的审判时，我们仍然会感到羞耻。当我们感到羞耻时，我们甚至能够感到良心的痛苦，**尽管我们不应该如此**。按照我们的理想自我行事，会使我们**避免**与那些不赞同我们的理想自我的人为伍。

人们会为与众不同的**行动**和不同的**存在**（being）而感到羞耻。第一个问题显而易见，第二个问题需要一些例证。驼背的人会为自己**是**驼背而感到羞耻，而（象征性地说）小天鹅会因为自己**不能成为**小鸭子而感到羞耻。认为我们不能为私人的感觉或愿望而感到羞耻，这是不正确的。例如，如果我们想要做某些我们认为没人去做的事情，我们当然会感到羞愧。我们不会公开那些能够表明我们与他人不同的感觉和愿望。我们用常见的避免羞耻的技巧来隐藏它们。然而，我们并不关心那些我们认为与他人共有的动机。

当审视羞耻与“为我们意识”（we-consciousness）之间的关系时，羞耻的古老的和前理性的特征就更为突出。我们不仅会为自己的行为和存在感到羞耻，也会为我们较小的群体和较大的共同体感到羞耻。如果我们的家庭成员没有达到外在权威、环境或社会群体的规范或标准的要求时，我们会感到羞耻。这是众所周知的事实，无须进一步说明。这里必须强调的是，归咎于为我们意识的负罪涉及的是**义务**(liability)，而不是
【15】**责任**(responsibility)。如果我父亲玷污了家族的名声，我就必须要纠正这一错误。我是有义务的，但我不对此负责。行为规范的日益多样化和某些价值的日益普遍化并没有终止责任与义务之间已经存在的差异。富有的人在面对世界上的贫困时会感到非常羞耻，即使他们对生而富有或对那些以想象中的目光注视着他们的人的贫困并不负有责任，但他们也常常感到负有责任。《圣经》中父亲吃了酸葡萄，儿子的牙却酸倒了①这一表述，表达了儿子对他父亲行为所负的义务，而不是责任。

在分析一种简单的耻感文化时，我们必须牢记，它的准则、规范和行为礼仪不仅规定了共同体成员应该如何行事，而且规定了如果他们没有遵守，他们应该如何纠正错误。甚至报复方法也只是耻感文化的形式化——人们知道人必须以眼还眼、以牙还牙、以命还命。对于轻微的过失，羞耻被认为是唯一适当的惩罚。高度复杂的"感到羞耻"的做法比纯粹的耻感文化更长久地存在于内在权威与外在权威相结合的社会中。在《论法的精神》(*The Spirit of the Laws*)中孟德斯鸠(Montesquieu)列举了几种违反规范的行为，这些行为应该受到使人们感到羞耻的惩罚。但是，最近两个世纪带来了人们必须在理论上和实践上应对的变化。这里是其中的一些。

(1)人不再生活于小型共同体中。今天，如果父亲吃了酸葡萄，儿子可以搬到另一个村庄或城市；除非他们决定回来把事情处理好，否则他们的牙是不会酸倒的。但这更多的是良心问题，而不是羞耻问题。隐藏比以往任何时候都容易；我们可以改变我们的社会地位、我们的住所，甚至我们的名字，重新开始。因此，羞耻所带来的压力可以更容易

---

① 意指自己做的小事会影响到后代。通常指父亲犯的罪，儿子来承担，即父债子还。——译者注

地缓解。如果外在权威是从某一共同体的特殊行为规范中分离出来的，从而以某种普遍性的规范呈现出来，如果内在权威理性地将普遍规范应用于所有特殊情况——这两种结构又是同源的——那么上述变化就会导致自治，导致从外在权威的压迫性中解放出来。然而，如果只是表面上支持普遍化的价值，如果人的相对道德自主没有建立在强大的内在权威 【16】之上，那么人的活动和行为的道德规范就会受到侵蚀。它将被利益规制所取代，非理性行为将普遍盛行。

法律是一种理性的权威，因为每一条法律都可以经受理性的检验。人们可以提出支持或反对它们的理由，也可以通过公众舆论和私人利益的压力而改变它们。尽管立法与某些道德行为的规范之间存在明显的关联，尽管后者的变化会带来前者的变化(例如，堕胎法)，**除非接受其他的**与法律同源的权威(从良心到国家的非法律形式的权威)，否则个人不会将法律视为道德行为规范的承担者。在所有道德行为权威受到侵蚀的情况下，法律(更准确地说，是刑法)只能根据工具合理性而不是价值的合理性来规范人的行为。人们不会违反刑法，不是因为他们认为此种行为是邪恶的，而是因为这种行为应受惩罚，而不被罚款或监禁是他们的最大利益。如果他们被定罪，他们不会偿还债务，也不会重获荣誉，因为惩罚的权威既不是他人的目光，也不是内心的声音。但是，断言刑法不能代替道德价值，不能促进受侵蚀的道德权威的复兴，这一说法并不意味着它完全没有道德功能。尽管这是一个可悲的事实，但事实是就目前情况看，刑法仍然是反对任意性的非理性群体行为的堡垒。当汉娜·阿伦特指出，如果犯罪行为不受惩罚，那么不受任何道德权威影响的人们将会犯下他们本来不会犯的罪行，并且他们**将习惯于**越来越频繁地犯下这些罪行。她是正确的。我们不只是从柏拉图那里了解到习惯有多危险。

(2)共同体，以及作为它的伴随者的(真实的或想象的)“他人的目光”的消亡导致理想之眼(the Ideal Eye)——上帝之眼(the Eye of God)的消失。宗教已越来越成为一种含糊不清的信仰或举行仪式的事情。即使近十年来的宗教复兴，至少在所谓的第一世界中，对非同类人的不宽容

性造成的影响要大于对内部集团的伦理改革的影响，尽管对侵蚀道德权
【17】威的不满可能成为某些人转向新基础主义(neo-fundamentalism)的因素之一。但就总体趋势而言，我们可以冒险假设，即使是有宗教信仰的人也不再感到能够深入他们灵魂深处的全能的神的稳定存在。启蒙运动曾自豪地坚信，只要良心取代上帝，人类的道德完美就会很容易实现，因为人不再需要拐杖，这种信念是基于对我们内在理性资源的过高估计。这种过高估计未能解释一个事实，即失去理想之眼往往与失去群体的真实之眼**同时**发生，它也未能面对更深层的事实，即我们需要外在权威的支撑，**并非**与我们人无关，而是**因为**人而产生。只有在非常特殊的情况下，个人才能成为道德上的善的唯一储存库，我们价值观的特性(及其应用价值观的理性方式)远比我们制定规范和遵守规范的力量的源泉更具决定性。

但是共同的外在权威和理想权威的消亡并没有导致羞耻的消亡。我们需要再次回顾这样一个事实，即羞耻的情感是每个健康的人与生俱来的。它不能被克服，只能被转移。它实际上已经向两个方向转移了。人的行为的外在权威一方面在单向度(one-dimensionality)中被特殊化和同质化，另一方面又被普遍化。我将依次讨论这些趋势。

羞耻的特殊化发生在规范**失去其客观性**的核心家庭①中，而羞耻的单向度的同质化则发生在规范**失去其等级结构**的社会(以复数的形式)中。

核心家庭是现代社会中仅存的准天然的共同体(quasi-natural community)。众所周知，羞耻作为一种与生俱来的道德感，在个体发育过程中也是人的行为的主要调节器。对儿童来说，在他们能够进行理性辨别之前，也就是说，在他们的良心可能发展之前，父母是道德行为的外在权威。但父母不再是**普遍**公认的人的行为的调解者。他们不再是客观的风俗习惯的储存库。他们自己也区别对待了这些习惯，接受了一些，拒绝了另一些。因此，他们的权威变成了个人的，就像他们对孩子
【18】的态度一样。在一个所有孩子都必须养成相同习惯(并且所有父母都或多或少地有同样习惯)的共同体中，如果他或她被迫适应这些共同模式，

① 指包括父母和子女的小家庭。——译者注

没有孩子会认为这是对他或她的一种个人冒犯。但是，如果行为模式有所改变，父母希望他们的孩子完全符合**他们自己的**行为模式，并且如果他们对孩子的做法**也因与他们的行为期望**有关而变成个人的，那么孩子的敏感性就会被放大，并且他或她的羞耻一直存在。然后，惩罚被理解和体验为一种**爱的缺乏**，结果可能是对这种个人权威的无意识的敌意。敏感的父母因这种异常现象而遭受的痛苦不亚于敏感的孩子。他们可以试着放弃人格化的外在权威的角色，但他们这样做的话，如果他们孩子的先天"原料"(raw material)并没有特别好的特质，他们就会冒着培养道德怪物的风险。

羞耻的单向度——行为规范的等级排列衰落的产物——是一种同样众所周知的现象。**不成功**变得越来越可耻，而通往成功的道路不再受规范性模式的约束。擅长**做某事**一直都属于规则体系所体现的期望，但它从来都不是决定性的期望。如果某人善于狩猎，却不愿分享，那么这个人根本就不算是好人。耻感文化的众神对一个成功的战士感到高兴，但前提是他的成功符合荣誉准则，没有**傲慢**。然而，在我们这个时代，成功与行为的总体性**分离**开来，原因很简单，后者**不再可见**。只有成功是可见的，因此(逐渐地)仅在这方面，他人的目光才会赞成或反对一个人。人们几乎可以在任何事情上取得成功，而获得成功的手段越来越不重要，因为这些被剥夺其规范性内容的手段已经变成了目的的合理性的**手段**。即使在某些地区和社会中，"公平竞争"的规则仍需遵守并且通常被认为是具有约束力的，但巨大的成功也可以推翻它们。仅仅遵守这些规则并不能阻止任何人被他人视为"失败者"。如果女人得不到丈夫的爱，或者被情人抛弃，她们就会向社会隐瞒这些事实。没有被选任(或被选入)某个职位、考试失败、在委员会中被斥责、破产等，都被认为是可耻的，不管失败的原因、环境或动机是什么。但是，如果认为外在 【19】
权威已经失去其同质化的力量，那将是一种错觉。考虑到作为衡量一切的标准的成功是由外在权威强加给个人的，因此**与众不同**仍然是可耻的。同质化只在**一个方面**进行，这就是为什么它可以被称为"单向度的"。弗洛伊德对超我和理想自我的区分解释了现代性的分裂的自我。

如果作为唯一外在权威的普遍化的价值被内化，那么所谓的“超我”也构成了“理想自我”，因此自我是不可分割的。如果内化的仅仅是单向度的同质化的外在权威，那么理想自我将是唯一的超我，因此自我再次是未分割的。但如果一个人仍然承认传统的外在道德权威(或普遍化的价值的权威)的有效性，并使单向度同质化的外在权威内化，那么理想自我和超我的分裂就会永久存在，自我将被分裂。这里必须再次强调，只有当道德权威发生冲突时，**负罪感**才会出现。即使作为一种大众现象的负罪感可能是危险的，但它的存在仍然是人抵制外在权威的单向度的同质化的**标志**。

外在权威的单向度的同质化并没有消除仪式上的和礼仪上的表演的僵化；相反，它**详述**了仪式和礼仪。贵族的衣着属于他的贵族**身份**，而正式或随意的穿着并不属于我们的身份。然而，我们**渴望**符合正确着装的“规定”(而不是规范)。如果我们不符合这些规定，我们会在某些“圈子”中受到嘲笑或蔑视。在我们进入一个特定的社交圈之前，我们必须仔细研究它的着装习惯。这也适用于姿态、面部表情、声音和词汇的调整。我们必须遵守**规则**，注意我们的言行举止。如果我们这样做了，我们通常会被认为是“体面的”，而不会受到道德困惑的考验，也不会检查我们做出**正确**决定的能力——除了在家庭内部。人与人之间的**距离**增加了。我们从不以我们的**全部个性**来面对他人，而只是以我们作为一种或另一种“角色”的表演者的身份来面对他人。我们甚至不需要为了避免羞耻而**隐藏**自己，因为**无论如何我们的生活都是被隐藏起来的**。我们在外面扮演着我们的“角色”，在内心却穿着褴褛的隐身衣。难怪**战争**成为小
【20】说和电影取之不尽的源泉。只有在战争中，一个人才会被他人视为人**本身**，而不是一个角色扮演者。只有在战争中，**真实的**自我才会受到考验。在战争中，成功不再是衡量一切的标准：友谊、团结、勇敢、聪明、善良——一切都很重要。幸运的是，难以定夺的情况是例外。它们的理想化很有说服力，因为它演奏着怀旧的曲调。尽管这种怀旧表达了对道德考验的深层渴望——为了“证明我们的灵魂”——但它是危险的。对**以往**战争的怀旧情绪被媒体转化为对未来可能发生的战争的错误的和

误导性想象更是如此。这种想象是错误的，因为目前战争的技术军械库(它能够并且很可能将彻底终结人的生命)并没有为那些被高估和理想化的“道德考验”留下任何余地。此外，这种对“考验”需要的迎合使得人们**无法抵御**诸如恐怖主义、秘密组织和新基础主义实践中提出的**虚假的**兄弟情谊等“重大事件”的诱惑。

然而，羞耻转变为符合我们的理想自我——当后者被定义为成功和正确扮演角色时——并不意味着**羞愧的力量减弱**。尽管我们不再能够区分“表面的羞耻”和“深层的羞耻”，但我们屈从于羞耻的程度并不比以前少。而且，如果我们考虑到家庭内部羞耻变得日益复杂，我们可以得出结论，遭受羞耻的折磨并没有减轻。

外在权威不仅规定了合适的行为，而且为没有按照该权威规定的要求行事的人提供了行为模式。忏悔意味着改正错误，每个人都知道**怎样**改正错误。羞耻是一种使人痛苦的感觉。它需要宣泄途径，而精心制定的适当的“偿还”方案就起到了这样的作用。“偿还”的方式可能会很痛苦，但如果实施得当，崩溃的人会恢复他或她的姿态，蒙受耻辱的人会恢复他或她的荣誉。这种偿还的仪式化主要保留在专制家庭中。但是，由于父母不再是习俗的中间人，而是把他们自己选择的价值观和自己特定的行为体系强加给他们的孩子，这种仪式化就具有了个人特征。**道歉**是一种典型的仪式化的偿还方式。但是，如果父亲的道德准则或多或少带有个人色彩，如果这取决于他什么时候需要道歉(或者是否需要道歉)，那么仪式并不能减轻羞耻。要么仪式不再被内化，要么它变得过 【21】
度，甚至在不需要的时候出现。同样，只有天生的特质特别好的孩子才能面对这种考验，而不会给生活造成严重问题，就像狄更斯(Dicken)的《董贝父子》(*Dombey and Son*)中的范妮一样，她因出生而不得不向她专横的父亲道歉。

在核心家庭之外，羞耻仪式化的宣泄方式几乎完全消失了。但必须强调的是，由于积极的羞耻比消极的羞耻在更大程度上**保留**了其情感特征，它的仪式化宣泄方式也得到了保留，只是在表面上发生了改变。当在公众面前受到赞扬时，我们所做的事情基本上与我们的祖先所做的事情相同。我们通过指出他人的优点——我们的朋友、家人、同事和机构的优点，对过分强调谦虚的积极羞耻做出反应，带有一种自我羞辱的性质。我们通过鞠躬和感激等手势与言语来“降低”自己。

消极羞耻的领域已经大大扩展了羞耻影响的边界，这正是“改正错误”的仪式化可能会越来越少的原因——有很多东西可以去掉。这里的“可能”一词指的是**条件**，而不是仪式化偿还消失的原因。正是外在权威的单向度的同质化，使得道德“债务”的仪式化偿还基本不可能。如果我们接受环境给予的声望规模(就像大多数人或多或少做的那样)，那么在别人眼中的失败只能以成功来回报。除了所有的成功都是相对于他人的成功这一事实之外——因此人们可能不断地负债而无法偿还——做出改正错误的姿态所涉及的**互惠关系**已经完全消失了。在通常情况下，对外在权威的侵犯可以用赎罪来回报，也就是说，通过给我们自己施加一些痛苦(或通过接受别人施加给我们的痛苦)来恢复**社会正义**。在单向度同质化的外在权威的情况下，我们可以通过快乐(获得进一步和更大的成功)或给他人造成痛苦，或者通过强化**社会的不公正**来减轻甚至消除羞耻。在单向度中，任何形式的仪式化都无法减轻羞耻的体验，因为没有偿还的实践可用。当这种情况发生时，剩下的唯一出路就是攻击和自我攻击。如果感到羞耻，男人很容易杀人，即使攻击或自我攻击通常采取
【22】不那么暴力的形式。嘲笑自己的羞耻或扮演小丑是一种温和的自我攻击形式，而打别人的脸(或向别人的脸上吐口水)虽然是暴力的，却是一种比杀戮更温和的攻击形式。诚然，有一种幸存下来的**传统**仪式性的羞耻宣泄方式，但这是以牺牲其原有功能为代价的。**诅咒**，曾经是一种仪式化的言语行为，现在越来越成为一种疏引羞耻的“私人的”形式。

分析对外在道德权威的侵蚀、对单向度同质化的外在权威的重建以及道德债务“偿还”的仪式化形式的丧失，可能给人的印象是我们生活在一个持续不变的“道德堕落”时代。这远非事实，因为到目前为止，受到审查的趋势已被我们尚未审查的其他趋势所**抵消**。

制造业和资本主义诞生于两个世纪前，**现代民主**也是如此。虽然我们社会的这三个组成部分——我这里只说西方民主社会——是相互关联

的，但每个组成部分都有自己的逻辑。一旦民主**观念**形成，随后民主制度建立，某些价值就变得越来越**普遍化**。对普遍有效性的主张超越了任何特定行为规范体系的障碍。某些被称为价值观念的普遍化规范可以作为人的行为的一种新的外在权威，作为一种与任何**现有**外在权威不同的新的道德权威而发挥作用，因为它或多或少地超越了所有这些外在权威。这将是由一个**理想的**共同体——人类共同体——而建立并与之相关的一个理想的外在权威。随着民主和启蒙运动的出现，我们有可能建立这样一个理想的外在权威，一个具有前所未有的道德规范**潜能**的权威。即使作为一种**潜能**，它也为良心提供了巨大的资源。反对特定规范体系的有效性的实践理性不会发现自己处于危险的境地。它与理想的外在权威有关，它无条件地接受这种权威的有效性。

但即使是最大的道德潜能也只是一种潜能。如果普遍化的价值不能通过特定的价值体系**传递**给每个人，那么理想的外在权威只会约束**精英**。任何这样的精英都不会是社会精英，即使知识分子(广义上的)占多数。不管是否为精英，道德行为的外在权威是“他人的目光”，而这一目光不可能完全是虚构的。一个没有真实群体的理想共同体就像没有会众 【23】
的上帝。然而，即使某些精英价值观的普遍化或多或少能暂时抵消现有道德世界的消失，也无法**改变**外在权威的单向度同质化的趋势。

但民主不仅引起了某些道德价值的普遍化，它还为减轻羞耻的折磨创造了新的宣泄途径。我已经讨论过羞耻的超个体性(trans-individuality)，并且已经讨论了义务与责任之间的区别。现在，如果我们可以为我们的家庭、我们的制度或国家的行为感到羞耻，同样的认同也可以与之相反而发生：我们可以在主观上解释**我们自己的**羞耻。如果我们感到羞耻，那么感到羞耻的也许**不是我们**，而是我们的亲属、制度或国家。

如果让我们感到羞耻的外在权威被内化了，而羞耻也被主体间性地解释了，那么，我们对消极羞耻的反应和对积极羞耻的反应是一样的，即代替侵犯的是羞辱及其表达。羞耻感也可能以其纯粹的形式出现。如果外在权威只是部分内化，**并且**羞耻感被主体间性地解释，那么屈服的做法会引发负罪感，转化为对主体屈服于权威的怨恨、愤怒或仇恨。如果行动者通过将对他或她的家庭、职业、种族、阶级、性别或群体的侵犯归咎于外在权威来消除他或她的羞耻，那么对羞耻的解释就变成了“意识形态的”。羞耻因此通过投射被引导，而怨恨则变成投射。第三种典型的可能性，用萨特的话来说，就是“邪恶的激进化”。判决被接受，但又被**推翻**。被“他人的目光”视为偏差的东西被当作规范。羞耻转而求助于权威。羞耻现在不再被体验为“他人的目光”，因为现在**我们是目光**。我们通过自己的眼睛看别人。外在权威的咒语被打破了。但羞耻的这种彻底的改变并**不**意味着用良心来代替羞耻。在改变这些迹象时，我们没有选择一个内在权威，而是一个外在权威。外在权威的咒语被打破的事实只是意味着通过我们的鉴别，我们把羞耻投射到自己身上。使我们感到羞耻的不再是我们的羞耻，而是其他人的羞耻。

【24】 在多元社会中，对羞耻的主体间性的解释被制度化和被引导，因此，自我攻击和攻击是“**文明的**”。一个社会越民主，它就越有可能提供对怨恨的引导性释放和羞耻的回归。由于个人的平等得到了正式承认，即使怀疑个人因为他或她属于“团体”而感到羞耻，也足以将个人的羞耻转化为**社会问题**。即使是那些没有因任何形式的歧视而感到羞耻，而只是在这种背景下解释他们的羞耻的人，也可以通过**反对**现实或想象中的社会歧视和不公正来消除这种羞耻。如果每个人都可以自由地加入任何组织或安排支援活动，那么每个人都可以在一些有共鸣的公众反应中寻求一些补救措施。人们可以给报纸写愤愤不平的信，参加各种施压团体等。为了避免误解，我的意思不是说所讨论的制度和运动是**为了**消除羞耻而建立或产生的，而是说它们**可以作为**非仪式化的释放羞耻和恢复羞耻的引导。

正如动机在一个纯粹的羞耻社会中不重要一样，当羞耻通过民主制度的渠道被释放时，动机也不重要。在这两种情况下，重要的是**公开的行为**。但在一个纯粹的羞耻社会中，所有公开的行为都是为了遵守行为体系的特定规范，而在监督的情况下，它意味着符合**文明礼貌的规范**。文明礼貌的规范并没有规定与私人生活方式有关的行为。它们只规范公

共行为的形式。因此，无论某人是基于政治原则支持某一社会问题，还是因为该问题能够为他提供怨恨的投射途径，这都无关紧要。唯一重要的是，问题必须以理性或**客观的**方式**提出**。

公共行为中的文明礼貌的规范为羞耻提供了一个有纪律性的和合理化的宣泄方式。如果这些规范是传统的，如果公众舆论已经"了解"了它们，那么他人的目光就会**反对**违反这些规范的公共行为。因此，文明礼貌的规范在公共行为中起着形式上的外在权威作用。不管他们的道德品质如何，人们必须学会在公共交往中遵守民主规范。

形式上的外在权威，如理想的外在权威，弥补了对人的行为的外在道德权威的侵蚀。但它无法**彻底改变**由外在权威的单向度的同质化所引发的道德沦丧，因为形式上的外在权威所规范的只是公共行为，而不是生活方式。显然，试图规范生活方式的形式上的外在权威也无济于事，因为这只会导致与现代个性格格不入的伦理的形式上的同质化。 【25】

总之，我们不得不得出这样的结论，即当代人的道德品质并不比以前更好也没有更差，只是有所不同。我们可以将作为人的伦理动机系统的道德(Moralität)是否能够变得更好这一问题搁置起来。但即使是持怀疑态度的康德也强调**伦理**(Sittlichkeit)是可以改进的。如何可能以及如何实现，将在后面的文章中讨论。绕了个弯，我现在回到我的出发点——对羞耻的主体间性的解释。

我以一种价值中立的方式讨论了羞耻的主体间性的解释。对各种释放羞耻的过程未做评价，仅列举。我不可能进行其他的讨论，因为对羞耻投射的评价并不主要取决于羞耻释放的结构，而是取决于使人感到羞耻的行为内容。如果一个人因为道德上的过错而感到羞耻，那么对羞耻的主体间性的解释是一种合理化的形式，是**缺乏良心**的标志，因此是不可接受的。当然，事情并不像看上去的那么简单，因为同样的行为在一个共同体中可能被视为道德上的过错，而在另一个共同体中可能被认为是值得称赞的。(谴责他的同伙违反法律的流氓可能会为这种行为感到羞耻。)在这种和类似的情况下，被违反的规范的普遍性可能是决定性的。再举另一个极端例子：如果一个人因为他或她**成为**某人而不是因为他或她的行为而感到羞耻，那么对羞耻的主体间性的解释是合法的，也是理性的(没有被合理化)。

但是在某些情况和境遇中，人没有任何罪过却感到羞耻，这种羞耻**不能被主体间性地解释**，更不能被扭转，因为它不能以任何形式公开。在这里，攻击或自我攻击是唯一所剩的宣泄方式。拥有体面和自制力的人根本没有这种方式。当我们感到这种羞耻时，我们会遮挡我们的脸，象征性地沉入地下并感到痛苦：我们就是这样偿还对人类所欠下的债。

【26】 我没有用自己的话总结什么是羞耻，我宁愿让艺术家来描述它的复杂性。在小说《吉姆老爷》(*Lord Jim*)中，康拉德(Conrad)详述了马洛(作者的化身)和一位法国船长之间的一段对话。他们讨论了“巴特那”号上的一个大副吉姆的故事。在面临致命危险的时刻，吉姆抛弃了拥挤不堪的船上沉睡的乘客：

> 突然，他的嘴唇动了起来。“是这样的，”他平静地接着说，“人天生就是个胆小鬼……这是一个难题——天哪！否则就太容易了。但是习惯——习惯——必要性——你明白吗？——**他人的目光**——没错。一个人要忍受它。还要做那些不比自己强，但却装腔作势的人的榜样。”
>
> 他的声音停止了。
>
> “那个年轻人——你会注意到——没有任何这些诱惑——至少当时没有。”我说。
>
> 他宽容地扬了扬眉毛：“我不说，我不说。那个我们所说的年轻人可能有最好的性格——最好的性格。”他重复道，带着一丝喘息地说。
>
> “我很高兴看到你采取宽容的态度，”我说，“他自己对这件事的感觉是——啊！——充满希望，而且……”
>
> 他在桌子底下拖着脚走的声音打断了我。他抬起沉重的眼皮。停住，我说——没有其他的表达方式可以形容他那沉着从容的行为——最后他完全向我透露了真情。我面前出现了两个

狭窄的灰色圆圈，就像两个小小的钢环，围绕着深邃的瞳孔。来自那庞大身躯的锐利目光，给人一种极为高效的感觉，就像战斧上的锋利刀刃。“请原谅!”他一丝不苟地说。他举起右手，身体向前摇晃。“请允许我……我争辩道，人们可以很清楚地知道，一个人的勇气不是凭空而来的(ne vient pas tout seul)。这没有什么值得不安的。一个真理不应该使生活变得不可能。……可是荣誉——荣誉，先生！……荣誉……是真实的——就是这样！以及何时生命才有价值。”……他笨拙而急躁地站了起来，就像一头受惊的牛从草地上爬起来一样……“当荣誉消失时——啊！标准例子——我不能提供任何意见，我不能提供任何意见——因为——先生——我对此一无所知。”

三

【27】

当垂死的哈姆雷特要求霍拉旭为他洗清罪名时，一个有良知的人在向外在权威求助。朱丽叶说：“我的敌人不过是你的名字……蒙塔古是什么？它既不是手，也不是脚，不是胳膊，也不是脸，也不是属于一个人的任何其他部分……名字中有什么？”作为实践理性声音的良心基本上是**唯名论的**。规范、义务、价值、善的概念——它们是什么？它们不是血肉之躯。人们无法领会它们；它们不是实实在在的。为什么要服从它们？为什么要向它们屈服？它们很可能是幻想、幽灵、鬼怪。但它们并非天真的幻想或幽灵。它们是强制性的。它们是靠人的血和汗为生的饥渴的神。

像朱丽叶一样反对外在权威，需要将**选定的**价值观——被认为是优越的、本质的、真实的和理性的——与公认的价值观进行对比。朱丽叶不是一个无法抗拒激情的辍学女孩。与《浮士德》中的玛格丽特不同，她不在乎“荣誉”。她只想忠实于她的承诺；相信这样做是**正确的**而做出的承诺。

内在权威是**自主性**。除了我们的良心外，我们什么都不服从，这意味着我们是自己**性格**和**行为**的创造者。在这样做的时候，我们对我们的行为和性格承担**全部**责任。由于自主性始终是相对的，因此绝对自主性只能是一种规范性的理念。有良心的人会强迫自己行事，**好像**他或她是他或她行为和性格的唯一创造者。

实践理性既蕴含行动**意志**，也蕴含行善的**意志**。意志是一种理性的愿望，它意味着实现目标的手段由我们支配。因此，行善的意志意味着，实现我们良心认可的目的的手段是由我们支配的。由于意志作为实践理性的实现涉及内在的方向，无论他人是否意识到，都无法向自己隐瞒不服从实践理性的要求这一点。当我们的意志和我们的实际行为之间存在差异、不和谐或矛盾时，良心上的痛苦就会出现，这种感觉往往比羞耻更令人苦恼和痛苦。由于实践理性是一种内在权威，良心上的痛苦不是我们欠别人的债，而是我们欠自己的债。因此，债务偿还的形式不是也不能被仪式化。当他人告诉我们如何能够以及必须偿还债务时，**如果我们通过忏悔将良心上的痛苦转化为羞耻**，我们就只能在仪式上减轻
【28】良心上的痛苦。但如果我们忏悔只是**为了**减轻良心上的痛苦，而不是为了接受他人的评判，那么结果将是——用陀思妥耶夫斯基的话说——“无序的忏悔”。还有两种方法可以结束良心上的折磨。这些不是仪式化的，但它们很常见。一种是假装不知道我们实际上知道的东西，把知识推入无意识。这是**非本真性**(inauthenticity)，它通常伴随着焦虑和永久性的负罪感。另一种是通过纠正我们的性格来“重新获得我们的姿态”。后者类似于偿还的姿态，但两者并不完全相同。如果我们不重复那些被我们的良心认为有罪的行为，我们的性格就会得到纠正。简而言之，我们根据意志来改造我们的性格。我们回忆过去的罪过和错误时带着**理智上的懊悔**，但没有良心上的痛苦。

既然实践理性意味着行动和行善的意志，既然它被视为一种自主的代理，那么未能遵从良心的声音只能归咎于自己。此外，行动和行善的意志是一种理性意志，因为我们坚信，实现行善的所有手段都在我们的掌握之中。这些共同解释了良心的逻辑，从任何一种外在权威的立场来

看，这种逻辑都很奇怪。如果我们的行为与良心的声音一致，我们所有的行为都会被认为是**必然性**链条中的一环。(否则我们不能行动。)正如路德所言：“我站在这里，我别无选择。”然而，如果我们不能按照良心的声音行事，我们所有与实践理性意志相矛盾的行为都将被视为**偶然的**行为。(我们不仅应该采取不同的行动，而且也**能够**采取不同的行动。)这确实是良心的**逻辑**，因为如果我们说我们**不可能**采取不同的行动，即使我们应该这样做，我们也会简单地放弃内在权威的自主权。康德的著名格言，即“无论我们应该做什么，我们都能做，只为良心的内在逻辑发声”。当然，必然性和偶然性的二分是由于绝对自主的**错觉**。

但即使我们声明我们可以采取其他行动，也必须解释偏离我们内在权威的意志的情况。一般的解释如良心一样古老，它把责任归咎于“人性”(human nature)。我们的感觉、欲望、情感、本能——我们所谓的“自然”倾向——反抗实践理性至高无上的统治。它们必须被实践理性的至高无上的统治所压制，或者最终被改变。这种差异与羞耻规制无关。【29】亚当和夏娃犯了罪，因为他们吃的是**知识**树上的苹果，而不是**感觉**树上的苹果。在以羞耻为主导的中世纪文化中，个人的推理(怀疑主义、怀疑、宗教异端)远比激情更令人怀疑。在激情中犯下的罪可以很容易地通过充分的悔改来“纠正”。但是个人的推理被认为是“邪恶的”，而成为它的“受害者”的人几乎是无可救药的。“意图”和“结果”之间的鲜明区别以不同的方式解决了这个问题。如果比较的话，《俄狄浦斯王》(*Oedipus the King*)和《俄狄浦斯在科罗诺斯》(*Oedipus in Kolonos*)就可以证明良心文化对雅典人的**共通感**(sensus communis)的渗透。只有在他或她愿意采取行动的情况下，该人才被认为对他或她的行为负责；善是否真的实现了，或者是否变成了恶，都不是他或她的责任。尽管意图和结果之间的区别本身是合理的，是反对道德鼓吹的大本营，但它最终可能导致良心的完全异化：如果结果是坏的，错在别人(环境、其他行动者)而不是我们。良心的异化类似于某些避免羞耻的技巧，但它不是一回事。因为即使别人不指责我们，我们仍然通过认为别人是有责任的来为自己辩护。良心异化的危险与外在权威的道德力量的侵蚀成正比。

人的行为有各种各样的内在规则。在这里，我只能粗略地描述带有准历史的(quasi-historical)序列中的主要类型。我从出现在主要受羞耻规制的文化中的良心结构开始，以出现在我们自己文化中的良心结构结束。这是一个“准”历史序列，因为虽然曾经存在的良心结构在后来的某些时期消失了，但这里列举的**所有**结构有可能同时存在。在这一点上，我必须提醒读者，我已经将良心定义为人们对人的行为的内在权威的参与，或者(换句话说)是一种与实践理性有关的感觉。尽管从**社会**的角度来看，“人的行为的外在权威”和“耻感文化”是可以互换的术语——就像“人的行为的内在权威”和良心文化可以互换一样——但从**人**的角度来看，这并不成立。即使对于那些不会感到羞耻的人来说，外在权威也存
【30】在，但如果一个人没有良心，那么他根本就没有内在权威。这就是为什么这里所遵循的良心的类型学也代表了实践理性的类型学。只有当我对每种“非原始”文化中一直存在的最普遍的良心类型进行盘点，还继续使用在以前文化中很少出现和只在现代流行的其他良心类型时，类型学才将是历史性的。

有关良心的类型有：①增补性的良心(complementary conscience)；②作为终极裁决者的良心；③作为实际决定的唯一裁决者的良心。我将依次探讨。

(1)**增补性的**良心可以是应用性的、矫正性的或解释性的。应用性的良心和矫正性的良心也不一定是解释性的，但解释性的良心(interpretative conscience)却必定是应用性的和矫正性的。增补性的良心的各种形式之间的区别如下：

①如果实践理性有权将外在权威的行为规范应用于特定情况，则良心被称为应用性的。这里，通过实践理性而做的考虑意味着从外在权威的角度评价事例，并判断必须应用哪些公认的恰当行为体系的规范以及如何应用。因此，实践理性通过判断在规范和行动之间进行**调解**。

②如果实践理性有权选择外在权威的一个或多个规范进行**详述**，但又不否认其余规范的有效性，则良心被称为矫正性的。当某些规范被详述时，就会成为远高于外在权威设定的标准的最高义务。这里，考虑的

目的不仅在于正确应用外在权威，而且(就像马库斯·斯凯沃拉[Mucius Scaevola]的例子一样)也在于**至善**(perfectionism)。

③如果实践理性有权解释和重新解释外在权威所提供的规范的**意义**，那么良心就是解释性的。实践理性与理论理性相互依存，在对各种价值的解释方面，“意见”和“真知”之间的区别是预先假定的。当纯粹的意见和真正的知识之间的区别是由个人来承担时，当价值和规范的“真实的”解释对普遍有效性提出要求(即使仅在一个群体框架内)时，实践理性变得更加个体化，同时也更加普遍化。但是，即使下决心要理性地 【31】 确定价值的真正含义，解释性的良心也绝不会反对外在权威所体现的普遍持有的价值，因为它接受这些价值的**有效性**。

被称为“增补性的良心”的内在权威在结构上与外在权威是类似的，大体具有以下特征：①行为规范体系内某些规范的日益抽象化；②一种关于这些抽象规范的有效性的**共通感**，这些抽象规范是一个国家的最高美德或者是神圣法律的戒律；③就特定的期望而言，可变性和变化，以及关于这些变化(无论是更好还是更坏)的知识，都是由社会行动者带来的。外在权威的这种最终倾向性只与解释性的良心一致。关于社会的道德素质过去是“完美的”，但由于自私、疏忽、“肉欲”、柔弱等原因，此后开始恶化的观念在这个阶段出现了。

(2)**在实际决策中，作为终极裁决者**的良心可以是立法的良心(legislative conscience)、怀疑的良心(sceptical conscience)或坏的良心(bad conscience)。

立法的良心和怀疑的良心有一个共同之处，即导致外在权威的**贬值**。二者都谴责“荣誉”的形象——公认的价值观和行为规范——仅仅是“名称”。正是在这里，良心的唯名论清晰地显现出来。当哈姆雷特说世界上没有好坏之分，只有**思考**决定品质的好坏时，他清楚而简洁地概括了良心的唯名论是什么。尽管二者的出发点相同，但怀疑的良心和立法的良心从中得出的结论却大相径庭。

①如果实践理性不仅有权单独解释外在权威提供的价值，而且有权接受某些价值并拒绝其他价值，那么良心就被称为立法的良心。价值本

身被视为“纯粹的意见”，除非思考可以“使它们变好”。外在权威的所有具体规范都被悬置和检验。但是，并不是**所有抽象的规范**都同样被悬置和检验，这就是为什么立法的良心只是实际决策的最终仲裁者，而不是唯一仲裁者。所有具体规范的悬置和检验都是从少数抽象规范的角度进行的，这些规范就其本身而言是被**绝对化和普遍化的**。正是这些抽象的
【32】价值和规范对实践理性起着**启示性权威**的作用。因此，立法的良心不是防御性的，而是进攻性的。它主张其所选价值的经验普遍化。拥有立法的良心的人认为他的启示性权威应该被视为对**每个人**来说唯一的和绝对有效的外在权威。因此，给这种良心贴上“立法的”这一标签并不是一种修辞手法。

当我提到立法的良心的**绝对主义**特征时，我没有区分这种绝对主义的两个方面。人们对自己和他人都可以是绝对主义者。所有拥有立法的良心的人对自己都是绝对主义者；但并非所有人对他人都是绝对主义者。立法的良心可以与应用性的良心相结合，在这种情况下，它是对话的和辩证的。如果不与应用性的良心相结合，立法的良心就是不宽容的，对他人起着外在的、强制性的权威作用。

②与立法的良心相比，怀疑的良心是防御性的。在这里，实践理性的意志并没有超越个人的行为，因为它并没有要求其所选价值和启示价值的经验普遍化。(这就是它没有立法的原因。)它的判断是自由的、宽容的和轻蔑的，它缺乏激情，并且没有仇恨，它是作为终极裁决者的最纯粹的良心形式。它是最纯粹的，因为它对任何外在权威的认可或反对完全漠不关心。具有非常成熟的怀疑性的内在权威的人根本不会感到羞耻。尽管如此，怀疑的良心并不是道德行为的唯一裁决者，而是其终极裁决者。之所以如此，不仅是因为它从众多价值中选择了某些实质性价值(正如立法的良心所做的那样)，而且因为即便它对普遍接受的外在权威漠不关心，它也并非对“他人的目光”漠不关心。然而，它从具有**相同**实质性价值的良心的人中选择自己的目光拥有者。它把他们的判断视为对“灵魂的另一部分”的认可或否定。如果这个“灵魂的另一部分”不赞成拥有怀疑性的良心的人的行为，那么，他不会感到羞耻，而是会感到**良**

心的痛苦。

③坏的良心①(不要与良心上的痛苦相混淆)，由于在加尔文主义和反宗教改革中是如此典型，因此经常被分析，以至于我可以随意以非常粗略的方式来描述它。我不需要给出任何理由来考虑将坏的良心作为一种在实际决定中起着终极裁决者的作用的特殊形式的良心。我更喜欢引 【33】
用黑格尔的话：

> 情绪中不愿承认任何未经思想认为正当的东西，这是使人类感到光荣的一种伟大的固执。这种固执是现代的特征，此外，它还是新教特有的原则②。

尽管“坏的”良心并不是与早期资本主义“精神”相一致的唯一良心形式——立法的良心和怀疑的良心也是如此——但它是一种具有高度代表性的良心，比其他两种保持着异质的良心类型更加普遍。

在这种良心中，外在权威的复制——这是犹太教的特征，在较小程度上是中世纪基督教的特征——不仅得到了保存，而且得到了加强。然而，“这个世界”的外在权威被理性地检验，来自“另一个世界”的外在权威不再是“这个世界”机构的立法者。上帝，这个古老的超脱世俗的权威，已经被“降格到人间”，作为一个理想化的道德人，它给想过模范生活就必须服从的个体发出个人命令。这与我在讨论父母不断变化的伦理功能时所描述的结构变化相同，即使是相反的变化。超脱尘世的父亲是我们具体化的良心。我们若不听从他，就是不听从自己的良心。**最高的外在权威不是作为一种内化的外在权威起作用，而是作为一种外化的内在权威而起作用**。当良心被**外化**，并扮演**外在权威**的角色时，它会**强迫**使其外化的人；但是，既然**良心**被外化了，作为对我们不愿服从的惩罚，权威没有使我们感到羞耻，而是成为使我们不断感到**良心上的痛苦**

① 通常译为“良心不安”，而尼采将其理解为品质恶劣的良心。——译者注

② Georg Hegel, *Grundlinien der Philosophie des Rechts*, Werke, v. 7., Frankfurt: Suhrkamp, 1970, p. 27. (参见黑格尔：《法哲学原理：或自然法和国家学纲要》，范扬、张企泰译，商务印书馆 1961 年版，序言第 15 页。——译者注)

的原因。如果这个外在权威是神，我们可以通过牺牲和忏悔来偿还我们
【34】的债务。只要我们忏悔，就能得到赦免。偿还的数量和质量由传达上帝意志的共同体或制度所决定。但是，在外化的内在权威的情况下，没有既定的偿还手段可用。届时，我们将永远处于负债之中，因为债务永远无法完全偿还。

正如韦伯所指出的，良心的**外化**暗示了(并暗示着)这样一种信念，即世俗的成就(成功)是一种体面生活方式的标志。幸福的组成部分曾经被亚里士多德归于“好运”而**不是**美德，现在则被归于美德，因此工具理性在道德上被评价。运气不好就意味着良心不好。但是，既然没有人能称之为“死亡的幸福一面”(happy this side of death)，而且因为在我们的一生中，每一次成功都是脆弱的和暂时的，我们必须不断地折磨自己才能获得成功。如前所述，当人们偏离了实践理性的康庄大道时，良心只能责怪人们的“本性”——人们的本能的感觉、情感和欲望。在坏的良心的情况下，良心的这种逻辑引起了**预防措施**。良心必须不断地折磨本性，不是在犯任何罪之后折磨，而是在犯任何罪**之前**。我们“本性”的存在本身就是一种罪。因此，对“原罪”的信仰不仅仅是众多信仰中的一种，不仅仅是一个神话，而是在日常实践中被重新激活的一种信仰。因此，持续的悔恨折磨——一种无法摆脱的负罪感——是坏的良心的一个显著特征。我敢提出这样一个观点，即拥有坏的良心的人会因为他是有罪的而感到内疚，因为(在他的情况下)良心的外化**实际上**是对作为**内在**权威的良心的侵犯。真正的内疚是可以感觉到的，但(因为无法忍受)它不能保持自觉状态。因此，它以各种方式被**合理化**，对原罪的信仰只是其中之一。

作为实际决定过程中的**终极**裁决者的内在权威与具有以下特征(同样，非常粗略地概括)的外在权威相似：①各种外在权威的共存，其中没有一种权威可以通过一个人先天的美德来决定他的忠诚度；②每个外在权威内部固定的规范和价值等级体系的消失，以及随后关于最高美德的**共通感**的丧失；③技术规则与正确的社会行为的社会规范之间的划分；④**在原初状态中**(in statu nascendi)某些抽象规范的普遍化。

(3)作为实际决断过程中的**唯一裁决者**的良心，可以是形式化的良心(formalized conscience)、善于计算的良心(calculative conscience)、自恋性的良心(narcissistic conscience)或善的良心(good conscience)。出于实际原因，这四种形式都拒绝承认**任何**形式的外在权威——无论是世俗的还是神圣的——或任何形式的**实质价值**是具有约束力的。(通常)连接内在权威与外在权威的脐带已被切断。但是，如果实践理性没有把任何特定的道德价值视作具有约束力的，那么它如何继续成为**一种道德权威**呢？这个问题只有一种解决方案。我已经提到过某些抽象的价值已经变得越来越普遍。如果内在权威认为这些普遍性的价值中至少有一种具有约束力，那么它仍然是立法的良心，换句话说，在实际决定过程中不是唯一裁决者，而是终极的裁决者。但还有一种可能性，即不把任何普遍性的价值都视作具有约束力的，并将道德建立在普遍性**原则**上。如果不这样做，作为实际决定过程中的唯一裁决者的良心就**完全不再是一个道德上的代理**，而成为不受限制的自我实现的代理。因此，价值的合理性的内部代理成为**目的的合理性**的内在权威。**实践理性的狡计**就从这里开始。谈论实践理性的狡计是恰当的，因为我们将看到，作为实际决定过程中的唯一裁决者，良心是如何恢复外在权威，从而恢复羞耻的。但这是有代价的。恢复了的外在权威要么**缺乏**道德内容，要么是**返祖的**，要么是**强制性的**。 【35】

①形式化的良心是没有伦理的道德。它是一种理论建构，而不是一种真正的良心。康德为此提出充分理由，但即使是他也必须将绝对命令的规范与实质价值相协调。依照人不应该互相用作纯粹的手段，康德的普遍化的格言是人类实质价值——个人自由、尊严等——的普遍化和形式化。但即使是将良心本身形式化的解决方案，也割断了与外在权威的脐带，从而排除了良心的应用性的、矫正的和解释性的功能。实践智慧被演绎所取代。每种内在权威在“人性”——自然的欲望、感觉和情感——与实践理性之间做出的区分被认为是不可逾越的鸿沟。意图和结果之间的区别也是如此，而行动本身则被归入“自然”的领域。虽然康德有充分的理由将内在权威视为**道德上的**实际决定过程中的唯一仲裁者，

【36】 但他也提出充分理由认为**外在权威也是如此**。外在权威与道德及其代理人——良心无关，但它必须规范**人的本质**。**伦理**——与道德相反——只研究人的行为的外在规范。但是，由于我们永远不知道某人是根据内在权威的声音还是根据外在权威的行为规范行事，因此在康德那里，耻感文化的恢复已经很明显，至少就**判断力**而言。

②善于计算的良心与认可成功不认可失败的外在权威的单向度的同质化是一致的。正如现代个人被分为"人"和"公民"一样，善于计算的良心也是如此。在第一种情况下，我们可以写作"私人的善于计算的良心"，在第二种情况下，我们可以写作"公共的善于计算的良心"。与形式化的良心(更多的是一种理论建构而非良心的实际形式)相反，善于计算的良心在其最纯粹的形式上是真实的和普遍的。它的宗教与形式化的良心的宗教正好相反：它预先假定了将他人用作实现个人目标和公共目标的纯粹手段。因此，实践理性成为工具理性的提示者和储存库。

自我(Ego)是善于计算的私人的良心的唯一现实。它不关心他人的价值或命运，除非这些可以作为其突破性进展的手段。任何对自我有用的东西都是好的，除了有用的东西外，没有别的东西是好的。在朝着取得突破性进展的方向上迈出的每一步都必须谨慎计算。不允许有错误的步骤。理性和情感之间的对比因此得到加强。情感会使人误入歧途，这就是它们必须被消除的原因。爱、同理心、慈善和同情被善于计算的良心视为"弱点"，侵略、嫉妒和(最终)骄傲也是如此。如果违反法律规定等于计算错误，那么有善于计算的私人的良心的人就是奉公守法的。如果他确定自己不会陷入困境，他就会毫无悔意地触犯任何法律。(在巴尔扎克的小说中，有一群在法律动荡时期发家致富的具有私人的善于计算的良心的人。)有私人的善于计算的良心的人通常会遵守他所在社会的**具体**行为规范，因为他把这些规范**作为**实现突破性进展的**手段**。他渴望得到社会认可，不是因为他在乎社会认可**本身**，而是因为它**有用**。由于
【37】 自我的目标是在**现有**社会中获得成功和财富——外在权威对他的公开行为设置了**限制**——具有私人的善于计算的良心的人原则上无法超越善恶，通常可能会违背良善的规范。善于计算的良心必须考虑关于善和恶

的普遍观点。它认为这种观点与**他人**有关，甚至对**他人**产生约束力，并且是成功计算的重要因素。

公共的善于计算的良心用**群体**代替了自我。善没有被定义为“对我有用”，而是被定义为“对一个阶级、一个团体、大多数人有用”等。但自我声称，它可以通过纯粹的计算彻底了解对一个团体来说什么是有用的（和好的），以及如何实现大多数人的幸福。任何价值都可以贬值——即使是那些被目标-群体或“大多数人”所接受和实践的价值，如果从善于计算的良心的角度来看，它被认为是“有害的”。人可以，事实上也确实只是被用作手段。但是，公共的善于计算的良心也没有超越善恶，首先是因为它打算（通过计算）实现的目标是计算者的价值。具有公共的善于计算的良心的人最终可以将自己置于被构想的目标之下。关于这一点，我稍后再探讨。

③作为道德行为的唯一裁决者，良心也以自恋性的良心形式出现。这种内在权威的出现是由于外在权威被**划分**为两种截然不同的行为规范体系：一种针对公民，另一种针对“私人的”人。这种划分并没有为第三领域——亲密领域——提供任何**新的**行为系统，只是为一个完整的共同体领域，即家庭，提供新的行为系统。但有问题的家庭越多，留给亲密领域的管理就越少。自恋性的良心在结构上与亲密领域中消失的外在权威是类似的。它是内省和内向的，只专注于自己的自我发展。它区分情感和理性，但实践理性变得完全是自我分析的。对其自身“灵魂”的分析是自恋性的良心的唯一关注点。由于对自我的持续性解剖，“外部”世界由于其活动和“熙来攘往”，被自恋性的良心视为“单调乏味”的世界。具有自恋性的良心的人可以是自我满足的，也可以是痛苦的。但无论如何，具有自恋性的良心的人的生活行为通常被别人视为没有道德内容，甚至也没有计算的“审美”的生活形式。的确，拥有自恋性的良心的人不 【38】
会**故意**将他人当作纯粹的手段。自恋性的人只是**间接地**注意到他人——即通过他或她自己灵魂的情绪波动，这是他们遥远存在的印记。有人可能会反对说，自恋行为是一种心理变形，而不是一种人的态度，因此不能将其视为一种特殊的良心结构。但事实上，自恋并不是一种简单的

"偏离"常态，它是一种**生活策略**所追求的结果，这种生活策略与其他生活策略一样坚定而坚决。所有的生活策略都可以被他人取代，如果它们不是，良心会对它们负全部责任。在自恋性的良心的情况下，"承担全部责任"意味着用良心惯常的呐喊，即"我就站在这里，不能做其他事情"来有**意识地拒绝**所有责任。但是尽管自恋性的良心拒绝承担所有责任，但它并没有超越善恶。具有自恋性良心的人仍然接受他或她选择不属于"外部"世界中善与恶之间区别的相关性。除了不受干扰的独处特权外，他或她没有为自己要求任何特权(无论是道德上的还是任何其他类型的)。

在这个阶段，作为实际决定过程中的终极裁决者的各种良心与作为实际决定过程中唯一裁决者的良心之间的某些相似性变得明显起来。如果实践理性是价值理性的，那么没有价值内容的立法的良心就等同于形式化的良心；如果实践理性是目的理性的，那么没有价值内容的立法的良心就等同于善于计算的良心。不再承认"灵魂的另一部分"作为外在道德权威，怀疑的良心就等同于自恋性的良心。而坏的良心是善的良心的"先驱"。我现在就讲到这里。

④尼采使用"善的良心"这个概念的方式与我现在使用它的方式相同。采用尼采的术语似乎是合适的，因为它揭示了它所指的良心的"秘密"，即它的谱系。众所周知，在坏的良心的情况下，良心是以圣父(the God the Father)的形式表现出来的。这位上帝是良心之神。他不仅是全能的神，也是人格神。他的判断并不以共同体或制度的调解为前提。如果发生这种情况，用尼采的言辞再说一遍，即这个上帝死了，他所有的力量就都会传递给那些使他外化的人。**善的良心是被神化的人**。上帝的意志变成了人的意志，全能的意志变成了"权力的意志"。善恶之
【39】源不分善恶：它确实超越了善恶。被神化的人就是法律，除了他的意志，没有别的法律，于是他废除了所有的法律。实践理性的独白式特征——作为实际决定过程中唯一的裁决者，或多或少存在于每一种类型的良心中——变得绝对。任何形式的对话都没有"伙伴"了。不再有羞耻，也不再害怕蒙羞。实践理性的唯名论，将价值和规范贬低为纯粹的

"名称"；以及一种除非能被理性证明，否则什么都不接受的良心的骄傲和固执；一种被黑格尔大加赞扬和推崇的良心——这些共同使"内在的声音"变得具有**破坏性**。内在权威自行揭开自己作为道德上的邪恶的面纱。外在权威被单向度地同质化、特殊化，被分裂还是被侵蚀，都不重要：如果面对良心，它仍然是人的价值的体现，是他人的目光，而且这个目光违背了善的良心，并将其定义为邪恶。陀思妥耶夫斯基说，如果上帝不存在，那么一切都是允许的。如果人仅仅依靠良心，这可能就是事实。

当然，作为实际决定过程中的唯一裁决者，善的良心是良心的一种极端形式。但是其他形式呢？善于计算的良心呢？它不是**几乎**超越了善与恶吗？实际决定的日益合理化难道不是一个最终将走向地狱的过程吗？服从内在权威总是远胜于服从外在权威，这不是显而易见、**毫无疑问**的吗？我们非常珍视的个体自主性难道不是双刃剑吗？但如果内在权威的结构总与外在权威的结构是一致的，那么上述提出的问题必须补充一个进一步的问题，即外在权威的结构难道不是在理论和实践上解决实践理性的困境的关键吗？简而言之，只有在回答这最后一个问题的背景下，其他问题才应该得到回答。

四

我的良心类型学是一种简化，我只是用它来解释良心规制的主要趋势。未经详细说明，它无法从理论上处理良心的特殊结构的多样性，以及对**每个**结构中的不同**价值内容**进行分析。此外，在我的讨论中，外在 【40】
权威对内在权威的挑战的反应被忽略了，内在权威如何加强其外部合作伙伴的合法性问题被完全忽略了。

对良心结构的组合及其多样性的分析，连同对其价值内容的重构，只能在一系列的历史性研究中进行。因此，我没有考虑这个问题。但另外两个问题不能归入史学；必须简短地回答这两个问题。

"羞愧的力量"不是一个比喻的说法。外在权威的精神力量是一种真正的力量。在力量变成**统治**的地方，羞耻的内化使统治系统合法化。当孩子了解到他或她应该感到羞耻的事情时，他或她就由此了解了统治系统的合法性。羞耻被内化得越多，整合社会结构所需的暴力就越少。当然，不仅政治统治系统通过羞耻的内化而合法化，而且社会子系统中的统治——比如传统社会中老年人反对年轻人的力量——也被合法化了。在**动态的**社会中，子系统中的统治地位和整个社会结构中的统治地位可以为人们提供不同的外在权威，而且它们所提供的行为规范甚至可能相互矛盾。外在权威越是异质的，羞耻就越是不足以完成社会整合的任务。羞耻无法调节(或只是暂时地、在极少数方面调节)的是团体外部的关系。在这里，所有冲突都必须通过赤裸裸的暴力或谈判来解决。

我以这样一个命题开始对良心的分析：从内在权威的立场出发，外在权威的神并不是清白无辜的生物，因为他们对人的血汗有着无法抑制的渴望。现代人要站在良心一边，问题只是站在**哪一种**良心一边。但必须牢记的是，在良心出现之前，外在权威不可能(事实上也没有)作为“嗜血的”偶像而被感知、批评或拒绝。他们被认为是“自然的”，是共同体的灵魂和身体。在大多数情况下，甚至增补性的良心都没有质疑“事物的秩序”：亚里士多德认为奴隶和女性的服从是“自然的”。

【41】 外在权威对良心态度的反应既取决于良心的**类型**，也取决于良心挑战的严重程度。可以理解的是，任何外在权威都不会**因此**反对应用性的良心或矫正性的良心。实践理性的功能无论是①在外在权威和特殊情况之间进行调解，还是②扩大构成个人行为的外在权威的某些价值或规范的范围，在这两种情况下，外在权威的有效性和一致赞成的解释在任何一种情况下都没有受到挑战。由于在较大型的共同体中很少需要抽象规范，如果没有应用性的良心和矫正性的良心的补充，外在权威根本无法发挥作用。但是，即使如此，在**单一**场合也可能存在矛盾或冲突。然而，在所有社会结构中，如果不是彻头彻尾的**反常或异端**，解释性的良心至少被认为是**可疑的**，在这些社会结构中，行为规范①被认为是神圣的，并且解释它们的权利被垄断(例如由神职人员垄断)，或者②关于它们的解释的**共通感**被嵌入一种世俗的权力中。在这两种情况下，即使外

在权威的所有价值都被视为有效价值，个人对价值的重新解释本身也是对外在权威的**挑战**。具有解释性的良心的人会被外在权威用一切可能的手段拒绝、嘲笑和惩罚。苏格拉底的命运就是一个例证。然而，如果行为规范不再被认为是神圣的，并且世俗的权力由于统治被合理化而不需要一种**共通感**来进行解释，那么解释性的良心就**不会受到这样的**谴责，尽管它可能会因更传统的子系统内部的怀疑而被拒绝。在现代(资本主义的、工业的、民主的)社会中，各种价值观念已经普遍化，**只有对它们进行解释**，这些价值观念才能在实践中被激活。诸如自由、正义、平等之类的价值总是以各种(也以相互矛盾的)方式被解释。由于解释性的良心如今在经验上被普遍化，不仅少数普遍化的价值观可以被解释，而且单向度同质化的外在权威的规则也是如此。一个人可能会说：**那不是**成功，而**这是**成功；**那不是**(你通常认为的)失败，而**这是**失败。在他人的目光中，这个人会被依次评价为“愚蠢”“不体贴”或“傻瓜”，但他或她不会受到**惩罚**。但无论增补性的良心是否挑战外在权威，它本身都**无助于新型**外在权威的**出现**和建立。

立法的良心始终是**反抗支配性**的外在权威的**代理人**。由于它理性地 【42】
检验了外在权威的所有价值——除了那些对其判断起启示作用的权威外——具有立法的良心的人通过评判外在权威的行为系统的**不合理**而使其失去权威性。由于立法的良心简单地拒绝任何外在权威对人的全面规制，并代之以**个性自由**和道德自主，因此，拥有立法的良心的人作为**基础主义者**(fundamentalist)使外在权威失去权威性。然而，从外在权威的角度来看(正如黑格尔所指出的)，因此立法的良心是邪恶的化身，必须受到惩罚、粉碎和消灭。但是，如果立法的良心足够强大，它就**不会**被摧毁，因为外在权威对它没有约束力。苏格拉底的不朽名言“阿尼图斯(Anytos)和美勒托(Meletos)可以**杀死**我，但不能**伤害**我”，构成了立法的良心的信条。但由于它并非总是足够强大，因此立法的良心可能会受辱。

然而，立法的良心不仅反抗传统的外在权威，而且促成了新的权威的出现，这只有在近代欧洲历史上才会产生。如前所述，立法的良心既可以是对话的，也可以是不宽容的。对话的立法的良心促进了少数价值的普遍化，这些价值的集合可以、已经而且确实充当了**自主个体**的人的行为的**外在权威**。它还通过将公共生活中公认的具有约束力的规范进行抽象，促进了现代民主制度的出现。不宽容的立法的良心促成了雅各宾主义中抽象道德和具体恐怖主义的结合——卢梭曾在理论上主张这种结合。这是"实践理性的狡计"的第一阶段：挑战其对立面——基础主义(fundamentalism)的立法的良心变成了基础主义本身。

怀疑的良心，尽管总是宽容的且从不具有攻击性，但对外在权威的挑衅不亚于立法的良心。具有怀疑的良心的人用他或她的**冷漠**挑战外在权威。与立法的良心相比，权力和统治的主要机构觉得自己受到怀疑的威胁要小得多，而且它们只在特殊情况下才消灭具有怀疑的良心的人。它们很少需要采取行动——不管怎样，公众舆论会做这些卑鄙的工
【43】作——因为人们通常更能理解和容忍仇恨，而不是理解和容忍蔑视与冷漠。面对怀疑的良心的顽固蔑视，公众的愤怒会爆发。

由于怀疑的良心对人的行为的外在权威漠不关心，因此，它不能促进规制人的行为的新权威的出现。但它可以促进，而且事实上已经促进了**并不去**规制人的行为的新权威的出现。科学和艺术——前者不应与理论态度混淆，后者不应与根植于日常生活中的创造性艺术活动混淆——被剥夺了现代性中充当权威本身的道德内容功能。当歌德说："拥有科学和艺术的人拥有宗教，没有二者的人应该有宗教信仰。"他表达了怀疑的良心的傲慢。在这里，"宗教"的概念取代了任何形式的道德规范。鉴于怀疑的良心始终是精英主义的，并且从不要求普遍化，所以它促成了精英所需的权威的出现。正是在这里，我们遇到了"实践理性的狡计"的第二阶段。科学，这个人的行为的所有传统的和僵化的外在权威的伟大挑战者，被作为技术而应用，从而创造了现代生活中最强大的外在权威之一：它已经成为统治的信条和基本工具。

由于坏的良心是良心的外化，拥有坏的良心的人的行为举止就**好像他或她是**外在权威的储存库。坏的良心不拒绝权威，也不会在价值中**逐一**选择。它挑战其他团体的行为模式，并断定团体之外的规范是非理性

的。因此，它激起了这些“他者”的仇恨，这些人反过来想把具有坏的良心的**一群人当作外星人**来消灭掉。这种助长相互仇恨的坏的良心倾向，既有助于**国家**作为一个新的外在权威的出现，也有助于现代民族主义的出现。由于羞耻永远无法调节外部冲突，它们通常是通过战争来解决的，而坏的良心为这种传统的解决外部冲突的方式提供了一种**意识形态**。

正如我们从韦伯的分析中所知，既然成功是对拥有坏的良心的人的一种神恩的标志，而节俭和禁欲是实现它的手段，那么“外围群体”(outgroup)对“勤奋”的反应不仅是憎恨，而且是藐视，这种“勤奋”被认 【44】
为是丧失了礼貌，而没有礼貌，生活就不值得过。关于新教和资本主义精神的故事无须重述，但提请人们注意“理性的狡计”并非多余。坏的良心促成了单向度同质化的外在权威的出现，而这种权威的唯一标准是成功。但这种成功不是“恩典”的标志，它**就是**恩典。它不是日常道德运用的结果，而仅仅是良好计算的结果；它不会导致节欲，而是导致享乐主义；不会导致体面，而是导致放纵。它的堡垒不是上帝，而是金钱。它的上帝是市场，它的祈祷缺乏虔诚。

我曾提到，如果实践理性强大而坚定，那么立法的良心就不会被击垮，而怀疑的良心也同样如此。但是，如果外在权威仍然强大且不受新的外在权威的挑战，那么具有立法的良心或怀疑的良心的普通人通常无法抵抗外在权威的巨大压力。被我们的同胞憎恨、嘲笑和鄙视并不是一个容易背负的负担。被贴上“变态”或“不正常”的标签就更难应付了。如果立法的良心或怀疑的良心的固守在面对他人的目光时被打破，这不仅仅是怯懦或软弱的问题。因为我们有理由提出这样一个问题：我们怎么知道**只有**我们自己是对的，而我们的同胞都是错的？我们的良心总是诚实的吗？当他人的目光注视着我们并拒绝我们时，我们能绝对确信我们内心的声音不是魔鬼的声音吗？显然，在某些情况下，这个问题应该直接得到肯定的回答，但通常存在怀疑的空间。但作为人的行为的**唯一**裁决者的良心又如何呢？

充当了(并且充当着)人的行为的终极裁决者的所有类型的良心实质

性地扩大了个人自主的领域。的确，它们也促成了新型外在权威的出现。但是，所有被创造出来的外在权威都没有**完全**消除它们所产生的自主性。尽管其中一些权威暂时或更为永久地成为强制性的和有限的自主性——这就是为什么我们可以谈论正在形成的实践理性的狡计——至少作为它们中的一员，立法的良心在其对话的应用中，有助于建立迄今为止唯一具有真正自主的良心能够与之相关的规范的外在权威。

【45】 在接下来的内容中，我想表明，作为实际决定过程中**唯一裁决者**的良心不仅有助于新的外在权威的出现，而且这些新的外在权威会消除个人自主权。被抛弃的实践理性在新型统治的专断性外在权威中产生了它的镜像。“实践理性的狡计”就这样完成了。（我把形式化的良心排除在分析之外，它只是一个哲学建构。在实践中，形式化的良心只是立法的良心的一种极端形式。）

私人的善于计算的理性在普遍化过程中产生了作为外在权威的公众舆论。这种公众舆论不可能是不受限制的争论（使用哈贝马斯的术语）的结果，因为它是由“单一的”目标导向行为产生的。它是一种工具化的、被操纵的公众舆论。它与传统的行为规范一样，指导和牵引单向的个人行为，但它缺乏道德价值。合理性变成了合理化，遵守规范变成了从众。当里斯曼（Riesman）分析现代“他者导向”或本尼迪克特分析耻感文化的重现时，他们提到了这种现象。变得与众不同和以不同的方式行事，不仅会受到合理化的公众舆论的惩罚，而且大多还会被阻止。那些与私人的善于计算的良心保持一致的人将他人仅仅作为手段，因此只对他们的单向度做出贡献。但是，由于公众舆论仍然不是“极权主义”的，也没有靠**武力**压制人的行为的其他权威，因此它不能完全消灭自主性。

私人的善于计算的良心与竞争和形式平等有关，但公共的善于计算的良心却与不平等有关。由于目标被设想为一个“共同的”目标——国家的荣耀、更多人的幸福、阶级或政党的权力——然而，实践理性是单一的，它必须假设只有**少数人**——即“最好的人”——可以正确地计算。这些少数人确立目标、选择手段（包括将他人作为手段），他们说服或强迫所有其他人成为“伟大人物”——科学家、智囊团、精英——实现这一目的的手段。因此，少数人的自主性以他人的他律为前提。正如黑格尔所说，“马背上的世界精神”，这个世代难忘的诱惑者——拿破仑——只不过是伪装成救赎者的公众的善于计算的良心。现代的具有人格魅力的伪宗教就这样产生了。现代的“英雄”不同于只有左手的穆裘斯（Mucius Scaevola）①，现代的“圣人”不同于亚西西的方济各（Francis of Assisi）②。【46】
昔日的英雄和圣人通过矫正的良心，按照传统规范的外在权威行事，在勇气和决心上超越了一般人。现代的“英雄”和现代的“圣人”为他人提供规范，他人的荣誉服从它们。这种夸张的和自大的个人主义及其计算的合理性因此创造了一种新的集体。这是一个虚假的集体，因为它没有自己价值，只有“表现出来的”价值。这种价值表现的源泉是伟大的计算者本身。在《正午的黑暗》（*Darkness at Noon*）中，库斯勒（Koestler）笔下的鲁巴肖夫（Rubashov）在他的牢房里沉思：“人也必须为正义的行为付出代价吗？**除了理性之外，还有别的衡量标准吗？**”

集体的-善于计算的良心的特点是将良心的**外化**作为一种**世俗的力量**。但是，由于作为实际决定过程中唯一裁决者的实践理性被外化了，人对任何由外化良心提供的“推理”变得**毫无防备**。任何事情都可以被外化的良心证明是**正确的**。再也没有什么是**错的**，因为伟大的计算者为行动者提供了复杂的论据，理性地为即使是最令人难以置信的罪行辩护。监狱里的囚犯回忆说，只有一种方法可以抵抗，那就是动用早已被遗忘

① 穆裘斯（Mucius），古罗马早期一位以勇气著称的年轻人。当年罗马城与埃特鲁利亚的克鲁西城交战，克鲁西国王波杉纳（Porsena）的军队见无法过河，便将罗马城团团围住。一位名为穆裘斯的勇士自告奋勇潜入敌方，刺杀国王波杉纳。但由于没有弄清谁是波杉纳，穆裘斯误杀了两位发军饷的军官，被发现后带至波杉纳面前受审。面对波杉纳，穆裘斯面无惧色。当国王以火刑相威胁时，穆裘斯伸出持刀的右手放入熊熊火焰之中。他警告波杉纳说：“就算我杀不了你，还有三千勇士等着来杀你呢！”国王波杉纳被他的勇气所打动，释放了穆裘斯，让他返回了罗马城。失去右手的穆裘斯及其后代被尊称为Scaevola，这一拉丁文意为“只有左手”。——译者注

② 方济各，原名“圣方济各”（San Francesco di Assisi，1182—1226，又称圣弗朗西斯科、亚西西的圣方济各或圣法兰西斯），天主教方济各会和方济各女修会的创始人，动物、商人、天主教教会运动以及自然环境的守护圣人。传说因为天主的圣意安排，在圣弥额尔总领天神的四十天斋期前，天主显现异相，在他身上印下了耶稣受难时所承受的五伤（即双手、双脚与左肋）用以感化罪人的硬心，使之痛改前非而得救。圣方济各的圣痕也是至今为止罗马教廷官方唯一承认的圣痕。——译者注

的**十诫**，特别是其中一条："你不可做假证陷害邻人。"这为他们提供了一种不用推理的**规范**。

如果作为实际决定过程中唯一裁决者的良心被外化了，焦虑就不再是对我们自己的恐惧，而是对我们接受其审判的外在权威的恐惧。然而，这种外在权威不像传统的外在权威那样是一种道德行为体系。因此，我们**不知道**，也永远不能确切地知道，我们的罪过是什么；我们也不能确定我们何时以及如何犯罪。一个人可以是忠诚的，但却会因不忠诚而被审判(并处以绞刑)；一个人可以是顺从的，却被谴责为不顺从。羞耻变得无所不包，而且是**永久的**。人们不得不屈从于外在权威的审判，就好像它是自己的良心(和理性)——但它不是。在被粉碎的良心的废墟上，永久性的羞耻胜利地占了上风。

【47】 但是，辩证的翻转就在于此，屈服于羞愧的力量的被粉碎的良心并没有完全"消亡"。"次级焦虑"的感觉——被粉碎的良心的微弱声音——必须(通常是)通过更加无条件的忠诚和更严格的服从，以及通过使原子化的人成为他们从未想过的罪行的帮凶来消除。但作为一种可取之处，这偶尔也会导致"良心的重建"。既然我们必须付出代价，我们可能没有以"正确"的方式行事，没有按照外在权威的意图行事，而是按照我们被粉碎的良心的意图行事，其微弱的声音仍然可以听到。如果提出这个问题，羞耻的魔咒就会被打破，我们良心的外化就会恢复，我们就会重新获得自主性。已恢复的良心将不再是实际决定过程中的唯一裁决者，但至少良心的恢复将被视为一种**终极价值**，一种超越推理的价值。

善的良心并非善于计算的，它与我们的**优秀**是完全一致的。它并不意味着将他人用作计算的目标的手段，但它确实意味着在这种自我实现的过程中**摧毁**他人。私人的善的良心是个特例，因为如果一个孤立的个人按照他或她的善的良心行事，他或她迟早会与刑法相冲突。尽管如此，拥有私人的善的良心的人越来越多，从那些仅仅因为觉得有必要从超市偷东西的富人，到那些不受任何利益所驱使，通过羞辱和破坏他人而"自我实现"的"优雅的"知识分子。私人的善的良心通常被描述为非理性的，原因很简单，即通常的人的动机无法解释拥有善的良心的人的行为。无论是计算，还是任何一种人的热情，都不是显而易见的。但这种非理性只是开始于价值初次被称为“纯粹的名称”这一过程的最后一步。个人的神化**意味着**没有**限制**，因为限制是不合理的；它是没有超我的自我的完全合理化。

但即使是私人的善的良心也能**恢复外在权威**，从而使人感到羞耻。具有善的良心的人很少孤独。一般来说，他都有**追随者**和仰慕者。他掌握着人的灵魂。他称自己为新耶稣基督。他的信徒的特点是对外在权威的仇恨和对他的近乎宗教式的爱。这种爱是绝对的、感性的和无法控制的。信徒不再有自己的良心：它把自己的良心外化在领导者身上。领导 【48】
者的目光是审判，而且是唯一的审判。他不需要使他的目的合理化，根本不需要有任何目的；他的意志、他的欲望，每个本身都是一种命令。但在这种外化中存在着某种扭曲的互惠。如果他的良心被外化，追随者就会在领导者的目光中重生。他自身通过服从而成为一个有善的良心的人。只要他崇拜他的神，并服从他的神，他也是超人。只要他忠诚，他就什么都不怕。鲁巴肖夫关于一个人是否必须为正义行为付出代价的问题甚至无法提出，因为一方面，追随者如果仅仅是忠诚，则永远不会付出代价，而另一方面，“对”和“错”只被定义为服从或不服从。我要重申的是，善的良心本来就是从天堂的上帝那里“解放”出来的坏的良心。因此，善的良心的外化确实源于对良心的毁灭。在这里，内在权威和外在权威的统一被理解为自我与第二自我(Alter-Ego)的统一。

在纳粹主义的统治下，数以百万计的微型“超人”继续进行毁灭工作。元首(The Führer)①是追随者理想的第二自我。纳粹的口号是“忠诚是你的荣誉”。对元首的丝毫怀疑，同时也意味着怀疑**自己的优越性**。由于自我和第二自我的同一性，自我实现变得与服从外在权威完全一致。因此，外在权威成为绝对的，他人的目光湮灭了。羞愧的力量变得难以捉摸。良心作为内在权威的代理人、作为对外在权威的检查和批判，只有当元首在**内心中**被杀死时才能重新获得。但是由于元首必须在内心中被杀死，恢复的良心就不再是良心了。

---

① 纳粹统治时期对希特勒的称呼。——译者注

只要遵守前理性的(传统的)行为规范，无论有无选择，人的行为都是理性的，即使个人理性并不重要。按照荣誉准则行事意味着按照规范所体现的价值行事。但是，如果行为规则仅仅是计算的结果，或者是构成它们的个人或团体的自我实现(神化)，那么行为规则(准规范)本身就不再是前理性的，而变成非理性的。这种被制度化的行为规则(准规范)就**无法被理性地遵守**，他人的目光就变成了“邪恶的目光”。

如果作为人的行为的终极裁决者的良心挑战了现有外在权威的规
【49】范，那么我们是否**真的**正确就永远有怀疑的空间。但是，如果外在权威变成了公共的善于计算的良心的外化或善的良心的外化——也就是说，如果遵守外在规则或服从命令变得非理性——人们就不能对内部声音的抗议是否正确提出丝毫的怀疑。在这种情况下，“内在的声音”变成一种自在的和自为的价值，是唯一能抵抗良心的非理性外化的价值。让我再次引用库斯勒的话：“证明不被认可的证据，最后我们不得不求助于信仰——对自己推理的正确性的**不证自明的信仰**。”在这种情况下，而且仅在这种情况下，“我是对的(而其他人都是错的)”的感觉应该以**终极信仰的姿态**被选择，因为只有信仰才能赋予我们的良心和行为以价值。

五

在资本主义国家，传统的行为体系并没有完全消失，而是处于不断分解的状态，即使私人的善于计算的良心变得至高无上，不同类型的良心也并存。然而，在采取行动之前进行的道德考虑是非常偶然的。这种考虑现在不像以前那么需要了，因为在家庭之外，我们很少会遇到我们的同胞，除非在制定游戏规则的制度框架内，如果我们以公平的方式游戏，在这个框架中我们的责任就会被耗尽。简而言之，道德行为已经变得极其务实。但是，这种足以满足日常生活习惯的实用主义使我们在难以定夺的情况下变得非常脆弱。这是一种初期的危险，因为它为社会不稳定时的非理性行为铺平道路。两个权威之间一般的冲突(在我们的社会中)大多是微不足道的，这一事实也是一个令人担忧的迹象；由于公共舆论中不断变化的趋势并没有纠正，相反更加加强了外在权威对成功与善的认同。如果不能从行为规范中获得基本价值，良心就无法质疑游戏规则，也就无法促成其他外在权威的出现。

让我重申第二部分的结论：在道德上，我们并没有比前几代人更好也没有更糟，只是有所不同而已。对于那些相信普遍进步或普遍倒退理论的人来说，这个说法可能是一种侮辱，但我认为这是一个正确的说 【50】法。但不可否认的是，我们有机会在伦理方面的得分高于或不低于我们的祖先。

当分析良心的类型时，就确定了它们的发展顺序。这个顺序仅仅意味着，历史上**较晚的**良心类型在逻辑上预设了前一种良心类型的存在。同时谈到良心发展的逻辑和历史，并非认为历史**必须遵循**逻辑，即便到目前为止它一直如此。需要注意的是，只有近代欧洲的历史遵循了这种逻辑，其他历史都没有遵循，因此逻辑与历史的一致可以看作一种经验的偶然性。此外，将良心发展的时序逻辑描述为进步的还是倒退的，主要取决于所采取的价值立场。

我还在第二部分提出，我们应该接受这样一种理论，即我们的现代社会——诞生于法国大革命前后——不是拥有一种社会逻辑，而是三种：资本主义、工业化和民主。所有那些以牺牲现代性的另外两个组成部分为代价并决心为民主的激进化做出贡献的人，都必须把作为实际决定过程中唯一裁决者的良心的出现视为一种**回复原状**。他们必须这样做，尽管事实上这种类型的良心是发展的逻辑顺序中的**最后**一步。将非理性的外在权威的出现描述为一种**倒退**很简单，但这太简单了，令人难以置信。正如我所论证的，非理性的外在权威是由作为实际决定的唯一裁决者的良心构成的，这种良心绝不是古老的或传统的良心。并非每次回复原状(从我们所采取的价值立场来看)都是倒退的，也并非每次进步都是“最新的”“最近的”“最后的事情”。但是，除了作为实际决定过程中唯一裁决者的良心外，所有促进民主逻辑的人都必须将良心形式的发展顺序视为一种**倾向于**渐进的发展。因此，内在权威的出现以补充对人的行为的单纯的外部规制，就是这样的进步。同样的还有①与纯粹应用性的和纠正的形式相反的解释性的良心的出现，以及②良心作为人的行为的终极裁决者的重大进展。但在后一种情况下，我们必须开始选择。
【51】既然只有在对话中运用立法的良心，才有助于民主规范的具体化，那么我们理所当然地认为，如果我们站在民主的立场上，我们必须把这种作为实际决定过程中终极裁决者的良心视为只是许多**无条件进步的**良心之一。民主以良心的相对自主性为前提，它意味着实践理性必须在人的行动和行为的问题上做出终极决定。启蒙的行为正是这种对外在权威的不服从，就好像它是自然的一样；将其**具体规范**揭露为“纯粹的名称”，并用我们自己的理由来检验它们。但我们必须记住，只有理论理性才能检验一切，而不是作为人的决定过程中的终极(但不是唯一)裁决者的实践理性。而作为人的决定过程中唯一裁决者的良心，也被谴责为一种“回复原状”(即便不是一种退化)。

良心的自主性只能是**相对的**，而这种相对性不仅是实践理性的**限度**，也是实践理性的**源泉**。我们无法拥有没有义务的责任。但是，义务不再是一些令人费解的禁止性标志；它们是我们在开辟自己的道路时必须遵循的方向的指示。

在上一节的结论中提出了三个问题：①实际决定的日益合理化是否已经是一个最终将走向地狱的过程；②我们所珍视的个人自主权是否是一柄双刃剑；③以及外在权威是否掌握着在理论和实践上解决实践理性困境的关键。现在是回到这些问题上来的时候了。

本节进一步阐述了实践理性的困境，很明显它可以被视为一种自相矛盾。一方面，实践理性的规范引导我们完全按照自己的理性来决定一切实践问题；另一方面，如果所有实际决定都完全按照我们自己的理性做出，那么任何实际决定都将(或可能)不再是理性的。为了解决这个矛盾，我们不应该放弃实践理性的引导：如果我们这样做，我们就不会解决这个矛盾，而只是简单地拒绝作为人的行为的内在权威的实践理性或良心。在这里，我必须回答我提出的第三个问题。我确实相信外在权威掌握着解决这一矛盾的关键。

但首先有必要说明一下。尽管我感谢涂尔干对集体良知(conscience

collective)的分析，但出于可以理解的原因，我避免在本次讨论中使用他的术语。外在权威是“集体的”，在这种意义上，它或多或少地被社会中的每个人共享，因为正是这个系统将人整合到社会结构中，从而整合到统治形式中，这是一个事实。但我不会把这种现象称为**集体良知**，因为该词语具有误导性。“集体”没有思想，也没有良心或意识。理论知识和实践知识与行为规范一起都体现在一个对象化系统中。这个系统是集体的，因为社会成员要想生存就必须获得它并对它进行调节。因此，人是对象化系统的“承载者”，但后者永远不会与特定社会中所有人所持有的全部信仰相同——即使是在人的行为的外在权威的情况下，即在规范性信仰的情况下。良心通过促使对象化规范系统的内容、解释或结构的变化来促进对象化规范系统的**改变**。 【52】

尽管良心是个人的，但它始终是**主体间性的**。实践理性从来都不是“纯粹的”，原因有二。第一，它与外在权威的行为规范不断对话。但是，外在权威不是一件“东西”，因为对象化的规范结构是由人获得和调节的，它们的判断是那些用目光注视着你的人的判断。每当一些人给出理由说明为什么他们拒绝遵守其他人遵守的规范时，拥有内在权威的男人和女人们就与这些人进行对话。“给出理由”并不意味着提供一种理论论证(尽管这也可能是事实)，而是将外在权威的规范解释为相互矛盾的规范，并动员其中一个反对另一个。然而，如果对话者没有一些共同的信仰和价值，对话是不可能发生的。如果“他人”不能让有良心的人感到羞耻，就不可能有对话。当然，羞耻是可以被扭转的。但是，如果所有的羞耻都被扭转，那么，即使其他有良心的人的目光被视为外在权威，主体间性也不再是对话性的。

实践理性从来不是纯粹的第二个原因是，它总是受情感“影响”。内在权威不是“天生的”，它是在**生活经历**中发展起来的。生活经历的情感深度构成了内在权威的坚定性。此外，还有一些特别“影响”实践理性的情感类型。正义感(对正义的情感参与)、同理心和同情心也是如此。如果后两者占主导地位，羞耻的扭转就很难发生：当你被泪水蒙蔽了双眼，你就看不到其他人了。 【53】

由于实践理性从来不是“纯粹的”，羞耻和良心的痛苦并不相互排斥。如果我们已经感受到良心的痛苦，那么如果或多或少与我们有共同价值的人看到我们，这些情感就会被**放大**，这是一种普遍的人的体验。反之亦然，这些人的反对可以奏响我们良心的乐器，使它发出声音，尽管它事先是无声的。

人的行为的权威本质上与信仰体系交织在一起。内在权威(从一个方面或另一个方面)挑战这种信仰体系，并用**不同的**信仰体系取而代之。在这方面，康德明智地区分了理论理性和实践理性。用新的信仰代替旧的信仰可以带来**更多的理论知识**，但不能带来更多关于实际应用中的理性的知识。理性在其实际应用中总是要完成**相同的**任务，并且需要完全**相同的**知识来完成它：它必须区分善、恶，以便根据第一个行动并避免第二个。工具理性无法实现这一功能。在这里，我们回到作为实际决定过程中唯一裁决者的良心的**回归**特性。由于(当被形式化时)它只是一种理论结构，并且由于所有其他类型的良心都涉及工具理性，因此作为实践决定过程中唯一裁决者的良心不再为我们提供实践理性的应用所依赖的**唯一知识**。

我们的类对改变持开放态度。但我们无法改变我们的类。此外，即使我们可以改变，我们也不应该改变它。因为在我们的“自我教化”规制的过程中，通过社会规范取代本能规制，我们如果没有摆脱我们自己，我们就无法摆脱规范性的规制。只有我们想象中的上帝才能不受外在规制而生存，即便他参与了与我们的对话，否则祈祷又有什么好处呢？他是不朽的，而我们不是。变得与我们想象中的上帝相似这一意图，是**狂妄自大**这个词的旧含义；这种狂妄自大只能导致(如已证明的那样)重新建立外在权威，但这一次是非理性的外在权威。

在这里，我不得不回到这样一个观点，即尽管我们并不比我们的祖
【54】先更好或更差，只是与他们不同而已，但我们在未来可能会比他们得分更高或更低。

缺乏实践理性中唯一不可或缺的知识——区分善、恶的知识——的工具理性可能会将我们的世界推向核灾难，这是我们的祖先即使在最糟

糕的梦中也无法想象的自我毁灭。但是，即使这种情况没有发生，对缺乏价值-规制的不满也会促使人们接受一种可能会杀死患者的补救措施：**基础主义**的补救措施可能会被采纳，而现代个人及其辛苦获得的相对自主权可能会消亡。新基础主义(无论是诉诸传统信仰还是构建新信仰)建议重新引入确定的、等级化的**具体**行为规范，每个人都必须遵守这些规范。以这种方式重新建立的传统外在权威将作为一种强制性的统治权威发挥作用。这意味着在去启蒙(de-enlightenment)的过程中没有达到启蒙。即使私人生活和行为的某些方面仍然按照宗教道德而组织起来，但各种形式的民主总是伴随着公共行为的日益合理性和个人自主性的增加而出现。民主已经成为工具理性占优势的牺牲品，但它根本无法在同质的、前理性的外在权威的支持下继续存在。回到这种权威，既意味着回归原状，也意味着倒退。但是，不能仅仅因为基础主义的主张与迄今为止在现代欧洲历史上观察到的主要趋势相矛盾，就将其视为荒谬而不予理会。对未来一无所知，我们无权排除基础主义倒退的可能性，尽管我们可能会反对它。然而，即使我们无权嘲弄地将新基础主义的前景描述为纯粹的荒谬，我们确实有权利(并且有充分的理由)认为①强制性外在权威—理性化内在权威—强制性外在权威这一恶性循环并非必然发生的，②以及启示性外在权威与内在权威可以相互满足、相互强化。

但需要重申的是：解决实践理性二律背反的关键在于外在权威。

如果外在权威不再是统治的代理者，如果我们只承认人类的理想之眼是他人之眼，如果只有最高的价值被全人类共享，如果只有这些价值可以成为每个内在权威的启示性权威，那么良心有可能再次是**解释性的**。所有的价值解释都可能与最高价值有关，最高价值将作为具有约束力的规范发挥作用，但也作为由实践理性规定的每个行为和判断所验证的良心规范(norms-for-conscience)发挥作用。因此，外在权威只能由有良心的人获得和调解，只有拥有良心的人才能使另一个人感到羞耻。既然我们已经有了一些被普遍化的价值，那么将外在权威转变为一种去除了先前外在权威的强制性的启示性权威，就不是完全遥不可及。但这只有在已经普遍化的实质价值中至少有一种被视为终极价值时才会发生，【55】

因为这种超越了个人推理、毋庸置疑的、无法被检验的价值不能被谴责为“纯粹的名称”，并且所有的论点、解释、判断和行动都应该与之相关。

陀思妥耶夫斯基的《罪与罚》(*Crime and Punishment*)是摆脱这一恶性循环的不朽故事。小说开篇，我们看到拉斯科尔尼科夫处**在羞耻之中**。他躲在一个肮脏的洞里，把脸从他人的目光中移开。他人代表了传统的外在权威。他们是他的母亲、姐妹和朋友。他们是虔诚的。他们的仁慈是传统的，他们的价值也是如此。拉斯科尔尼科夫没有达到这个权威的要求：他感到内疚，他**是**有罪的。他的灵魂里有一种反抗这种权威的想法，一种善于计算的良心的想法。两种权威同时存在于一个人身上。作为实际决定过程中唯一裁决者的良心，与接受任何外在权威相冲突。外在权威和内在权威的冲突通常会导致神经质焦虑，导致负罪感的持续存在。为了摆脱这种焦虑，拉斯科尔尼科夫决定放弃一切具有约束力的外在权威的价值观，只听从善于计算的良心的声音。他的善于计算的良心是私人的善于计算的良心与公共的善于计算的良心的结合：他计划谋杀高利贷者不仅是为了自己的利益，也是为了人类的利益。(当然，善于计算的良心的原型是拿破仑。)然而，拉斯科尔尼科夫的计算意外地失败了。但这种意外具有代表性，因为所有计算都可能失败，并且经常失败：至少有一个被害者与拉斯科尔尼科夫的利益或人类的利益无关。迫害法(persecuting law)是一种外在权威，而非伦理权威：它是由工具理性构成的外在权威。拉斯科尔尼科夫和波尔菲里使用的武器基本相同，这
【56】就是法律永远不会成为拉斯科尔尼科夫的启示性权威的原因。但索尼娅可以。索尼娅与计算**相反**，因为她为他人牺牲了自己。但同时索尼娅也与传统的行为规范**背道而驰**。她是那个自愿使自己感到羞耻的人。妓女是耻辱的象征，是失去荣誉的体现。索尼娅的宗教是个人的，她的上帝也一样。因此，她不是作为一个人，而是作为**人类苦难**的化身，而成为向她鞠躬的拉斯科尔尼科夫的一种启示性权威。在这种苦难面前的谦卑是索尼娅所揭示的一种实质价值，这种价值消除了纯粹的善于计算的良心的一切诱惑。拉斯科尔尼科夫以一种**姿态**接受了这个价值。我们以一

种姿态接受的东西是**超越理性的**：它不能被质疑，不能被称为纯粹的名称，它是**终极的**。拉斯科尔尼科夫没有回到传统的外在权威的怀抱，他也没有放弃良心。尽管启示性的实质价值体现在他者身上，但忏悔来自内心。用他者的目光进行审判，并且该审判是自愿接受的，因为审判的代理不是强制性的，而是**解放性的**。

年轻的卢卡奇认为，陀思妥耶夫斯基的小说属于一个尚未诞生的世界。在艺术寓言的层面上，这可能是真的。但是，即使实践理性应该诉诸终极姿态——没有这种姿态，亚当和夏娃的孩子就无法区分善、恶；没有这种姿态，在实施不法行为的情况下，我们就不会在我们的同胞面前脸红和遮住我们的面孔；这种姿态会让我们说“对不起”；如果他人说“对不起”，这种姿态会令我们原谅他人——理论理性也不能或不应该如此。理论必须为接受这种终极姿态而**论争**。

【57】

第二章 工作范式-生产范式

在近百年来的马克思主义文献和各种否认马克思主义理论遗产的尝试中，生产范式和工作范式几乎被理解为它们似乎彼此是可以互换的。的确，正如我们将要看到的那样，马克思本人不能完全摆脱造成这种混乱之源的指控。在下文中，我愿对这两种范式进行明确区分。我要论证的是，两者都意味着对社会的完全不同的重建，而且意味着歪曲生产范式的理论尝试甚至都没有影响到劳动范式，反之亦然。此外，我想指出，这两种范式都遇到了各种困难，如果它们能够得到一致的维护，那么就需要得到各种辅助原则的补充才能得到维护。

工作范式是将**工作-活动的结构模式**应用于所有其他类型的人的活动中。这样，工作就被视为一种人类学上的基本的人之共性。强调工作的结构优先性并不意味着带有任何必要性的工作的历史和社会优先性理论。毋庸置疑，工作的结构可以通过多种方式重建，这种情况解释了与工作范式有关的理论的多样性。

为了简化我的任务，让我先简要分析一下《经济学哲学手稿》(*Economic-Philosophical Manuscripts*)，这是马克思青年时期的作品，其中工作范式尚未被生产范式所取代。这里，工作被描述为人的"生命活

【58】动"，是自由的、有意识的和普遍的活动**本身**。工作的产品是人的本质的对象化。因此，工作范式包含了我们人性的所有组成部分。非异化的生活是自我创造的生活，它与非异化的劳动是相应的。相比之下，如果工作被异化了，整个生活也会被异化。异化劳动的模式就是异化生活的模式。后者在其结构上与异化劳动完全相似：

> 正如我们通过**分析**从**异化的、外化的劳动**的概念得出**私有财产**的概念一样，我们也可以借助这两个因素来阐明国民经济

> 学的一切范畴，而且我们将重新发现，每一个范畴……不过是这两个基本因素的**特定的、展开了的表现**而已①。

因此，经济范畴是资本主义社会中异化工作结构的**表达**。同样，共产主义范畴是非异化劳动结构的表达。“真正的人的类生活”和“异化的类生活”的结构二分法也是基于同样的工作二分法。

由于详细的马克思式的分析超出了本研究的框架，我大胆地将《资本论》(*Capital*)的概念与《巴黎手稿》(*Paris Manuscripts*)的理论主张对立起来，充分意识到这两种范式在过渡时期马克思的主要著作中是共存的。对人的劳动结构的人类学分析在《资本论》中重新出现，尽管它不像在早期作品中那样占据中心地位，然而，更重要的是对劳动过程的重建进行了少许而基本的修改。在这两次重建中，人的工作都与动物的类似活动形成了对比。在《巴黎手稿》中，论述如下：

> 动物的生产是片面的，而人的生产是全面的；动物只是在直接的肉体需要的支配下生产，而人甚至不受肉体需要的影响也进行生产，并且只有不受这种需要的影响才进行真正的生产……动物只是按照它所属的那个种的尺度和需要来构造，而人却懂得按照任何一个种的尺度来进行生产，并且懂得处处都把固有的尺度运用于对象②。 【59】

在《资本论》中，同样的问题表述如下：

> 但是，最蹩脚的建筑师从一开始就比最灵巧的蜜蜂高明的

① Lloyd D. Easton and Kurt H. Guddat edited and translated, *Writings of the Young Marx on Philosophy and Society*, New York: Anchor Books, 1967, p. 299.（参见《马克思恩格斯文集》第1卷，人民出版社2009年版，第167页。——译者注）

② Lloyd D. Easton and Kurt H. Guddat edited and translated, *Writings of the Young Marx on Philosophy and Society*, New York: Anchor Books, 1967, p. 295.（参见《马克思恩格斯文集》第1卷，人民出版社2009年版，第162-163页。——译者注）

> 地方，是他在用蜂蜡建筑蜂房以前，已经在自己的头脑中把它建成了。……他不仅使自然物发生形式变化，同时他还在自然物中实现自己的目的，这个目的是他所知道的，是作为规律决定着他的活动的方式和方法的，他必须使他的意志服从这个目的。……劳动资料是劳动者置于自己和劳动对象之间、用来把自己的活动传导到劳动对象上去的物或物的综合体①。

人们常常指出，马克思思想脉络的第一部分只不过是借用了亚里士多德对**技艺**(techné)的描述。与《巴黎手稿》中对自由和普遍性的强调相反，这里的工作被描述为目的理性的活动，其特点是意志服从于工具。毫无疑问，"有意识的活动"和目的理性的活动是不可互换的。**技艺**在亚里士多德那里已经是与活动(energeia)(包括理论和实践)相对。但在这种情况下，一种**不同的**活动结构占了上风，这种结构的模式无法用主体-手段(工具)-客体这三位一体来描述，其合理性并不依赖于手段的成功选择和目的的实现。然而，马克思修改了亚里士多德对**技艺**的重构，就在于他过分强调了(与亚里士多德相比)上述三位一体中工具的功能。劳动过程的真正主角是工具，它既作为人的活动的指挥，同时又服从于人的目的。但是，劳动过程的这种结构不能作为每一种人的活动的模式，即使是在以统治、剥削和等级制度为基础的社会中，也就是说，在一种人只是作为手段为他人服务的内部人际关系中也是如此。但是，正如我们将看到的，在上述引用的段落中，马克思所描述的不是异化劳
【60】动，而是非异化劳动。他描述的是具体劳动的结构，而不是抽象劳动的结构，抽象劳动的结构在该结论中变得显而易见，即"过程消失在产品中。它的产品是使用价值……"②

---

① Karl Marx, *Capital*, translated by Samuel Moore and Edward Aveling, New York: International Publishers, 1970, vol. Ⅰ, pp. 178-179.(参见《马克思恩格斯文集》第1卷，人民出版社2009年版，第208-209页。——译者注)

② Karl Marx, *Capital*, translated by Samuel Moore and Edward Aveling, New York: International Publishers, 1970, vol. Ⅰ, p. 180.(参见《马克思恩格斯文集》第5卷，人民出版社2009年版，第211页。——译者注)

将这种结构普遍化为所有非异化的人的活动和交往形式的模型，也不可能符合马克思哲学的整个框架。因此，将工作结构简化为通过工具进行的目的理性活动，一方面为区分**技艺**和**实践**(praxis)开辟了道路，另一方面为把劳动与社会必要的物质财富生产相结合开辟了道路。对工作过程的新分析充当了用生产范式取代工作范式的人类学基础，这是马克思在《政治经济学批判》前言和导言中以最清晰的方式完成与论证的转变。

与工作范式相反，生产范式不涉及所有人的生命活动与工作“模式”的结构同源性的概念。但它确实涉及生产的(历史和社会)地位高于所有其他形式的人的互动和交往。另一方面，正如我已经指出的那样，工作范式并不意味着工作的历史地位或社会地位高于其他类型的人的行为和交往。一切形式的人的生活结构都是从工作模型中逻辑地推导出来的，并且通过工作模型以类推的方式构成的，它甚至没有提出“首先是什么?”或“动力是什么?”或“‘围绕点’(encompassing moment)是什么?”的问题。此外，在生产范式中，单独的主体成为一种附带现象，而在工作范式中，个体的工作过程(单独的主体的工作过程)充当一种结构模型。工作的社会性是在人类学上建立起来的。个体行动者按照类本质行动，相同的类本质在所有个体活动中表现出来。除了其他因素外，这就是工作范式不容易适用于历史哲学框架的原因。细心的《经济学哲学手稿》的读者不能错过这一点，即马克思没有准确回答人的工作**为什么**会异化，以及**为什么异化**会被消除的问题，尽管他已经开始在这个阶段用生产范式补充工作范式。但是生产范式可以很容易地应用于历史哲学中，尽管 【61】
它也可以独立于任何此类哲学而存在。

既然马克思在历史哲学框架内运用生产范式是常识，那么列举由此解决的问题，而暂时不考虑通过这一理论建议所产生的新问题就足够了。

(1)在生产、分配和消费这个三位一体中，生产被认为是所有社会经济结构的“围绕点”。“围绕点”理论重申的只是一种常识的智慧，即必须生产某些东西以便分配和消费的论点。

(2)生产被认为是人的历史的动力，也就是说，生产被认为是历史发展的自变量。

(3)因此，生产力的发展对人的历史的**连续性**做出解释。连续性可以被理解为一个最终会遭遇挫折的发展链条。

(4)生产力的发展与生产关系的发展之间的冲突理论解释了人的历史的不连续性。

(5)生产力与生产关系的统一充当了历史分期的原则。我们可以区分随后的五种生产方式。它们可以通过将生产力的发展用作进步的指标来相互比较。

(6)最后，生产范式已经成为保证未来发展的工具，因为生产的不断发展将导致资本主义的崩溃和无阶级社会的实现。

即使从这种简化的描述中也可以清楚地看出，生产范式不仅不同于工作范式，而且这两种范式在逻辑上相互矛盾，尤其是在它们运用于历史方面。

前面已经提到，生产范式并不强调生产与其他形式的制度和行动之间的结构同源性。马克思一直强调的恰恰是相反的事实。在他的观念中，生产过程和价值增值(valorization)过程之间存在着矛盾，社会分工和工厂内部的分工之间存在着矛盾，社会生产和私人占有之间存在着矛
【62】盾，等等。如果我们考虑到马克思对未来的想象，那么生产与人的所有其他活动和交往形式之间的绝对区别就变得更加明显了。虽然《资本论》和《政治经济学批判大纲》(*Grundrisse*)在这方面呈现出两种互不相容的模式，但在上述方面，两者却是一致的。在《资本论》中，马克思用一种彻底的二元性来描述即将到来的共产主义社会：生产领域仍将是必然领域，而所有其他生活领域将实现人的自由。同样，他将事物的管理与人的自我管理分开。毋庸置疑，就活动结构而言，每个社会成员从事简单劳动的框架内的必然领域和人的所有能力发展的框架内的自由领域，在本质上是完全二分的。在《政治经济学批判大纲》中，马克思以不同的方式解决了这个问题。他认为，未来之人将“超越生产”。如果是这样，生产力将不再由两个要素(劳动者加工具)组成，因为第一个要素将减少为

零。有趣的是，工作范式在这两种建议中都出现了，但工作不仅与生产不同，而且与生产相反：自由的、有意识的、普遍的工作是在生产**之外**进行的。既然工作是在生产之外(闲暇时间)进行的，那么它再次成为非异化的人的活动的主要**模式**，成为实践的主要模式。

无须马克思理论的其他几个组成部分，我们就可以很容易地构想出生产范式。只提到明显的一点：基础和上层建筑之间的区别，前者相对于后者的优先性，绝不是该范式在理论上的必要含义，反之亦然。但我坚决不同意基础-上层建筑的区分不属于马克思理论核心的观点。即使人们无视这一理论强版本(在《政治经济学批判》的序言中)，但不可否认的是，与政治的、法律的交往形式和自我表现的意识形态形式相比，经济(财产)关系的首要性是马克思历史唯物主义的本质，其程度甚至远超生产范式本身。马克思的历史哲学建立在这两个组成部分的结合之上。无论生产关系与生产力是和谐的还是矛盾的，生产关系在生产和所有其 【63】他形式的人的交往之间起中介作用，这种中介作用解释了同一社会整体内部活动结构多样性的原因。那些将生产概念应用于人的互动的所有领域的马克思的解释者，不是作为修辞手法而是在同源意义上(谈及“艺术生产”或“观念生产”)将两种不同的范式，即工作范式和生产范式合并为一个范式，而没有清楚地意识到这种范式的转换。与此同时，人们可以很自觉地把生产模式用作人的一切活动的模式，但这种操作需要与马克思的历史哲学彻底决裂。这正是福柯的方法，他用该方法区分了三种类型的技术(生产技术、权力技术和自我技术)，同时建立了对生产的、政治的和人与人之间的交往形式的相应理解。

现在让我们回到马克思在《资本论》中对工作结构的分析。工作在那里被描述为由工作工具进行的目的理性的活动**本身**。因此，实践不再被理解为对工作模式的一种描述。因此，异化过程和消除异化的视角也必须以两种不同的方式来把握。虽然在早期的作品中已经可以找到这种概念的最初痕迹，但在《资本论》的基础上更容易理解。

如果工作本身是目的理性的活动，那么工作的异化主要就是目的的合理性的异化。在分析现代工厂工作时，马克思强调了脑力劳动和体力劳动的**第二次**分工：它们**在同一个工作过程**中被分开了。这意味着，虽然整个生产过程高度合理化，但从工人自身的角度来看，工人的劳动不再是合理的。工人不会“在他们的想象中”提高工作成果，他们也无法选择实现目的的适当手段(工具)。因此，从工人的角度来看，工作过程变得毫无意义。韦伯关于合理化的增加与合理性的减少是同步的(从个体行为者的观点来看)这一观点，在马克思这里已经存在。在《历史与阶级意识》(*History and Class Consciousness*)一书中，卢卡奇完全有理由把他的老师和他的朋友的理论结合起来。马克思提出但后来韦伯没有提出的问
【64】题是：在社会生产合理化的情况下，工作如何再次成为目的理性的？答案是明确的：工人(生产者)自己必须强化生产目的，选择足以实现目的的工具。生产的集体控制是重新获得的目的的合理性。“联合生产者”的概念并没有不加批判地从圣西门(Saint-Simon)那里继承过来，这是合乎情理的。只有个体才能联合。每个人都必须参与到提高目标和选择手段(工具)的过程中来，以便重新获得现在被扭曲和异化为纯粹合理化的目的的合理性。但是，既然在这个阶段，马克思根据工作活动和其他人的活动的不同结构来区分它们，既然对他来说，实践结构与劳动结构并不相同，那么很明显，在生产中适当地恢复目的的合理性的计划并不意味着将目的的合理性假定为所有其他形式的人的活动(互动、交流)的一般特征。情况恰恰相反。只需看一眼马克思对资本增值的描述，就会发现所有资本家都以目的理性的方式行事：利润是目的，生产是实现它的手段。个体劳动者的活动同样是目的理性的：生存是目的，劳动是实现目的的手段。社会交往领域的目的的合理性是计算。它意味着竞争，以及把需要异化为利益。在**生产领域内**，合理化导致目的的合理性的丧失，而在社会关系框架内，单纯的目的的合理性就会产生无政府状态。因此，目的的合理性在它不应该成为排他性的领域中变得排他了，并且它在应该存在的领域中缺席。在人与人之间的互动领域，目的的合理性是一种拜物教，因为即使它面对的不是自然，而是其他的人的-社会的存在，它也将他们视为自然(物)。以这种方式，目的的合理性异化为合理化，交往合理性(人与人之间的关系)异化为目的的合理性。毋庸置

疑，无产阶级的自我解放行为并不遵循目的的合理性的模式：它被认为是与善于计算的理性的决裂。只要工人按照目的的合理性行事，他们就仍处于资本主义社会的逻辑之中。

但是，将马克斯·韦伯解读为马克思，并将实践(与**技艺**相反)描述为价值理性的行动就太容易了。马克思的概念与黑格尔对**知性**(Verstand)和**理性**(Vernunft)的区别密切相关。黑格尔的**理性**向着作为自由的历史的自我意识发展。在马克思这里，共产主义的最高合理性意味 【65】着人成为他所有行为和人际交往(在类型和结构上不同的)的发起者；结果是，人从所有的强制中解放出来，以多种方式发展他/她的个性。对马克思而言，人的普遍财富的发展是最高价值。但他把这个价值假定为共产主义未来的事实，因此，同样的价值在这个未来无法保持"应该"的性质。马克思青年时期作品的浪漫主义特征，即个体与类的统一，从未被马克思真正放弃过。

当提到《政治经济学批判大纲》和《资本论》中在生产领域**之外**重新出现工作范式时，我再次强调它主要被理解为"自由的""普遍的"和"有意识的"活动。现在我要补充的是，关于作为实践模式的工作(在这种理解中)的断言，指的是**理性**层面上的工作，而不是**知性**层面上的工作。但这里需要强调《政治经济学批判大纲》和《资本论》之间的区别。在《政治经济学批判大纲》中，作为工作的生产消失了，**知性**和**理性**之间的区别也消失了。但在《资本论》中，即使是在想象中的未来的共产主义，这种区别也仍然存在。

我在研究之初就指出，如果以结论性的方式进行研究，工作范式和生产范式都会遇到困难，而且困难的来源不同。发展这两种语言游戏的所有逻辑上的可能的变体是走得太远了。因此，我将把我的分析限制在任何人都可以验证的两个理论建议上。

正是在晚年，卢卡奇在他的《关于社会存在的本体论》(*Ontology of Social Being*)中承担了复兴工作范式的任务。这本书的基本思想正是对这种范式直言不讳的和不容置疑的应用。社会存在结构的重建始于关于工作的冗长一章。接下来的章节("再生产""意识形态""异化")分析了人的交往的各种形式，这些形式是作为人的行为的基本形式，即工作的表现，或最终作为其改变。

卢卡奇对工作模式的重建基本上是亚里士多德式的。这一分析的主要内容一方面是我们上述引用的马克思在《资本论》中的论述，另一方面是基于尼古拉·哈特曼(Nicolai Hartmann)在其《神学思想》(*Theological*
【66】 *Thinking*)中彻底重构的亚里士多德的**技艺**概念。因此，工作被描述为最终联系和因果联系的结合。社会行动者首先要对目的“提升形象”，因此，工作的出发点是“目的论假设”。一旦选择了足以实现目的的手段，同样的社会行动者就会引发一系列因果决定因素，而这些因素反过来又会导致目的的真正实现。目的论假设和因果决定因素的释放当然都归因于个人，即单个行动者。所有其他人际关系在结构上都与这种“独角戏”(one-man-show)相似。

当然，人的所有活动本质上都是目的论的。更确切地说，如果人的行为**不是目的论的**，它就根本不能被称为“行动”(例如，“害怕”就不是一种行动)。问题是，为什么恰恰是作为一种目的论假设的工作应该被视为其他所有类似的目的性的假设行为的**最典型**的基本模式？卢卡奇所应用的模式的创造者，亚里士多德采取了完全不同的立场。对他来说，追求目的是人的理性行为的普遍特征，在这个领域中，他区分了各种类型的以目的为导向(goal-directed)的活动。不同类型的目的性活动不仅在**形式上**有所区别，而且在**内容**上也有所区别。亚里士多德认为，**目的本身的特征**是行动结构的共同构成要素。无论目的是国家利益还是个人幸福，它都会触发不同于一般用途的新对象被设定为目的时所触发的行为机制。在这种纯粹性中，找到触发偶然决定论和实现目的的适当手段的过程，只归因于各种目的性活动领域内的**技艺**。通过这种方式，卢卡奇将亚里士多德的目的论范式缩小为工作范式。

但在这里，以下的评论是恰当的：尽管缩小这种目的论范式的范围在理论上导致了错误的结果，但它同时也是使亚里士多德“现代化”的一种尝试，因此，是非常合理的。正如我所提到的，受亚里士多德的影响，目的论范式牵涉与其内容保持一致的目的的等级化。这种等级制度并不是由这个斯塔基拉人(Stagerite)随意发明的：他是根据他的城邦和所处时代的理想化共识建立了他们的秩序。在没有任何现实生活基础的现代社会中构建一个实质性的目的等级，意味着将理论家自身的价值等级叠加在真实的历史主体上。这样做时，理论家会将自己置身于他所属 【67】 的社会之外。卢卡奇打算通过一定程度的形式化来避免这个陷阱：选择工作范式来完成这种形式化是一种很好的形式上的尝试，即使它失败了。

显然，促使卢卡奇改变亚里士多德范式的不仅是马克思的工作概念。马克斯·韦伯的目的的合理性概念同样也在这一变化中发挥了作用。正是马克斯·韦伯将行为类型形式化，以一种结论性的方式将它们与个体目的的特定内容分离开来。正是马克斯·韦伯将所有以目的为导向的人的行为描述为目的理性的行为，至少在理性依赖于目的成功实现的每一种情况下是这样。尽管韦伯在晚年努力将价值的合理性与目的的合理性区分开来，但前者在很大程度上仍然是无所不包的目的的合理性的一部分。但是，如果目的的合理性的概念取代了目的论假设的概念，工作将成为所有人的活动的典范(除了剩余劳动)。当然，这里，**工作**指的不是生产过程：工作是一场“独角戏”。

工作范式带来的困难是什么？

首先，所有社会活动和社会关系都必须通过**个人活动**的类推来解释。社会必须由**笛卡儿哲学的**元素建立起来。诚然，卢卡奇的单个元素不再是**我思**(cogito)，甚至不是胡塞尔式的意向性。它涵盖了整个人：思想和身体。相同的因素建立了人与自然之间的关系(目的论和因果关系)。简单地说，这是**我思**的一种唯物主义说法，然而，也是我思的一种样式。主体间性并不先于它，它必须从这个唯物主义的我思(意向性)中推导出来。

其次，由于一种特定的目的论假设必须解释**所有的类型**，所以这个概念是**简化的**。因此，卢卡奇不得不将人的交往、意识形态等活动描述为工作结构的**修改版本**。他也与价值问题做斗争，并提出了几种(有时是相互矛盾的)从工作的结构中推断出以价值为导向的行为的过程。

最后，卢卡奇主要关注的是对马克思历史哲学的肯定。正如我已经提到的，无论是工作范式还是目的论范式，都无法完成这项任务。马克斯·韦伯完全抛弃了历史哲学，这样他就不需要辅助范式了。但卢卡奇
【68】却做到了。如果工作的结构是一种本体论的普遍原则，如果所有人的活动都可以通过应用这个模式来理解，那么历史发展规律就无法建立起来。卢卡奇通过介绍“自在的类本质”(species-essence-in-itself)和“自为的类本质”(species-essence-for-itself)之间的区别解决了这个问题。工作总是体现了“类本质”，但只是“自在的”。历史上的普遍进步是“打破自然的限制”而向“自为的类本质”方向发展。这个过程包含三个组成部分：生产(打破“外部”自然的限制)、个体行动者的非自然化(打破“内部自然”的限制)，最后，整合的普遍化。在这三重过程中，生产是动力。因此，为了重申历史哲学，卢卡奇重新引入了生产范式，好像它是工作范式的简单结论，但事实并非如此。这就是为什么基于工作范式的《关于社会存在的本体论》，成为重塑马克思主义的一种不一致的和自相矛盾的尝试。

如果工作范式不允许适当地区分**技艺**与**实践**，那么生产范式会将后者简化为次要的、非自主的现象。为了举例说明这种简化，我们必须回到《资本论》以及马克思基本上用生产范式代替工作范式的所有那些著作。正如我已经提到的，由于这种范式的转换，社会交往模式不再受工作结构的影响。但是，即使无产阶级的解放行为也没有用工作模式来描述，它完全依赖于生产的发展。革命主体(实践的源泉)不过是历史必然性的执行者，是生产中所体现的准自然力的执行者。正如我们所知，世界历史性转变的主体能够缩短转变完成的痛苦或缩短其过程，但它是一个没有替代之物的主体(因为“重新陷入野蛮状态”并不是真正的替代之物)。

此外，生产范式在工作领域内带来了决定性的区别。通过接受这一观点，马克思不得不在生产性劳动和非生产性劳动之间做出明确的区分。必须着重强调生产性(相对于非生产性)劳动的首要地位。人们常常指出，就整个社会的经济再生产而言，这种区别是完全不确定的和令人

困惑的。但人类学上的工作概念变得更加模糊：性质上相似的工作活动被放在两个不同的群体中，而性质上不同的工作活动则被放在同一个群体中。工作的本体论结构被历史化，其历史性也被本体论化。然而，让我补充一点，马克思在他活动的某个阶段确实找到了解决这一矛盾的方法：在《政治经济学批判大纲》中，他也**从历史的角度**反思了生产范式。在这里，他把他的范式的有效性限制在所谓的“史前史”阶段。篇幅所限，我只能说，对未来生产范式有效性的否定，也会对阶级社会的分析有反馈作用。强调个体主体是工作范式的基本特征，这在《政治经济学批判大纲》中很普遍。 【69】

如果我们以纯粹的形式考虑这两种范式，并避免以一种理论上相互矛盾和不一致的方式将它们结合起来，我们可以得出以下结论：

(1)生产范式有资格成为历史哲学的适当范式，而工作范式则不然。

(2)生产范式能够在结构上区分**实践**和**技艺**，而工作范式则不能。

(3)生产范式构成了作为一种准自然力量发展的纯粹表现的主体间性；工作范式构成了来自目的论假设的个体行为的主体间性。前者是历史化的实证主义，后者是唯物主义的笛卡儿主义。

(4)生产范式将社会重建为一个有组织的、可调节的和矛盾的整体。工作范式构成了两个整体之间的一种关系：个体与类(人类)，或者在互动和交往的所有领域中个体与文化世界(作为一个整体)。

因此，这两种范式的统一不断失败也就不足为奇了。但这一陈述并不排除它们在第三种范式中的统一，这第三种范式与它们中的任何一个都不相同。让我从几个可能的解决方案中提出一个解决的建议。我们可以将**对象化结构**视为一种范式，它是一种构成所有社会中存在的社会生活的核心的综合体，但就其特定内容而言，它是完全可变的。它可以被称为“自在的对象化领域”。这是所有人为了在特定的文化环境中生存而必须适应的一种对象化结构。它包含三个组成部分：人造物的使用、遵守从文化角度而界定的所有习惯，以及日常语言的使用。由于这三个组 【70】
成部分只能一起被占有，所以人们才有理由谈论一种对象化结构。这个对象化领域体现了主体间性，但是，正如已经提到的，它是单独使用的，并允许或多或少的个体(个人)选择。同时，它也可以被认为是一切社会行动的基础，在特定的历史时期和文化背景下形成一种交往。但这并不是说它也规定了它们的结构。这只意味着这些不同的结构可能会被转化进自在的对象化领域之中。毫无疑问，这种范式不能成为历史哲学的范式，仅仅因为自在的对象化领域只生产变革的需要，而不会带来变革或影响变革方向的行动。但它有一个不可否认的优势：如果它被接受，那么迄今为止在现有哲学中被接受的所有范式(工作范式、生产范式、交际范式、交往范式、生活范式和文化范式)都可以有意义地统一起来。

第三章　日常生活、理性的合理性、理智的合理性 【71】

前　言

在目前的研究中，尽管是简要的，而且只从一个角度进行阐述，但我还是试图将过去二十年来已经阐述过的主要观点系统化，这些观点主要集中在我的以下几本书中：《日常生活》(*Everyday Life*)、《走向马克思主义价值理论》(*Towards a Marxist Theory of Values*)、《论本能》(*On Instincts*)、《情感理论》(*A Theory of Feelings*)、《历史理论》(*A Theory of History*)，以及一些其他著作中。几乎根据定义，总结必须简洁明了。无论对重大问题的更广泛的哲学探究或思考是多么有吸引力或多么可取，它也不允许偏离主题或避开主题。这就是为什么我必须几乎完全放弃与我的主要问题相关的所有理论分析。屈服于这些诱惑，只会使我远离当今任何哲学论述都无法回避的问题。合理性问题已经成为当代哲学和社会学讨论的**最典型的**焦点。然而，这种问题的集中性并没有产生一致的意见：解决这些问题的理论上的建议是多种多样的。由于各种各样的原因，缺乏一致意见也以不同的方式成为日常生活问题的特征。

在对合理性问题和日常生活问题的回答中，尤尔根·哈贝马斯(Jürgen Habermas)最近的两卷本著作《交往行为理论》(*A Theory of Communicative Action*)理所当然地十分重要。按照他通常建立理论的模式，哈贝马斯通过对当代最重要的核心理论话语的反思和评论来发展他的观点。我的研究并没有那么雄心勃勃，因为它受到综合形式和对简洁 【72】
的渴望的限制。我承认，这些自我强加的限制可能会让我冒着被指责为无知的风险。

一、合理性范畴、日常生活范畴，以及这些术语所指的内容

这里，历史性地重构“合理性”范畴和“日常生活”（或“生活世界”）范畴的出现，将通过应用这些被重建出来的范畴来实现。要彻底完成此项任务，必须承认以下两个陈述同时有效：

（1）在各种人的历史（或至少在大多数历史）中，合理性概念和日常生活概念是不存在的，至少在今天被每种合理性理论和日常生活理论所声称的普遍化与可概括的背景中是不存在的。正是由于这个原因，研究它们何时以及如何出现是一项合理的事业。

（2）合理性范畴（或概念）和日常生活范畴（或概念）可以而且应该应用于每一段人的历史。如果不是这样，这些范畴就不能对普遍性和概括性提出他们的要求。

首先，我应该指出，哈贝马斯重新引入了马克思的“真实的抽象”概念，从而证明了类似的程序是合理的，回想一下，马克思在著名的公式中总结了人体解剖是猴体解剖的钥匙。然而，**在我的历史哲学框架内**，“真实的抽象”概念本身并不能证明将合理性和日常生活的哲学范畴应用于这些范畴诞生之前的人的历史是合理的，因为我认为，在对社会现象的**意识**尚不存在的情况下，现象本身也无法被视为存在。为了证实我的断言，即“合理性”范畴和“日常生活”范畴可以合理地要求普遍性，我必须证明，合理性意识以及区分“日常”与“非日常”的意识，都是人在经验上的普遍性。同样有必要指出，合理性范畴和日常生活范畴出现在合理
【73】性意识以及区分“日常”与“非日常”的意识失去其“理所当然性”而变得有问题的关键时刻。

在解决这些问题之前，我将重点关注上文（1）中所提出的问题，然后在接下来的章节中继续研究（2）。

在（1）中，对“合理性”范畴出现的讨论优先于对“日常生活”范畴出现的讨论。在讨论出现的过程中，我们必须从历史的角度出发，“日常

生活”概念是与**合理化**(rationalization)范畴一起出现的，而不是与合理性(rationality)概念一起出现的，后者的历史要长得多。

(一)关于合理性的初步思考

好的-坏的、善的-恶的、真的-假的、正确的-不正确的、有用的-有害的、神圣的-亵渎的、美丽的-丑陋的、成功的-不成功的都是价值取向范畴。在每个社会中，什么是善或恶、什么是真或假等，通常是由一个对象化系统来定义的(我将在下面进行分析)。具有价值取向的范畴在经验上是普遍的，至少在它们与无所不包的好与坏的范畴有关时是这样。它们告诉我们有效的规范和适当的规则，也告诉我们可以或应该遵守它们的方式与方法。显然，“理性的”-“非理性的”这对范畴不属于经验上的普遍性的领域。日常语言的使用者在提及他们认为不可理解或不合理的人和行为时，仍然不愿意使用“非理性的”一词。相反，他们更喜欢“不理智的”或“疯狂的”这两个词。“你疯了吗?”这个问题是指对话者的行为、忍耐或情绪报告的非理性：询问者**归咎于**非理性但不这么说，这本身就表明该术语缺乏经验上的普遍性。另一方面，需要强调的是，理智与疯狂之间的区别既是理性-非理性范畴的原型，也是经验上普遍存在的。

理智与疯狂确实是经验上的普遍概念，但它们不属于价值取向的范畴。它们是指人根据特定共同体的有效习俗**区分**好与坏(善与恶、有用与有害等)的能力或无能。如果某人能够做出适当的区分，但却选择违反有效的习俗，那么他或她不会被认为是“疯子”，而是会被认为是坏人或邪恶的人。当然，“疯狂”通常不被视为消极的，而是积极的，它是一 【74】
种不低于但超出人的“正常”辨别能力的品质。“疯狂”甚至可以被解释为神恩的象征，它被归入“神圣”这一最高价值的范围内。然而，这一事实并不能否定这样一种观点，即理智与疯狂之间的区别可以被视为理性和非理性之间区别的原型。“神圣的疯狂”只能是例外，它的重要作用以共同体中大多数人的心智健全为前提。这表明日常行为和非日常行为之间的区别也属于可经验的人的普遍领域。“神圣的疯子”可以同时被认为是神圣的和疯狂的，这正是因为他或她超出了日常生活的范围。

现在让我转到合理性问题上来，并给出我自己对这一范畴的定义，这个定义一开始是初步的和相当抽象的，但我希望随着我研究的推进能够使它充分具体化。

所谓**合理性**(rationality)，我指的是“按照理性行事”。所谓**理性**(reason)，我指的是“**良知**”(bon sens)①，也就是说，辨别好与坏(善与恶、真与假、有用与有害等)的能力。如果**一个人**至少积极地遵守一种可以辨别的范畴，那么他就可以“根据理性”行事。价值取向的范畴按等级排列。适用于社会所有成员的最高的范畴是**善与恶**。所谓**实践理性**，我指的是“良知”，即在根据价值取向范畴的**等级**进行操作时，辨别好与坏的能力。在下文中，我将论证合理性或“根据理性行事”，**归根结底是“根据实践理性行事”**。

当规范人的行为和行动的外在权威(习俗世界)失去了效力，并因此失去了在特定情况下定义良好行为“是什么”和“如何实现”的能力(这在“力量和羞愧”中有详细的讨论)时，合理性的**问题**就会产生。因此，个人必须**深思熟虑，做出**正确的决定。好的和恰当的判断不再仅仅等同于辨别能力；它现在包括一个深思熟虑的时刻，其间提出了对辨别的解释和**应用**。在这种情况下，知道什么是好的涉及如何以及何时应用它的决
【75】定。迄今为止没有进行区分的理论理性和实践理性现在必须加以区分，以便再次相互关联：好的行动应该基于真正的知识。

理论理性与实践理性的区分以及二者的自觉结合关系到**道德**的诞生。所谓道德，我是指个人**与其规范性习俗世界之间的有意识的和实践的关系**，换句话说，是指在人的行为的判断过程中起作用的内在的和外在的**两个权威**之间的关系。实践理性作为根据其等级区分价值取向范畴的能力，也可以区分关于正确规范或错误规范的“真实的”和“不真实的”意见。后者的用法与**实践理性本身**相同，却**实际上**反对**实践理性**。

为实践理性服务的真正知识过去被称为“真理”，现在仍然被称为

---

① 作者在这里借用了笛卡儿在《谈谈方法》一书中对 bon sens 的阐释。参见笛卡儿：《谈谈方法》，王太庆译，商务印书馆 2000 年版，第 3 页。——译者注

“真理”。“我想知道真相”的感叹并不等于 T 想知道 X 是否是这种情况①。相反，它意味着我非常想知道情况是什么，以便知道如何与道德上的善协调一致(或者以便弥补我之前的悔过之举)。因此，追求真理意味着在对人的行为进行审判的**双重权威**的指导下，按照实践理性(即理性地)行事。

实践理性本身和对人的行为的审判的双重权威的出现，为合理性范畴的**发明**奠定了基础。我故意使用“发明”这个词，是为了强调前者(实践理性本身的出现和双重权威的出现)不一定产生后者(合理性的概念)。道德上的宗教(这里我引用韦伯的概念)可以应对这种新现象，并免除这种观念。只有在传统宗教不足以通过将“真理”属性赋予神灵来同时使个人良心和规范世界合法化的情况下，也就是说，只有在必须提出“真理究竟是什么”的问题时，才有可能发现和发明“合理性”。

是苏格拉底在发明和发现良心的“内在声音”的同时发明了(并因此发现了)合理性范畴。像所有伟大的发现者一样，他把自己的研究推向了极端。由于认为美德是可以被传授的，他不仅将全能归于实践理性， 【76】
还将行善的意志与“真理”的知识联系起来。但这里挑选出的是什么样的真理呢？真理本身必须被建构才能被传授。而真理的构成应该通过有效的论证来证实，以便可以被传授，这是哲学**独有的过程**。**这样，合理性的发明就成了哲学的发明**。合理性范畴自诞生以来一直是**哲学**范畴。

这里不可能分析现代哲学为满足其古代创始人的主张而不得不克服的各种困难。在一个重要方面，各自任务的性质是不同的。古典时代的探索者可以根据隶属于他们的小城邦的某些价值和规范的有效性来确定他们自己的“真理”，而现代哲学家必须确立他们对“真理”的要求，通过在良好论证的基础上从关于某些事实的真实陈述(从不言自明的陈述)中推断出这些价值，从而证明其价值本身的有效性。然而，就我目前的目标而言，尽管存在某些困难，以及这些困难可能需要修订，但我认为，所有哲学都同样提出了对真理的要求，而且每种哲学都提供了对真理的

① 关于这一点的更多细节，请参阅我的《关于一种激进的哲学》(*For a Radical Philosophy*)，该书即将由布莱克维尔出版公司出版。

不同要求。

每一种名副其实的哲学都理性地为自己的真理辩护。每种哲学也都反思着合理性范畴。理性是被理解为全能的还是有限的，合理性是备受推崇还是遭到拒绝，正在区分的是哪些类型的“理性”或“合理性”，其中哪种获得了“首要性”，所有这些都取决于特定哲学的特定真理。合理性的定义或类型学可以在不涉及任何对真理的评价或参考的情况下而提出，这种信念是妄想的、武断的或空洞的。

我并没有将非理性主义哲学排除在“哲学本身”领域之外，但我会指出此类事业的内在矛盾。理性地反对理性通过反驳必须被证明的事实，证明了自己的观点。非理性主义哲学家在我们称为哲学的游戏中作弊。这种指责不适用于以上帝作为最高智慧的参考基础的宗教哲学。所有哲学都至少建立在一个“理所当然”(不证自明)的陈述之上，而关于存在最高智慧的陈述只是众多陈述中的一个。我已经指出，①“合理性”是由哲
【77】学发现的(范畴是由哲学发明的)；②哲学构成其“真理”，并理性地为之辩护；③哲学反思“理性”(无论理性被认为是全能的还是无能的)；④每一种哲学都建构它自己的特定真理。如果将上述所有要素组合成一个结构，就可以得出结论：哲学归根结底是**道德**的自我意识。作为对人的行为的审判的内在权威与外在权威之间的关系，道德在这里被定义为个人与其规范性习俗世界之间的有意识的实践关系。道德以实践理性和理论理性之间的差异为先决条件。然后在实践理性的指导下将它们再次结合起来。哲学的最高真理是真与善的统一，任何理性的论证都必须证明这一真理。不同的哲学构成了不同的真理，因为它们表达了**个人**与规范性习俗世界的关系，因此它们必须求助于主体间的规范或价值，或者至少是主体间的“根据”，以便能够与这些在对人的行为的审判中的外在权威建立联系。这样，“合理性”概念最后就成了一个**道德**范畴。(正如霍克海默和阿多诺的“工具理性”概念一样，当哈贝马斯评论“实用理性”的概念在今天的哲学话语中具有讽刺意味时，他沿着类似的思路前进。)不管其具体解释如何，只要合理性的概念出现，它总是带有对一种生活方式的偏好，即**好的生活**。

我已经提出了一个初步的合理性概念。我进一步指出，在以理性的方式为其各自的真理进行辩护时，所有哲学都包含合理性概念。有多少哲学，就有多少真理主张和对合理性的解释。我对理性和合理性的定义显然是众多定义中的一种，我相信我能够为它辩护并验证它。我还想明确地指出，我对理性和合理性的定义是对这个定义及其所包含的生活形式的**承诺**。

(二)关于日常生活的初步考虑

尽管从19世纪中叶开始，与"日常生活"这一范畴相关的某些基本问题就已经处在讨论之中，但该范畴在第一次世界大战后才出现在哲学和社会学中。日常生活(生活世界)必须变得**有问题**，才能**被问题化**。 【78】

然而，有人可能会反对，如果**严格意义上的**日常生活不是各种哲学关注的问题，那么日常思维肯定一直都是。可能的例子包括古希腊的**意见**(doxa)和**知识**(epistheme)的并列，或17世纪、18世纪好的常识(正确理性)和"偏见"的并列。但是任何深度分析都清楚地表明，这些所谓的原型与日常思维和科学思维之间的现代区别几乎没有共同之处。首先以古代的并列为例，我们可以看到，在希腊哲学中，"纯粹的意见"指的是在一切社会领域或社会制度(家庭、政治、宗教、道德、艺术或宇宙图像)中未反思的思维，而真正的知识则指在同样的领域中反思的思维。友谊，这种日常**最典型的**关系，被认为是建立在对美德的真正知识和纯粹意见的基础上的。再回到17世纪、18世纪，我们可以看到，哲学可以诉诸的"好的常识"并不等同于"日常思维"；相反，它是一种人的智力的哲学建构，它不受传统世界观或宗教的错误意象的破坏，不受虚假和"不自然"的习俗等的影响。日常思维确实在这方面起到了背景或对比的作用，但它本身并没有成为理论关注的对象。

随着"合理化"或"物化"的发现，日常生活和日常思维同时开始被主题化。后两个范畴表达了社会生活中相同的趋势(或现象)，但在不同的社会理论框架内，它们一方面是韦伯理论的范畴，另一方面是马克思-卢卡奇理论的范畴。在分析的这个阶段，只需说明在合理化的条件下日常生活变得有问题就足够了。我强调,“合理化条件”并非与“充分理由”同义。即使我们试图说明,而不仅仅是解释当代日常生活的问题特征,我们也必须使用多因素模型进行操作。无论如何,日常生活和日常思维的主题化与合理化的主题化的同时出现,表明了这些现象的内在联系。
【79】即使我们暂时不考虑生活为什么会有问题,以及如何有问题这一问题,我们也不能忽视表明生活各个领域都普遍存在问题的迹象。

也许在这方面最明显的迹象是现代艺术。(我不想在这里讨论所谓的后现代性。这远远超出了我目前的问题。)出于论证的目的,我将重点放在绘画上,尽管任何其他艺术形式也可以。从文艺复兴早期到20世纪,欧洲绘画在日常生活和“超越之物”的**不言自明的**统一基础上蓬勃发展。诸如耶稣的历史等,那些**最为卓越的**非日常历史,被转移到一个“自然的”日常环境中并在其中进行描绘。荷兰各流派中的资产阶级或农民内部,或作为景观的人类生活环境,都散发出一种生活方式的气息,这种气息可能是快乐的或悲伤的、简单的或复杂的、崇高的或荒谬的,但总是值得生活的。看到这些直到印象派时期为止的画作,你很难抑制这样的欲望(在这种绘画的影响下,即使是幻想中的**可能性**):去街上走走、去河里洗澡、去安慰人们、去触摸画中所描绘的服装;简而言之,我们只是渴望去那里。曾经说过夏尔丹(Chardin)的苹果可以吃,但塞尚(Cézanne)的苹果不能吃的里尔克(Rilke)是世纪之交发生的巨大变化的记录者。没有人会想爬塞尚的山,就像没有人会爱上毕加索(Picasso)油画上的女人一样。现代绘画并没有散发出一种生活方式的气息,恰恰相反:它是好的艺术,**正是因为它不再如此**。现代艺术是一种反抗没有形式的生活的姿态,只有通过这种姿态,它才能成为形式。(这是对潮流的重构,而不是对历史、对艺术的重构。在我们这个世纪之前,生活也经常出现问题。绘画主要通过将戏剧场景中的古代历史与当代生活进行对比来对此做出反应,如丁托列托[Tintoretto]、格列柯[Greco]或普桑[Poussin]的作品。)

艺术与日常生活的断裂和现代社会理论中日常生活的主题化标志着完全相同的过程,这似乎很难接受。然而,甚至只要挑出一些20世纪的哲学和社会理论，也可以支持这一论点。从青年时代的卢卡奇，到海德格尔，再到阿多诺或新实证主义，有几位重要的思想家采取了与艺术完全相同的态度。因此，摆脱无形的、空虚的、重复的、无意义的日常生活，就成了哲学的计划。从“真理”的立场出发，日常生活被主题化，【80】
这个立场将这种生活规定为缺乏真理。与生活相对立的“真理”种类繁多。它们的范围从其语言不再能被翻译成普遍语言的纯粹量化的科学模式，到大写的生命(使用大写字母 L)的纯主体性模式，其深度无法辨别，但却被日常主体间性的肤浅所掩盖。

正是归功于社会学，它采用了一种新方法。社会学并没有脱离当下的社会生活而在非人格化的科学或纯粹的主观性中寻求庇护。在它被纳入哲学范式之前，它正是通过接受这个挑战而成为社会学的。所有这些都为日常生活和日常思维提供了新的思路。鉴于日常生活和日常思维成为主体间性的基础，反过来，这种生活和思维本身也必须得以分析。此外，为了理解社会生活而设法解决社会生活问题的行动，不允许将日常生活和日常思维视为不真实的领域。在进行一项调查，并从随机选取的人所填写的问卷中得出某些结论时，必须假定问卷中所包含的日常意识和知识能够提供与我们所关心的问题有关的信息。当然，“意见”不应该作为某种“总计的”真理而被简单地收集起来并呈现出来：它们应该受到批判性的处理。但是，即使这样处理它们，它们也不能仅仅被视为关于拜物教的和不真实的心灵的信息，而应该被视为关于一种正确知识的信息。毋庸置疑，任何名副其实的社会学都不会掩盖日常生活变得有问题的事实。但是社会学对这个星丛有双重的研究方法。一方面，它通过理解宏观结构的转变来解释这一过程。另一方面，它把有问题的日常生活视为对宏观结构的这种转变的批评，这与对宏观结构发展的基本接受或拒绝无关。“基本”这个词在这里很重要。无论是完全接受还是完全拒绝这个过程，都不能构成一种好的社会学。被完全拒绝的事物本身不能被理解；而被完全接受的事物又无法进行批判性分析。重申一下，每种社会学都必然具有批判性，因为它是一种反映**有问题的**日常生活的理论。

尽管社会学首先采用了解决日常生活的问题性的新方法，但哲学很 【81】

快也紧随其后。但要做到这一点，哲学也必须成为**社会理论**。我们只需想一想维特根斯坦(Wittgenstein)从《逻辑哲学论》(*Tractatus*)到《哲学研究》(*Philosophical Investigations*)的转变，或者胡塞尔(Husserl)从《逻辑研究》(*Logische Untersuchungen*)到《危机》①(*Krisis*)的转变，就能理解这一切是如何发生的。日常生活和日常思维已经成为现代哲学的出发点与关注点，从而构成了各种范式(主要是日常语言范式)。

然而，每一种哲学都在反思合理性的范畴，都是从哲学家自己所建构的各自的真理(即善与真的统一)的立场来解释合理性。由于日常生活和日常思维的主体间性已成为现代哲学范式的组成部分，这些范式无论如何都必须从日常行为、思维、推理中获得合理性。简单地把科学的合理性与非理性的或前理性的日常思维对立起来已经不可能了。这听起来很矛盾，但确实如此，正是日常生活的"有问题的"特征促使哲学将其作为所有人的知识、行动和所有类型的合理性的**基础**进行反思。

人们可能会奇怪，为什么我在这里没有提供一个日常生活的初步定义，而我在探讨合理性的情况下却这样做了。原因很简单。日常生活被视为理所当然；每个人都知道日常生活**是什么**。从合理性的角度解释日常生活及其与超越它的关系，将是本研究的总体目标。对日常生活的初步定义是没有必要的，对它的初步解释也是不可能的。

二、"自在的对象化"领域的范式

为了建立我的日常生活理论和合理性理论，我将采用"自在的对象化领域"这个范式。我将说明，"自在的对象化领域"代表了一种独特的方法——如果你愿意，可以称为一种新的范式——用来解决当代合理性和日常生活问题。由于多种原因，它是与众不同的。这个领域显然是一般社会生活的经验普遍原则：它尤其是当代日常生活的支柱，体现并解
【82】释了我们的知识、行动和交往的主体间性。当然，某些其他的范式同样适合完成这三重任务。有语言范式、交往范式、工作范式等。但我并不

① 全称为《欧洲科学的危机与超验现象学》。——译者注

是仅仅为了提出一个比其他人更完整、更连贯的理论而发展自己的范式。我的目的也是从价值角度或从**真理**角度提出至少一个**同样好的理论**。指引我完成这项理论任务的价值是“**作为整体的人**”(human being as a whole)，或者更准确地说，是**人的个性的统一性**。

(一)“自在的”对象化领域是人的经验的社会先验

“自在的”对象化领域是**人的**经验的社会**先验**。它有三个组成部分：日常语言、人造物(及其使用规则，包括对自然环境的使用)和习惯。这些组成部分只能在哲学或社会理论中并且被哲学或社会理论所区分。那些遵守自在的对象化领域的“规范和规则”(norms-and-rules)之人从不将它们区分开；如果他们这样做了，他们将不再遵守这个领域的“规范和规则”。如果不遵守习惯性的规范，并且不精通日常语言使用的规则，就不能使用人造物(在这个领域内)。如果不能恰当地使用人造物，不能遵守习惯，就没有能力使用日常语言(在这个领域内)。同样，如果不精通日常语言，没有能力使用人造物，在这个领域内就不能遵守习惯性规范。这并非意味着这三种能力必须同时获得。它的含义不止于此，也就是说根本不存在那种不涉及与自在的对象化领域的其他两个组成部分相关的行动的行动，包括语言行动。从这个意义上说，每个组成部分都是其他两个部分所固有的，反之亦然。规则和规范不能分离。

一个新生儿被命运抛到一个特定的“自在的”对象化的世界里。“成长”指的是将这个偶然转变成一个“特定世界中的存在”。这是通过占有“自在的”对象化而发生的。“成熟”意味着这种占有过程的最终结果。一个“成年人”是已经完全有能力使用“自在的”对象化领域的“规范和规则”的人①。

我刚才将“自在的”对象化领域称为人的经验的社会**先天**。我也提到了出生的偶然。“自在的”对象化领域开始将出生的偶然转化为确定的“出生于一个特定的世界”。这种转变在出生的那一刻就已经发生了，甚 【83】

① 详见我的《日常生活》(*Everyday Life*, Routledge and Kegan Paul, 1984)和《情感理论》(*A Theory of Feelings*, Van Gorcum, Assen, 1979)。

至在出生前阶段就经常发生。此外，一些社会决定新生儿是否**可以长大**，或是否应该死亡。如果新生儿的生物结构显示出没有能力完成占有给定的“规范和规则”的任务的迹象，那么，“成长”到一个“特定的”世界是一个甚至无法开始的过程。“出生的偶然”不是指社会的**先天**。而是指种类的**先天**，指的是一个简单的事实，即所有人的孩子生来就有一个为社会存在而设计的**身体**。这个设计需要被称为“大脑”的计算机能够同时执行各种象征性动作，随时准备接受**任何类型**的社会信息。没有“自在的”对象化这个**特定**领域的引导，任何新生儿都无法成为人，这是人的经验的社会**先天**。但是，让我重复一遍，它可以由**任何特定的**现有领域所主导。“出生的偶然”意味着这个领域不是预先确定的。

人的存在有两种**先天**，一方面是“自然”的先天，另一方面是“文化”的先天，二者是完全不同的。尽管我们不知道(实际上可能永远也不会知道)几百万年前自然性和社会性之间的界限是如何跨越的，但我们可以而且确实知道，它是通过不断用社会规制取代本能规制而发生的。“社会规制”主要是指为重复性行为提供安全规则的对象化领域所采取的规范，是“自在的”对象化领域的先驱所采取的规范。人类的新生儿在生物学上“不受保护的”特征是各种神话中发现并表达的人的境况的一个基本事实，它就是由这个过程造成的。这种生物学上的缺陷不仅是“自然的”产物，也是社会的产物，仅仅是它就使通过更高的智力确立人的力量成为可能(也成为必要)。**人类的**新生儿，这种自我驯化的晚期产物，不仅是自然的产物，也是文化的产物。如果我们观察“自在的”对象化领域，自然和文化的问题就会以类似的方式重新出现。一方面，文化像自然一样必须在很长一段时间内发挥作用：由于它是有机的和不证自明的，
【84】只是从新石器时代革命开始(无论何时何地发生)，文化和自然之间的坚定区分才成为可能；另一方面，人与现在称作“外部自然”之间的关系是这个对象化体系的基石。当然，文化也**不**等同于“自在的”对象化领域。

“长大成人”意味着完全有能力遵循“自在的”对象化领域的“规范和规则”。如果不经历这种占有的过程，一个人就不会拥有人的经验、不

能行动、不能说话、不能思考。考虑到为了这种占有（通过出生）人被“设计”，这个过程是**有意**进行的。然而，总有一些**文化领域**（当然在我们所熟悉的所有文化中），占有这些领域**并不属于**社会生活中纯粹能力的先决条件。

所有社会都会产生**文化的和认知的剩余**，而这些剩余并没有反馈到“自在的”对象化领域。它们在**不同于**前者的文化领域中被吸收和实践。我稍后再谈这个问题。我目前想说明的是，类本质（generic essence）的先天与“自然”不同，“自在的”对象化领域的先天与“文化”不同。

鉴于体现在“自在的”对象化领域的“规范和规则”中的“事实知识”（know-what）与“专门知识”（know-how）必须被每一个被“抛入”“自在的”对象化特定领域的人平等地（即使不是平等地）占有，因为后者是人的经验的社会**先天**，那么，**主体间性相对于主体性就是首要的**。另一方面，类本质的**先天**并没有穷尽新生儿的“设计”。每个人类的新生儿通常都是独特的，“自在的”对象化领域这个“大熔炉”并没有抹杀这种独特性。在平等地占有“规范和规则”的同时，人的主体从未变得统一。在这方面，他们与他们的动物祖先没有区别，其特征是相似的生物化学的个性。但由于人生来只有一个“缄默的”类本质，通过占有主体间性而占有“自在的”类本质①，而且因为他们有意这样做，因此，这种占有过程是主体化和客体化同时发生的过程。因此，该结果不仅仅是人的或多或少的“完美”版本，它是一个**意识到自己的主体性**、意识到自己是一个特殊 【85】
的“我”的**主体**。这个主体不是从未完全完成的“社会化”的残余，而是社会化本身的驱动力。此外，在任何特定文化中，主体都可能成为文化匮乏或文化剩余的承担者。在匮乏的情况下，涂尔干可以合法地称之为“越轨”（deviance）。在“文化剩余”的情况下，主体超越了“自在的”对象化领域所呈现的对主体间性的占有。（稍后我将讨论“认知剩余”，它不是“主观剩余”［就像文化剩余一样］。）这可能发生在没有规则或规范可以适用的个人经历之中，以及/或者发生在需要求助于另一个（更高的）对象化领域，甚至偶尔发生在建构这样一个领域时。尽管主体间性相对

① 参见《情感理论》。

于主体性而言是首要的，但由于对象化和主体化都发生在占有这个相同的主体间性的过程之中，因此，“主体”不仅仅是局限于一个身体/心灵之中的主体间性。占有人的经验的**先天**首先使**人的**经验成为可能。即便如此，这并不意味着人的经验与“自在的”对象化领域中熟悉的“规范和规则”是相同的。占有这个领域不仅解释了知识的主体间性和行动模式的主体间性，而且还解释了在一个给定的生活世界中每个“我”的经验的独特性。

因此，我们可以将“自在的”对象化领域视为社会生活中所有知识和经验的**基础**。它同时也是每一种更高类型的对象化和每一种主观经验的基础。占有更高类型的对象化已经预设了有遵循“自在的”对象化领域的“规范和规则”的能力。其中一些更高类型的对象化也“吸收”了主观经验的文化剩余。

（二）“自在的”对象化领域和日常生活

“自在的”对象化领域已经是并且仍然是**日常生活中独特的**对象化领域。我的意思并不是说“自在的”对象化领域专门规定了行动模式和生活世界的知识范围，而是说日常生活首先以占有这个对象化领域为前提——换句话说，正是在日常生活中，人才占有“自在的”对象化领域。
【86】这正是日常生活和日常知识超越它的各种知识与制度的基础的原因，即使这些形式的（制度化的）知识最终会反馈到日常生活中。但是，这种反馈的强度和范围都不应该妨碍对“自在的”对象化领域的充分占有。如果妨碍了，这个社会就会分崩离析并消失。占有“自在的”对象化领域不仅是任何特定社会中个人生存的前提，也是某一社会继续存在的前提。

在这一点上，我们可以再重申一遍，“自在的”对象化领域的三个组成部分是日常语言、人造物（有适当的使用规则）和习惯。这些相互交织的成分为人提供了必要的“事实知识”和“专门知识”，使成年人在特定的社会环境（**客观世界**）中生存和自我繁衍成为可能。

“规范和规则”不仅仅是“使用说明书”。如果是，它们就不能起到“规范和规则”的作用。它们以三重方式为人类提供意义。首先，它们本身是有意义的。这是一个同义反复的陈述，因为日常语言的使用是这个领域的一个组成部分。其次，作为“规范和规则”，它们体现或代表了价值取向(善–恶)的一般范畴的积极“一面”，即“善”。它们也**至少**代表了价值取向的**一对**次级范畴的积极“一面”(与亵渎相反的神圣、与恶相反的善、有用的、真实的、正确的等)。然而，通常情况下，它们代表的不止一个，而且肯定是与恶相反的善。这就是价值取向的这些范畴(当然还有善–恶的范畴)是可经验的普遍概念的原因。相对于“亵渎的”“恶的”“有害的”，“神圣的”“善的”“有用的”至少在最初之时代表了根据“自在的”对象化领域的“规范和规则”而行动的一种动力。最后，“规范和规则”是有意义的，因为它们被有意义的世界观所合法化。由于所有世界观都是有意义的，因此“有意义的世界观”这一范畴似乎是同义反复。然而，这个术语代表**世界图式**(Weltbild)，而非**世界观**(Weltanschauung)，形容词“有意义的”只是表示世界观为“自在的”对象化领域提供了“神圣的秩序”的含义，或者至少是“适当的秩序”的含义。坦率地说，从该词的广义上讲，有意义的世界观使“自在的”对象化领域**合法化**。它们通过**起源**(Genesis)①被合法化。关于上帝、祖先的灵魂之类的知识，或者就 【87】
此而言，甚至关于“宇宙”的知识，也受作为自我合法化的“自在的”对象化领域的影响。如果不了解这种知识，一个人就无法成为特定社会中的“成年人”。但在大多数社会中，并非每个人都了解有意义的世界观的微妙之处。(鉴于我有限的人类学知识，我不愿将这一说法扩展到**所有**社会。)排他性问题甚至影响到那些没有一个作为秘密知识持有者的已被接受的“祭司”的社会。基于以上论述以及文化剩余通常被另一种对象化(我将其称为“自为的”对象化)吸收的假设，我们可以得出结论，即即使“自在的”对象化领域**影响**了足以使一个人成为“成年人”的各种知识，也不能说这个领域**产生**了这种知识的总和。因此，人们有权假设以下两种说法都是正确的：①占有“自在的”对象化领域是日常生活的支柱；②人们不能**仅仅**从“自在的”对象化领域的优势层面来理解和解释日常

① 起源的神话，后来偶然被历史所取代。参见《历史理论》(*A Theory of History*, Routledge and Kegan Paul, 1982)。

生活。

“自在的”对象化领域，以及日常生活和日常思维(我们已经看到后者比前者更广泛)，既包含**历史上的静态**因素，也包含**历史上的可变**因素。日常生活和日常思维中的静态因素要么与“自在的”对象化领域中的静态因素**相同**，要么**源于**“自在的”对象化领域中的静态因素，而“自在的”对象化领域是日常生活和日常思维的支柱。日常生活中静态因素和可变因素之间的比例取决于两个因素：“自在的”对象化领域静态因素和可变因素之间的比例，以及由占有“自在的”对象化领域所支配的日常活动、日常思维和日常交往同与其他类型的对象化**直接**相关的日常活动、日常思维与日常交往之间的比例。

“自在的”对象化领域的“规范和规则”的**内容**属于可变因素，这不足为奇。然而，这种内容，无论是什么，都**被**任何特定社会的成员**视为理所当然**。如果要对“规范和规则”提出质疑，就不能**从内部**或从“自在的”对象化领域的**角度**来质疑它们。这就是其他社会成员要理解这个领域的
【88】内容是如此困难的原因。人类学家们已经不遗余力地以自己的实力去理解所有特定的“自在的”对象化领域。他们能否在这一努力中获得成功，或在很大程度上获得成功，是值得怀疑的。此外，“自在的”对象化领域的规范程度可以从非常高到非常低不等。其他共存的对象化领域的特征和复杂性在很大程度上通常会导致“自在的”对象化领域一般的“规范和规则”(在规范程度上)的“紧密性”或“松散性”，通常也会导致它的各种“规范和规则”的紧密性或松散性(它们可能使某些变紧密，而使其他变松散)。社会分工(涂尔干称为“有机分工”)的出现和发展，相当于将“自在的”对象化领域**分裂**为各种并存的“自在的”对象化领域。从这时起，“出生的偶然”不仅意味着被“抛入”一种特定的文化中，而且意味着被“抛入”特定的社会阶层、阶级和职位等之中。对于不同的社会阶级或阶层的成员来说，“自在的”对象化领域所呈现的“规范和规则”在内容上是不同的，尽管后者共享这些内容的要素，特别是有意义的世界观所提供的要素。(例如，“贱民”认为他们的“规范和规则”是理所当然的，因为这些规范和规则被社会所有成员**共有**的婆罗门宗教所合法化。遵守这

些“规范和规则”会增加他们重生在一个更高种姓中的机会。）社会分工和“自在的”对象化领域的“分裂”并不必然导致“自在的”对象化的不同领域所呈现的“规范和规则”的松动；考虑到它们需要来规制阶级内部的行为的“规范和规则”，情况就不同了。在部落社会中，某些“规范和规则”可能极其宽松。在接下来的内容中，我将专心致力于分析具有高度分化的“自在的”对象化领域的社会中的日常生活，以及分析这样一种社会分工，即在这种社会分工中，这些对象化领域相对“松散”，由这些领域所传递（而不是产生）的知识占有很高的比例。显然，高比例的中介知识的存在并没有证明“自在的”对象化领域是所有人的知识与行动的基础这一假设是错误的。事实上，高比例的中介知识证实了这样一种假设，即不是由“自在的”对象化领域产生的知识**必须由“自在的”对象化领域所传递**。这强化了最初的论点，即社会环境中的每个成员都必须占有的“事 【89】
实知识”和“专门知识”应该作为“自在的”对象化领域中的“规范和规则”呈现给这些成员。由于本研究的最终目标是理解**现代**日常生活中的合理性，因此目标也确定了重点。

为了说明日常行动中的不变因素，我们必须考察“自在的”对象化领域中的不变因素。我想说的是，这些不变因素**几乎**塑造了我们**所有**的日常活动。它们不仅塑造了旨在占有“自在的”对象化领域中的“规范和规则”的活动，而且还塑造了旨在占有**其他**对象化领域的“规范和规则”的活动，即制度领域的“规范和规则”的活动。我说“几乎所有”日常活动（包括语言行动），是因为人们能够，并且通常确实能够或多或少地**直接**接触到**不受**“自在的”对象化领域所调节的这类知识和价值。因此，他们的行动（和语言行动）可以直接受对象化的“规范和规则”所支配，而不是受“自在的”对象化的支配。稍后我将指出，这两种态度也意味着对理性的两种不同用法。

“自在的”对象化领域中的基本不变因素已经在这个领域的定义中提出了。我已经指出，这个领域的三个组成部分（人造物的使用、习惯的使用、日常语言的使用）中的每一个都是其他两个部分所固有的。因此，应用于“自在的”对象化领域的基本范畴是**内在的**，这适用于“自在的”

对象化的**所有可能**领域。内在性并非意味着同一性。如果在传统社会中母亲和女儿讨论她们要准备的晚餐，那么，她们要遵守某些习惯(通过为家庭中男生成员准备饭菜这一简单事实)、她们要使用日常语言(在讨论此问题时，指的是诸如“盐”或“牛肉”等材料)，并且在使用人造物(炉子、刀、叉等)时要适应技术规则。当然，这些中的每一个都不能还原为另一个。例如，讨论晚餐并不等同于做好晚餐。

我们还提到了“自在的”对象化的每个领域中的第二个不变因素，其“规范和规则”通常被认为是理所当然的。这个简单的事实有几个内涵，一个是按照“自在的”对象化领域中的“规范和规则”行事**从来不需要解**
【90】**释**，无论是从原因方面还是从动机方面。这可以用另一种方式来表述：如果一个人按照“自在的”对象化领域中的“规范和规则”行事，那么他的行动对同一社会环境的所有成员都是公开的。这正是将这些“规范和规则”翻译成不同文化的语言如此困难的原因。我们很难向外国人解释那些本来根本不需要解释的行为模式。此外，“自在的”对象化领域中的“规范和规则”没有被反思。我们可以**结合**我们在“自在的”对象化领域内所做的事情来思考，但在这个领域内，我们不会考虑我们所做的事情。最终，我们甚至可能完全不知道我们**正在做**什么(在这个领域内)。因此，我们可以遵守自在的对象化领域中的“规范和规则”，同时考虑与某些事物，而不与其他事物相结合。

关于当代社会话语中语言的指示性(indexicality)，人们已经说了很多。我相信“指示性”的提议可以在两种不同的但相关的语境中被应用于“自在的”对象化领域。第一，“自在的”对象化领域的三个组成部分都是“指示性的”，因为它们彼此指向；第二，“自在的”对象化领域中的所有“规范和规则”或多或少地对日常活动与日常思维发挥着**指南**(Wegweiser)(维特根斯坦)的作用。

日常语言行动的指示性是“自在的”对象化领域内在性的显现。语言行动存在于使用人造物和遵循习惯之中。但人造物也表明了习惯。如果它们没有这样做，那么即使尝试去做考古学家通常所做的事情，即从他们留下的可用人造物中至少重建一些已灭绝的文化习俗，也将是荒谬的。如果我对某人说"再见"，我想离开的意向不仅存在于我的言语行为；我想离开的意向也体现在我说"再见"时，因为按照习惯，除非我说再见，否则我是不能离开的。"自在的"对象化领域中的三个组成部分都表明它们的使用**与其他两个部分相互关联**。**单独**使用一个组成部分意味着该行动**不再是理所当然的**，而是必须加以考虑的。如果有人不辞而别，这个行为需要一个解释（"他生气了吗？""他被冒犯了吗？""他只是粗鲁吗？"）。菜刀的正确用途是切食物。只有当菜刀以"非习惯性"方式使用时，"你用这把菜刀干什么？"才是一个有意义的问题。

同时，"自在的"对象化领域中所有"规范和规则"就像人的日常行 【91】
为、日常思维和日常活动的"索引"一样发挥作用。它们指明了特定的生活世界中正当的活动和言语行为的方向、基本内容和"限度"。对"自在的"对象化领域的充分占有意味着人们熟悉"路标"（road signs）（人们可以"读"它们）并沿着它们所指的方向前进。由于路标仅指示正确的方向，并没有完全规定每个活动的特殊特征，因此对于不同的，但却相似的活动（包括言语行为）来说，总有一个"活动场所"，所有这些都或多或少符合"自在的"对象化领域中"规范和规则"所设定的要求。这个"活动场所"的宽度取决于"自在的"对象化领域中"规范和规则"的松散程度或紧密程度（规制的程度），虽然它永远不可能为零，但这个宽度总是有限的。这种活动场所的界限可以称为"规范和规则"应用的"临界限"。超越这些限制可能是一种疯狂（非理性）行为或犯罪行为，或者可能仅仅导致日常生活中的某些"灾难"。所产生的影响要么与违反的特定"规范和规则"的性质有关，要么与这种违反行为的具体特征有关。（如果我不保养这个名为"汽车"的人造物，汽车在几英里之外发生故障，这是日常生活的一场灾难；如果我因为类似的失败而撞到某人，这是一种犯罪行为；如果我在知道油箱里没有汽油的情况下还想开车，那我就是在不理性地行事。）最后，超越"自在的"对象化领域中任何"规范和规则"的"临界限"也可能是一个人与对象化的直接关系的结果（和标志），而不是日常生活中"自在的"对象化领域内部的关系。关于这个问题，我稍后再回来讨论。

所有被“自在的”对象化领域中“规范和规则”所囊括的活动都是由“自在的”对象化领域所塑造的，即使“规范和规则”相当松散。在我的《日常生活》一书中，我详细研究了所有这些活动模式——实用主义、可能性、过分一般化、类型学图像的使用、类比、单一性事例的粗略处理。由于所有这些模式都源于“自在的”对象化领域中的静态因素，以及对这个领域中“规范和规则”的占有，所以它们也是静态的。没有这些活动模式，就没有日常生活和日常思维，也就没有生活和思维。尽管在接
【92】下来的内容中我专注于日常生活中不断变化的因素，尤其是当前的日常生活，但人们不应该忽视那些代表我们与人类历史不可磨灭的联系的不变因素，我们的历史只是其中之一。

（三）作为整体的人

日常生活**不是**一个系统。除了其支柱——“自在的”对象化领域——也不是一个系统这一事实外，它或多或少需要与其他对象化领域有直接的认知关系或实践关系。但是，“自在的”对象化领域并不构成一个系统的说法需要进一步阐述。

“自在的”对象化领域在**所有**类型的活动、理解和信仰中指导着人们。坐火车、祈祷、穿衣、做爱、园艺、吸毒等之间绝对不存在“系统性”的联系。这些异质的活动只有一个共同之处，那就是它们受到“自在的”对象化领域的指导。正是由于这个领域的异质性，它的所有“规范和规则”都必须被同等地视为理所当然。因此，它们中任何一种“规范和规则”都不应被用作为任何其他“规范和规则”辩解的一种**解释性**手段。（你不能通过解释你为什么吸毒来证明坐火车是合理的。）这就是为什么在这个领域中，即使是合法的世界观也不需要成为逻辑上一致的信仰体系。有时，相同的“自在的”对象化系统可以提供**不同的**世界观，而不会妨碍异质的活动的“理所当然性”。（例如，如果 X 的妻子生病了，他可以立即派人去叫救护车，并去教堂祈祷她康复。）

日常生活不是系统，但也不是机构。然而，有一种机构曾经是并且仍然是日常生活中**最优秀的机构**：家庭。在其所有不同的历史形态中，

家庭是“自在的”对象化领域的“熔炉”的主要推动者，因为它执行的任务是，在“成长”过程中培养每个社会成员遵循“规范和规则”的能力。“家庭”机构的出现与“自在的”对象化领域的出现是同时发生的。对此显而易见的解释是，对性的规制是第一个社会规制。但是，该机构的长期存在不能仅由其起源来解释。我将家庭机构的长期存在归因于(虽然不是全部归因于)它能抵消出生的偶然的自然倾向。社会上的“偶然”并非生 【93】 物学上的偶然。家庭关系也是生物性的，这使得社会偶然看起来是在自然上被决定的。通过成为父母(和祖先)的生物学上的后代，通过与亲属(以及这些亲属的祖先)在生物学上相关联，人们已经被视为其(偶然的)出生地所隶属的文化中的一员。尽管现代性中的有机联系有所松动，但它们仍然存在，并在**国家**认同中发挥着决定性的作用。

除了家庭这个日常生活的核心机构，我们在日常生活中必须学会行动和思考的其他机构是高度异质的。目前我们只需强调，无论有多少机构参与到使我们遵守“自在的”对象化领域中的“规范和规则”之中(教会、学校，仅举两个重要的)，对这一领域的“规范和规则”的占有并不完全通过机构进行。然而，同样重要的是，日常生活的机构中所呈现的“事实知识”和“专门知识”是**为了**占有“自在的”对象化的特定领域中“规范和规则”的“事实知识”与“专门知识”，而**不是**为了占有机构的“规范和规则”的“事实知识”和“专门知识”。每天去做礼拜的人对神学一无所知，也没有学会在教会机构内“活动”。小学成为义务教育，因此成为日常生活中不可或缺的一部分，因为写作、阅读和算数被认为是属于“自在的”对象化领域的“规范和规则”。(没有这些技能，没人可以成为一个真正的“成年人”。)这些机构有助于进一步巩固关于有意义的世界观的知识，进一步促进了人们必须将其作为一种生活方式而占有的“规范和规则”合法化。学校可以提供有意义的世界观“宗教”和/或其他有意义的世界观“科学”。但即使是现在，教育也只是就有意义的世界观“科学”而言才是必需的。当涉及**科学**时，教育立即成为**可供选择的**。如果某人从唱民歌中学习艺术，产生的就不是制度“艺术”；如果某人从辨认夜空中的星座中学习科学，产生的就不是制度“科学”。下一章将对此做更多的介绍。

正是格奥尔格·卢卡奇首先指出日常生活的行动、思维和情感的主
【94】体是**作为整体的人**，与“人的整体性”(human wholeness)，即更高的对象化的主体相反。鉴于日常生活是多种多样的，人们至少要在某种程度上发展出最多样化的人的倾向和能力，才能胜任日常生活。操控、讨论、自制、辨别力、爱、敏感性、决定等能力必须平等地同时发展，以应对“自在的”对象化领域中所有“规范和规则”，更不用说在实践上和/或理论上接受其他的对象化。这里，我们又回到这样一个假设，即“自在的”对象化领域是其他所有对象化的基础，也是主观经验的文化剩余的基础。绝对**不存在任何种类**的能力是人们通过借助于对象化/主体化这一双重过程占有“自在的”对象化领域而无法获得的，至少**在本质上**是这样的。日常生活为人们提供了他们所有的倾向，在此基础上，日常生活本身**可以被超越**(通过发展这些倾向中某些优于其他倾向的倾向)。

(四)认知剩余，文化剩余

遵守“自在的”对象化领域中的“规范和规则”就像沿着路标走一样，需要三种不同类型的思维，这三种思维都嵌入活动中或与活动相关。这些都是创造性的、重复性的、直觉性的思维。如果日常主体能够直接进入除“自在的”对象化领域之外的对象化领域，那么这三种类型不一定嵌入活动中或与活动相关。但是，由于日常的表现大多是活动，而且大多数活动都与“自在的”对象化领域有关，因此即使是对日常思维最简要的分析，也必须从**如何**遵守“自在的”对象化领域中的“规范和规则”开始。

出于对非专业读者的考虑，我应该补充一点，理性范畴和又名为认知(包括知觉)的**思维**范畴并**不**相同。理性是一个哲学范畴，是一个估价的范畴，在哲学对真理的各种定义中规定了“理性究竟是什么”。另一方面，思维的范畴是经验性的和无价值的，称其为“认知”是绝不会改变其地位的。当然，人们**可以**辨认出一种带有理性的思维(例如，解决问题的思维)，并对其进行相应的**评估**。即便如此，我还是要在这里直接反
【95】对这种辨认。回想一下，理性(**比率**)是指区分好与坏(善与恶、神圣与

亵渎、真与假、有用与有害等)的能力，而实践理性是指根据价值导向范畴(善为先)的等级进行区分的能力。毫无疑问，这种能力以认知(包括知觉)为前提，即使它与认知**不同**。让我简单说明一下。如果有人在红灯前停下来，他或她会按照理性行事，换句话说，就是理性地行事。然而，一方面，这方面的不理性行为，也就是说，没有在红灯前停下来，同样涉及认知；另一方面，区分红色和绿色的行为与区分好和坏无关。合理性并不一定意味着好思维(在数学方程式中出错并不意味着非理性思维)。同样，存在着不适用于规则或规范的情况，存在着各种各样不违反任何"规范和规则"的选择(例如，我们是否应该穿上大衣)。通过主张与语言(和逻辑)的作用保持一致，在上述每种情况中人们实际上不可避免地按照规则(即理性地)行事，人们可以不考虑这一切，相应地，没有其他规则(或规范)必须以理解理性是什么为前提。然而，语言本身仅仅在区分好与坏时就反驳了这种说法。语言有规则是一件很晚才被发现的事情。但是，**必须根据语法规则以外的规则来使用**语言，这是经验上的普遍知识。同样的批评也适用于哈贝马斯对语言行动理论的描述。如果每一个语言行动都提出对真理、正确性和真实性的要求，那么，**什么**是真的，**什么**是正确的，就此而言，**什么**是真实的就必须由"自在的"对象化领域呈现，而语言只是该领域的**一个**组成部分。因此，好思维并不一定与**实践理性**相一致，这是一个更容易被接受的命题。人们可以用好的(逻辑上正确的)思维来解决毁灭人类的问题，也就是说，人们可以用认知服务于一种只能被视为绝对非理性的结果。在这方面，"工具理性"概念只会模糊思维范畴和理性范畴之间不可缩小的差别。**工具思维**是否可以合法地称为工具**理性**是我将会再讨论的问题。

绕道而行之后，我回到对三种类型的思维的简要分析，通过这三种类型的思维，"自在的"对象化领域被占有了。考虑到这个领域包含了一些"规范和规则"，尽管它们是异质的，但学习"如何思考"在种系发生学 【96】
和个体发生学上都是一个"按照理性"发生的过程。

创造性思维(和创造性活动)与直觉思维(和直觉活动)既面向未来又面向过去，也就是说，既是**目的性的**又是**重构性的**。第三种思维(活动)

是重复性的，是面向现在的(尽管它同时涉及面向未来和面向过去两个方面)。

“自在的”对象化领域体现在一个给定的生活世界的成年种群中，并由其调解。由于“成为一个成年人”**意味着**完成对由前一代成年人体现和调解的“自在的”对象化领域的占有，因此该表述是不言而喻的：“集体意识”是针对这些“规范和规则”的共享知识。

集体意识是**可重复的**意识，而且，它就是可重复的。“自在的”对象化领域中的“规范和规则”是“规范和规则”，正是因为它们已经被反复遵守，它们能够被反复遵守，也应该被反复遵守。占有“自在的”对象化领域的日常活动或日常思维，只要它保持活力并再现一个**体现了**重复性的领域，就可以称为“重复的”。但这种重复性(再现“已被重复”的领域)不仅包括重复性思维(活动)本身，还包括创造性思维(活动)和直觉思维(活动)。

创造性思维(活动)首先是**解决问题**。日常生活中有三个解决问题的层次。没有前两个层次，人的生命在任何情况下都不能被再生产，而没有第三个层次，人的生命在特定情况下也无法被再生产。

创造性思维(活动)的第一个层次包括**学习过程**。为了占有体现在“自在的”对象化领域中的“事实知识”和“专门知识”，人们必须**有意**占有它们。即使将该意图**强加于**主体(通过造成身体上的疼痛或使人蒙羞)，也必须存在内在化的意图：人们不能仅仅通过“训练”而社会化。学习如何控制自己的身体和心灵、如何将每个人的需求转化为社会必要的活动，是一个创造性思维(活动)的过程。即使要解决的问题已经被别
【97】人解决了，并且已经呈现出来了，但每个新的“我”都必须从他/她的身体和心灵方面**再次**亲自解决它。由于“自在的”对象化领域中的“规范和规则”在现代性中迅速转变，成年人不得不反复重新学习。无须特别努力即可理解该问题是怎么回事。我们被告知如何使用电梯，通常这并不意味着解决了使用电梯的问题，但如果我们学会使用它，我们实际上解决了一个问题。在这种简单的情况下，目的和手段并没有区别，但即使它们被插入其中的一个更远的、中介性的目的(学习刷牙以保持健康)所

分开，**目的和手段**都同时是由“自在的”对象化领域所引起的。

当行动者必须自己选择或找到适合实现特定目的的手段时，就达到了创造性思维的第二个层次。鉴于“规范和规则”为虽然相似但却不同的活动提供了一个“活动场所”，第二种创造性思维一直在使用(例如，我不得不并且打算向某人透露一些坏消息，我会反复思考最好的、最不易使人不快的方法)。在发生不可预见的事件时，这种特殊层次的创造性思维就会占主导地位(我把钥匙落在家里了——如何开门呢)。在创造性思维的第二个层次上，目的本身是由“自在的”对象化领域确定的，所选择的手段也不得违反其“规范和规则”。在日常生活的框架内，创造性思维(行动)的第三个层次包括**提出新问题**。提出新问题可能意味着超越“自在的”对象化领域中的权威(仍然在日常生活中)，尽管并不总是如此。我稍后再回到这个问题。

重复性思维是准本能的。它是我们在日常生活中**不经过深思熟虑**而进行的**习惯性**思维(活动)。其中，目的论(意图)被降为背景。日常语言的语法也同样被降级：我们按照它的规则行事，但不一定了解它们。我们必须记住，因为重复性思维(活动)是思维(活动)，所以它是目的性的，即使这种目的论只在背景中出现。事实上，每当我们在做出重复性思考(活动)的行为而受阻时，这种目的论就会出现在我们的意识中。简而言之，没有重复性思考(活动)，我们将无法再生产我们自己。

占有“自在的”对象化领域中的“规范和规则”并非易事，但总能或多或少地完成。然而，了解“规范和规则”，并遵守它们，特别是根据它们 【98】
的层次去遵守它们，是同一过程的两个不同方面。除非我们允许这种区分，否则“自在的”对象化领域只能由没有规范性力量的规则组成。人们不应该忘记，人因出生的偶然“被抛入”特定的“自在的”对象化领域，“被抛入”集体意识的“熔炉”，所有人都生来具有高度特殊的生物心理上的天赋。“符合”“自在的”对象化领域中的“规范和规则”可能意味着一个人快乐，另一个人痛苦。即使不只是因为这个原因，规则的规范性要素也可能会因为它们所造成的痛苦而遭到背弃。占有规则而引发的痛苦被其他痛苦所抵消，主要是被在没有占有规则的情况下所遭受的羞耻所抵消①。然而，在任何社会环境中，人们都有能力在基本占有“自在的”对象化领域的程度上，占有他们的社会文化世界。它们能够产生**文化剩余**和**认知剩余**。我已经提到过，“文化剩余”产生于个人经验。尽管“自在的”对象化领域是所有经验的社会**先天**，但每个“我”的经验却是独一无二的。这种个人经历无法用日常语言充分表达，最终也根本无法转化成这种语言。但是从日常语言的角度来看，“不可言说的”事物仍然可以用**另一种**语言来表达，例如，用艺术的“语言”、神圣的“语言”等。个人经验在“自在的”对象化领域内是主观的，如果被“自在的”对象化领域所吸收，它就可以被**对象化**，并最终成为**主体间性的**。这就是主观的剩余可以被合理地称为“文化剩余”的原因。

“认知剩余”(或剩余的知识)有一个完全不同的起源。这种剩余不仅可以在日常生活中产生，而且也可以在已经从“自在的”对象化领域中分离出来的各种制度中产生。尽管如此，为了简化我的任务，我将说明在制度领域从日常生活中分离出来**之前**的社会(部落和氏族)中，或者在一个分离程度较低的社会(部落和氏族)中，认知剩余产生的方式。

“集体意识”需要并调节大量累积的知识，这些知识足以无障碍地再
【99】生产特定的生活方式。(关于“事实知识”和“专门知识”)个人知识无法超越“自在的”对象化领域所呈现和调节的知识。但是，个人知识的总和可以而且经常超越这个领域的“规范和规则”所体现的知识。在无障碍的社会再生产的情况下，认知剩余只能在现有“规范和规则”的“富足”中找到表达，即使偶尔它可能被用于“自在的”对象化领域，例如，用在神圣的仪式上。然而，如果社会再生产受到阻碍，那么就可以在某种程度上利用“认知剩余”，使“自在的”对象化领域中的“规范和规则”发生**实质性变化**。没有理由认为在一个生活世界中创造的文化剩余量与在同一个生活世界中创造的认知剩余量成正比。更没有理由认为，一个社会整体上所创造的文化剩余量和认知剩余量成正比。例如，今天，认知剩余的数量是巨大的。即使在日常生活中只利用它的一小部分，也足以快速地改变“自在的”对象化领域中“规范和规则”的内容。另一方面，所创造的

① 参见本书第一章“羞愧的力量”。

文化剩余数量大幅减少，如果不是绝对减少的话，至少也是相对减少。

日常生活及其支柱，即“自在的”对象化领域，既是自由的领地，也是奴役的领地。两者的相对比例可能不同，但两者都必须存在。奴役仅仅意味着没有选择、没有创造性思维（活动）和直觉思维（活动）的可能性、没有类似的活动的“活动场所”、没有必然与善相对应的恶、没有文化剩余或认知剩余，换句话说，没有人的生命。自由仅仅意味着没有学习过程，即使单独考虑成年人口，它也意味着没有重复性、没有稳定性、没有“理所当然性”、没有规范、没有规则、没有与恶相对应的善，换句话说，也没有人的生命。由于这些选择只是推测性的，我们必须转向那些更真实地趋向于一个或另一个方向的可能性。我们有理由认为，某些古代文化之所以终结，是因为它们未能在“自由”和“奴役”之间保持适当的平衡。如果“自在的”对象化领域变得僵化、如果它将主体降低为纯粹机械般行动的人，就无法创造出认知剩余，那么这种文化将极易受到无法预料的事件（自然环境的变化、新型敌人等）的伤害。或者，另一 【100】
个极端可能源于外因或内因。前一种情况（即不是由于所讨论的文化的有机发展造成的那种情况）会出现在，例如，作为“自在的”对象化领域中“规范和规则”的承载者和调解者的成年人被（战争、大规模奴役或瘟疫）大量消灭的状况之中。另一方面，后者将会随着“自在的”对象化领域中最严格的“规范和规则”的松动以及使有意义的世界观合法化的削弱（甚至到完全失去稳定性的地步）而产生。这就是古代历史学家所说的“老年”现象，它是一种文化在接近或完全灭绝之前的衰老。显然，现代西方世界的日常生活模式已经变得越来越不稳定，尽管这种稳定性的缺乏在某种程度上被制度的（相对）稳定性所平衡，也被科学成功地成为合法化的和有意义的世界观这一情况所平衡。另一方面，相对稳定的制度和合法化的世界观（科学）不仅对生活世界日益增加的不稳定性起平衡作用，而且还通过哈贝马斯所称的“生活世界的殖民化”过程助长了这种不稳定性。然而，发现我们文化中的“衰老”症状，并不意味着对其灭绝进行任何预测：事实上，在这种文化中创造的大量认知剩余可以用来在自由和奴役之间建立适当的平衡，而这种平衡绝大多数是在支持自由。

（五）理性的合理性

“理性的合理性”这种表达听起来很奇怪。此外，初看，这似乎是同义反复。根据我对合理性的最初定义，合理性意味着“根据理性行事”。这个定义是初步的，因此可以进一步加以限定。为了阐明“理性的合理性”这一构想的含义，并证明引入它的合理性，我需要在此时区分对理性的**两种态度**。理性已经被定义为区分好与坏（善与恶、神圣与亵渎、真实与虚假、有益与有害等）的能力，实践理性被定义为按照价值取向范畴的等级（善为先）进行区分的相同能力。但这种区分的能力能够以两
【101】种不同的方式来应用。通过将“规范和规则”本身视为理所当然，理性可以根据任何特定社会环境的“规范和规则”进行区分。另一方面，理性可以根据一个规范（或几个规范）进行区分，通过区分，社会环境的所有“规范和规则”都可以受到质疑与检验。显然，任何经过质疑与检验的“规范和规则”都不能再被视为理所当然的，仅凭它们存在或被遵守的事实并不足以证明其**有效性**。从后一种对理性的态度的优势来看，只有那些经过理性验证的规范才能被视为“真实的”，也就是说，它们必须**被证明**是好的和真实的。我将后一种对理性的态度称为“理智”（intellect）。选择“理智”是武断的，尽管它受到某些把“理智”视为一种高于**比率**的能力的哲学传统的影响。即使我心中所想的不是两种截然不同的能力，而是对同一能力的两种态度，这些传统也为这种范畴上的区分提供了坚实的基础。应该进一步记住，将理性作为理智来使用**意味着理性主义**。因此，我可以将“按照理性行事”称为合理性，将“按照理智行事”称为理性主义。我**没有**这样做，因为在现代话语中，“合理性”的概念通常代表“理性主义”。我想通过在“按照理性行事”和“按照理智行事”的情况下使用“合理性”一词来强调的是，“合理性”概念适用于前者的情况**不亚于**适用于后者的情况。我将回到这个区分，并深入**分析**它。现在，让我指出，理性的合理性是指遵守“自在的”对象化领域的“规范和规则”的**能力**，以及遵守任何其他对象化领域的“规范和规则”的**能力**，就**好像**这些对象化领域的“规范和规则”是“自在的”对象化领域的“规范和规则”。

理性的合理性(像比率一样按照理性行事)包括学习如何执行重复性活动(通过目的论假设和自我控制)、探索应用"规范和规则"的"活动场所"、选择正确手段来实现目的的倾向(在人际交往和使用物体的过程中)、用一种手段(如果必要的话,用一种在功能上是相等的手段)代替另一种手段、为人们的活动给出前瞻性和回顾性的理由、以逻辑一致的方式思考、做出真实陈述并废除其他被证明是虚假的陈述、做出判断并废除其他被证明是错误的判断、回顾和解释过去的创造性活动与直觉性活动,从而在所有这些中构建一种个体的**同一性**。我没有将直觉思 【102】 维(活动)包括在理性的合理性表现的主要表达中,因为这里不适用"规范和规则"。然而,直觉不是前理性的,而是后理性的:如果没有遵守与直觉"发生"处于相同水平的"规范和规则"的先前的能力,人们就不可能有直觉。而且,对直觉的重新解释和回忆是理性的合理性范围内的一种表现。如果直觉可以**回溯性地**适应遵守"规范和规则"的框架,那么它就是"好的"。我也没有把"提出新问题"的行为包括在理性的合理性表现中。人们可以在完全**不**提出新问题的情况下,获得遵守"自在的"对象化领域的"规范和规则"的能力。然而,如果新问题是在"自在的"对象化领域中提出并由其所引起,或者是在任何其"规范和规则"被视为与"自在的"对象化领域的"规范和规则"一样(即它们似乎被视为理所当然)的其他领域中提出并由其所引起,那么,"提出新问题"就可以属于理性的合理性的表现。只要不把认识剩余作为检验"规范和规则"的真理性主张与有效性主张的知识体系,那么,认知剩余的产生仍然是理性的合理性的表现。此外,如果"自在的"对象化领域产生的认知剩余被用来检验这个领域的"规范和规则",它就不再是"剩余"。

理性的合理性包括一切形式的合理性。首先,它是一种"文化常量"。没有"理性的合理性",就没有社会生活,但"理智的合理性"则相当例外,如果考虑到它在其中实际运作的人类社会的数量的话。其次,在**每个**社会中,理智的合理性都以理性的合理性为前提。

能够胜任"自在的"对象化领域的"规范和规则"**意味着**成为人。因此,启蒙运动的座右铭"每个人都生而有理性",是对事实的陈述。当然，这一事实本身可以有多种可能的解释。在我的解释中，该座右铭意味着**为了**占有“自在的”的对象化领域、**为了**有能力遵守“规范和规则”，每个人都被一种已经社会化的本性预先安排好了。这意味着，且相当于同一件事，所有人类文化中的所有成年人都理性地思考和行动。他们可
【103】以非理性地思考和行动(他们一次又一次地这样做)，只是因为他们有能力遵守“规范和规则”，也就是说，仅仅因为他们是理性的。

但是，从理性的合理性的角度来看是理性的事物，从理智的合理性的角度来看，却不一定是理性的(反之亦然)。**这就是“每个人生而有理性”的说法并不与“人是非理性的存在”的说法相矛盾的原因**。第一个论述是从相同的理性的合理性的视角出发而得出的理性的合理性。而第二个论述是从理智的合理性角度出发来表述的。在这两个表述中，合理性概念只是没有涉及同一个理性要素，这里，合理性的双重用法说明了区分理性的两种态度的必要性。

三、“自为的”对象化领域

(一)重新考虑“绝对精神”和“客观精神”

“自为的”对象化领域由各种类型的对象化组成，它们都有一些共同点，即拥有为人的生活提供**意义**的功能。更准确地说，它有为人的生活提供**规定**了那些属于“自为的”领域的对象化意义的功能。根据我的假设，“自为的”对象化领域是“社会生活”的前提，其程度不亚于“自在的”对象化领域。(自从《日常生活》出版后，我改变了对这个问题的看法。)这不仅因为它总是赋予“自在的”对象化领域的异质的“规范和规则”以意义，并因此建立起它们的统一性的“自为的”对象化领域，而且还因为它是吸收主观经验的“文化剩余”的领域。涂尔干有力地证明了“自为的”对象化的统一作用，该作用可以用一种“自在的”对象化，即宗教的对象化，来举例说明。他认为，作为理想共同体的象征，宗教构成了真正的共同体(这在很大程度上等同于同一件事：两者融合为一种集

体意识)。但他从未对“自为的”对象化的其他功能，即吸收主观经验的文化剩余的功能做出任何解释。涂尔干认为这种经验只是一种偶然现象。我的论点与此不同，因为我基于这**两种**功能，将经验普遍性归于“自为的”对象化领域。

这里强调“自为的”对象化领域的经验普遍性，是为了强调它与“自为和自在的”对象化领域的经验特殊性形成对比。后者由共同创造了**特定社会结构的同一性**的各种**制度**(经济的、政治的、文化的等)组成。在“自在的”对象化领域以相同的“规范和规则”(除了性别群体和年龄群体之间的社会生物学分工外)面对每个人的社会中，这个领域与社会结构**相同**。然而，当“自在的”对象化领域因社会分工而变得多样化时，当人们必须根据他们在这种分工中的位置来占有不同的“规范和规则”时，没有一个“自在的”对象化领域能够作为结构同一性的存储库而发挥作用。对人类历史的任何重建都会表明，各种制度的“分化”必然意味着统治的制度化。其同一性是由“自为和自在的”对象化领域所建立的社会结构，是一种统治结构，它与先前的、其同一性是由“自在的”对象化领域和有意义的世界观所建立的结构形成对比。但是历史趋势不能等同于逻辑必然性的序列。没有理由排除一个以“自为和自在的”对象化的广泛领域为特征的，不会使统治制度化的社会的逻辑可能性。但在这种情况下，各种对象化领域的“规范和规则”的内容不能按照社会分工来制定。这是我将回过头来讨论的另一个问题。 【104】

虽然我在很大程度上依赖于黑格尔的“客观精神”和“绝对精神”这两个范畴——在我看来，它们之间的区别是特别重要的——但在我的合理性概念中，黑格尔的其他部分几乎没有保留。迄今为止所提出的三组对象化与黑格尔的三组对象化(主观精神、客观精神、绝对精神)有本质上的不同，因为“自在的”对象化领域与“主观精神”不同，尽管对它的占有是主体性出现的前提。此外，我不接受黑格尔的“世界精神”概念，或其任何替代品①。为了阐明我自己的概念，我将更详细地阐述两个(更高的)对象化领域。

① 参见《历史理论》。

【105】 ## (二)“自为的”对象化

为人的生活提供意义的“自为的”对象化是：宗教、科学、艺术和哲学。这个表述有两个要点需要解释。首先，修饰语“……为人的**生活**提供意义”与“……为人提供意义”的含义并不相同。“自在的”对象化领域的一切“规范和规则”都为人提供意义，但这个异质的领域的统一性是由有意义的世界观所建立和保障的，人的生活是否有意义取决于特定世界观的解释力。自然地，“自在的”对象化领域通常与其统一而有意义的世界观一起被占有。从这个角度来看，“自在的”对象化领域和“自为的”对象化领域之间的区别似乎是很成问题的。尽管如此，诉诸前面的论点，“自为的”对象化领域的全部内容并不受“自在的”对象化领域所调解，即使在较小的且分层较轻的共同体中也是如此。社会越是分层和复杂，“自为的”对象化领域的内容与每个“自在的”对象化的特定领域所调节的内容比例之间的差距就越大。如果各种“自为的”对象化准备为人的生活提供**不同的**意义，即使它们互相加强，甚至如果它们之间或明或暗地相互竞争，这种差距都会增加。这种竞争可能最终会导致丧失由“自在的”对象化领域所调节的统一的意义，以及/或导致个人自由的增加，导致理智的合理性的出现。

需要解释的这种介绍性表述的第二个要点是在三种类型的“自在的”对象化(宗教、科学、艺术)中使用**复数**，在哲学中使用**单数**。虽然这些“自为的”对象化的各种形式可以追溯到所有人的历史，但宗教、科学、艺术(大写的和单数的)①是在文艺复兴鼎盛时期首次出现的范畴。“哲
【106】学”的概念(以单数的形式)是在古代雅典创造的，它所指的对象化类型是与这个标签一起被创造和发明的(它在早期的人类历史中没有前身)。我已经暗示了这种差异的重要性，我将回到这个问题上。

既使各种“自为的”对象化可以几乎没有区别，但它们从来都不是**完**

① 就科学、艺术和宗教来说，单数的使用是从不同角度，以及因不同原因而引入的，这些学科包含不同现象。然而，在所有三种表达形式中，单数的使用都表明了普遍化的趋势。对此，参见我的《文艺复兴时期的人》(*Renaissance Man*，Routledge and Kegan Paul，1980)。

全没有区别的：我们知道其中每支舞蹈和歌曲没有都带有宗教仪式信息的社会，我们也知道对其中积累的知识(及其卓越性)的各种理论态度没有都可以通过超人力量在继承的神话宗教信仰的框架内来解释的社会。在中世纪，**所有**教堂同样都是宗教礼拜的机构。然而，如果教会或世俗的权威人士认为所有建筑都具有同等的美学价值，那么，他们几乎不会竭尽全力去保留最著名的建筑大师的作品。我不能在这里分析历史细节，因为它们对于理解文化的发展很重要。我只能以纯粹的形式分析“自为的”对象化的不同类型。

“自为的”对象化的**共同**特征如下：

(1)它们都为人的生活提供意义。由于其同义反复的特征，不需要对这一论述进行进一步阐述：这是“自为的”对象化领域的规定。

(2)它们不仅可以有选择的，也可以同时实现两种重要的社会功能。一种使社会结构合法化(包括使“自为的”对象化领域合法化)；另一种恰恰相反。从“更高的秩序”的角度来看，是使“自在的”对象化领域(以及最终整个社会结构)“去实体化”(否认其中的物质)。这是一种批评功能，即使该批评不一定是明确的。

(3)在“自为的”对象化领域内部，所有特殊的对象化都是**同质的**。当然，这种同质性有时只是相对的(与“自在的”对象化领域的异质性相比)，但它是一种**理想的**“自为的”对象化**类型**的主要特征。同质性在两个层面上发挥作用。在第一个层面上，同质性指的是特定的“自为的”对象化(一个历史时期的宗教、建筑、哲学)。在一个特定的“自为的”对象化领域内部的所有活动，通过与所有其他活动(同样是在这个领域内)相 【107】
联系，而(在这个领域内)变得有意义。虽然乘坐公共汽车是一项与访友、上学或旅行无关的有意义的行动，但参加圣餐只有在与整个基督教信仰相联系时才是有意义的活动。在“神圣”的领域内，我们在说一种不同于“世俗”领域内部所流行的语言，符号系统在相互关联的“神圣”的背景下运作。这同样适用于“诗歌”。在第二个层面上，同质性指的是在这个领域中完成的一个单一的动作或创作一个单一的作品(一篇祷文、一部小说、一部哲学著作)。

(4)所有“自为的”对象化都有自己的“规范和规则”(否则它们甚至不可能是相对“同质的”)。这些“规范和规则”是每种“自为的”对象化所**固有的**，它们不能与**其他**对象化领域的“规范和规则”互换，也不能与彼此的“规范和规则”互换。

从(3)可以得出，这些对象化的所有“规范和规则”都是同质的。仅凭规范或仅凭规则并不构成“自为的”对象化。正如我们所看到的，在“自在的”对象化领域内，规范和规则的短暂的断开是可能的，但在“自为的”对象化领域内则根本不可能。当然，这个领域的“规范和规则”是可以被割裂的，而这正是现代性中发生的事情。但这样一来，我们就不再进入这个对象化领域了。这个对象化领域的技术可以从它的规范中分离出来，如果这样做了，一个人就会在“自为和自在的”对象化领域内活动与行事。相反，规范可以从规则中分离出来，如果这样做了，人们就会认同异质的价值观，对多种解释持开放态度，而没有为其应用提供具体的“规范和规则”。当然，如果规范(价值)已经从“自为的”对象化领域中抽象出来，那么它们就有很大的合法化的可能性与批判的可能性。它们不再嵌入科学、宗教、艺术与哲学的同质的“规范和规则”中，而是作为活动的**道德**观(和原则)发挥作用。然而，道德本身并不是一种对象化(即使它有一些以伦理美德形式存在的对象化)。它不是一个领域，而
【108】是主体与所有三个对象化领域的规范性内容的关系，在这些领域中，这种关系由活动(包括语言行动)构成和表达。

(5)“自为的”对象化吸收并体现了一种文化剩余，这种“发生”有多种方面。这里至少可以提及其中的一些：

①它们为主观剩余提供了出路，因为除了“自在的”对象化领域的异质的“规范和规则”外，特定社会的个人还可以占有其同质的“规范和规则”。

②它们体现并表达了每个凡人对不朽的渴望。这种在所有神话中表达的渴望都可以通过“凡人的不朽化”得到满足(共同体和个人也一样)。大脑-灵魂-身体三重奏在三位一体中永生不朽，就像在故事中发生的那些一样，无论它们被修改了多少，在永久的材质(石头、贵金属)所创造

的巨大符号中，或通过意义、仪式、故事和行为(象形文字、绘画、雕刻品)的“痴迷”都不能被完全改变。如果神话是历史性的唯一表达，那么神话就会“不朽”。相反，如果它是历史，那么历史就会“不朽”。斯宾诺莎关于哲学的评论，即**从永恒的观点来看**(sub specie aeternitatis)哲学是创造的和有效的，揭示了所有类型的“自在的”对象化的秘密。从这个角度看，是否在概念上区分现在和不朽是次要的。如果是这样，不朽不仅被视为个体的生存，也被视为社会主体的生存。直到现在，它已经成为现代性的主要原则之一，后者一直是历史上的例外而不是规则。

③从②中可以看出，“自为的”对象化可以在使其“不朽”的社会结构中幸存下来。它们可以这样做是因为它们的同质的组成部分。同质的对象化可以被解释，并依其自身被理解，而无须对它们使之不朽的社会结构有任何了解。它们的意义可以由后来的或不同的社会结构的行动者根据他们的生活经验(通过接受/采纳)来调节。为了实现这一点，历史意识是必需的，但“不朽的”象征物有助于这种意识的出现。似乎矛盾的是，正是社会结构中不朽的象征物造成了短暂的情感(和意识)。站在卡 【109】
纳克神庙废墟前的日耳曼尼库斯心中有一种阴沉的预感：他沉思着，如果创造这个奇迹的帝国消失得无影无踪，同样的事情也会发生在罗马。

④继我们之后的几代人的结构将决定**哪个**不朽的意义体将被连续的文化所接受。但应该指出的是，这些连续结构的成员所占有的不朽的意义体并不属于这些结构。这就是“现在的历史时代”总是比“历史上的现在”更广泛的原因①。它们之间的差异越大，通过接受过去的和不朽的“自为的”对象化来吸收的“主观剩余”就越多。这里，我们就涉及第二个悖论。在它们“不朽”时作为合法化世界观的“自为的”对象化，可以通过接受而具有巨大的**批判潜力**。(这不仅适用于艺术，而且经常适用于宗教，在最近的讨论中，也适用于科学。)

---

① 前者包含所有可用于接受-占有的有意义的“自为的”对象化；后者是其中创造的社会结构和对象化。参见《历史理论》。

（三）我们如何学习“进入”“自为的”对象化领域：“人的整体性”

我重申，所有“自为的”对象化都有自己固有的、同质的“规范和规则”。人们必须占有它们才能在这些同质性领域中的一个内部“采取行动”。这个过程意味着学习的程度不亚于占有“自在的”对象化领域的异质的“规范和规则”的程度。第一类的学习可以发生在日常生活中，即使它不是成年生命再生产的前提，但它也发生在专门机构中。日常地占有一种“自为的”对象化的“规范和规则”与专门地/制度化地非日常地占有同一类型的“规范和规则”之间的界限可能非常灵活，也可能非常严格。但是日常和非日常之间的弹性并不意味着“自在的”对象化领域与“自为的”对象化领域之间的界限也是弹性的。即使朗诵诗歌或赞美诗是每个
【110】人都可以进行的日常活动，但日常语言与这首诗歌或赞美诗的语言之间也有严格的界限。声音、声调（歌唱、吟唱）、节奏、面部表情和手势的变化都属于“朗诵诗歌或赞美诗”。对于世俗的使用方式来说，祝福的语言是“不自然的”。即使绘画属于日常生活的活动，但画肖像画也不等同于“纯粹而简单的绘画”。所有文化中，都有规定一幅“画”（一幅肖像或任何其他图像）应该是什么样子的严格的“规范和规则”，即使是在我们这个非常重视自发的自我表达的时代。不管人们是否意识到这一点，对任何“自为的”对象化的占有都并不意味着一般性的学习，而是一种特殊的学习——学习如何在同质的媒介中“采取行动”。

在“自为的”对象化的同质性领域内，事物、事件等可以被认为是“自然的”，即使它们在“自在的”对象化领域所呈现的知识体系中显然并非如此。用艺术的手法轻松地背诵《小红帽》的童话故事，并讲述为解救被吃掉的奶奶和女孩而刨开大灰狼肚子的细节的猎人，即使永远不会在“现实生活”中，也就是说，在“自在的”对象化领域内考虑这样的事情，他也可以让这个故事听起来非常自然。我们在三维空间中采取行动，但我们在二维空间中作画。一个标志性的战士雕像是其实际尺寸的五倍是“自然的”，尽管我们当然不希望战士达到这样的尺寸。我们的（两个领

域间的)知识中的这种差异不仅体现在“事实知识”上，还体现在“专门知识”上。以世俗的方式使用圣物是亵渎圣物。

主体(个人或群体)从“自在的”对象化领域出发升至“自为的”对象化的同质性媒介，其方式正如卢卡奇在其《美学》(*Aesthetics*)中详细描述的那样①。这些主体“暂停”了他们异质的日常活动，将所有能力集中于一项任务上，从而“屈服”于特定的“自为的”对象化的同质性“规范和规则”。通过这样做，作为整体的人(在“自在的”对象化领域中“采取行动”的主体)将自己转变为“人的整体性”(在卢卡奇那里，最初的德国术语是整个人类[der ganze Mensch]-人类整体[der Menschenganz])。因此，主体在从事几种不同活动时发展与实践的所有心理的、精神的和体力的能力都在同质的媒介中并通过同质的媒介统一、表达及对象化。这种对象化同时也是一种新的主体化形式：由“自在的”主体生成的“自为 【111】
的”主体。但是，这样创造(自我创造)出来的“自为的”主体必须重新转化为“自在的”主体。如果不这样做，主体就无法存活。但是，这样重生的“自在的”主体可能**不同于**在经验之前存在的“自在的”主体，尽管不一定如此。简单地说，如果“自为的”对象化领域能够吸收“主观剩余”，那么这种联系也可以反过来表述为：“自为的”对象化领域加强了主观(文化)剩余的生产。

在这里，我无法处理各种有助于加速上升到一个特定的“自为的”对象化的**心理**状态(或技巧)，例如，一种出神状态，或“思考中断”的感官体验，而不是那些被占有的媒介(在听音乐、沉默、黑暗等时闭上眼睛)。这类技巧不乏艺术大师(virtuosi)：韦伯甚至谈到了宗教上的艺术大师。更重要的是，事实是即使技巧完全不同，“上升”到一种“自为的”对象化的同质性媒介的特征也是完全**相同的**，这本身也许并不令人惊讶。在科学或哲学话语中，我们实际上暂停了“自在的”对象化领域的异质的活动(各类知识)，正如在神秘体验或艺术创作或接受的情况下一样(我们将所有人力集中在一项任务上，从而使之同质化)。

---

① 参见我的《日常生活》。

“自为的”对象化领域内的直觉的、重复性的思维(活动)和创造性的思维(活动)之间的关系大体上不同于它们与“自在的”对象化领域之间的相互作用。

如果“自为的”对象化是有意义的同质的对象化(固有的“规范和规则”系统)，它们必须接受重复性。除了几乎是自我开启一种特殊形式的“自为的”对象化之外，它们的存在正是因为它们“已经是反复发生的了”。人们可以写诗，因为诗歌是存在的(写诗已经是反复发生的了)，等等。但是，与“自为的”对象化相关的任何活动(或思维)都不能**仅仅**是重复。始终存在的重复性要素作为**总体**表现的**一个因素**被融入其中，这是不可重复的。与此相反的是，可以这样说，人们也永远不会以完全相同的方式乘坐同一辆公共汽车。然而，重要的是要明白，如果有人这么
【112】做了，那也无关紧要。此外，我已经提到，“自在的”对象化领域所体现和诱发的各种重复性要素在任何特定地点或时间都是不相关的，而任何特定的“自为的”对象化领域所体现和诱发的各种重复性要素则必然是相互关联的：它们是在相同的同质性媒介中的重复。例如，如果一个重复性要素被修改，那么所有其他重复性要素也会在一定程度上被修改(例如，在雕塑中使用新材料)。

人们通过创造性思维(活动)在“自为的”的对象化领域内**学习**重复性思维(活动)，就像在“自在的”对象化领域内所做的那样。但是创造性思维(活动)不可能在重复中完全消失。此外，创造和重复之间的比例会发生显著变化。例如，在现代创造性艺术中，创造性思维(活动)占主导地位，而在明确区分艺术和工艺之前，尽管创造从未缺席，但重复性活动(思维)占主导地位。

直觉思维(活动)在“上升”到和“进入”“自为的”对象化领域的过程中是决定性的。我们可能还记得，占有“自在的”对象化领域中的“规范和规则”是该领域中良好直觉的先决条件。我们也可能还记得，我们能够自我繁衍，并在**没有**直觉的情况下遵守“自在的”对象化的“规范和规则”。但是，从占有“自在的”对象化领域中产生的相同的直觉，**可以成为**我们“上升”到“自为的”对象化领域的起点。这就是“灵感”。在创造

和接受中，直觉可能都是第一位的；它也可以是排他性的。但如果它是排他性的，并且没有将重复(重复性)与创造相结合，它就仍然是一种主观体验和/或一种姿态。只有当经验的主体能够通过重复性和创造性的思维将他或她的经验回顾性地嵌入这个领域时，这种主观经验或姿态(例如，神秘体验)才能嵌入"自为的"对象化中。(例如，如果主体至少可以限定不可言说的是什么。)

但即使"上升"到"自为的"对象化领域的起点不是直觉，而是创造性思维(解决问题或提出新问题)或重复性活动(心理技巧)，没有直觉，人也无法在这个领域内"采取行动"。当我们在任何同质的媒介内学习和练习"采取行动"时，我们就发展了一种"次级"直觉，一种只在这个特定媒介中发挥作用的直觉。波德莱尔的信天翁①是这种直觉的"分工"的典 【113】范。这种令人崇敬的鸟在一种媒介中自由飞翔，在另一种媒介中却无能为力。"自为的"对象化领域"需要"直觉是一种不需要刻意陈述的问题：它是这个领域固有的，而不是"添加"上的东西。

幻想、想象和良好的判断力是创造性思维(活动)与直觉思维(活动)的结合。但它们不能失去控制，也不能误入歧途。它们必须由任何特定的"自为的"对象化的"规范和规则"来检查、控制和引导。应该再次明确，在"自为的"对象化内"采取行动"**意味着**遵守同质的"规范和规则"。没有幻想、想象力和良好的判断力，它们就无法被遵循(就此而言，人们最终也无法促成它们的改变，而不仅仅是它们的"变异")。但是，即使人们创造了一种新型的"自为的"对象化(就像埃斯库罗斯创造了悲剧一样)，如果没有遵守先前形式的对象化的某些基本的"规范和规则"，他仍然无法做到这一点。

在这一点上，我们必须在"自为的"对象化领域内区分各种类型的对象化，虽然在这里我只能考虑它们的目前形式。必须考虑所有"自为的"对象化的三个方面：①创造或再创造(对象化)；②对象化了的意义主体(the objectified body of meaning)；③回顾性地占有(全部或部分)和接受(全部或部分)。无论是创造性的、重复性的还是直觉的思维在这种对

---

① 参见波德莱尔诗集《恶之花》中的《信天翁》一诗。——译者注

象化的**创造**或**再创造**中起决定性作用，它都不依赖于某个特定的“自为的”对象化的“规范和规则”。事实上，它可能取决于几个因素，这些因素通常是历史性的，但有时是个体性的。例如，有时直觉在医学中的作用远远大于在音乐表演中的作用。今天的情况正好相反，一方面是由于完善的诊断“技术”，另一方面是由于音乐表演的个性化。但无论比例如何，甚至现在，在创造或再创造每一种“自为的”对象化过程中，所有三种类型的思维都存在。如果它们不存在，一个明确无误的迹象就是，它不是“自为的”对象化领域，而是“自在的”对象化领域，或者——这也是经常发生的情况——“自为和自在的”对象化领域已经被创造出来了(例如，不是科学，而是科学在制度上的应用)。

如果我们考查**对象化了的意义主体**，我们会得到一个完全不同的结
【114】论。即使直觉在创造(发现)过程中占主导地位，也有必须从直觉思维中“消除”的对象化了的意义主体(首先是科学，但大部分是哲学)。直觉思维是后理性的，因此必须从所有“自为的”对象化发展的结果中排除掉，其中理性验证是规范性的。如果有人凭直觉进行新的观察，就必须通过反复实验加以控制。如果有人对问题的新解决方案有直观的洞察力，那么问题就不会在幻想或想象中得到解决。只有当发现能够从逻辑上推论出来，并且这种推论的所有步骤都被那些能够遵循同样的“规范和规则”的人检查、重复和控制，它才能得到解决，并且能够以这样的方式呈现出来。如果一位医生讲述他所有的良好直觉，这不会产生一本关于医学的书，而是一位学者的智力自传。另一方面，在艺术作品中，直觉并没有被消除，而是被明确地表达出来。即使艺术作品是用创造性思维的杠杆(例如，提出和解决诸如必须表达什么想法、必须使用什么材料以及如何使用材料、如何达到最佳效果等问题)创造出来的，或者即使在作品的最终版本之前有许多“实验”版本，创造性思维，至少以其纯粹的形式，也必须从客观化中消失。艺术作品需要“去除”掉“解决问题”的痕迹，才能成为它应有的样子。艺术作品必须表现为重复与直觉的结合和统一。因此，创造性思维被直觉(在想象、幻想等中)“吸收”了。重复代表着对所说的体裁的“规范和规则”的遵守；直觉代表独特性，代表完全

不可重复性。因此，完全重建这种独特性是不可能的，这与科学发现相反，在科学发现中，完全重建不仅是可能的，而且是强制性的。在这个背景下，我无法以宗教为例进行详细的分析，因为有些宗教类似艺术，有些类似哲学，还有一些类似科学。这里只要提到马克斯·韦伯的伟大研究就足够了①。

对“自为的”对象化的全面占有(接受)，使我们面临着三种类型的思维(活动)的一系列组合。由于本研究的目的不允许进行此类冗长的理论探讨，因此讨论将是相当初步和粗略的。

全面占有(包括接受)可以是全部的，也可以是部分的②。甚至完全 【115】
的接受或全面的占有都不需要关于所说的整个“自为的”对象化领域的完整知识(“事实知识”和“专门知识”)。它仅仅意味着一个(或多个)主体可以在一种类型的“自为的”对象化同质性媒介中自由采取行动。对一种“自为的”对象化的完全的(全面的)占有(或接受)绝不可能被“自在的”对象化领域所强制。但是，由于“自在的”对象化领域的异质的活动必须由一种有意义的世界观统一起来，而且只有“自为的”对象化才能为人的生活提供意义(这是“自为的”对象化领域定义的第一个组成部分)，因此，对这些对象化中至少一个的**部分的**占有(或接受)通常是由“自在的”对象化领域决定的。如果不是这样，生活将没有意义：越轨，并且最终一种生活方式的自我毁灭就会随之而来。甚至那些不是“自为的”对象化领域必须部分地占有(接受)的“自为的”对象化能够，并且事实上在“自为和自在的”对象化领域固有的不同制度内被部分地理解或占有。如果“自在的”对象化领域使部分地占有或接受一种“自为的”对象化成为必要的，那么，直觉的、创造性的和重复性的思维(活动)与理解及接受“自为的”对象化领域的思维(活动)之间的关系，通常就等同于它们在占有与应用“自在的”对象化领域的“规范和规则”中的关系③。如果部分地占有或接受一种“自为的”对象化成为“自为的”对象化领域的组成部分，那

① 关于哲学，我在《激进哲学》(*For a Radical philosophy*)中分析了这个问题。

② 同上。

③ 参见本章第二部分。

么，直觉的、创造性的和重复性的思维(活动)的关系就将遵循相同关系的特定模式，只要它足以占有任何特定的“自为和自在的”对象化。(例如，在“市场”制度内“采取行动”比在“超市”制度内“采取行动”需要更多的良好的直觉。)

部分的占有(或接受)也可以是个体的。换句话说，它既不能被“自在的”对象化领域视为必要的，也不能被制度化。这是日常生活中非常
【116】重要的因素，尤其是在我们这样的特定历史时期。我已经提到，在日常生活中，我们可以**直接**获得没有被“自在的”对象化领域所调节的更高的对象化提供的知识和经验。艺术和哲学最适合这种个体的接受，无论是全部的还是部分的。在日常生活和“自为的”对象化之间存在着不断的振荡。此外，一群处于相似的“生活世界”、相似的需要结构，并拥有相似的生活经历的个体，很可能在“自为的”对象化所体现的相同信息中“认识到”他们自己的问题，只要他们能够接触到这些问题。艺术品味(在有机**共通感**已经消失的时期)和公众讨论(在同一时期)源于这种持续的振荡。

(四)对“自为的”对象化的反馈(re-acting)、接受和理解

如果人们只考虑全部接受，那么绘制接受类型是一项相对简单的任务。虽然它很重要，但分析部分的接受本身还是不可能的，尽管它可以从以下内容中理解。

直觉的、创造性的和重复性的思维(活动)可以主要是思维，也可以主要是活动。如果它主要是活动，那么我们与“自为的”对象化关系的三个方面之间的区别就是**细微的**区别(它不是明确的)。在这种情况下，重复加直觉**引导**发明；更准确地说，创造性思维(活动)永远不能引导另外两者。由于反馈同时是创造和占有，作为不同阶段的接受(或理解)并没有出现。我将把这种对“自为的”对象化的创造–占有(反馈)称为**神奇的**。

如果在创造和占有任何“自为的”对象化过程中，思维和活动的比例

不同，并且差异很明显，则可以区分以下几种理想类型：

(1)活动(作为创造)是(通过重复和想象进行的)对象化：对所创造的对象的占有是通过对这些对象“做一些有意义的事情”而发生的。(当一个用于宗教仪式的雕塑后来被当作无用之物丢弃时，就会发生这种情况。)我将这种对“自为的”对象化的创造和占有称为**魔幻-神秘的**(magico-mystical)。如果魔幻-神秘的创造和占有的对象最终是“永生的”，它们就可以成为对另一种文化纯粹接受的触发条件。(例如，古埃【117】及墓葬中的绘画引发了我们的纯粹接受。)当然，在纯粹接受的情况下，对象失去了其神奇的一面。

(2)创造性活动是对象化(重复和想象的统一)，但在占有阶段，思维变成占主导地位，而不是活动(直觉思维，或者最终，创造性思维“引导”想象)。因此，占有成为接受。这种对“自为的”的创造和接受，我称为**神秘的**。

(3)创造性活动是对象化，但**创造性**思维在创造行为和接受中也起主导作用。我称这种对“自为的”创造和占有为**智力-神秘的**(intellectual-mystical)。

(4)创造性活动是知识的对象化，而不是集体或个人经验的对象化。思维就是活动。占有不会通过接受发生。这是全面的理解。这种对“自在的”对象化的创造和占有，我称为**智力的**。

这里必须再做一些说明。我已经提到，社会可以在不区分“自为和自在的”对象化领域的情况下进行自我再生产，但如果没有“自为的”对象化领域(它吸收并创造文化剩余和认知剩余)，它们就无法做到这一点。这个“自为的”对象化领域在多大程度上不同于“自在的”对象化领域，这是另一个问题。在某些社会中，人们可以很容易地从一个领域转移到另一个领域(从日常语言转换为吟唱仪式歌曲和赞美诗)；在其他社会中，完全接受某些“自为的”对象化需要特殊的“文化训练”，而且在其他社会中，彻底的全面理解需要长期的专业教育(我们的社会就是一个例子)。在某些社会中，只有一种“自为的”对象化给所有成员的生活提供了意义，而在其他社会中，不止一种这样的对象化为其成员的“灵魂”

而角逐，即使它们没有在相同的水平上角逐，并取得相同的成功。

如果“自为的”对象化领域还没有被分化，那么它就把神奇的、魔幻-神秘的、神秘的、智力的-神秘的和智力的活动、创造、接受与理解
【118】的所有元素呈现为一个统一体。根据特定的“自为的”对象化的特定“规范和规则”，只有一种对象化内部的分化加上各种类型的“自为的”对象化之间的分化，才会导致上述所有类型的创造和占有的相对专业化，前者是一个在不同历史时期以不同方式发生的过程。但我要重申：这种分化总是相对的，即使在某些“自为的”对象化中“相对性”的程度比其他对象化中要大。如果我们只考虑“艺术”这个概念已经被创造出来的那个历史时期，这一点就可以清楚地在艺术中得到证明。仪式性的农民舞蹈(例如，在婚礼上)具有神奇性、摇滚乐是魔幻-神秘的、接受伦勃朗的绘画或聆听莫扎特协奏曲的“巅峰体验”是纯粹神秘的、阅读《尤利西斯》(*Ulysses*)是智力-神秘的(如果没有一定程度的智力上的理解，就无法获得接受)。只有纯粹的全面理解被排除在对任何艺术作品(或行为)的同质媒介的完全占有之外。自然科学缺乏灵活性，因为至少在“智能化”进程中变成了一种不同于宗教和哲学的、独立的“自为的”对象化。(在这方面，我向读者推荐韦伯。)现代科学是一种纯粹智力的对象化。但是我们与科学的关系并没有完全失去它的“神秘的”元素：“科学的奇迹”这句话并不仅仅是一种修辞。如果考虑到占星术或心灵学的流行，人们可能会补充说，魔幻-神秘的接受科学的需要并没有完全消失，即使这种需求的满足已经被边缘化了。然而，在这方面更为重要的是，与现代自然科学的智能化和日渐独立的同时，人与自然间世俗的和神秘的关系也得到了发展。与自然的这种显著关系(一种纯粹的神秘体验)已经变得私密。只有艺术才能表达和强化这种不属于艺术(或任何艺术活动)的神秘体验。对康德来说，“璀璨的星空”仍然是生命的两大奇迹之一，而“璀璨的星空”不仅仅是自然科学要“解决”的问题——作为神秘体验的对象，它也是自然的象征。总而言之，现代自然科学中“灵活性”的丧失大体上是一个巨大的收获，它为完全主观的(和神秘的)体验创造了一个自由区域。它是主观的，因为它并不意味着“上升”到任何特定的

"自为的"对象化(如果"璀璨的星空"的经验中没有嵌入宗教的世界观，它就不是一种宗教经验；它不是科学的理解，不是对艺术的接受或对哲 【119】学的接受)。只有一种与之相似的经验：甘心屈从于所爱之人。

因此，所有"自为的"对象化都为人的生活提供意义(这是它们定义的一部分)。它们都对部分地接受(和理解)以及全部的接受(理解)持开放态度。部分地接受(理解)至少一种"自为的"对象化通常是由"自在的"对象化领域所要求的。部分地接受(和理解)所有"自为的"对象化可以发生在日常生活中(包括接受那些并未被包含在"自在的"对象化领域内，也未受其调节的"自为的"对象化)。就完全接受而言，它可能是：①嵌入日常生活中的非日常事件；②非日常事件，其完成需要日常知识，以及经验和主观剩余；③非日常事件，其完成需要文化培训或额外知识，但不需要专业化；④非日常事件，需要专业化才能完成，这是一种只有少数人能获得的知识；⑤与人们的职业所需的相同类型的知识，以及在这个职位上的部分日常生活。

显然，完全根据①和②两点被接受(理解)的这类"自为的"对象化永远不会被制度化为统治的合法化的世界观，完全根据③被占有(理解)的这类"自为的"对象化不具有"主导性世界观"的功能(仅作为制度的附属合法化世界观)。因此，只有以④为特征的"自为的"对象化才能被制度化为主导性世界观，而只有两种"自为的"对象化符合这一功能：**宗教**和**科学**。

在这一切中，我并不是说宗教和科学只能使统治合法化。所有"自为的"对象化都具有合法性功能和批判的功能，这对宗教和科学也同样适用。我的意思是，它们，而且只有它们才有资格使宗教和科学合法化、制度化，因为只有它们才有资格使累积的知识制度化。

【120】 四、“自为和自在的”对象化领域

（一）制度和社会结构

我试图在第二部分中表明，“自在的”对象化领域不是一种机构，即使它包括一种机构，即家庭机构。与此相反，“自为和自在的”对象化领域完全由制度构成。所有这些制度的特点都是一个相对同质的“规范和规则”的系统。但是，相对同质性这一看似矛盾的概念需要解释。

制度是社会结构的子系统。更准确地说，我将社会结构定义为通过相互支持生产和再生产**社会认同**的子系统（制度）的集合体。根据某些系统理论（哈贝马斯也接受了这一命题），我们必须考虑，至少在现代性中，有两个“普遍的”子系统，国家和经济（权力和货币），以及它们自我再生产和扩张的自主逻辑。我会从几个方面挑战这个概念，尽管在这一点上我只能列举它们。首先，它将东欧社会排除在“现代性”概念之外，因为这些社会无法在这个范畴框架内被理解①。其次，它无法区分工业化和资本主义。再次，它无法区分不同类型的政治统治（民主和非民主）。最后，就现代性的动力而言，它排除了其他选择（发展该系统的其他方式）。即使我承认西欧社会在某种程度上可以根据它们是由“经济”体系还是国家体系所主导来理解，我也要补充一点，一种制度（或几种制度）的本质变化可以完全改变“社会认同”。（例如，自我管理可能实现这样的改变。）正是出于这个原因，我将社会结构定义为相互关联和相互支持的**制度**（作为子系统）的集合体。

【121】 在不进行历史分析或对子系统的各种组合（只能在史学中进行的研究）进行说明的情况下，应该注意子系统（**制度**）只能是相对同质的。原

① 另一种解释参见 Feher-Heller-Markus: *Dictatorship Over Needs* (Blackwell)。A. 阿拉托（A. Arato）试图将哈贝马斯的概念应用到东欧社会（参见他的 *Critical Sociology and Authoritarian State Socialism*, in *Habermas Critical Debates*, Macmillan, 1982），为了将东欧的素材纳入其中，他不得不改变这两个“子系统”原先的内容。

因很简单，因为它们的“规范和规则”嵌入社会结构中，换言之，它们与同样是同一结构的子系统的**所有**其他**制度**相互关联。此外，每个特定的制度都嵌入一个相互关联的制度的集合体中。因此，由于它们内在的“规范和规则”是相互关联的，制度必须至少是相对同质的，没有人可以在不熟悉其他制度的情况下遵循任何制度的任何规则。因此，在“自为和自在的”对象化领域内“活动”需要人的能力的同质化，即使有所不同，其程度也不亚于上升到“自为的”对象化领域。这里一个有用的类比是“遵循游戏规则”。仅仅知道如何用小兵来下国际象棋是不够的，为此，人们必须熟悉“下棋”的所有规则。当我们坐下来下棋的时候，我们会转换思维，调整思维以达到“下棋”的目的。此外，为了正确下棋，我们暂停了其他异质的活动（包括知觉和感觉）。维特根斯坦在下棋和普通语言游戏之间做的类比并不令人信服。没有集中注意力、没有同质化，我们还能做普通语言游戏，仅仅是因为说普通语言是“自在的”对象化领域的一个组成部分。另一方面，“下棋”也不能类比为占有“自为的”对象化。“下棋”很难给我们提供一个有意义的世界观，同样，我们也不能通过下棋把自己变成一个总体的人。这就是仅仅对于遵循“自为和自在的”对象化领域的“规范和规则”来说，“遵循游戏规则”是一个很好的类比的原因。但即使在这里，类比也只是类比，它没有对遵循“自为的对象化的规范和规则”所暗示的行为（和期待）给出一个完整的解释。国际象棋的规则是完全同质的，然而——我已经暗示过了——“自为和自在的”对象化领域的“规范和规则”却不是。“服从游戏规则”和“服从自为和自在的对象化领域的规范和规则”之间还有另一个区别，我以“规范和规则”的概念来代替每个“自为和自在的”对象化中的规则所显出的区别。做游戏 【122】
中的规范性因素与“服从规则”是完全相同的。简单来说，在做游戏时，A 对 B 的唯一期望就是他不会作弊。但是，它只是遵循“自为和自在的”对象化的“规范和规则”可以而且应该被简化为仅仅“服从规则”的最新发展的结果（与其说是**既成事实**[fait accompli]，不如说是一种趋势）。对“公平竞争”规范的特别强调标志着主要趋势，即使这种规范可能被更广泛地解释（和观察），而不是简单地“服从规则”。正是符号互动论，尤其是戈夫曼(Goffman)，让我们注意到内在于制度性行为模式矩阵中的仪式行为的内在网络。戈夫曼对这一现象给出了一种相当于涂尔干式的解释，我有条件地赞同这种解释，认为社会的“魔力”(mana)是由每个参加这些仪式的个人所表达出来的。例如，一个制度内空间的组织和安排，不只是一个应该服从的规则。如果有人没有安排空间，他或她就违反了一种与“作弊”无关的规范，这也不是由于对规则的无知。当然，仪式也可以成为作弊的手段，但以这种方式使用它们就意味着违反规范。例如，在法庭上为客户辩护是每个律师都必须遵守的“规范和规则”。如果这被视为一种游戏，那么，该游戏就无法在不遵守制度化法庭程序中固有的某些仪式的情况下进行，更不必说在不具有律师作为一个人的某些道德的“规范和理念”的情况下进行了；而这些仪式可能在辩护中起决定性的和积极的作用，除非它们与该制度的规则相抵触。然而，即使遵守规则，仪式也可能被滥用；犯下此类违法行为的律师可以被鄙视，但不能被取消律师资格。只有在制度全面官僚化的情况下，“自为和自在的”对象化的“规范和规则”的规范性内容才能缩小到几乎为零。

(二)专业化的人(the specialized human)

作为整体的人是“自在的”对象化领域的主体，但它永远不可能是“自为和自在的”对象化领域的主体。每一种制度化的行为、做(某事)或
【123】说话的形式都需要专门的教育或培训，以发展和激活人的各种能力，包括在一个制度框架内暂停异质的日常活动的能力。专门的教育或培训不等同于专业化(职业化)；(在古代民主的雅典，每个自由公民都经历过这种教育)，但专业化的趋势无疑是“自为和自在的”对象化领域所固有的。另一方面，“自为和自在的”对象化领域的主体也不是“整体的人”，因为如果人们遵守一个制度的“规范和规则”，并不是每个人的能力都被吸收并集中在一项单一任务中。不仅异质的日常活动被暂停，就像在占有“自为的”对象化时所发生的那样，而且一些人的能力也被排除在外。如果这些能力“介入”行为中，主体就不能以一种适当的方式服从制度的“规范和规则”。如果我们将①人造物的使用、②生产体制内的工作，以

及③艺术作品的创作相互比较，暂停和排除人的能力之间的区别就变得非常清楚了。（在“自在的”对象化领域内）使用人造物不是这种类型的活动，也不是各种类型的活动，然而，它包含了在性质上所有可能的异质的活动的一个方面（吃饭、婚礼、睡觉、送礼物等）。生产体制内的工作，一方面排除了异质的活动（当我们吃饭时，我们不工作，即使在吃饭时我们使用人造物）；另一方面排除了对几种能力的调动（例如，说服、愤怒、正义感）。被排除的能力总是非常重要的，因为对制度化活动的批评通常调动的正是这些能力（这适用于所有制度化活动）。艺术作品的创作排除了异质的活动，但它意味着集中人的所有能力（其中没有一个被排除在原则之外）。

当我把“自为和自在的”对象化领域的主体称为“专业化的人”时，我是基于上述原因这样做的。需要重申的是，“专业化的人”不一定是“专家”，特殊甚至非凡的才能并非造就“专业化的人”。（“自为的”对象化领域的主体不是专业化的人。）此外，只有在成为特定制度的专业化的人而不需要任何特殊才能，但可以通过培训和教育不断复制时，制度才能得以建立、得以调解，才能继续存活。专业化的人是可复制的专门知识和事实知识的主体。

因此，“自为和自在的”对象化领域可以在没有文化（主观）剩余的情 【124】
况下正常运作。它不能直接吸收文化剩余，但可以间接吸收。我现在就来阐述这个问题。

我再次强调，“自在的”对象化的异质领域的统一是由有意义的世界观所提供，而“自为的”对象化为人的生活提供意义。集体想象是社会主体的灵魂，这不仅仅是一个比喻，因为想象把过去的经验和它们的解释一起储存起来，塑造了个体主体的自我创造和自我理解的模式。我把这种集体想象称为“历史意识”。由同一社会结构产生或修改的所有不同类型的“自为的”对象化（包括对古代“永生的”对象化的占有），都表达了历史意识的同一阶段①。只有一个例外：我们现在这个时代。

如果有意义的世界观提供了与“自在的”对象化领域相关并由其主导

① 参见《历史理论》。

的异质活动的统一性，那么，“自为的”对象化领域(制度、子系统)与“自在的”对象化领域的分化不能阻止这种统一性的出现。如果能够阻止这种统一性的出现，那么，与“自在的”对象化领域相关并由其主导的活动将失去其统一性，整体的人的生活将变得没有意义。这就是为什么专业化主体的事实知识和专门知识不仅以遵守制度的“规范和规则”的专业教育(培训)为先决条件，而且这种专业教育也必须与有意义的世界观相关的原因。制度从有意义的世界观中获取其合法性，其程度不亚于从“自在的”对象化领域中获得。它们可以从所有“自为的”对象化中获得这种合法性。但是，“获得合法性”并不足以使这些制度平稳、持续地运行。必须重申的是，只有当专业化的人(其主体)能够被复制而不管是否存在任何“文化剩余”时，制度才能被复制。这有五个结果。第一，必须将一种特殊的有意义的世界观制度化，以便使专业化的人得以再生产；第二，这种世界观应该提供知识的持续积累；第三，它应该提供专业化；第四，应该教授由世界观(服从制度的“规范和规则”)提供的专业知
【125】识；第五，这种有意义的世界观一旦被制度化，就有资格使社会秩序(统治)持续合法化。完成这些任务的世界观是支配任何一个特定历史时期的世界观。它们可能具有排他性，也可能受到其他有意义的世界观的挑战。如果它们受到争议，那么所有有争议的世界观都是至关重要的。我已经说过，只有两个“自为的”对象化符合制度化的条件，因为只有它们满足上面列出的所有先决条件，这就是宗教和科学。在现代性出现之前，宗教是制度化的“自为的”对象化；自现代性以来，科学也紧随其后。只要科学作为主要的(主导的)制度化的“自为的”对象化，对宗教提出质疑，它就具有批判功能。现在轮到宗教(仍然以制度化或非制度化的信仰的形式)来批判科学了。

很容易理解为什么艺术没有资格成为一个时代的主要制度。我已经表明，“艺术”是一个现代范畴，它的出现与纯粹神秘的(或后来的理智-神秘的)接受同时出现。神秘的接受与专业化是对立的：神秘的接受者永远不是专业的思想家或演员。在早期，艺术嵌入日常生活和/或宗教组织，有时甚至嵌入那些主要由宗教的或哲学的世界观形成的政治制

度。此外，艺术永远不会不断地积累知识，即使会积累知识，这种知识也只是技术性的，而不是把艺术作品视为有意义的对象化的那类知识。但是，哲学呢？

我在第一章中说过，哲学正是从实践理性的观点将知识系统化的对象化，这就是为什么正是哲学发明了“合理性”这个范畴。正是哲学提出了关于我们规范的有效性和我们知识的真实性问题。的确，这种“质疑”是哲学的精髓；这就是它不能把任何现有的实践或知识视为理所当然的原因。根据定义，既然它是去合法化的，哲学就不能被制度化为一种合法的世界观。在这方面，指出官方的辩证唯物主义学说并不是一种哲学也许是多余的。当然，哲学可以为其他合法的世界观(例如，宗教和科学)服务。无论哲学能否在一个没有任何统治的社会中成为制度的主要的世界观，意识形态作为一种对哲学的部分接受的问题在此都不做讨 【126】
论；可以参见《激进哲学》。

人们可以通过提及艺术和哲学的日益制度化来反对这一切。然而，我认为，艺术和哲学机构**数量**的增加并不意味着艺术和哲学的制度化①。

在我对艺术的简要分析中，我提到了创造和接受。就创作而言，制度化几乎没有增加。艺术中唯一专业的学习过程涉及对其累积的知识、技术的占有。但鉴于技术的知识是专业化的，创造总是以工艺机构为中介。成为艺术学院的学生在功能上等同于任何学徒，只是机构类型不同。相比之下，文学创作对技术的要求很少，所以它的生产从来没有被制度化。(文学作品的创造如何嵌入宗教组织或政治机构中，这是我在此无法解决的问题。)适用于创造的东西，也适用于接受。接受可以是公开的，也可以是私人的。公开接受这种制度一直都有，现在也有，但都是针对接受的制度，而不是接受制度本身。人们总是可以自由地拒绝、批评或漠视一件艺术品。换句话说，他们的接受在严格意义上(sensu stricto)不能被完全制度化，即使它发生在一个制度的框架内。这种差异

① 对“艺术的制度化”理论的批判，首见于彼得·比格尔(Peter Bürger)的《先锋派理论》(*Theorie der Avantgarde*, 1973, Frankfurt)，参见费伦茨·费赫尔的《艺术之外是什么?》(What Is Beyond Art?, in *Thesis Eleven*, Melbourne, No. 5, 1982)。

可以通过下面的例子来说明。那些向德尔斐神谕寻求建议的人必须相信这个机构并采取相应的行动，否则这种做法就毫无意义。但是，欧里庇得斯悲剧的观众，要么受到悲剧的影响，要么不受其影响；要么喜欢悲剧，要么不喜欢悲剧。同样，人们可能不会说接受一项科学发现是一种品味问题，尽管这样说一件艺术作品的接受是完全合法的。在现代性中，对艺术作品的接受往往变得更加私密，而不是越来越制度化。

不是艺术创作也不是接受，而是艺术的传播在现代性中变得越来越
【127】制度化。然而，与此相关的问题不能作为支持艺术制度化论点的论据，因为艺术的分配不属于艺术本身，而是属于市场制度。

哲学的制度化提供了一个更为明确的例子。虽然哲学家的教育一直以一种比较松散的师徒关系为特征，但哲学流派并**没有**将哲学、哲学的创造和哲学的接受制度化。相反，它们为个人提供了独立探究和理性讨论所必需的能力。占有哲学中固有的累积起来的知识就是这样一种能力。然而，就哲学的创造或接受而言，这种知识永远不能构成被称为哲学的“自为的”对象化。只有经常进行独立探索和理性讨论才能做到这一点。的确，假如哲学完全可以被习得，因此完全是在制度框架内进行的，那它将只是名义上的哲学，它充其量只能是一种被称为哲学的科学。因此，随着制度化的哲学训练的专业化，真正的哲学大多是由那些被制度边缘化的人创造出来的也就不足为奇了。哲学就这样绕过它自己的机构，与它们对立，而不是从其中生存①。

（三）主导性的世界观和制度

在这个阶段，我也许可以更加强调性地重申我先前的陈述：在“自为的”对象化中，只有宗教和科学在各方面都有资格被制度化。这种倾向解释了这样一个历史事实，即宗教，以及近代的科学，已经成为主导性的世界观，以至于它们渗透至所有制度和“自在的”对象化领域。显然，宗教和科学已经制度化的说法并不意味着所有制度在本质上要么是

① 参见《激进哲学》。

宗教的，要么是科学的。政治制度和经济制度，以及一些文化制度，不是宗教或科学的制度化。但由于它们被主导性的世界观所渗透，它们内在的“规范和规则”在实质上，或至少在结构和功能上必然包含了这种主导性世界观的精神。我在这里一再论证，通常是主导性的世界观提供了与“自在的”对象化领域相关并由其领导的异质的活动的统一性。很容易理解为什么会这样。主导性的世界观使社会秩序合法化，从而使“自在 【128】
的”对象化领域的“规范和规则”合法化。这种合法化在有着发达的社会分工的社会中更为必要，因为在这里，主导性的世界观具有双重任务，即加强“自为的”对象化领域的划分，以及加强对统治者和被统治者的划分。如果主导性的世界观成功地完成了这一任务，生命将被赋予意义，但意义必须被视为理所当然的。如果它不能成功地完成这一任务，那么，“自在的”对象化领域的“规范和规则”不会被认为是理所当然的，至少在相当一部分人看来是这样。在这种情况下，剩下的选择是：①没有意义的生活(失范)；②在不挑战主导性结构的情况下，求助于另一种为生活提供意义的有意义的世界观；③通过挑战不再被视为理所当然的主导性结构，求助于另一种为生活提供意义的有意义的世界观。如果采用后一种方法，不仅“自在的”对象化领域将受到检验和质疑，制度也将受到检验和质疑。我将在下面更详细地研究这一点。就目前而言，宗教和科学必须就它们在使“自在的”对象化领域的“规范和规则”合法化方面的表现进行比较。

在这种比较中，某些差异即使初看也是显著的。宗教在为生活提供意义方面得分很高，而科学在竞争中却远远落后。然而，宗教在被认为是“理所当然”的“自在的”对象化领域的“规范和规则”中得分很高，而科学在规则方面当然得分很高，但在**规范**方面却没有。科学剥夺了“规范和规则”的神圣性，并将其转变为纯粹的使用说明，即使这种转变从未完全发生过。另一方面，由于有患心脏病的危险而避免食用饱和脂肪酸是使用说明。后者与有意义(好)的生活无关，只与纯粹的生活有关。同样，清洁可以是一种仪式，也可以是一种避免感染和疾病的纯粹技术。小说和社会理论都经常强调将“规范和规则”转变为纯粹的使用说明的趋势所隐含的危险。“美丽新世界”(brave new world)的恐怖是对作为主导性的(和制度化的)世界观的科学侵入日常生活的推断。但是，这种
【129】推断并没有解释在科学对强调规范性特征的“自在的”对象化领域的“规范和规则”合法化的**失败**中所同样隐含的解放的潜力。这种“作为解放的失败”可以用以下方式来解释。只要占有所有“自在的”对象化领域的“规范和规则”是一个伦理问题(只要习俗是神圣的)，就很难摆脱内化的压力(失范是出路)。当“规范和规则”不再神圣，或者只是在有限的程度上不再神圣，内化的压力就会降低，而正是这种压力的降低，我称为“失败的解放”。当然，这可能导致道德野蛮与社会整合同时泛化，但它也可以为高度个性化的生活方式开辟道路。要使后一种情况最终发生，人们将不得不求助于非制度化的“自为的”对象化。

在这一点上，我想回到哈贝马斯关于“日常生活殖民化”的概念，并以稍微修改的方式应用它。作为主导性的(和制度化的)“自为的”对象化，科学(通过制度的合理化)渗透到所有的制度中。它直接或间接地侵入日常生活(作为科学的意识形态和日常生活的“合理化”)。虽然我接受哈贝马斯的术语并赞同对所讨论现象的描述，但我要补充一点，**日常生活大体上总是被殖民化的**。人类历史上只有少数特殊“时刻”不是这样，这大多是在宗教失去控制的时期，因为它已被另一种宗教所取代，或者因为相互矛盾的“自为的”对象化挑战了主导性的世界观。只要看一眼“自在的”对象化领域的机构——家庭，就足以表明我的想法。由于这种“传统类型”的殖民化，女性长期遭受痛苦。非合理化的制度和合理化的制度一样可以将日常生活殖民化。首先必须实现日常生活的相对独立，这样才能发出“它不能被殖民!”的警告。这种相对独立是在现代社会初期，由国家与市民社会的相对分离所创造的。在此之前，除了极少数例外，惯常的情况是日常生活并没有在曲折的过程中被殖民，而是特定制度化的有意义的世界观的纯粹而简单的殖民地。整个中世纪，家庭都是
【130】宗教及其制度的殖民地。因此，科学和合理化的制度不能只**以不同的方式更多地**殖民它。

对此的一个可能的反对意见是，日常生活已经是一个殖民地，它不

可能被殖民化。然而，这更支持了现代性，因为它表明，“殖民化”还不是一种无法回头的状态。第二个反对理由是，宗教恰当地完成了“殖民化”的任务，因为“自在的”对象化领域的“规范和规则”已经以其“规范和规则”的能力被精确地合法化，而不是简单地作为使用说明。当然，这是非常正确的。即便如此，正如我所指出的，变化可能包括收益和损失，最终是收益还是损失取决于其他几个因素。但也许最严重的反对意见是，以前的日常生活殖民化类型至少完整地保留了“自在的”对象化领域的基本结构模式，而现代殖民化破坏了这些模式并阻止了这个领域的正常运作。这个反对意见需要详细回答。

我在第二部分中提出，“自在的”对象化领域包含结构上的不变因素和结构上的可变因素。创造性的、重复性的和直觉的活动(思维)共同确保了对该对象化领域的“规范和规则”的占有，而成年一代必须能够将相当牢固的“规范和规则”**传递**给他们的继任者。这三种思维(活动)的比例是有弹性的，容易发生变化，如果仍然可以进行适当地再学习，如果重新学习了的思维(活动)可以在一定程度上变得常规化，那么，“规范和规则”的内容也可以在一代人的时间内发生变化。

显然，科学(和理性化)对日常生活的殖民化并没有改变“自在的”对象化领域的不变特征，也没有改变它们的占有特征。如果它改变了，这些特征将不会保持不变，否则我们将无法生存。在这一点上，应该提出以下几个问题：首先，理性化制度对日常生活的侵入如何塑造了这一领域的可变(和弹性)因素；其次，这些新模式是否会改变“自在的”对象化领域和“自为和自在的”对象化领域之间的**关系**。从历史上看，“自为和自在的”对象化领域是从它先前嵌入的“自在的”对象化领域中产生的。制度化和制度的理性化的增加会导致相反的效果吗？各种理性化的制度 【131】
可能会简单地**接管**“自在的”对象化领域的社会化功能，这种情况会发生吗？还是可能会发生？如果这真的发生了，日常生活的殖民化将导致“自在的”对象化领域的占有**主体**的消失，导致作为整体的人的消失。但后者是被“自为的”对象化所吸收的文化(主观)剩余的来源，而与宗教一样，科学是“自为的”对象化；如果不吸收文化剩余，它就无法生存和繁荣。当然，如果科学被制度化了，那么，没有吸收文化剩余，这些**制度**就不会被再生产。但如果制度化的有意义的世界观失去了提供意义的能力，它也就失去了生命力，迟早会变得不适合制度化。因此，我想论证的只是：如果专业化的人取代了整体的人，“整体的人”也就不会出现，而主导性的世界观(在这种情况下是科学)也会因为缺乏足够数量的被吸收的文化剩余而被削弱。如果这种情况发生，整个社会结构的崩溃将不可避免。

有人可能会反对说，虽然作为整体的人是文化剩余的唯一来源，但他或她**不是**认知剩余的来源。因此，如果在制度框架内运行的专业化主体能够产生认知剩余，那么，科学(作为主导性的世界观)产生意义的能力可能是无限的，这就使得我们过早得出社会结构最终解体的结论。作为对这一反对意见的回应，我提供的解释是制度(以及制度内的专业化主体)不会产生认知剩余。制度可能有或多或少的**学习能力**，它们可能会经历**学习过程**。然而，制度的学习能力等同于它们吸收和执行由日常生活或“自为的”对象化产生的认知剩余的能力。因此，认知剩余不是由制度产生，而是被制度利用和吸收，一旦被吸收，实际上就不再是**剩余**。科学产生了巨大的认知剩余，但不是作为一种制度产生的，而只是在其“自为的”对象化的能力中产生的。即使今天的科学研究是在一个制度化的框架内进行的，这项研究也不包括简单地服从科学制度的游戏规则，而是遵守被称为“科学”的特定的“自为的”对象化的“规范和规则”。科学研究的主体不是专业化的主体，即使该主体专门研究各种科学领域
【132】中的一种。“人的整体性”以“作为整体的人”为前提。科学家对科学的忘我、对科学的沉溺，以热情、精神亢奋、好奇心、为解决任务而集中所有精力和直觉等为前提，并要求这些东西就像艺术家的忘我程度一样。没有必要讨论爱因斯坦的典型例子来说明这意味着什么。用库恩的区分的话，有人可能会反对说，所有这一切都只在“革命科学”的情况下是正确的，而不是在“常规科学”的情况下。但即使是这样，仍然可以肯定地说，没有革命性的科学，“常规科学”的“能源”很快就会枯竭。因此，在这段题外话之后，我重申，如果现代科学发展所引发的制度理性化进程

能够不受阻碍地发展，那么，对于作为主导性的世界观的科学来说，这种趋势也只能是弄巧成拙。没有作为整体的人，就没有人的整体性。

（四）主导性的“科学”①的世界观和日常生活

认知剩余的积累不是纯粹偶然的事情，即使“自在的”对象化领域的偶然因素可能有助于其方向或加速，即使这些因素完全阻碍它。主导性的有意义的世界观渗透到所有制度中并使“自在的”对象化领域的“规范和规则”合法化，它既为认知剩余的增长和实施创造了途径，也为其设定了严格的限制。这就是仅凭认知剩余并不能改变主导性的有意义的世界观的原因。一种文化剩余可以被**任何**“自为的”对象化所吸收，而不仅仅是被主导性的对象化所吸收，通过将其从主导性的世界观中解放出来，它可以成为认知剩余的“助产士”。苏格拉底使用“助产士”一词，充分表达了在希腊启蒙的短暂时期内所发生的事情。哲学，一种新的“自为的”对象化，作为助产士被创造出来，不仅仅是为了提供一种新知识，而是为了将日常生活的认知剩余从传统“观点”的禁锢中解放出来。阿尼托斯(Anytos)②的指控是基于现实的考虑。苏格拉底是无神论者，不是【133】因为他不相信上帝或诸神(这是次要的)，而是因为他拒绝接受主导性的世界观对认知剩余的掌控。虽然结果不同，但文艺复兴时期也发生了类似的事情。这一次，发挥“助产士”功能的是艺术和哲学(以及它们的各种组合)。它们将积累的认知剩余从宗教及其渗透的所有制度的控制中解放出来。然而，这里的助产士就像魔术师的学徒，从瓶子里放出一个比预期强大得多的精灵。即使经过很长一段时间之后，新的主导性的世界观才得以轻松地制度化并开始渗透到所有制度中(通过它们的理性化)，但在这之后，它的矛头最终侵入了日常生活。

当然，科学并不是一种全新的“自为的”对象化。无论它是否嵌入宗

---

① 引号表示“科学”的概念，并不代表科学本身，而是代表“科学性”，即作为意识形态的科学。

② 阿尼托斯(Anytos)是色诺芬的《回忆苏格拉底》第一卷中记载的指控苏格拉底的人之一。——译者注

教，或者偶尔嵌入哲学或艺术中，它都有一个特殊功能：利用分散在“自在的”对象化领域的异质活动中的认知剩余，并使之系统化。这样做主要是为了猜想，偶尔也会出于实用的目的(例如，在宗教组织或战争中)。相反，现代科学产生了具有质量和数量的知识，其速度超过了作为总体的人从多方面掌握知识的能力。科学创造的认知剩余“涌入”所有被主导性的世界观所渗透的制度，也涌入了日常生活。“自在的”对象化领域，或其主体，即作为总体的人，不再能够产生认知剩余。

然而，**文化剩余**仍然在日常生活中产生。如果被称为科学的“自为的”对象化所吸收，它就会成为革命性科学的“燃料”。如果被“自为的”相互竞争的对象化(艺术、哲学、宗教)所吸收，它就会加剧对我们社会结构和主导性的世界观的**批判**。我在这里重复一下关于现代性中“公共领域”出现的说法。由“自在的”对象化领域所调解的主导性的世界观与人类可以直接进入的“自为的”对象化之间的比例已经朝着向有利于后者的方向发生转变。此外，人可以直接获得最初由“自为的”对象化所创造的规范和价值，但这些规范和价值却从这些对象化中分离出来，并越来越像“自为的”对象化一样行事。(我在这里指的是普遍化的规范和价
【134】值。)因此，文化剩余不再只是主观经验的对象化，而是从“自为的”对象化或某种普遍化的价值的角度对主观经验本身进行**反思**。因此，作为日常经验和“自为的”对象化(包括普遍化的规范和价值)的最佳交汇点，公共领域(和兴趣)成为创造文化剩余的新来源。通过这些，我并不是说主观经验的对象化(不加反思)不再是文化剩余的能量来源。我将在下面回到这个问题的探讨。

日常生活不再产生认知剩余这一情况的后果是众所周知的，只需提及其中的几个就足够了。“自在的”对象化领域可变结构的变化，连同其规则的转变，都来自“外部”：它们是科学发现的直接(普及科学)或间接(不断更新的技术)的实现。这种趋势是无所不包的。它影响所有活动(家务、穿着、烹饪、育儿、治疗、娱乐、性行为等)。规则变化的速度越来越快，因此人们必须越来越频繁地重新学习。因此，生活经验几乎等同于无。(在这个新时代，老年人是无助的而不是明智的，因为年

纪大了就失去了重新学习的灵活性。)知识在人际交往中的中介作用越来越少。面对面的互动(日常交往)已不再是获得信息、提供建议、掌握专门知识和事实知识的基本来源。因此，人的主要关系的紧张、丰富性和密度受到威胁。有些人认为，情感的强度可能会弥补这种损失，但只有当人的**交往**(contact)本身被视为目的时，这才是正确的。**爱的热情**(amour passion)在现代生活中的中心地位表明了这种补救方法的必要性。但是单凭**爱的热情**不能代替所有的人的交往，如果它仅从自身(从情感强度)中汲取力量，那么它是短暂的。亲子关系中情感强度的增强也被寻求作为一种补救措施，以防止这种关系的主要功能的丧失(以便将出生的偶然转变为此时此地生活的“必然”)。考虑到出生仍然是偶然的，并且父母的中介功能已被各种制度所接管，生物联结不再足以使我们接受我们的世界是作为必然性的世界。孩子需要他们的父母只是为了得到食物和庇护，一旦长大，他们就不再需要父母了。因此，只有在出生的 【135】
偶然有利于这种交往的情况下，家庭中日益增长的情感强度才能建立持久的人际交往。

因此，科学对日常生活的殖民化具有以下特征：①“自在的”对象化的“规范和规则”的统一性被打破，规则包含的规范性要素比例越来越低；②规则的内容和特征(在其使用说明的能力上)被科学直接或间接地“灌输”到日常生活中；③“自在的”对象化领域不能产生认知剩余；④个人的人际交往失去了丰富性、强度和社会再生产的功能，只能通过情感强度来维持。但是，“自在的”对象化领域的可变要素的这些变化会阻止它们的不变要素被再生产吗？此外，“自在的”对象化领域中的“破坏”是所描述的趋势的可预见后果吗？

我想论证的是，在当代日常生活中，“自在的”对象化领域的不变特征一直是完全完好无损的，并且绝对没有迹象表明它们会被破坏。日常生活中所有类型的思维(活动)都遵循它们在所有人类历史中遵循的相同模式。“自在的”对象化领域从未成为一个系统或制度。这个领域的异质性仍然是它的基本特征，它的主体仍然是作为整体的人。科学和理性化的制度对日常生活的入侵不仅没有阻碍这种异质性，反而加强了它。这是因为理性化的制度和科学“结果”具有不同的性质。某种类型的制度需要某种类型的思维(活动)，其他类型的制度需要不同的思维(活动)，但这些活动不与任何有意义的方式有关。这源于这样一个事实(反之亦然)，即作为主导性的世界观的科学不能提供异质的“自在的”对象化领域的统一性；它不能为生活提供意义。这就造成了一种空虚感，再加上个人面对面交往的意义和强度的降低，在日常生活中产生了一种**持续的焦虑**。这种焦虑的根源可以准确地定位于这样一种情况，即尽管“自在的”对象化领域的不变特征是完好无损的，但生活却没有意义。更准确地说，占有“自在的”对象化领域的异质成分不再等同于占有一种**生活方**
【136】**式**。作为整体的人感到一种焦虑：他或她只能是一个整体，因为他或她必须进行异质的活动，但同样，如果这些异质的活动以确保人的持续身份的方式结合起来，那么，他或她只能是一个“整体”。如果只满足第一个条件，作为整体的人就无法出现。这种焦虑可以被称为异化感。我们异质的活动“像木偶一样”，是由一个没有个性和没有灵魂的“外在性”所指挥的，因此，既不是由我们同胞的温柔之手也不是由一位永生的上帝所指挥的，这种阴郁的感觉并不是由社会化机构的失败引起的，而是由它的成功引起的。然而，这种感觉，这种焦虑，却产生了大量的**文化剩余**，破坏了日常再生产的稳定性。这种文化剩余可以不被“自为的”对象化所吸收，并且可以作为(个人或集体的)歇斯底里的强烈反应，换句话说，它可以像**文化匮乏**(cultural deficit)一样发挥作用。它也可以被更高的对象化所吸收，作为改变(个人的和集体的)生活的潜力。

现在让我们简要地看一下“自在的”对象化的不变要素，以及我们在当代日常生活中与它们的关系。所有列入“自在的”对象化领域的理性化的制度都被简单地认为是理所当然的。首先，人们理所当然地相信科学是无所不知、无所不能的，这种信念与科学知识或对任何理性化的制度中相对同质的“规范和规则”的占有都毫无关系。我们相信医生的处方的治疗效果，即使没有一点儿医学知识。如果一项信息被贴上“科学”的标签，我们就会相信它是真实的，就像人们曾经相信神启的真理一样。学习如何购物属于对“自在的”对象化领域的占有。我们不需要知道市场是如何运作的(我们不需要熟悉制度“市场”中相对同质的“规范和规则”),就能重复并成功地完成购物任务(假设我们有钱支付)。孩子们必须去上学的事实被认为是理所当然的,正如我们打开电视就能看到画面一样,或者我们被总理或总统或两者都统治着一样。我们可以执行由“自在的”对象化领域引导的重复性的、创造性的和直觉性的活动,我们可以同时展开许多活动。当我们重新学习(例如,如何使用人造物)时,我们可以很容易地运用新技能,因为技术和市场会简化程序。在为家庭生产产品【137】时,技术和市场都将“自在的”对象化领域的**不变模式**考虑在内。

通过这个粗略的概述,我试图阐明,尽管我们所有的社会结构发生了变化,但我们仍然“主要”被“自在的”对象化领域社会化,我们的日常生活仍然建立在对**异质的**“规范和规则”的占有之上,我们仍然可以适当地结合重复性、直觉性和创造性思维来占有与应用它们。此外,我试图证明科学作为现代性的主导性的世界观,未能将异质的“规范和规则”结合成一个作为一种“生活方式”的有意义的整体,我认为这种失败不仅是一种损失,也是一种资产,或者至少是一种**潜在**资产。

我在第二章中指出,在以社会分工为特征的社会中,“自在的”对象化领域也被划分了。不同种姓、等级和阶层的成员占有完全不同的“规范和规则”。主导性的世界观通常成功地证明了为什么**应该**如此。在西欧和美国,随着资本主义工业化模式的发展和社会经济阶层的出现,科学取代了宗教主导性的世界观的功能①。但是,由于科学与宗教相反,无法将“自在的”对象化领域的异质的“规范和规则”结合起来,从而使它们神圣化,因此它只能在**技术上,而非道德上**进行合法统治②。农奴的儿子要学锄头,地主的儿子要学刀,这在宗教上是可以解释的。它不是作为一个孤立的“规范和规则”提出的,而是与所有其他的规范和规则相互关联的。“自在的”对象化领域之间的分化可以而且事实上已经被解释

① 参见费伦茨·费赫尔和阿格妮丝·赫勒的《阶级、民主、现代性》(Class, Democracy, Modernity, in *Theory and Society*, vol. 12, 1983)。

② 这也是东欧社会“实质的合理性”合法化失败的原因之一。参见费伦茨·费赫尔、阿格妮丝·赫勒、乔治·马尔库什的《对需要的专政》(*Dictatorship Over Needs*, Oxford: Basil Blackwell, 1982)。

为一种神圣规定的道德秩序。如果有意义的世界观被内化了(总体上它是内化的)，农奴就不会认为“自在的”对象化领域的划分是不公正的。但是，任何科学都不能在道德上使技能和必须被占有的社会礼仪之间的
【138】社会差异合法化；特别是，没有任何科学可以声称这些社会差异存在合理的必要性。此外，没有任何科学可以使性别分工(在行为、被占有的技能等方面)合法化，这尤其不是它的必然性。因此，所有经历过阶级、性别和种族歧视的人都会认为“自在的”对象化领域的划分是不公正的，或者至少他们会倾向于这样做。这就是科学作为一种主导性的世界观没有为生活提供意义，而是一种潜在资产的原因。在它被视为实际资产之前，还必须满足其他条件。

(五)某些价值普遍化的倾向

“理性的合理性”被定义为遵循“规范和规则”的能力。我们遵循我们“自在的”对象化领域的“规范和规则”，其程度**不亚于**我们的祖先，也**不多于**我们的祖先。这一陈述是针对两种截然相反的主张而提出的。根据第一种观点，在现代性的日常生活中，我们比以前更理性地行动和思考，**因为**我们这个时代最重要的和主导性的世界观是一种**理性的**“自为的”对象化(科学)，**因为**我们的制度被**理性化**了。这种观点认为，理性化的规则比前理性的规则**更会**被理性地遵循。在这个阶段，我不想分析我们现在是否真的比以前更理性地行动和思考(或者更准确地说，我们是否能够更理性地思考和行动)，我想强调以下几点。某些规则是由理性主义的世界观或由理性化的制度所制定的，这一事实**并不意味着**我们**遵循**这些规则比我们之前遵循前理性主义的规则更加理性。至少，没有任何迹象表明，对“自在的”对象化领域的“规范和规则”的占有，这个简单地调解我们无法理解的不同科学和机构的完全异质的结果的过程，会变得更加理性。根据第二种断言，我们变得**不那么理性**了，因为我们异质的日常活动不再以一种可理解的“生活方式”交织在一起。然而，后一种立场并不比第一种更有说服力。毫无疑问，“自在的”对象化的“规范和规则”变得更加技术性而非规范性；我已经反复指出了这一点。但如

果确实如此，那么遵守**这些规则**(并表现出遵守这些规则的能力)就完全满足了“理性的合理性”的标准。“自在的”对象化领域及其所有异质的“规范和规则”因此被理性的合理性所占有、维持和调节。只有当“合理 【139】
性”(它的“规范和规则”)的尺度在“自在的”对象化领域**之外**时，才能提出这种“理性的合理性”有多合理的问题。

在这里，我回到一个经常被触及但尚未得到解答的问题：某些价值变得普遍化的趋势①。

我区分了三种类型的规范：具体规范、抽象规范和普遍规范。

“自在的”对象化领域的“规范和规则”是具体的规范：这正是它们被称为“规范和规则”的原因。“做什么”和“怎么做”是同时提出的。以上是命令式的和祈使式的“规范和规则”②。鉴于“自在的”对象化领域的三个组成部分(日常语言的使用、人造物的使用、习俗的使用)交织在每一种思维(活动)中，即使比例不同，这个“具体规范”的概念也适用于整个领域。“祈使式的”和“命令式的”具体规范在文化内部的比例因文化而异，但它们都不能成为排他性的。现代生活中还有很多具体的规范，父母很重视引导孩子去遵守这些规范(如何与大人打招呼、如何“正确”吃喝，哪些词在公共场合是“不恰当”的，等等)。

抽象规范是**道德**规范，它们包含若干具体规范。如果人们要遵守抽象规范，他们不仅要熟悉抽象规范本身，还要熟悉通过具体规范对抽象规范的解释。此外，他们必须确定规范的哪种解释适用于特定情况，以及如何适用。无论抽象规范指的是行动(“你不应该杀人”)还是行为(“你应该慷慨或勇敢”)，是实践理性(良心)做出了正确(或偶尔错误)的决定。如果遵守抽象规范只需要找出该规范的哪种特定(具体)解释适用于任何情况，那么实践理性就是**增补性的良心**，实践理性的合理性仍然是“理性的合理性”。然而，正如主要(尽管不是完全)在理性主义日益增强时期所发生的那样，被遵守的抽象规范与通过具体规范(例如， 【140】

① 参见本书第一章“羞愧的力量”、第四章“合理性与民主”、第六章“令人不满意的社会”。

② 参见《走向马克思主义价值理论》(*Towards a Marxist Theory of Values*, Telos Press, 1973)。

“你不应该在战争中杀人”)对其的解释形成对比。如果遵守抽象规范涉及改变它们所包含的具体规范，换言之，如果遵守抽象规范与特定社会环境下的解释相悖，那么，实践理性的合理性就不再是“理性的合理性”，而是“理智的合理性”。

与抽象规范的悠久历史相比，普遍规范的历史很短。如果没有某些抽象规范普遍化的趋势，科学不可能取代宗教成为主导性的世界观。我已经指出，(被艺术和哲学所吸收的)大量的文化剩余在使认知剩余摆脱宗教信仰的过程中起到了催化剂的作用。之所以会发生这种情况，是因为这种文化剩余，无论在数量上还是在性质上，都具有普遍化的趋势。尽管“文化剩余”总是在日常生活中产生，但它通常被传统的“自为的”对象化所吸收。但是，如果“自在的”对象化由于固有的原因不能顺利完成再生产的任务，文化剩余量就会增加，它会涌入**批判的**“自为的”对象化，无意中创造出新的对象化。如果主导性的世界观阻碍了认知剩余的进一步积累，那么，在满足其他条件的情况下，这也会导致文化剩余的过度生产。在文艺复兴时期，市场的扩张、经济的货币化和认知剩余的积累导致了“自在的”对象化的各个领域的“规范和规则”的贬值，以及统一(主导性)的世界观的贬值。由于货币是财富的一般(普遍)等价物(马克思)，货币化破坏了生活世界中特定的具体“规范和规则”的顺利运作。这种紧张关系所产生的文化剩余如此巨大，难怪当它被“自为的”对象化领域所吸收时，它会将所有这些对象化转向普遍性。因此，普遍的价值首先宣布它们在各种“自为的”对象化中出现。艺术(被资本化的和以独特形式存在的)就是这种普遍化的产物。当然，第一种基本反应是以传统的方式吸收这种文化剩余(例如，用新宗教取代旧宗教，或调整旧宗教以适应新要求)。但是，即使新教表达了“资本主义精神”，它也不可
【141】能成为新的主导性的世界观，这只是因为从来没有一个宗教说一种通用的语言，所以总是存在相互竞争的宗教。然而，科学确实是一种通用的语言。它发明了一种符号语言，这种语言是所有科学家之间交流的共同媒介，而不用考虑他们的宗教信仰、种族或国籍。生活世界、特定的生活方式不是用这种语言表达的。但是，科学的这种普遍性也暗示着其他

的东西。正确地使用**这种**通用语言与正确的行为无关、与做一个好人或坏人无关、与做一个诚实的或不诚实的朋友无关、与禁欲主义者或花花公子无关、与贪婪的或慷慨的无关、与宽容的或小气的无关，等等。只有在普遍的等价物开始摧毁特定生活世界的所有特殊障碍时，科学的通用语言才能被发现。它还带有其诞生时的标志：道德冷漠。我当然不认为货币化是一种消极的现象(马克思也不认为)，更不认为科学的通用语言的出现是消极的。我也不否认，科学(和技术)从其概念产生的那一刻起，就拥有自己独立的逻辑。我的观点很简单：就像金钱“不令人厌恶”一样，科学也“不令人厌恶”。诚然，科学固有的一种特殊的道德规范是：追求**真实的知识**。科学家不得在科学研究中**作弊**，而是必须提供不仅“排除合理的怀疑”，而且符合规定科学的适当程序规则的真实的知识。但是，科学家当然可以在科学追求之外作弊或撒谎，而不失去作为科学家的信誉。因此，在现代科学中，理论理性服从于实践理性，科学的道德沦为遵守纯理论追求的“规范和规则”。因此，现代自然科学讲的是一种通用的语言，具有普遍的价值，却没有为人们提供**普遍规范**。

然而，那种认为科学是一种普遍的价值的陈述不是科学的陈述，而是关于科学的陈述。科学家们总是致力于阐述他们的通用语言和他们的发现，而没有过多思考他们努力的普遍性。就个人而言，伟大的科学革命的推动者(从牛顿到爱因斯坦)往往与宗教、各种神秘主义或大众哲学联系在一起。他们的态度往往与普通人的“天真”有很多共同之处，即希望“沉浸于”“自然的奇迹”或“创造的奇迹”。从文艺复兴后期开始，科学的普遍价值是由哲学来宣布的。在这方面，我们不应该忘记哲学是科 【142】
学诞生的助产士，我们也不应该忘记，关于价值没有真理要求的陈述绝对不是科学的“发现”，而是关于科学的哲学命题。

具有科学真理和科学理性主义的科学并不是哲学所揭示的唯一的普遍价值。自由、人类、个性等价值同样作为普遍价值被揭示出来。哲学不仅在科学的诞生中起着助产士的作用，而且在**民主制度**的诞生中起着助产士的作用。

我没有从“价值”的概念开始这个分析，而是从“规范”的概念开始。

我区分了具体的、抽象的和普遍的规范。什么是抽象的和具体的规范以及如何遵守这些规范是非常清楚的。但是什么是"普遍规范"呢？普遍的价值是规范吗？它们能被遵守吗？如果能，如何遵守？

所有规范都与价值有关。历史上，对抽象规范的解释因文化、社会阶层等不同而异。抽象规范的(被解释的)内容的变化是由于与规范相关的价值的变化。例如，忠诚的道德假设是一个抽象规范。但是，无论我们的忠诚首先是对我们的"主人"、我们的朋友还是一个观念，无论是第一种忠诚(由主人支配的)还是最后一种忠诚(由观念支配的)，都是对抽象的忠诚规范的一种可能的或可接受的解释，都取决于"按照社会等级生活"或者"按照选择的观念生活"是否是公认的价值。如果我们审视前现代历史，我们会立即想到对抽象价值的**解释**是高度权威的。所有不同的解释都被宗教合法化，对同一"美德"的不同解释被归因于不同的社会阶级(阶层)。一些抽象规范的普遍化是通过权威性解释的崩溃和美德的分配而发生的。抽象规范的个体化解读挑战了"世界秩序"，加速了权威性解读趋势的消失①。但正是这种权威性解释确保了抽象规范的规范性，即使只有一小部分人认为它具有约束力，主要是在过渡时期(例如，早期基督教对价值的解释与传统罗马对价值的解释的对比)。如果我们以
【143】**普遍规范**的存在(和有效性)为先决条件，我们应该能够证明不仅**普遍价值**被接受，而且还有更多的东西，即假设至少对普遍价值的一种解释会导致每个人采取行动，以便使这些价值被遵守。简而言之，至少有一种普遍**美德**必须被接受和实践(缺乏"普遍美德"理应是汉娜·阿伦特严重关切的问题)。否则，普遍价值就没有普遍的**规范性**力量。很明显，事实并非如此。因此，普遍化的价值不是普遍规范，或者更准确地说，不存在与任何普遍化的价值相关的普遍规范。从所有这些可以得出结论，第三种规范，普遍规范，只是作为一种逻辑和历史的可能性。

抽象规范已经被以权威的方式解释，以便作为规范发挥应有的作用。因此，如果没有某种程度的权威性解释，普遍规范无法以适当的(规范的)方式发挥作用就是理所当然的了。但是谁可以而且应该成为

① 参见本书第一章"羞愧的力量"，了解我将良心视为道德决定的终极裁决者的观点。

这种解释的权威呢？

目前我不打算对这个关键问题做任何答复。不过，有一件事是肯定的。我们这个时代主导性的“自为的”对象化，即科学，不能提供对普遍价值的“权威性解释”，尽管它说的是一种通用语言。其中的一些原因已经讨论过。然而，这也是正确的，因为科学将世界构建为一个对象的世界。对象可以被理解、影响和改变，但不能被调用。科学创造而非发现的事实与价值的分裂既是这种局限的原因，也是其结果。(概括这种分裂的哲学成为使主导性的世界观合法化的意识形态。)但是，科学创造了事实和价值分裂的表述是片面的。科学只是建构理论，并在这些理论中解释事实，而不依靠任何价值，除了它自己的价值，即科学真理的价值。但在谈到“分裂”时，我们含蓄地断言，价值“有效性”的存在**不是**由科学产生的，而是在科学的能力和“领域”之外产生的。这些价值从何而来？存在属于早期历史时期的某些价值“痕迹”。依旧使“信仰”制度化的宗教，即使它们不再使知识制度化，仍然是某些价值的源泉。其他“自为的”对象化，如哲学或艺术，产生了独立于科学的价值。各种“自为的”对象化都有一套内在的价值，这一事实是一种现代现象，最重要的 【144】
是，它表明科学不再像以前的宗教那样成为我们时代的主导性的世界观。正是这个事实使韦伯相信我们非理性地选择价值。用韦伯的话来说，从现代世界的“交战之神”中选择一个神，并不是基于对任何一种价值的奉行，充其量是基于对我们的天赋是否适合某一特定职业的适当评估。

但是，科学作为一种主导性的世界观，使价值、规范、道德行为和判断(与宗教相比)“获得了自由”，这一事实首先使这种独立的神的文化奥林匹斯只有在现代性中才成为可能。当然，这等于承认**现代性的主导性的世界观，就其主导地位而言是自我限制的**。只有当其他对象化不再为生活世界和制度创造价值时，这种世界观才能包罗万象。

在这里，我似乎已经使自己陷入了严重的自相矛盾。我一直认为只有两个“自为的”对象化可以被制度化：科学和宗教。由此，我继续讨论其他对象化为生活世界和制度创造价值的可能性。当然，我可以考虑将宗教的复兴视为一种将价值制度化的主要的世界观。作为一种未来的可能性，这不能被排除在外，尽管它看起来不太可能。然而，从历史上看，某些普遍化的价值已经从产生它们的“自为的”对象化中分离出来，主要是从哲学中分离出来。这些普遍化的价值现在作为**价值观念**发挥作用①。它们之所以是观念，正是因为它们“漂浮”在我们的历史意识中：每个人都可以求助于它们，而完全不需要熟悉任何“自为的”对象化。它们的作用就**好像它们是**“自为的”对象化，但实际上并非如此(因为它们自己没有同质的“规范和规则”)。这些“自由漂浮的观念”并不是有意义的世界观，但现代性所产生的所有有意义的世界观都必须求助于它们。具体的美德不来自价值观念，但后者可以充当伦理生活行为的**规范性**观念。此外，只要它们能够**被制度化**，它们就具有宗教和科学的倾向。以
【145】“人权”为基础的政治民主国家的宪法恰恰被认为是普遍化的价值的制度化。如果我们认为所有人都生而自由和平等，并且被赋予了理性，那么我们就将这些制度固定在这些普遍化的价值中。

科学**不基于**任何普遍价值。正如我所说的，真与假是价值取向的范畴，从这个意义上说，它们是**跨文化的**(transcultural)。现代科学的新事物不是对真实的知识的追求，而是获得科学的“真实的知识”的具体程序。但普遍化是现代科学的基础。对什么是真实的知识的现代解释暗示了真实的知识的**普遍性**。现在绝对不能用圣保罗谈论基督教真理的方式来谈论科学真理：这对异教徒来说是无稽之谈，对罗马人来说是可耻的，而这恰恰是真实的。

我的假设是，科学的通用语言必须被创造出来，是因为一般等价物(货币)已经消除了特定生活方式的障碍。但如果普遍化是现代科学的基础，如果现代民主建立在一些普遍价值的基础上，那么自我调节的市场观念就是对现代市场机制的乌托邦式推断。自我调节的市场观念将市场机制视为一种制度，换言之，它在不知不觉中实现了自由和平等的价值，而不管个人是否愿意将其作为普遍价值来遵守和执行。(这个观点

① 其定义是它们的对立面不能被选择作为一种价值：用于一种价值观念的分析。参见《激进哲学》。

包含在亚当·斯密著名的“看不见的手”这一概念中。)然而，这种正确遵守的市场机制趋势永远无法达到“自我调节”的状态①，因为它从一开始就被科学制度和民主制度抵消了，即使是以两种不同的方式。简而言之，它产生的政治民主只能确定独立的市场机制的界限，但是科学**闯入**其中。诚然，一开始，科学研究并没有将其实施作为技术。然而，如果科学还没有被确立为主要的有意义的世界观，那么，作为一个逐步将新技术引入工业生产的有意识的进程，技术的发展将是不可想象的。正是“现代科学精神”的早期实施，才使市场机制得以**扩展**。当马克思提出只有相对剩余(相对于绝对剩余)的生产导致劳动力真正服从资本时，他正意识到了这一现象。仅仅因为利己主义的动机，市场无法扩大：有意实【146】施新技术成为竞争的基石。如今，科学对市场机制的侵入已经走了很长一段路。鉴于这种入侵的形式是众所周知的，对它们进行简要介绍就足够了。然而，上述评论，即民主仅仅限定了市场机制的范围，而科学却深入地侵入其中，则以另一种方式表达和再次确认了科学是我们这个时代**事实上**主导性的世界观的命题。(以另一种形式来看待这种对比，我们一方面可以参考马克思所说的民主在工厂门口停止的评述；另一方面可以参考同样众所周知的事实，即科学首先在工厂门**里**实施，然后才在工厂门**外**实施。)此外，科学已经深入到现代民主的政治领域。韦伯所描述的现代官僚制度的特殊性，即其理性化结构，以其最优化和工具行动原则遵循了现代制度化科学的模式。现代民主在数量和影响方面促进而不是阻碍了理性化的官僚机构的发展。与此同时，正是这个官僚机构限制了宪法所确立的普遍价值的全面实施。由此可见，以普遍价值为基础的唯一制度受到普遍化的和制度化的主导性世界观的限定与阻碍，而这种世界观本身并不是以普遍价值为基础的。最重要的是要补充一点，虽然普遍价值是经验上的普遍，但它们在民主制度中的实施远非经验上的普遍：拥有民主宪法的国家是相当例外的。另一方面，科学和科学技术在经验上是被普遍化的。“现代化”的概念**并不意味着**在民主制度中实施普遍价值，但它确实意味着实施复杂的新技术。因此，作为一种主导性

① 详情请参阅卡尔·波兰尼(Karl Polanyi)的经典著作《大转型》(*The Great Transformation*)。

的和制度化的世界观，科学是一柄双刃剑：我们享受着它的好处，同时也受到它的破坏性力量的威胁，而后者的潜力范围从毁灭“美好生活”到毁灭全部生命。

尽管如此，这些破坏性的力量并不一定由被称为现代科学的有意义
【147】的世界观的存在所产生。不应忘记的是科学有助于削弱“自在的”对象化系统的特定“规范和规则”的约束性特征，并且它对我们的生活具有并且仍然具有解放作用。也不应忘记，迄今为止，科学讲的是唯一存在的通用语言，因此受普遍价值的**影响**，即使它**不是基于**这些价值。此外，不可否认的是，即使是科学及其作为技术的应用的制度化产生了有益的影响，也主要是因为它使时间变得自由。但是所有这些好处都被科学对每种制度和日常生活的侵入所掩盖，这种侵入并没有被民主侵入同样的领域所抵消。甚至存在民主制度的地方，也越来越多地被科学所渗透，人们认为是“专门知识”使它们不断前进。在这种情况下，人们无法在最重要的事情上做出决定，这不仅是因为缺乏做出这种决定的适当渠道，而且越来越多的是因为可用于决定的各种信息使用了一种“普通人无法理解的”科学语言。在军备、财政政策或法庭程序方面同样如此。由具有良好常识的人组成的陪审团**应该**能够决定被告是否有罪，但通常**不能**：复杂心理学的“科学语言”超出了他们的能力范围。在官僚化-理性化的制度框架内，不可能进行民主决定。大多数受雇于这些制度的人**无法学会践行民主程序**，也无法把这些程序的实践用于已经（直接或间接地）被科学深深渗透的其他日常活动。

学习遵守**制度**的“规范和规则”越来越成为“谋生”的先决条件。对“自在的”对象化领域的占有已经包含了“谋生”，这不仅在所谓的“原始社会”中，也包括农民和手工业者在内的社会阶层中。工厂工人、医院工作人员、公务员、学者等不再是这种情况。桑巴特（Sombart）已经分析过以“工作时间”和“休闲时间”的划分形式出现的居住地与工作场所的分离，是这种发展的众所周知的后果。人们必须工作（人们必须谋生），这是“自在的”对象化的“规范和规则”，但如果人们在理性化的制度内执行这一任务，那么他必须占有的“规范和规则”就**不是**“自在的”对象化领域

的"规范和规则"①。那些没有经历这种将个性一方面划分为作为整体的人，另一方面划分为专业化的主体的人，即使他们从早到晚辛苦工作，也会以非工作的社会成员的身份出现(例如，妇女)。这种发展如何反馈到日常生活中，特别是反馈到"自在的"对象化领域的唯一机构——家庭中，是一个故事，它太长了，无法在这里追溯②。但日常生活中其他几种类型的反馈也值得一提。"自为和自在的"专业化、对象化的"规范和规则"既是一种负担，也是一种麻醉剂。人类作为一个整体的行动半径正在缩小到人类如果不再是专业化的生物就无法生存的地步。(例如，领退休金的人不知道怎么打发时间。)在专业化制度内采取行动所需的态度将被内化。个人交往的范围将缩小到与同行业的人的交往。有时，可能会发展出对制度的深入参与，这是一种"生命的意义"的替代品，它会让人们对那些不参与相同活动的人感到厌烦。可以注意到"自在的"对象化领域的同步且不断增加的制度化，以至于这个领域的表面将被缩小到与其中唯一制度，即家庭相同。 【148】

遵循"自在的"对象化领域的"规范和规则"的能力被称为"理性的合理性"。在上一章中，我简要列举了这种合理性的主要特征和主要成就。如果我们转向"自为和自在的"对象化领域，就会立即意识到，为了遵守任何制度的"规范和规则"，**同样的特征就足够了，并且同样的成就是必需的**。断言相同的特性"足够了"并不意味着其他特征就必须被排除在外。它只是意味着人们可以遵循任何"自为和自在的"对象化的"规范和规则"，而无须超越理性的合理性的结构和界限。"自为和自在的"对象化的"规范和规则"可以被专业化的主体认为是理所当然的。此外，通常它们被认为是理所当然的。当然，当人们从遵循"自在的"对象化领域的"规范和规则"出发开始遵循任何制度的规则时，他们必须中止前者的"规范和规则"，才能遵循后者的"规范和规则"。但是这种中止是相当语用的，它既不是认识论的，也不是伦理的，换句话说，它是**不切实有效** 【149】

① 参见《日常生活》(*Everyday Life*, Routledge and Kegan Paul, 1984)，尤其是我对"劳动"和"工作"的区分。

② 参见我的《妇女、市民社会和家庭》与《两性之间的情感分工》。

的。完成这种“转换”并不涉及质疑“自在的”对象化领域的“规范和规则”的有效性。但反过来也是如此：如果一个人从遵循一个制度的“规范和规则”“转回”到遵循“自在的”对象化领域的“规范和规则”，那么，他通常不会质疑迄今为止所遵循的“自为和自在的”对象化的“规范和规则”的有效性。将“自为和自在的”对象化反馈到“自在的”对象化领域是在不知不觉中发生的，而不是通过一个评估批评和选择的有意识的实践过程。再说一遍，在这之中，我并不是说这种有意识的选择不可能是这样的，我也不建议中止遵循“自在的”对象化领域的“规范和规则”，而支持遵循无法具有认识论和伦理(因此是切实有效的)含义的“自为和自在的”对象化的“规范和规则”。但要实现这些，主体必须超越制度的“规范和规则”相对同质的结构，并通过求助于一个“自为的”对象化或普遍化的价值来使其同质性相对化。

日常生活不会因为占有“自在的”对象化领域的“规范和规则”而耗尽。男人和女人可以**直接进入**“自为的”对象化，至少是他们的部分接受和理解。我已经分析了日常经验和更高层次的对象化(在品味和公共领域)之间交换的来回摆的特征。但是制度是相对同质的子系统，因此男性和女性在遵守制度的“规范和规则”的同时，似乎不太可能在这些制度的框架内直接进入“自为的”对象化。一个人如何能够超越相对同质的制度体系？对此的回答很简单。从一个在理性化的机构中工作的人的角度来看，“在制度的框架内行动”是一种**日常**体验，它属于日常生活。“工厂”或“办公室”是理性化的机构，但在工厂或办公室工作，就其所有含义而言，是工人或职员日常生活的一部分。这项工作的体验及其“隐藏
【150】的伤害”，就像所有日常体验一样，可以与“自为的”对象化相关联。然而，人们可以提出这样的问题，即在“遵守制度的游戏规则”中分配给他们的角色是否公正，进一步提出，游戏规则本身是否应该如此。这能够而且确实会发生，因为科学(与宗教相反)只能在技术上合法化，而通常不能规定事情**应该**是这样的。另一个原因是，可以用不同的方式解释几种普遍的价值(自由、平等、仁慈等)。此外，正义可以被解释为所有人的自由和平等(在以前的社会中并非如此)。但如果发生这种情况，我们

就不再是在与理性的合理性打交道，而是在与**理智的合理性**打交道。

理智的合理性被等同于理性主义的态度。但理性主义的态度并不一定意味着理性主义的**过程**，即使归根结底它通常是这样。因此，尽管我稍后会详细阐述这个问题，但我必须提前声明，“理智的合理性”与批判话语的文化并不相同。

五、理性的合理性、理智的合理性

（一）合理性的活体解剖

在这个阶段，我必须回到本文的出发点：合理性问题在当代社会学中的中心地位。随着马克斯·韦伯的话语（不一定是精神）而来的是①，一种趋势在这一论述中占据了主导地位，如果不是排他的话。我称之为“合理性的活体解剖”。该术语表示试图根据从这些行动在其生活世界中的背景和一般社会结构中抽象出来的行动的形式倾向，以及从所讨论的行动的具体内容和该内容在行动者的历史意识中出现的意义中抽象出来的行动的形式倾向，试图建立一种“合理性”的类型学。人们普遍认为，韦伯在区分目的理性行为和价值理性行为时，**界定**了合理性的范畴。然而，为了使这个定义更具结论性，有必要进一步细分这些类型，以便为每种结构上不同的行为类型“获得”一种特定的合理性“类型”。一种众所 【151】
周知的划分是目的的合理性、工具合理性、战略合理性和交往合理性。即使所有人的活动的这种和类似的形式上的细分被认为是有价值的，但这并不意味着对各种活动的界定可以被视为对各种类型的合理性的界定。韦伯可以轻易地省却对合理性的任何定义，因为根据他的历史理论，理性活动本身只出现在现代性中，或者反过来说，现代性是一个以理性活动为特征的时期。在韦伯看来，“传统活动”既非理性的也非非理

① 约翰·阿纳森（John Arnasom）采取了更坚决的立场。他认为，我命名为合理性的活体解剖的过程“与韦伯式的计划完全无关”。参见约翰·阿纳森的《实践与阐释》（*Praxis and Interpretation*）。

性的；充其量，它是“相对理性的”，这就是它从现代性的角度来看是“非理性的”原因①。因此，韦伯通过现代性的历史意识进行理论化，其中对合理性的解释，就其确切含义和实质而言，具有“理所当然”的特征。这种“理所当然”的解释是由主导性的科学世界观或科学哲学所做出的，最终也由普遍化的价值所做出。但即使是像马克斯·韦伯这样的伟人也无法完全避免与他限制理性活动领域的相关范围有关的某些困惑。在他的宗教社会学中，韦伯偶尔也会将合理性和理性化的概念应用到传统社会中，但在某种程度上与他在纯理论研究中阐述的合理性概念并不完全一致。（例如，韦伯谈到以理性的“秩序感”为基础的万神殿的“合理性”。但这种“理性的秩序感”是什么？为什么刻板的宗教仪式是理性的？所以根据韦伯自己的理论，它们是传统的，它们不应该**被称为**理性的。）尽管存在这样的矛盾，但至少韦伯没有因定义活动形式具有理论谬误，并相信据此相应地界定的不同种类的合理性而感到内疚。然而，当代“合理性的活体解剖”就不能这样说了，它完全应该因这个谬误而感到内疚，并且它甚至放大了韦伯观念中隐藏的矛盾。因为如果我们赞同韦伯的区分，我们只是有权做出假设性断言，即如果一个活动是理性的，那么它可以是目的理性的或价值理性的。另一方面，如果我们认同阿佩尔的区分，我们就只是有权做出这样的假设性断言，即“如果一种活动是
【152】理性的，那么它可以是目的理性的，或者是工具理性的，或者是战略理性的，或者是交往理性的”。但是，当问到什么时候可以将一种活动称为是理性的问题时，无论它是以目的为导向的、是工具的、实用的还是交往的，这一切都很难回答。这是一个相关的问题，因为所有这些活动都可以是理性的，也可以是非理性的，这取决于这些活动的内容。我不否认，通过上述表述，我将我自己的合理性概念与纯粹形式的方法进行了对比。但在下文中，我将表明我对合理性的界定——通过服从“规范和规则”的能力或遵守特定历史时期的规范的能力来根据理性行事——消除了无法仅仅通过对合理性的形式化处理消除的理论困惑和逻辑

---

① 参见韦伯的《经济和社会》（*Wirtschaft und Gesellschaft*, Tübingen, SCB Mohr [Siebeck], 1972）。

矛盾。

毫无疑问，当代"合理性的活体解剖"服务于一个相当重要的目的。根据定义，如果活动的形式是合理性的形式，那么，无论它们的社会背景、世界观等如何，合理性都必须归于所有人。这样，启蒙的著名论点，即人生来就具有理性，就再次得到了证实。在"交往合理性"被认为是人的普遍原则的理论中更是如此。尽管我明确赞同对当代合理性的分析，但某些批评是有道理的。

我以卡尔-奥托·阿佩尔最近的一篇论文《分析哲学中理解意义的三重维度——语言惯例、意图和对事物的指称》作为"合理性的活体解剖"过程的代表①。这篇论文具有相当大的优点，即提供了一种对合理性的**定义**（"活体解剖者"的一种罕见的姿态），并以非常密集的方式进行活体解剖（不到两页）。因此，阿佩尔认为："在我看来，在人类可能通过语言进行交流的层面上，可以对一般**活动类型**（以及，就此而言，**遵循规则的能力或合理性类型**）之间做出以下区分。"换句话说，这里的活动类型与合理性类型是相同的，合理性被定义为"遵循规则的能力"。初看，读者可能会想，如果人们像阿佩尔那样将合理性定义为"遵循规则的能力"（rule-following competence），或像我那样将合理性定义为"遵循'规范和规则'或遵守规范的能力"（competence in following "norms-and-rules" or observing norms），这有什么差异。然而，差别是巨大的。首先，阿佩尔 【153】
的定义是同义反复。所有类型的活动都有其内在的规则。事实上，阿佩尔正是在这个具有内在规则的基础上对它们进行了**定义**和**区分**。既然所有类型的活动都是这样定义的，并且活动类型被理解为合理性的类型，那么区分的过程已经**暗示了**合理性是"遵循规则的能力"。很简单，阿佩尔对合理性的定义无法确定一个工具性行为是否是理性的，因为所讨论的行为属于工具性行为这一"类型"的事实已经表明其理性的特征。在将合理性（理性）定义为遵循"规范和规则"的能力中，没有这样的同义反复，甚至没有任何类似的东西。这里的假设是活动规则被纳入行为规范

① 该文章载于《哲学与社会批判》1980 年第 2 期（*Philosophy and Social Criticism*, No. 2, 1980）。

之中，如果以与特定生活世界、制度等的规范性期望相反的方式遵循规则，则活动可能是不合逻辑的或非理性的，然而，如果按照这些期望遵循规则，那么，相同类型的活动将是理性的，即使在两种情况下行动的**形式**是相同的。因此，我对合理性的界定把历史的-实质的因素引入了对合理性的理解。但与阿佩尔的界定不同，我的界定还暗示了其他东西，即一种行为(或行为类型)的合理性并**不仅仅取决于**单个行为(或行为类型)的特征。所有类型的行动都被纳入活动的"联合体"(或系列)中，如果整个活动的"联合体"使得一个行动(或一种行动)是理性的或非理性的，那么一个行动(或一种行动)就是理性的或非理性的。

(二)妓女的恐怖与合理性的例子

我想用两种方式来说明上述论点。首先，我将研究一个奇怪的个人行动的可能情况。稍后，我将表明相同模式可以应用于通常在社会结构中执行的社会行动。

让我们假设X决定绞死妓女，因为她们毒害了社会。他想要"净化"社会，并采取相应的行动。(这种行为的方式可以被称为"价值理性的"。)让我们假设他也在他的朋友面前认为"妓女毒害了社会"，认为他们接受了他打算采取的行动的**原则**。让我们进一步假设，他至少能够找到一个人**同意**他的解决问题的最佳方法是绞死妓女的观点。满足所有这
【154】些条件是可能的，而全部条件中的这些语言行动，就其**形式**而言，可以合法地称为"交往理性的"。然后让我们假设我们的人为了达到目的选择了正确的方法(足够的绳索、正确的时机和力量的部署)，并且他实现了他的目标。他勒死了他所在城市的所有妓女，甚至设法摆脱了当局的追捕。这些活动的形式可以被称为目的理性的或实用理性的。然而，只要有最起码的常识，对这些杀戮的自然反应将**不可避免地**是X的行为是非理性的。不了解合理性理论的人会大叫："他一定是疯了。"但他为什么发疯，为什么不理性呢？在他计划的每个阶段，X的行动都符合合理性的一个或其他正式标准，不是吗？然而，我们可以很容易地看出，这个男人的行为是非理性的，甚至是"疯狂的"，原因如下。

(1)所有人的行动都与其他人的活动相关；单一行动被设定在一系列行动中。如果它所属的一系列行动违反了特定生活世界的“**规范和规则**”(这里“规范”一词需要特别强调)，那么任何行动都不能被称为是“理性的”，即使它符合一种或另一种“类型”的合理性的形式上的标准。反之亦然：如果整个一系列行动都遵守了“规范和规则”，那么任何行动都不被称为是“非理性的”，即使它不符合任何“合理性”的形式上的标准。在聚会上喝酒并不否认一个“善于交际”的人的“规范和规则”，而是属于使一个人“善于交际”的一系列活动。在这个意义上，即使根据合理性的任何形式上的标准，它**不是理性的**，它也不能被称为非理性的。甚至是平时不喝酒的人，也可能会为了遵守“规范和规则”而喝酒。喝酒不是一种理性行为，**但也可能仍然是一种理性行为**。最关键因素是行为环境。

(2)此外，行为的合理性实质上是由包括规范知识在内的**可运用的知识**(“专门知识”“事实知识”)所界定。如果某人没有获得特定生活世界或机构的可运用的知识，他们的行为将被**视为**非理性的，无论这些行为是否符合“理性行为”的任何形式上的标准。成年后移居到另一个有着不同文化传统的国家的人们，很快就会发现，他们迄今为止被认为是完全理性的一些(也许是所有)行为，在现实上却被认为是非理性的。有人可能会反对，那些在新文化中被视为非理性的行为实际上是理性的。然 【155】
而，在这方面，我认为行动的合理性是由**注视**(regard)**构成的**。虽然我还没有分析过“理智的合理性”，但这种表述是从“理性的合理性”的界定出发的，后者是理智的合理性的基础。如果理性的合理性意味着遵守“自在的”对象化领域的“规范和规则”的能力，那么，现在每个在不同于他或她必须采取行动的文化或阶级中占有这一领域的“规范和规则”的人，都将采取非理性的行为，除非他或她占有新文化或阶级的“规范和规则”。我稍后将回到这个问题，并(仅从一个角度)概括迄今为止所阐述的论点，即**没有任何行动本身**是非理性的或理性的(因为没有任何行动本身代表它自身)，只是人们的**注视**使其如此。

(3)“合理性的活体解剖”将相关的一系列行动分解为不同形式的

“合理性”。在这样做的过程中，它剖析了作为整体的人。一个人是否真的是理性的，以及他或她在**多大程度**上是理性的，这个问题甚至不能被提出。但是，这恰恰是我们在日常生活中提出的问题，一个极其重要的问题。我只想提及一个结果：我们行为的合理性可能取决于对另一个人或多或少的理性性格的正确或错误判断。在(1)中，我已经论证过单一行动的合理性或不合理性取决于它所属的一组行动。一个人在更大程度上是理性的还是在更小的程度上是理性的，可以根据表明作为总体的人的**许多**行为集群来更好地决定。

(4)就我将合理性归因于行动而言，我同意“合理性的活体解剖”理论的主要原则。如果回顾第一章的结论，就会明白这一点。我在那里说过，合理性的范畴是由哲学与实践理性一起发现的。在将理性的合理性界定为服从“规范和规则”的能力，而不是像阿佩尔那样将其界定为服从规则的能力时，我所做的不过是符合我的初步假设。当然，我已经将“理性的合理性”范畴的相关应用扩展到整个人类(并声明所有人生而具有理性)。换句话说，我也将这一范畴应用于实践理性尚未被发现和阐明的人类文化，因为它还没有被“个体化”。我这样做是基于这样一种假
【156】设，即**简而言之**，实践理性(按照价值取向范畴的等级行动)是一种经验的普遍原则。

(5)如果行动总是被归入一系列行动中，其中每个行动都意味着服从某些“规范和规则”，那么情感也不能免于被划分为理性的-非理性的。更准确地说，只有预知的感觉不受这种划分的影响(驱动力、痛苦等)①。在我关于情感的书中，我已经为这样一个论点进行了充分地论证，即没有情感就没有行动(没有参与行动的目标或行动的过程)，所以我在这里不需要重复我的论点。我将局限于对情感和情绪的简要分析，而不考虑它们与特定行动相关还是与一般行为相关。在这两种情况下，如果情绪(或情感)**根据“规范和规则”**演化并显现出来，那么它就是理性的。如果某人在他的父母或朋友的葬礼上感到悲伤，这是一种理性的情感，因为一个人应该感到悲伤，因为人们通常会这样做。没有人会因为

① 关于情感的类型学，以及对感觉、思想、行动统一性的分析，参见《情感理论》。

你在这个场合感到悲伤而说“你疯了”。但如果一个人开始大笑，大多数人会认为你的情绪反应是非理性的。当然，如果有人不接受父母应该受到尊重和爱戴的规范，而是接受“好人应该受到尊重和爱戴”的规范，同时又不认为他的父母有资格成为好人，情况可能就会完全不同。事实上，如果他在他们的葬礼上感到悲伤，他很可能会把自己的悲伤视为一种非理性的情感。如果一种情绪反应既不符合外在权威的“规范和规则”，也不符合内在权威的规范(价值)，**那么**它就是一种非理性的情绪反应①。这同样适用于行动本身(而不是行为)。在我看来，韦伯在将情感行动与传统的目的理性行动和价值理性行动区分开来时，正是考虑到了这个问题。没有任何行动会因为情绪化而失去理性。只有当情绪使我们的行动与行动者所接受的“规范和规则”**相矛盾**时，情绪行动才是非理性的。当然，如果被侵犯的规范具有相同的道德内容(如果它们都是强制性的，等等)，那么非理性的情绪反应或非理性的行动之间就会存在显著的道德差异。然而，这个最重要的道德问题与理性的和非理性的情感或情绪之间的区别无关。

我完全意识到了这种分析的粗略特征。由于理智的合理性还没有被 【157】
分析，某些问题只能留待讨论，这些未解决的问题将在本章末尾处理。迄今为止，我只是试图给出一个有说服力的答案来解释为什么绞杀妓女的 X 的行动是非理性的，尽管事实上他的每个行动都可以依据“理性行动”的一种或另一种**形式**而被描述为理性的。

根据上述第(1)点，任何形式的行动的合理性取决于它所纳入的“一系列活动”的合理性。“一系列活动”的合理性或不合理性又取决于涵盖一切的行动(这可以是一系列行动的“最终”行动，尽管不一定如此)。X 的所有行动的合理性或不合理性取决于对“绞杀妓女”是否是非理性行动的判断，因为正是这一行动才是他的一系列行动中涵盖一切的行为。就其本身而言，杀戮可以是合法的和非法的，合理的和不合理的，甚至是道德的和不道德的(这取决于法律制度、社会环境的具体规范以及对抽象规范的解释)。

---

① 参见本书第一章“羞愧的力量”。

现在，当X杀害妓女时，他的行为不仅违反了法律，也违反了我们生活世界的“规范和规则”。然而，仅凭这一事实并不会使他的行为变成非理性的。人们可以自愿违反社会环境的“规范和规则”，无论是从正在遵守的另一种规范的角度来看，还是通过不再同意这些“规范和规则”的有效性，或者仅仅是因为这似乎符合我们的利益。在后一种情况下，该行动是犯罪或非法的，但并不是非理性的。很明显，X没有求助于任何与他的社会环境的“偏见”相反的**规范**。相反，他的出发点是他与他人共有的一种偏见（“妓女毒害社会”）。人们不应该忘记，他曾与赞同他对妓女的看法的朋友们讨论过这个话题。X并没有不再同意他对他所在社会的一般规范的判断：他以鄙视妓女为前提，认为她们是“下贱的生物”，甚至认为她们是必须被消灭的人，他把这些格言发挥到了极致。这不是他的想法，而是按照与“规范和规则”相矛盾的想法所采取的行动：绞死妓女的行动。因此，X**基于**来自外在权威的假设，违反了判断的外在权威（关于“规范和规则”的一般意见）。如前所述，如果就“规范和规则”
【158】而言，情绪反应是理性的事实，那么，在这种特殊情况下，对共同假设的情绪反应是过度的，它在这个意义上是**不充分的**（按照这些“规范和规则”），因此是非理性的。

在这个阶段，读者可能会反对所有这一切，认为这是一种毫无新意的理论活动。一个明显患有精神病的肆意妄为的人的案例研究与单纯的合理性问题有何关系？这种分析不应该是对一种社会现象的研究吗？然而，我认为，在对X进行说明的同时，我也对现代极权主义制度的**运作方式**（modus operandi）进行了说明。

如果我们仔细分析纳粹德国的各种行动，根据其**形式**，所获得的收益将是目的理性的、价值理性的，或者如果你愿意，也可以是目的理性的、工具理性的、实用主义理性的和交往理性的行动。但是，如果采取一系列活动，并将先前的规范应用于它，则必须得出结论，即由于整个行动的不合理，一系列活动中的所有行动都是非理性的。我对X的案例研究是对纳粹德国一系列行动的简单类比。“种族的纯洁性”作为一种被选定的价值，应该从奥斯威辛的角度来理解，奥斯威辛是一个按照目的的合理性的形式经营的灭绝工厂。这里，与X的例子一样，选择并实施了适合目的的手段，并实现了目的。正如绞杀者行动的不合理性并没有因为以下事实而减少，即在我们假设的情况下，他并不理解，即使纳粹赢得了战争，纳粹一系列行动的不合理性也不会减少。（当然，除非胜利是彻底的，并且所有之前普遍“注视”的代表在这场胜利之后都被消灭了。）

某些“合理性的活体解剖者”将现代性的所有弊病都归咎于“工具合理性”。问题的关键是，工具性行动就其形式而言可以是理性的，就其内容而言可以是非理性的。工具“理性”可以被指责为社会行动中复杂技术的发明和实施。但社会行动的合理性或不合理性并不取决于所应用技术的复杂程度。使用毒气室来实现大规模灭绝在某种程度上并不是非理【159】
性的，这在同等程度上与使用绳子勒死妓女是一样的。在这两种情况下，“工具性行动”可以使用，但“工具**合理性**”却不能使用。我们是否可以暂时将工具合理性归于一种行动，这种行动无论在形式上如何“理性地”实施都会毁灭人类，并很可能会摧毁生命本身（有了它，才有可能提出合理性问题的唯一框架）？答案显然是否定的，这只是证实了任何行动的合理性不仅仅取决于行动形式的理论建议，因为只有与其他行动结合起来，它才能被认为是理性的。只有从全部行动的角度出发，才能确定其合理性。

这里，回到我在第(2)点提出的论点是恰当的，即行动的合理性或不合理性是由**注视**构成的。注视的是“规范和规则”（或规范），或者更准确地说，是那些接受“规范和规则”（或规范）有效性的人。我已经论证过，我们这个时代主导性的世界观是科学，而作为公认的价值观念，普遍化的价值已经成为人可以求助的最高的（自由流动的）价值。显然，在我们这个时代，使行动变得理性或非理性的注视归根结底是对科学和普遍化的价值的注视。正是这种注视最终使纳粹主义的所有行动变得非理性，使它们“非理性化”，仅仅是因为种族主义的理论和实践既与主导性的世界观相矛盾，也与普遍化的价值相矛盾。这就解释了这种注视的混乱。即使这种注视将该制度展现为极其非理性的，使之“非理性化”，它也无法正确说明它这样做的理由。更确切地说，基于完全不同的原因，从各种“规范和规则”以及对合理性的各种解释的角度产生了各种各样的“注视”。尽管存在所有的混乱和各种各样的注视，它们与我在绞杀者 X
【160】的例子中暗示的相同。再重复一遍，并不是“妓女玷污了社会的纯洁”这一说法违反了任何“规范和规则”(因为我认为这种偏见被许多人接受为一个有效的说法)，而是事实上，这种说法充当了绞杀妓女的“意识形态”；换言之，最终决议所违反的相同的常识性“规范和规则”充当了意识形态。

不仅就极权社会而言，而且就所有社会行动(一系列活动)而言，正是这种**注视**使一系列活动变得非理性，使其“非理性化”。在我们这个时代，最高的“注视”可是对普遍化的价值的“注视”，也可以是对主导性的世界观的“注视”，或者两者兼有。为什么我们相信和平是理性的，或者战争是非理性的(这种“注视”不再是老练的理想主义者的专有财产，也是“普通老百姓”的专有财产)？为什么我们认为由于缺乏疫苗而导致的大规模传染病是不合理的？传染病与地震一样，是自然灾害，其本身既不是合理的，也不是不合理的。正是我们在可能发生的行动(疫苗接种)的基础上，使它们“非理性化”。此外，我们认为这种行动不仅可能发生，而且应该发生(一方面是因为科学所提供的知识，另一方面是因为科学和普遍化的价值观所提供的规范)。宽容也是一种行动，可以被相应地“理性化”和“非理性化”。因此，在使传染病“非理性化”过程中，我们不是使一个自然事件“非理性化”(这是一场泛理性主义的[pan-rationalistic]罪过)，而是对其预防的宽容。

(三)对“合理性的活体解剖”的进一步批判

最后一个例子是对“合理性的活体解剖”进一步批判的介绍。如果“注视”将疫苗接种定义为“理性的”，那么是**什么样**的合理性在这里起作用呢？它是阿佩尔区分理性行动的形式所采用的工具理性的合理性、战略理性的合理性或交往理性的合理性，还是像韦伯一样，是理性的合理性、价值理性的合理性或目的理性的合理性？

这里，更仔细地分析韦伯的目的的合理性概念将被证明是有用的。初看，这个范畴似乎颇有启发性。然而，仔细观察就会发现一些明显的 【161】 弱点。阿尔弗雷德·许茨(Alfred Schutz)对韦伯使用的“目的的合理性”概念进行了深入的研究，他的结论是韦伯未能区分行为(act)和行动(action)。阿佩尔让这个韦伯式的概念更具实质意义，这样一来，他在一个方面比韦伯用得更清楚，但在另一个方面却更含糊不清。(这里，我考虑到他对工具性的行动和战略性的行动的区分。)

人们可以将目的理性的行动定义为**以目的为导向的**行动。这个定义是同义反复。行动意味着以目的为导向的人的活动，所以没有以目的为导向的行为就不是行动。(例如，发脾气就不是一种行动。)我们应该认真对待这个定义，它可能意味着每一个行动都是理性的。那么，**行动理论**将无法区分理性的和非理性的(根据定义，因为每个行动都被理解为是理性的)。但是，按照黑格尔的说法，“合理性”是一个“反思性的范畴”(reflexive category)，它只意味着与无理性(irrationality)、非理性(non-rationality)或反理性(a-rationality)**相反**的东西。因此，如果每个行动都被理解为是理性的，那么没有任何行动可以被定义为是理性的；如果我们将目的的合理性定义为以目的为导向的行动，那么没有任何行动是理性的。

目的的合理性的狭义定义是，如果行动者选择**正当手段**来实现目的，那么行动就是目的理性的。行动的合理性不在于以目的为导向，而在于手段-目的的关系。这里，我们必须考虑“正当手段”的全部含义。首先，“正当”可以被理解为意味着适应“自在的”对象化的“规范和规则”，或者，就此而言，适应任何对象化的“规范和规则”。如果我们同意这种解释，“正当”的概念就不仅仅代表**手段**，而且也代表**目的**。回到X的例子，我们看到正当的手段没有使他的行动变得理性，因为目的是不正当的。让我们暂时假设，只有行动的目的或多或少是由各自的对象化所“规定”，而不是由手段所“规定”。然后，行动者可以“正当地”选择手段来实现给定的目的。但是我们如何知道这些手段的选择是适当的呢？我们是否可以说，如果目的实现了，那么手段就一定是适当的(理性地)选择吗？让我们以两军交战为例，显然，只有一方能获胜。我们是否可以这样假设：迄今为止，历史上所有胜利军队的将领都采取了目的理性的行动(因为他们赢了)，而所有被征服军队的将领都没有带着目
【162】的的合理性而行动(因为他们输了)？这显然是一个不合理的假设，因为胜利取决于一系列因素，其中手段的“适当”的选择只是其他几个因素——力量、人口规模、当前的军事技术水平、自然灾害、地形等——中的一个。因此，目的的实现证明基于选择适当手段的行动的合理性，这充其量是部分的，而不是结论性的，因为对于选择相同手段并采取相同行动的另一个行动者来说，目的可能仍然没有实现。此外，我们从康德、黑格尔和马克思(甚至从我们自己的个人经验)中得知，行动者，尤其是在现代性中，往往会为他们的目的选择适当的手段，只是为了达到**他们根本没有打算要达到的目的**。由于没有一个社会行动者在不确定状态下行动，但总是与其他行动者和行动相结合(有时是相冲突)，因此行动的结果并不仅仅取决于“适当”手段的选择。个人和集体的目的都与其他个人和集体的目的相关联。

韦伯为这个问题提供了一个有限的和相对的解决方案。在他的理论框架内，失败者可以同样被视为理性地行动，如果不是依照目的的合理性，那么就是依照价值的合理性，因为后一种合理性可以被认为是“不考虑结果”。但某些当代“合理性的活体解剖者”已经抛弃了这条生命线。

让我简单列举一下我上面提到的阿佩尔论文中阐述的理性行动的类型。它们如下：

(1)“目的理性行动的纯粹工具合理性”，它表征了人与无机自然的关系。

(2)“将人的行为视为自然行为”的工具性目的理性行动，只能在“某种程度上”取得成功。(我们可能会问阿佩尔，人与有机自然界之间的关系是什么？)这两种工具性目的的合理性的行动并不意味着交往合理性。

(3)作为以博弈互动为特征的目的理性行动的战略行动(例如，在战争或商业谈判中)。这种类型的理性行动意味着“遵守规则的行动的互惠

原则，因此，双方的地位平等”。这种类型的行动已经暗示了一种交往合理性的衡量标准，但它还不是真正的交往合理性。

(4)真正的交往合理性是就交往中的语言学上的话语的意义以及“场合意义”达成共识，并因此共享意义。

在进一步阐述他的“合理性活体解剖”之前，阿佩尔指出：“我认为必须有特殊的交往行动，即共享**语言意义**的行动。这些行动必须不同于目的理性行动，因为它们成功(或恰当)的条件不是由某人独自实现目的的合理性的规则来满足的，即独立地实现与他人达成协议的规则。” 【163】

这种说法有几个含义。首先，它暗示了一个令人惊讶的观点，即有目的的理性行动(阿佩尔将其定义为目的的合理性)意味着作为一个独自的事业(solitary enterprise)的“规则实现”。这意味着作为纯粹对象或手段的人与(无机的)自然界的关系，以及人与他人的关系是一个“独自的”任务，我认为这个结论无论从个人行动还是社会行动层面来看，都是完全错误的。

让我们来看看个人行动。阿佩尔的陈述的根本错误在于他的“即”所引入的认同。他谈到单独实现“手段-目的-合理性”的规则，即不依赖于同他人达成协议而实现规则。显然，当我独自一人时，我能够独自实现“手段-目的-合理性”。当我独自一人时，我也能够实现纯粹交往合理性的“规则”。当我在思考一个道德问题，并列举了所有相关论点和反驳自己的论点时，即使我完全孤身一人，我也会根据“交往合理性”行事。但在这**两种**情况下，我都**不依赖于**同他人达成协议而实现规则。我所说的“协议”是指虚拟的协议，因为“手段-目的-合理性”和交往合理性都取决于我遵守的共识性规范。如果我们谈论社会行动，那么，没有什么比生产和统治更“独自的”了。

统治行动和生产行动是每个被抛入任何世界的新生儿都必须最严格占有的行动类型，它们是被有意义的世界观最有力地合法化的行动。就成功的合法化而言，无论“协议”是否被承认(正如阿佩尔的引文所认为的那样)，以及无论所实现的规则是否是协议的规则，它们确实是通过协议制定的规则，也就是说，是主体间规则。阿佩尔想要避免这种与社会行动有关的二分法困境(即使不是在“我们与自然界的关系”中)，这就是他引入有目的的合理性的特殊情况，即“战略性行动”的原因。战略性
【164】行动不是“独自的”，也不可能是“独自的”，因为它以遵守“博弈规则”的“合作伙伴”为前提。这里同样有问题的是“因此”的使用(重新引用相关段落：战略合理性意味着“遵守规则行动中的互惠原则，**因此**……合作伙伴的平等地位”)。很明显，第二个陈述不是源自第一个陈述，无论我们是否想到战争或商业关系(阿佩尔的例子)，或者无数其他互惠行动的例子。大多数“自在的”对象化领域的“规范和规则”，以及任何制度的一切“规范和规则”都必然包含某种互惠原则。(父亲提供面包，孩子听话；如果我犯了错误，我会受到惩罚；如果我工作，我会得到食物和住所；如果我努力工作，我将获得一天的假；等等。)但遵守“博弈规则”的互惠原则**并不一定意味着**“合作伙伴的平等地位”，实际上通常根本不是这样。虽然**形式上**暗示了“合作伙伴的平等地位”，但实际上通常并非如此(例如，在战争中)。正如狼和羊的经典故事所证明的那样，古人对这个“博弈规则”了如指掌。著名的成语**成王败寇**(Vae victis)也是如此!

此外，正如我们所知，阿佩尔将作为正当的手段-目的关系的合理性形式限制在针对对象或准对象的行动上。然而，很明显，这类行动囊括了既不涉及自然界，也不涉及与把他人当作纯粹对象来使用的各种不同的行动。向朋友透露坏消息需要**慎重考虑**这样做的正当方式。同样，我们可以仔细思考背诵一首诗、发表演讲等的正当方式。行动中良好的判断力首先涉及为我们认为是“善的”目的找到**正当**方式的**道德**倾向。当我们谈论语言行动的言后表达效果时，我们认为这种行为是达到效果的“手段”。**但是，认为语言行动的言后表达效果与我们想要影响的人的工具化相同，这远远不是真的。**如果我思考如何向某人求助，显然我想要实现语言行动之外的目的(我希望获得帮助)。但是，如果该手段(我请求帮助的方式)与我生活世界的“规范和规则”相一致，那么人们很难将这种手段-目的关系描述为“工具合理性”的例子。该行动是否可以被描述为“工具的”取决于目的，而不仅仅取决于手段-目的关系。

综上所述，我并没有否认使用适当的手段达到目的是合理性的倾向

之一。事实上，我已经在“理性的合理性”的特征中列出了这种倾向。相【165】反，我想提出一种与作为“有目的的合理性”的其他形式的合理性相区别和相分离的不同的合理性有关的质疑。

然而，人们也可以这样解释阿佩尔的理论建议：有目的的合理性的子群体不是基于只有工具行为意味着正当的手段-目的关系这一假设，而是基于这种行为形式**仅仅**意味着正当的手段-目的关系这一假设。因此，阿佩尔可能会想到**理性化制度内的优化**过程。这意味着理性化的生产制度必然包含工具理性行动，而理性化的社会交往制度必然包含工具理性行动和战略理性行动。虽然我不认为这是阿佩尔的想法，但我不能简单地忽略这种解释。

这种解读意味着阿佩尔的“工具理性”行动只存在于现代性中，无法在之前的历史中发现，至少在其纯粹的形式中是无法发现的。但是工具性的-有目的的合理性作为一个独立的合理性集群**意味着**我们与无机自然界的关系。因此，我们与自然界的关系只能在理性化的生产制度框架内是理性的。但在理性化的生产制度中，生产者通常不了解生产目的，也无法选择实现目标的手段。在这种情况下，何时会出现被理解为正当的选择实现目标的手段的目的的合理性呢？如果那些从事生产工作的人将自己的生产视为手段，这就与成为实现“作为人的工人的再生产”这一目的的手段的生产是相同的。从这个角度来看，只有当人也是生物学上的存在时，目的的合理性才“与自然界有关”。因此，理性化制度内的生产活动(迄今为止)涉及对目的的合理性的实质性削减，而不是成为其正当的行动领域。当然，人们可以认为，至少理性化的生产制度的上层是按照有目的的-工具合理性的形式行事。然而，“顶层”制定的目标很难被描述为“改造自然界”。“改造自然界”(与“自然界”有关)更像是**达到另一个目的的手段**。(在资本主义中，“目的”是利润，在自称为“真正的社会主义”的对需要的专政中，“目的”是控制。)这就给我们留下了自然科学家，他们的目标确实是对自然界的理解和改造。但科学已经成为我【166】们这个时代主导性的世界观，它的通用语言与某些价值的普遍化同时获得了动力。正如韦伯所说，科学是我们多元化万神殿中众多神灵之一。

自然科学家不是遵循简单的技术规则，而是“规范和规则”。他们的目标不是优化(为“既定的”目标选择适当的方法)，而是**遵守科学研究和调查的规范**。因此，在阿佩尔对这一范畴的解释中，有目的的-工具合理性也没有穷尽它们的行动模式。

对于这一切，有人可能会反对，认为即使在理性化的生产制度中，没有任何一个行动者按照“有目的的合理性”的方案行事，这些制度也仍然是目的理性的，因为它们“优化”了生产。这种对阿佩尔的“有目的的合理性”的解释与我刚才批评的有本质区别。在这一点上，根据阿佩尔的观点，我们已经假设我们只能在理性化的制度内按照有目的的-工具合理性的方案行事。现在，人们假设理性化的制度以有目的的-工具合理性的方式**发挥作用**。采取这样的立场将意味着**用系统理论取代行为理论**。但如果我们从系统理论的角度思考，必须记住以下几点：①阿佩尔列举的最后一种理性行为(交往合理性)不能用系统理论来构想，因此，划分各种行为形式的基础是异质的。②即使存在制度(子系统)或理性化生产，它们也不仅被“有目的的-工具性行动”再生产，而且还被“战略性行动”再生产。③“最优化”是一个相对的范畴。当然，“最优化”的概念没有被阿佩尔使用，但我已经讨论过，将纯粹的有目的的-工具合理性**定义**为人与自然界的关系，证明了在一个系统理论框架内将“最优化”归因于“工具合理性”是合理的。“最优化”无疑是理性的合理性的倾向之一，但无论最优解决方案是什么，甚至是最优生产过程是什么，它都取决于“自在的”对象化的“规范和规则”、“自为和自在的”对象化的“规范和规则”，以及“自为的”对象化的“规范和规则”。“最优的”可能意味着最佳比例(就“好的”“漂亮的”“有用的”等范畴而言)、最佳结果(就相同范畴而言)，等等。因此，为了简单起见，让我们把这个术语限制在“有用的”这一范畴内。对自然界的最佳征服只有在特定社会的“规范和规则”的框架内，以及只有与特定社会的“规范和规则”相关，才是“最佳
【167】的”。“有用的”-“有害的”是价值导向的范畴，因此在价值方面引导我们。如果我们认为征服自然界本身是有用的(如果我们不指定或描绘它的某些领域是有用的)，那么“最佳的”将意味着最大程度的征服。如果

不是这样，那么最大程度的征服就不会与“最佳的”相同，它可能会被占主导地位的注视“非理性化”。只有“为生产而生产”的原则在社会中是一种无可争议的价值，才能使最大的与最佳的相一致。如今，一种挑战这种认同的注视正在获得动力，并越来越使“最大程度地征服自然界”非理性化。因此，在当代生产制度中，**最大的**和**最优的**是一致的，而这种结合在这些制度之外受到质疑。当然，人们可以在有限的意义上谈论“最优化”(从规范、价值等角度来看是最优的)。但这种最优化并不仅仅是以合理化生产为特征；它是以人类历史上各种生产为特征。此外，如果“最优的”被理解为与“规范和规则”相关，人们就必须完全放弃阿佩尔对工具合理性的定义(和限制)。④最后，如果人与自然界的理性关系等同于生产的理性化，那么所有其他与自然界相关的人类行为在定义上都是非理性的，或者至少是非理性的。仅仅为了享受它们的存在和美丽而照料植物或动物并不符合阿佩尔列举的任何形式的合理性。

这里，我对“合理性的活体解剖”的反对就到此为止。稍后我将分析理性的交往的问题，我认为这是阿佩尔和哈贝马斯理论的一个非常重要的价值。

(四)释放出“自为的”对象化的批判潜力

理性的合理性在这里被定义为服从“规范和规则”的能力，而理智的合理性被定义为当用“自在的”对象化领域或任何其他对象化领域的“规范和规则”(或用至少一个领域的“规范和规则”)**批判性地面对**这些规范(或这个规范)时，**遵守规范(或至少一种规范)的能力**。读者可能还记得我的陈述，即“自为的”对象化既有合法化的潜力，也有批判性的潜力。理智的合理性所遵循的规范是由一种或其他“自为的”对象化所提供的(包括“自由流动的”普遍化的价值)。理性主义(理智的合理性)意味 【168】
着释放出这些规范的批判潜力。这可以通过体现在一种或其他“自为的”对象化中的“乌托邦式的生活形式”与现实生活的简单对抗来实现。它也可能发生在解释或重新解释相同的“自为的”对象化所固有的价值中。重新解释并因此遵守的价值作为衡量善与真的尺度，作为“规范和规则”受到批判，因为它们不符合这个尺度，或者，最终，因为它们与流行价值标准所要求的祈使性的和/或命令式的规范相矛盾。这两种释放“自为的”对象化的批判潜力的形式并不一定是不同的(尽管它们可以是不同的)。我必须补充的是，理性主义意味着释放“自为的”对象化的批判潜力(包括普遍化的价值观)的陈述与这种颠倒的断言，即释放“自为的”对象化的批判潜力构成理性主义，是不可互换的。释放“自为的”对象化的批判潜力是理性主义的**前提**，但与理性主义并不相同。因此，我建议，我们说“**简言之，**理性主义”在所有情况下都起作用，而当提到不同情况时，我们应该说“理性主义本身”。

当一种批判潜力被**全部**释放时，这表明所讨论的社会结构中存在一种**不稳定的平衡**。它表明，迄今为止被“视为理所当然”的“规范和规则”正在被侵蚀。它还表明(与这种侵蚀一起)出现了在现有生活世界中或由产生它们的制度不再能满足的需要。这些和类似的趋势在前现代社会(例如，公元前 5 世纪末的雅典或罗马帝国)中很明显。然而，现代(资本主义的、民主的、工业的)社会是一个特例，因为不稳定的平衡是其基本组成部分①。因此，难怪“自为的”对象化的批判潜力在现代性中不断被释放出来，而且，这种批判潜力在现代性诞生时扮演了助产士的角色②。我应该补充一点，理智的合理性既不与特殊情况有关，也不与现代性有关。它可以出现在每一个相对复杂和充满冲突的社会中。但是，在一种批判的潜力**集体**(en masse)出现之前，**特定**类型的冲突必须获得发展势头。

【169】 为了进一步分析“理智的合理性”，让我首先重申“自为的”各种对象化的特定性质的某些特征，以及在日常生活和其他生活中对“自为的”对象化领域的占有。

(1)“自为的”对象化是经验的(人的)普遍原则。

(2)这些对象化吸收了文化剩余，并能“储存”认知剩余。

(3)它们还包括使文化不朽的倾向(和可能性)，因此后者可以被任

---

① 参见《历史理论》第四部分。

② 参见我在本书第一章“羞愧的力量”中对立法的良心、怀疑的良心和坏良心的讨论。

何后来的文化的主体所“复兴”。

(4)正是由于这种可能性，“当代”并不等同于历史现在式或现在的历史。相反，它包含了由以前的文化所创造但被现在的文化所复兴的一切可用的“自为的”对象化。

(5)“自为的”对象化有其自身的“规范和规则”的同质系统，适合于其同质媒介。

(6)为了占有特定的“自为的”对象化，人们必须进入这个对象化的同质媒介中，并暂停使用“自在的”对象化领域的“规范和规则”。

(7)这发生在日常生活的范围内，但它可能需要超越日常生活。

(8)无论这种暂停使用和进入同质媒介是通过行动(例如，通过热情的舞蹈)、接受还是创造发生的，这种体验(情感的-理智的)总是反馈到日常生活中。

由此可见，进入“自为的”对象化领域并不必然以从理性的合理性到理智的合理性的转变为前提。诚然，暂停使用“自在的”对象化领域的“规范和规则”表明在理性的合理性的框架内，主体并没有感到完全自由自在，或者至少他们需要“第二家园”来这样做。但是暂停使用理性的合理性可以采取至少部分地**完全**暂停使用**合理性**的过程。由理性的合理性的具体“规范和规则”检查与控制的冲动的释放可以使这种“提升”非常强大。当然，只有**相对**暂停使用理性的合理性才是可能的。通常，“冲动的释放”必须遵守既定的规则和技术，如果一个人**按照**这些对象化的“规 【170】范和规则”(例如，处于恍惚状态中)释放冲动，那么他有可能在任何类型的“自为的”对象化中都表现良好。如果一个人在不遵守为这种“提升”而建立的一般技术和规则的情况下暂停使用理性的合理性，那么，他的行为方式就会被主导性的观点所**非理性化**。社会可以高度重视这种非理性(它们可以称其为超人，甚至将其视为神性的表现)，也可以将其斥为邪恶或纯粹的疯狂；同样，这一切都取决于特定的“规范和规则”。

在这一题外话之后，我们必须再次强调，从“自在的”对象化到“自为的”对象化的上升往往是相对非理性的。由于人们在暂停使用“自在的”对象化领域的“规范和规则”时，也不再遵守它们，那么从**任何**生活世界的角度来看，上升的行为都不能被看作完全理性的。再重复一遍，对理智的合理性的注视并不一定会使各种各样的上升“理性化”。但是，其中一些可以完全“理性化”。在第三节中，我区分了接受或理解的理智的(智力的-神秘的)类型，以及“自为的”对象化领域内其他类型的接受或行动。现在必须澄清“理智的”这个概念的用法。我将某些类型的对象化和/或理解与接受称为“理智的”，因为理智的合理性能够对上升到“自为的”对象化“进行合理解释”，即使这种上升从理性的合理性的立场来看是(相对)“非理性的”。显然，为了理智本身(理性主义的“机构”)的目的，为了释放“自为的”对象化领域的批判潜力，这些(理智的)对象化是最有资格的。

这里，我必须简要地回到冲动的释放(被“自在的”对象化的“规范和规则”所检查与控制)，这是通过上升到“自为的”对象化领域而发生的。经过一定的修改，弗洛伊德的“升华”概念为这种释放提供了一个模型。由于出生的偶然，我们被“抛”入“自在的”对象化的一个特定领域，必须占有特定类型的“规范和规则”。只有这样，我们才成为人。我们所有的情感、认知和意向能力都是由我们的生活世界塑造的。但是，出生的“偶然”和既定生活世界的“规范和规则”并非毫无问题地“结合在一起”的。作为在“自在的”对象化的“规范和规则”框架内无法完整表达的主观
【171】潜能，文化剩余是一种**主观**剩余。正是这种主观潜能在上升到“自为的”对象化过程中，通过暂停使用理性的合理性而释放出来。这就是为什么这种上升总是伴随着一种高度的满足感、愉悦感或幸福感。满足、愉悦和幸福是一种类似于性爱的感觉，这就是弗洛伊德升华理论的应用如此合理的原因。由于性冲动是一种驱动力，因此不是由社会性共同决定的，而其满足的模式总是受到通过创造性活动来解释主观剩余的“规范和规则”的调节，因为升华使“自为的”对象化领域的经验普遍原则也成为可理解的。即便如此，该理论没有解释的是从狂喜到纯粹推测的各种类型的“自为的”对象化。如果只是性冲动被升华，为什么这种升华采取如此不同的形式，它们都需要和吸收完全不同的人的能力？第一个解决这个问题的是柏拉图，他用“理念的回忆”理论解释了这种强烈的幸福

感。在柏拉图看来，类似于性爱的感觉具有纯粹的理智的资源。这不仅解释了理智的推测(哲学)的快乐，也解释了由美或“无性的”爱引发的愉悦感。与柏拉图和弗洛伊德的观点相反，我更愿意提出一个多元化的解释。所有不能被“自在的”对象化领域完全吸收的主观冲动和能力，即使它们是由它塑造的(从性到纯粹的推测)，都可以成为一种“文化剩余”并被“自为的”对象化领域所吸收。我们生来就有一种遗传密码，而这种密码的每一个方面都或多或少地使我们适应对我们所出生的世界的“规范和规则”的占有。被一套特定的“规范和规则”所限制的倾向可能是冲动的、情绪化的，也可能是理智的。将这些倾向从任何一种“自在的”对象化的“规范和规则”的普洛克路斯忒斯之床(Procrustean bed)[①]中解放出来都是令人愉快的，因为**活到我们的冲动和/或能力的极限是令人愉快的**。这一理论提议既可以解释在“上升”过程中强烈的满足感，也可以解释千变万化的“自为的”对象化。

我现在必须回到“上升”的非理性的合理性问题，我重申，理智的合理性可以使**理智**对象化的上升“合理化”。在上一节中，我简要地讨论了 【172】
两个理智的对象化：哲学和科学。然而，科学被制度化为今天主导性的世界观，而哲学却没有。科学作为主导性的世界观直接和间接地侵入日常生活。这就是如今从日常意识上升到“常规”科学是一个纯粹的认知过程的原因。人们只需要**学会**说科学语言，并暂停使用日常语言、普通感知、对对象的普通运用、普通习俗。这种上升不仅是由理智的合理性完全“理性化的”，而且也是由**理性的合理性**完全“理性化的”。这就是为什么不管怎样，我们都可以说“上升”是合理性。但是，在科学的理性化制度框架内，由于这种上升并不意味着我们的冲动、情感、能力等达到了极限，因此，它不会伴随着任何高度的满足感、愉悦感或幸福感。学习如何说任意一门科学语言，如何变得能够服从它的“规范和规则”，这是令人愉快的，就像成功地占有“自在的”对象化领域的任何“规范和规则”

① 普洛克路斯忒斯是古希腊神话中的一个强盗，他给过路行人提供一长一短两张床，并强迫路人睡于其上。他令身材矮小者睡长床，并强拉其身体与床同齐；令身材高大者睡短床，并用斧子将路人伸出床外的腿脚砍断。普洛克路斯忒斯之床，后意指强求一律。——译者注

一样令人愉快。但是，当我们已经获得了服从“自在的”对象化的“规范和规则”的能力时，快乐和满足会随着常规的出现而减少，并且重复取代了发明。当韦伯警告理科学生不要等待“灵感”而要努力工作时，他也想到了现代科学的这种倾向。

当然，在这一点上，也应该牢记库恩对常规科学和革命性科学的区分。革命性科学吸收文化剩余并不亚于其他“自为的”对象化。革命性科学的兴起也**应该**被理智的合理性所“理性化”。但是，**在某种程度上**，理性的合理性使这种兴起“非理性化”。例如，用“天才”来解释革命性科学是相当普遍的。

理智的合理性最初被定义为通过用任何对象化的“规范和规则”对照检验规范(或它)来服从规范(或单一规范)的能力。这是一个**暂时的**定义。我还提到“自为的”对象化(包括自由流动的普遍化的价值观)为理智的合理性**提供了**规范。然而，这**并不意味着服从**一个“自为的”对象化的“**规范和规则**”是“理智的合理性”执行的任务。在“自为的”对象化的同
【173】质媒介中自由移动时，人们当然仍然会服从“规范和规则”，而后者在本质上是相互交织的。在静态的社会中，任何“自为的”对象化的“规范和规则”与“自在的”对象化领域的“规范和规则”一样，都是“理所当然的”。人们从异质的“规范和规则”领域上升到同质的“规范和规则”领域，但根本不考察或质疑后者的“规范和规则”。在动态社会中，人们可以从另一种对象化的有利视角质疑“规范和规则”，然而，这些“规范和规则”被认为是理所当然的(例如，从理性科学的立场批判艺术的“**认知混淆**”概念，或从宗教的立场批判科学的“被上帝遗弃的世界”)。至少在现代，即使人们也可以在某些“自为的”对象化内区分“具体的”“规范和规则”与“抽象的”“规范和规则”，即使在第二种规范被遵守时第一种规范发生变化，这种变化通常仍然是不加反思的，至少对于那些做出这种改变的人来说是这样的。(进行反思的主要是哲学。)我们可以得出这样的结论：从“自在的”对象化领域上升到“自为的”对象化的同质媒介，并不一定意味着从理性的合理性转变到理智的合理性。通常，相同的理性态度在后者的媒介中所起的作用与在前者的领域中所起的作用是一样

的(服从或多或少被视为“理所当然的”“规范和规则”)。但是“自为的”对象化领域内的自由运动不能仅由理性的合理性来解释。想象和幻想也在起作用，其比例大于占有“自在的”对象化领域的“规范和规则”的比例。但是，比提高在“自为的”对象化中发挥作用的想象和幻想的比例更重要的是，想象和幻想都被同质化了，因此被任何“自为的”对象化的“规范和规则”所强化。理性的合理性与同质化的想象之间的比例取决于对象化的类型，取决于“规范和规则”的严格性或严密性，取决于它们是更具体还是更抽象，或者取决于它们的密集性。这些倾向是历史变量。最后，这个“比例”是变化的，“自为的”对象化的“规范和规则”越抽象，它们的变化就越大，而且它们分别在创造主体和接受主体方面的变化也就越大。

然而，只有一种“自为的”对象化，其中规则完全**由规范定义**，这就是哲学。我已经提到，哲学建构了真理的最高理念(作为真与善的统 【174】一)，它用这一最高理念批判性与“自在的”对象化领域的“规范和规则”对质，偶尔也与制度的“规范和规则”以及其他“自为的”对象化的“规范和规则”对质。因此，遵循哲学的规范就意味着按照理智的合理性来思考和行动。**哲学是理智的合理性的化身**。在哲学中，直觉的想象和幻想转化为理智的合理性的“光晕”。这就是为什么合理性这一范畴被哲学所发现和建构。理性的合理性之所以能够被发现，是因为理智的合理性被构建了出来。

哲学规则完全由其规范所定义的说法有些不够充分，哲学规则没有**技术倾向**。由于哲学的真理不仅要批判性地面对任何被认为是“理所当然的”具体信念，而且还要批判性地面对“理所当然性”本身，因此，必须证明它的有效性。只有通过理性论证推断出这一真理，才能证明这一点。

但理性的合理性是理智的合理性的基础。哲学不能割断它自身合理性所依赖的那条线；这无异于自杀。为了能够理性地争论，哲学最终必须求助于一些“理所当然”(不言而喻)的东西。这就是非理性主义哲学的发展方式。包括经验主义哲学在内的理性主义哲学不同于非理性主义哲学，因为前者接受至少一种作为其不言而喻的出发点的理性的合理性的倾向，而非理性主义哲学则将某些非理性的人的动机或倾向“视为理所当然”。这确实是一个巨大的差异，因为即使非理性主义哲学不与理智的合理性的过程决裂，它们也运用这个过程来完成与理性的合理性的决裂。仅仅将理智的合理性与理性的合理性结合在一起的，并不是(最终)依赖于一种不证自明的措施的过程。(在我的理性论证理论中，我很大程度上依赖于阿佩尔和哈贝马斯的理论。然而，理论的最终阐述是我的，也是我的责任。)接下来，我将回到从理性的合理性和理智的合理性的角度来阐述对理性论证的不同使用这一问题。

【175】 但是，即使哲学是理智的合理性的唯一真正的对象化，也远不是能够为理智的合理性提供**规范**的唯一“自为的”对象化。我重申，所有“自为的”对象化都可以“用于”这一目的，无论它们是否是为这一目的而**创造**的。阿多诺和卢卡奇都着重指出了艺术消除盲目崇拜的功能，尽管他们各自的理论存在重大分歧。由于这些分歧，阿多诺将一种消除盲目崇拜的功能仅仅归于现代艺术，而卢卡奇则将这种功能归于所有伟大的艺术作品(可以夸张地说，他并没有将这种功能仅仅归于现代艺术)。卢卡奇认为，伟大的艺术作品是体现人的“类本质”的“个性化作品”(work individualities)。这就是为什么它们通过自身的存在摧毁了所有特殊的生活方式。卢卡奇引用了里尔克关于古代阿波罗躯干雕塑的著名诗句：“你必须改变你的生活。”所以卢卡奇认为，对艺术宣泄性的接受相当于对类本质的自我认同。对接受者的注视使日常生活和(迄今为止)被“视为理所当然”的制度的日常活动非具体化和去实体化，而迷信的生活暴露了它的空洞。当然，在接受了宣泄之后，人们可以回到日常生活和制度的惯例，就像什么都没有发生过一样。但是，如果这是一种精神上的不安和一种准备宣泄性接受的空虚与不满的感觉，那么就不会回到放任的特性(self-indulgent particularity)。对类本质的注视不会化为模糊记忆的稀薄空气，而是将主体作为**标准**，批判性地面对迄今为止被认为是理所当然的“规范和规则”。用我的术语来说，理性的合理性将被理智的合理性所取代或补充。阿多诺甚至断言，现代生活的拜物教已经变得如此

不可思议和无孔不入，以至于即使是真正的哲学也无法以生活为出发点。相反，它不得不求助于艺术，这是现代性中唯一没有被拜物教的领域。用我的术语来说，这也意味着哲学只能作为一种艺术哲学，是理智的合理性的对象化。我不赞同阿多诺的"否定辩证法"，也不赞同他的哲学概念。尽管如此，我还是参考了他的理论(以及我赞同的卢卡奇的理论)，主要是为了证实这样一个论点：艺术作品也可以为活动者提供可被遵守和批判性使用的规范，而不是制度和日常生活的常规惯例的"规范和规则"。理智的合理性的态度是采取艺术作品所提供的规范的立场，【176】
如果用这些规范的尺度来衡量，就会将"规范和规则"贬低为无用的与毫无意义的。我重申，宗教也可以为理智的合理性提供规范。只要附加一个条件，这一点就是正确的，即它们只是作为世界观这样做，而不是在"制度化信仰"的框架内。

(五)理性论证初论

由于理性论证在我现在将要介绍的理智的合理性的现象学中起着至关重要的作用，因此应该针对理性的合理性的先驱性能力范围内的理性交往(和论证)说几句话。显然，所有遵守"自在的"对象化领域的"规范和规则"的人，在理解和应用这些"规范和规则"的同时，也在彼此理性地交流。当然，非理性要素总是在一定程度上存在于日常互动中。这些要素可以是前理性的，也可以是后理性的。只有驱动力是完全前理性的，而情感是相对前理性的。还有另一种类型的前合理性(一种同样相对的前合理性)。这仅与一个(或几个)"规范和规则"有关，而不是与所有"规范和规则"有关。然而，从理性的合理性的角度假设前理性因素必然使交往变得不那么理性，这是对日常生活的误读。只有**从理智的合理性的角度来看**，这才是正确的。文学是我们关于人性取之不尽的知识来源，它提供了大量证据表明，具有强烈的前理性冲动的人往往比其他人更严格地遵守某些"规范和规则"。显然，前理性冲动会削弱交往合理性，甚至到了交往不再是理性的程度(并且涉及理性的合理性时会变得"非理性化")。另一方面，人际交往中的后理性因素往往会加强交往合理性。在这方面，我们可以回忆上一章对直觉的分析。然而，如果遵守各种类型的交往的“规范和规则”，(从理性的合理性的角度来看)交往就是理性的，不考虑可能进入交往行动的前理性因素和后理性因素。弗洛伊德的“理性化”概念准确地指出了人们将他们的前理性冲动纳入理性的合理性框架的过程。

【177】 此外，理性的交往也**包括理性的论证**。就理性的合理性而言，如果论点求助于**任何**被认为是理所当然的并适用于所论证情况的“规范和规则”时不自相矛盾，那么，论证就是理性的。解释为什么被认为是理所当然的特定“规范和规则”**不适用于**所讨论的特定情况，也是理性的合理性框架内的一种理性论证形式。但是，没有任何理性的论点(“理性的”)可以质疑“自在的”对象化的“规范和规则”的有效性，或者任何与此相关的对象化的有效性。

这就是为什么就理性的合理性而言，理性论证绝不是建立和延续理性交往的前提。当一种行为(或节制)因为其特殊或不可理解，并因此与期望相反或偏离而需要一种解释(理由)时，大多需要理性论证。一种特定的行为(或节制)越离经叛道，对话者(无论是一个人还是一群人)就越倾向于将前理性的“动机”归因于所讨论的行动者①。但是，如果一个其行动被前理性动机初步解释的人能够通过理性论证来证明他或她的行为是正当的，同时将这一行为纳入任何被认为是理所当然的“规范和规则”的框架中，并且这样做没有矛盾，那么就理性的合理性而言，行动(或节制)将被视为“理性的”。人们可以通过理性论证使自己的行为理性化(按照弗洛伊德的概念)，但这并不意味着所有理性的合理性的论证都具有这种性质。如果一个人逃离战场，那么，最初的和“自然”的解释是恐惧。但是，如果这个人能够(通过理性论证)证明他没有逃跑，而是他的行动是一种有助于后来胜利的策略，那么他的行为就会被视为符合军事行为的“规范和规则”。在这种情况下，这个讨论与弗洛伊德的“合理化”毫无关系。

在其他情况下也需要理性论证(在理性的合理性框架内)；我们无法

---

① 关于动机，参见《情感理论》。

在这里讨论这些问题。然而，一种特殊情况值得研究，不是因为它频繁出现，而是因为在这种情况下，理性的合理性包含了理智的合理性的某些倾向，虽然只是**简要地包含**。这里，我考虑到为了良好的判断力和在【178】良好的判断力中的理性论证的运用。现在，如果人们以良好的判断力将“规范和规则”应用于特定情况和事件，那么，理性论证**实际上**并不总是发生。但仔细考虑的过程可以采取理性论证的形式，甚至是与一个真实的或想象的对话者进行理性对话的形式（在后一种情况下，我们与自己进行对话）。无论理性论证（真实的或者想象的）是否先于符合良好判断力的行为，行为本身总是可以通过理性论证来**重建**。这就是为什么这种理性论证简言之包含了理智的合理性的倾向。简言之，需要解释的是该规定。如果良好的判断力所运用的“规范和规则”被认为是理所当然的，那么，这种争论仍然是在理性的合理性的范围内。这种争论的合理性**并不取决于**与**其他**情况下所给出的理性，与**其他**“规范和规则”的应用一致或不一致的理性。这是因为各种“规范和规则”并不从属于具有规范力的一种价值（或多种价值）。从理性的合理性的角度而言，人们可以认为**不应该**强迫 X 违背她的意愿或偏好而结婚。尽管如此，从理性的合理性的角度而言，人们又可以认为同一个 X **应该**被迫和她不再喜欢的丈夫生活在一起。如果这两个论点都依赖于特定社会的“规范和规则”，那么没有人会以“强迫”在一个论点中被拒绝而在另一个论点中被接受为理由质疑这两个论点的合理性。如果一个社会的“规范和规则”在结婚前对个人偏好持宽容的态度，但对婚姻的“神圣性”却非常严格，那么对理性的合理性的要求的满足就不会导致在第一种情况下拒绝强迫与在第二种情况下接受强迫之间的矛盾，因为**不存在矛盾**。然而，从理智的合理性的角度来看，确实存在矛盾。为了真正变得理性，这种形式的合理性必须拒绝两种“规范和规则”中的一种。

在这个阶段，我需要简短地回到对“合理性的活体解剖”的批判。与此相关，显然，“活体解剖”也不适用于“论证性的合理性”。如果理性论证依赖于被视为理所当然的“规范和规则”，那么论证的合理性就取决于这个论证是否成功地依赖于这些“规范和规则”而没有自相矛盾。另一方【179】

面，如果一个论证依赖于一种规范，那么该论证的合理性将取决于同一个人(或一群人)在不同关系和情况下所使用的**其他**论证：这些“规范和规则”本身也将受到一致性的考验。如果存在不一致，某些“规范和规则”将被拒绝。因此，任何单一论证的**形式**本身又不能使一个论证成为理性的，原因很简单(这个问题将在后面更详细地研究)，理性的合理性的论证可以被理智的合理性判定为非理性的，反之亦然。

(六)社会学插曲(intermezzo)

合理性被定义为按照理性行事。理性被定义为区分好与坏、善与恶、神圣与世俗、有用与有害等的能力。理性的合理性被定义为按照特定生活世界(或“自为的”对象化的制度)的“规范和规则”行事的能力，因为“规范和规则”无论是以命令式的方式还是以祈使式的方式，都体现了价值取向范畴的积极“方面”。理智的合理性被定义为遵守一个规范(或多个规范)的能力，这些规范在所讨论的历史时期的至少**一个**“自为的”对象化中同样体现了一种价值取向范畴的积极“方面”。当从所遵守的规范的角度来看，通过遵守这一规范，理智的合理性**质疑**生活世界的或无法经受一致性检验的制度的某些“规范和规则”的价值。

理性的合理性的理性论证是一个简单而**日常的**过程。我们可以公平地假设它属于经验性的人的普遍性。这不是一个连续的过程，因为只有在某些事情“发生混乱”时才需要它。但是如果大家一起仔细研究一个问题，如果每个人都对如何在这种情况下按照“规范和规则”行事的问题发表自己的看法，那么语言行动无疑是一个理性论证的事例。作为一种语言行动，日常环境中的论证与适当的行动有关。问题始终是应该采取哪些行动，或者可以追溯性证明哪些行动是合理的。在这一点上，我无法进行理论态度的分析。然而，即使我无法在本章的框架内验证我的假
【180】设，我也认为理论问题上的理性论证比行动上的理性论证发展得晚得多。然而，更重要的是，我想强调以下几点：如果我在理性争论中运用理性论证，我不一定会从理性的合理性转向理智的合理性。如果理性论证是一个对象化的“规范和规则”，并且我在没有质疑或检验任何其他

"规范和规则"的条件下追随它，那么我仍然处于理性的合理性的态度中。

最后的这一陈述似乎很奇怪，尽管它必然来自我之前的所有断言。之所以如此，是因为我一直在强调，不越出任何"自为的"对象化的"规范和规则"，可以让人保持在理性的合理性的态度之内(在这样做的过程中，人们实践了遵守"规范和规则"的能力)。但我也认为，在最后一个例子中，理智的合理性是**理性主义**的态度，如果遵守"规范和规则"包括理性论证，这应该已经表明了**理智**的理性主义的过程。那么，当在最后一个例子中，恰恰是理智的合理性被定义为理性主义时，我怎么可能认为理性主义的过程可以归因于理性的合理性呢?

然而，在说明理智的合理性是人们正确地称为理性主义的理性态度时，我并没有暗示**理性主义的所有过程**都是由"理智的合理性"执行的。正如我在简短的历史题外话中试图表明的那样，**确立**理性主义的"规范和规则"的正是理智的合理性。但是，一旦(由理智的合理性的态度)确立起来，理性主义的"规范和规则"就可以被理性的合理性所遵守。现代科学之所以必须采用理性论证，是因为理智的合理性，它贬低了所有宗教世界观限制的价值，释放了认知剩余，同时倡导了一种解放的观点，即我们应该接受某种知识为真实的，如果它被证明是正确的。但是一旦这一行为完成了，**作为一个过程的理性主义**就可以继续其工作，而不会伴随着作为一种理性**态度**(理智的合理性)的理性主义。

这种区分具有非常重要的社会意义。理智的合理性论证的合理性取决于一个人(或一群人)是否能够以一种没有矛盾的方式求助于行为规范。该规范不能是具体规范(后者始终是"规范和规则")，它只能是抽象 【181】
的或普遍的规范。鉴于该论证所求助的规范不是抽象的就是普遍的，同样重要的是，对一个行动的具体争论不应与支持同一个人(或一群人)所采取的其他行动的其他具体争论相矛盾。换句话说，所有支持或反对特定行动的争论都应平等地求助于同一最高规范(或多个规范)，而不会产生矛盾。"对所采取的行动"的限制非常重要。理智的合理性并不要求个人(或群体)在与他们的生活世界或与他们的任何行动无关的情况下应该应用相同的规范(或多个规范)。简而言之，按照理智的合理性行事和讨论并没有预先假设一个没有理论与规范的自我矛盾的包罗万象的世界观，因为它根本不预先假设一个包罗万象的世界观。当然，如果所有**可能的**活动和所有**可能的**判断都前后一致地求助于同一种规范，那么，在其所有解释都求助于同一种最高规范(或多个规范)的框架中，这种世界观可以被设想为理智的合理性的“纯粹模式”。我将回到理智的合理性的“纯粹模式”是否可以在其应用的每一种模式中被视为**典范**的问题。目前，我将集中讨论“如果”(“如果所有可能的活动和判断都以一致的方式求助于同一规范”)这一规定所提出的问题。

20世纪，创造有意义的世界观的任务日益成为专业人士的特权。因此，现代性的**基本的(社会-经济的)阶级**已不再产生有意义的世界观。事实上，工人阶级和资产阶级中日益“有缺陷”的阶级都已经变成完全**实用主义的**：这些阶级的成员根据语境进行思考，而不是为他们的活动(和判断)构建一个跨语境的框架。19世纪的知识分子几乎总是资产阶级的**有机**知识分子，而工人阶级运动也产生了他们自己的有机知识分子。(我使用葛兰西意义上的“有机知识分子”这个概念。)现在几乎没有有机知识分子了。今天的知识分子是不属于任何阶级的，因此是“无机的”。他们的专业针对的是跨语境思考，并为不同社会阶层的活动者提供有意义的世界观。大体上，他们为各种肤色的人创造了这样的世界
【182】观，但偶尔也会为受压迫者说话。由于知识分子的社会功能不是直接发挥作用，而是创造有意义的世界观，所以他们倾向于过度认同社会阶级(或“国家”本身)，同时赋予它们以观念体系。

阿尔文·古尔德纳(Alvin Gouldner)正确地指出，知识分子是精通批判性话语文化(CCD)的人：他们是学习如何在跨语境框架内提出质疑的人①。但是由此得出的结论是，知识分子由于其职业倾向，比其他社会成员更有能力和更愿意按照“理智的合理性”行事。为了说明这一点，我也许有权讲述我自己的个人经历。我个人的观察结果是，那些在他们的

① 我在对古尔德纳的《知识的力量》(*The Power of Knowledge, Revue Internationale de Sociologie,* Ⅱ Series, vol. ⅩⅦ, No. 1, April 1981, pp. 3-22)一书的评论中分析了这个问题。

理论中使用理性论证，并在解释和说明社会理论中所有事实方面达到一致性的知识分子，随后在他们的**个人行为**中并没有比其他人更始终如一地遵守**规范**。此外，精通批判性话语文化使知识分子更容易**回顾性地**对他们的活动和判断进行合理化解释(在弗洛伊德意义上)；更容易表面上以复杂的方式消除不一致和自相矛盾。我并没有声称所有的知识分子都这样做。我更没有认为知识分子不能按照理智的合理性行事。我只是认为，他们的职业不利于他们以这种方式行事。

今天，知识分子的具体功能并不在于任何所谓的与理智的合理性更加协调的行为能力。相反，他们为后者提供了规范和世界观。事实上，他们之所以能够这样做，正是因为他们与非知识分子生活在相同的生活世界中，因此或多或少地面临着相同的生活问题。知识分子利用和依赖这些共同的生活经验的程度越大，这些经验越重要，由此构想的理论可以为知识分子所针对的行动者提供的有效规范和解释就越强大。人们从规范的角度降低"规范和规则"的价值，不是因为他精通批判性话语文化，而是因为他已经在与他人共享的生活经历中降低了它们的价值，所以他在批判性话语文化中降低了它们的价值。这就是为什么我不会从批判性话语文化的角度，甚至不会从理智的理性论证角度出发，而是从**不服从**(disobedience)的角度来重构从理性的合理性到理智的合理性的"转变"。因此，我不想认为在任何特定情况下，不服从和反抗在**经验上**比 【183】
理智的合理性的态度更重要。我只会建构一种转变的类型学。我甚至不建议个人以"纯粹"的形式经历所有这些阶段。但是由于任何例子都可以从这些理想类型的角度来理解，因此我将忽略那些"不纯"的例子。

(七)从不服从到理性的合理性

(1)我将把**不服从的行为**称为有意识地拒绝遵守"自在的"对象化领域的一种"规范和规则"或一种制度的"规范和规则"，并同样有意识地参考由同一对象化领域提供的其他"规范和规则"。不服从的人所参考的"规范和规则"被认为是理所当然的。人们虽然可以回溯性地为不服从行为辩护，但也可以前瞻性地为它辩护。这就是为什么不服从的行为是理性的。但是，任何支持不服从的理由都必须与我们已经结合理性的合理性所分析过的论证类型有本质上的区别。据称，懦弱的士兵并没有拒绝军事行为的“规范和规则”，他只是暂不使用它。拒绝至少一个“规范和规则”，而不仅仅是暂不使用它，可以是改变对理智的合理性的态度的第一步(在特定条件下)。这种变化是否真的发生，主要取决于具有理性的合理性的人对不服从行为的反应，也取决于“自为的”对象化的可用性和/或不服从行为者的普遍规范。孩子们经常不服从，因为他们根本不理解一个或另一个“规范和规则”的合理性(有时是可以理解的)，因此不把它们视为理所当然。他们质疑为什么某事应该是这样，并且他们需要一些时间才能接受频繁且显然不令人满意的答案，“因为它应该是这样，不要问愚蠢的问题”。但这些愚蠢的问题往往表明了一种合理性，它高于自我放任的成年人的合理性。我会提出这样的理论建议，即**理智的合理性**(至少简言之)在同等程度上与理性的合理性一样都是人的普遍原则，它只能被理性的合理性所消除。这一断言仅仅是再次确认了在实践
【184】理性真正出现之前，将“实践理性”视为所有人的文化的理论提议。因此，作为理智的合理性的唯一对象化，难怪哲学总是准确地提出这种幼稚的问题：为什么事物是这样的？为什么事物应该是这样的①？这里，简单地回到“文化剩余”问题，以及我对弗洛伊德的批评是恰当的。孩子们的不服从和“幼稚的问题”都表明，占有“自在的”对象化领域的“规范和规则”所阻止的主要的人的资源与能力之一，正是理智的合理性。这让我们感到“不满”的通常不是文明，而是文明的“理所当然性”。因此，不服从可以通过上升到更高的对象化而升华。但是，也许升华不是正确的词，因为被转向非日常渠道的东西本身就是人类最崇高的倾向之一。

这种不服从的姿态显然并不局限于童年时期。如前所述，幼稚的不服从大多被理性的合理性所消除，尽管这并不总是发生，如果发生，可能会留下印记。从幼稚的不服从走向理智的合理性，有一些典型的路线。卢卡奇告诉我，他小时候总是不欢迎访客，这种行为在儿童中很常见。然而，幼小的卢卡奇也给出了一个理由，他告诉他的父母：“我不

---

① 参见《激进哲学》。

欢迎陌生的访客，因为我没有邀请他们。”这确实是代表日常生活中论证不服从的典型例子。邀请访客是一种**习俗**(不请自来是不合适的)。而那些发出邀请的人必然会进行问候的行为。幼稚的不服从认为，没有也不一定会做出这些行为。为什么会这样？这种不服从的姿态很自然地引出了下一步。卢卡奇很早就开始阅读，荷马和库珀这些最初的影响将他带入了一个与“正常的”生活**完全不同的**世界。“非理性化”的行为不可避免地随之而来：书的世界对他来说变成了“真实的生活”，而他父母的世界则变成了“不真实的”。因此，这个孩子把“自为的”对象化与他自己生活世界中的“自在的”对象化对立起来，并从前者的立场贬低后者的价值。曾经被这个孩子斥为“虚假的”生活世界，后来也被年轻人拒斥，而且已经是从**规范**的角度来拒斥了。在某种程度上，理智的合理性是从幼稚的不服从中有机地生成的。这显然是一个极端的例子，但它表明了整个普遍的症候。在其著作《分裂的自我》(*The Divided Self*)中，莱恩(Laing)做 【185】
出引人注意的评论(与奥菲利亚有关)，即过分服从的孩子往往会发展成具有精神分裂症的倾向。换句话说，如果没有至少**某种**理性的不服从，性格将易受精神疾病的影响。奥菲利亚症候无疑是一种极端现象(甚至比上面分析的完全不同的现象还要极端)。通常，童年的不服从在成人中变成不服从的心理实验，并且经常被心理实验者本人“非理性化”。但是，即使是这种心理实验也能成为理智的合理性出现的起点，尽管它可能陷入纯粹而简单的偏差，或仍然无效。

(2)**拒绝**遵守“自在的”对象化领域的“规范和规则”，或者最终拒绝遵守一个制度的“规范和规则”，而不求助于同一对象化的任何其他“规范和规则”，并且也没有实际的或可能的争论，我将这种拒绝称为**反抗行为**。反抗行为(包括言语行为)是一种**姿态**。它也可以**被解释**，但只能通过求助于反抗者的**需要或欲望**(或缺乏需要或欲望)加以解释。由于反抗姿态的存在(或不存在)是无可争辩的，这种姿态是不言自明，但它也是**非理性的**。我所说的“不言自明”一词并**不是**说无法给出该姿态的原因。此外，在使用“非理性的”这个词时，我并不意味着这种姿态是不合理的。通过“不言自明的”和“非理性的”，我只是意味着反抗的姿态代表自己，反抗者不会以任何其他方式证明反抗的合理，而是通过他们借反抗行为来表达的需要和欲望的存在(或不存在)来证明反抗的合理。从理性的合理性的角度和理智的合理性的角度来看，反抗行为是非理性的：从前者来看，因为它不求助于(与不服从相反)任何“规范和规则”；从后者来看，因为它不通过论证而求助于任何有效的规范。

从理性的合理性的角度来看，反抗总是**离经叛道的**(deviance)。这是一种需要治疗的痼疾。如果无论是通过惩罚还是说服，它都无法被治疗的话，那么，反抗者将被视为无药可救的疯子、被黑暗的邪恶力量所控制的迷失灵魂、一个神经病患者——这个标签依赖于当前的理性的合理性的词汇。然而，从理智的合理性的角度来看，反抗从未被归为“离
【186】经叛道的”。这是可以理解的。人们只能“偏离”“规范和规则”，而不是不遵守他尚未接受的规范。从这个角度来看，反抗也不是病。相反，它被视为个人所反抗的“规范和规则”的贬值与非物质化的**征兆**。因此，理智的合理性只是以一种**相对的**方式使反抗“非理性化”。它也使反抗理性化，因为理智的合理性将反抗理解为对一组有问题的“规范和规则”的紧急情况的**充分的**或**不充分的**(而不是“病态”或难以理解的)反应。如果一个特定的反抗行为(无论是私人的还是公共的)拒绝那些被具有理智的合理性的人的论证批判性地拒绝的同一“规范和规则”，那么，反抗行为将直接被具有理智的合理性的人转化为反对反抗姿态所拒绝的“规范和规则”的合理性、可行性与规范的有效性的**理性论证**。因此，反抗姿态是使特定生活世界或任何制度的“规范和规则”无效的取之不尽的论证来源。然而，如果一个特定的反抗行为(同样，无论是私人的还是公共的)拒绝了一种能够遵守代表理智的合理性的一个人(或多个人)的最高价值(规范)的“规范和规则”，那么，这些具有理智的合理性的人将拒绝把反抗视为邪恶。但即使是反抗姿态的“犯罪化”，至少从两个方面来看，也意味着其非理性的相对“理性化”。首先，“邪恶”的反抗将被视为“规范和规则”的软弱与衰退的症状(在审查该例子中)。其次，反抗者要负全部责任，因为人们认为，这个人本来也可以以他应该有的方式进行反抗——以一种可以用理智的合理性的论证回溯性地证明反抗是合理的

方式。

反抗可能是，即使它并不总是，走向理性的合理性的决定性一步。如果我们从理智的合理性的角度来审视反抗（在哲学中我们不能这样做），这种非理性姿态的相对合理性将立即显现出来。但是如果彻底拒绝没有违背我们所选择的哲学的善与真的理念，那么，由于彻底拒绝是彻底接受的前提，所以哲学有义务向反抗者提出它们的规范，并坚信他们会接受这些规范，因为他们应该接受这些规范。而哲学必须在这一追求中坚持不懈，尽管它可能会因为反抗的非理性的顽固而遭受许多【187】挫折。

可以用一个例子来说明迄今为止分析的各种类型的行动。这种模式将是传统的核心家庭与这种日常机构的单一“规范和规则”：妻子必须每天晚上为丈夫准备晚餐。让我们假设丈夫下班回来，发现妻子甚至还没有开始做饭。“为什么晚饭还没做好，你怎么了?”他问道。有四种不同**类型**的答案。首先，妻子可能会回答：“我生病了，我在发高烧，我根本做不了。”这是理性的合理性框架内的明确论证。妻子没有拒绝每天晚上为丈夫做饭的“规范和规则”。但在生病的情况下，这种“规范和规则”实际上被同一“自在的”对象化领域的另一个“规范和规则”所中止：病人应该卧床，不应该工作（类型 1）。其次，妻子可能会回答：“我不想给你做晚饭，我也不会做。你回家只是为了吃饭。你把所有的时间都花在你的爱人身上，所以她应该为你做饭。我不是你的仆人。”在说这句话时，妻子拒绝了一种“规范和规则”（为她的丈夫做饭），但她用传统家庭的另一种“规范和规则”来为自己的拒绝辩护。这是真正的不服从（类型 2）。再次，妻子可以回答：“我不想给你做晚饭了，以后也不会再做了。”她丈夫接着问：“看在上帝的分上，为什么?”她可以这样回答：“我不知道为什么，我厌倦了做晚饭，我只是不想做，我不能再面对这种生活了。”在这样做的过程中，女人只求助于她自己的感觉、需要和欲望，而不求助于任何对象化领域的“规范和规则”。这就是反抗（类型 3）。最后，她可以回答：“我们都是同样自由的人，你不这样认为吗？为什么你要永远在外面做你感兴趣的事情，而我却一生都被关在厨房里？如果我们同样自由，而且我确信我们是，那么我应该像你一样拥有自己的生活。我想学习。只要你不认为这是理所当然的，我就不反对做这顿饭。不管怎么说，你做饭，可以和我做的一样好。”这是一个从理智的合理性的观点出发的论证(类型 4)。

希望这个例子能够阐明理智的合理性的具体特征。如果一个“规范
【188】和规则”被理智的合理性所拒绝，那么这种拒绝只能通过一个**充分的论证**来证实。之所以如此，是因为该论证不仅会促使对话者改变他或她的行为，而且还会改变他或她的价值。也就是说，接受人们迄今为止没有遵守的行为规范，这要么是因为他或她根本没有接受这一规范，要么是因为他或她有区别地、无条理地运用它，尤其是不适用于有争议的例子。由此可见，只有在通过求助于从他或她能够用充分的论证使自己的不服从行为或反抗行为“**理性化**”的角度出发的规范，不服从的人和反抗的人超越不服从与反抗的阶段的情况下，不服从和反抗才能转变为理智的合理性可以接受的立场。

充分论证有双重功能。一方面，它同时使不服从和反抗被“理性化”与被取代；另一方面，它使对话者采取理智的合理性的立场。代表理智的合理性的人已经能够用充分的论证来证实他或她的行为，他必须假设理智的合理性存在于每个人身上，至少概括地说是存在的。但是这个人**不能**假设他或她所依赖的规范会被同一个对话者所遵守。此外，没有理由假设对话者承认任何比理智的合理性的“规范和规则”优越的规范；或者说，如果他们这样做，他们已经准备好遵守它们了。

在这一点上，回顾我们的插曲中的评论是合适的。即使理智的合理性本身是论证性的，即使它采用**充分论证**，这也并不意味着理论能力或学习参与批判性话语文化。按理说，虽然妻子可以提供**充分论证**来拒绝自己每天晚上做饭而丈夫挣钱的“规范和规则”，但从所有其他特殊情况出发时，她仍然可能无法以充分论证来平等地求助于“自由”和“平等”的规范。事实上，她可能完全不适合制定一个包罗万象的社会理论；或者，如果她接受了一种社会理论，她可能也不适合进入关于它的理论话语，并捍卫该理论免受相互矛盾的理论的影响。然而，她完全有能力做

她所做的事情；用充分论证拒绝一个“规范和规则”，并理性地捍卫她的决定，反对所有对这个“规范和规则”持相反观点的人。【189】

我将“公共领域”定义为日常行为者可以直接接触到“自为的”对象化（包括普遍化的价值）的领域，其特点是在生活经验与“自为的”对象化之间不断摆动。“自为的”对象化只有在它们对生活经验保持敏感并以其理论或艺术作品转向日常行为者的情况下才参与公共领域。这并不意味着它们应该**专门**与日常行为者交谈，而是它们应该将他们包括在这一行为中。如果某人精通批判性话语文化，但只对同行专业人士发表演说（在一个制度化的框架内），则此人不参与公共领域，尽管他或她的理论当然可能被其他人翻译成公共领域的语言。但精通批判性话语文化的人可以参与公共领域，如果他们这样做了，如果他们对日常行为者发表自己的见解，为他们提供自我反思和自我理解的理论，他们就可以推动从理性的合理性到理智的合理性的转变。他们是否会这样做，取决于他们对日常经验问题的敏感程度。

我区分“具有理智的合理性的人”和“具有理性的合理性的人”，这主要是为了简单起见。我没有考虑到两个不同的人群，其中 A 群人将包括具有理性的合理性的人，而 B 群人将包括具有理智的合理性的人。在日常生活中（以及之外），大多数人将某些“规范和规则”视为理所当然的，而从某个指定的规范的角度拒绝其他“规范和规则”。因此，在他们生活的一部分里，人们根据理性的合理性思考和行动，而在另一部分里，他们根据理智的合理性来思考和行动。如前所述，进行反抗的人只是表达他们的需要（或缺乏某些需要），没有能力或没有准备理性地为拒绝任何“规范和规则”而辩护。但是，即使准备好并且有能力这样做的人，以及能够从规范的角度这样做的人几乎全部这样做，也是因为存在一种他们无法通过遵守被认为是理所当然的“规范和规则”来满足的需要（或某些需要）。像这样的需要可能完全是个人的，但它也可以出于道德动机（例如，考虑到其他有需要的人）。无论如何，人们通常觉得没有必要同时质疑所有的“规范和规则”。

我们对人性的了解告诉我们，那些总是批评别人从规范方面遵守被【190】

视为理所当然的“规范和规则”是懦弱或缺乏冒险精神的人，如果他们把同样的批评转向自己，就很容易成为自欺欺人行为的牺牲品。只有在理性的话语中才能抵消这种人性的弱点，因为批评的互惠性有助于克服这种自欺欺人的倾向。在我关于激进哲学的书中，我提出了一种“理想的”话语形象。我称之为“哲学话语”。我指的是这样一种话语，即在其中，所有讨论方都完全从理智的合理性的立场进行辩论(尽管我当时没有使用这个术语)，并且所有各方都求助于一个共同的终极规范。但考虑到哲学话语不会出现在日常生活中，我不得不在此时暂不考虑这个版本的话语。我们参与的所有真实话语在关于“规范和规则”的正确应用的日常讨论中都有所不同，对于那些从理智的合理性立场，**但只是从一个有利的角度**出发进行一切讨论的人们之间的话语来说，这些讨论被认为是理所当然的。然而，通常情况是，在一个给定的讨论中，一个人采取理智的合理性的立场，而另一个人则采取理性的合理性的立场，在未来的讨论中，这两个角色经常会被互换。显然，有些人比其他人**更能始终如一地**遵守他们认为合法的规范。即使他们偶尔会犯错，他们也能够在不同的**生存境况**(life-situations)中以及在从**不同的角度**看待问题时保持这种一致性。当谈到“具有理智的合理性的人”时，我想到的正是这样的人。

我们应该假设，具有理智的合理性的人必须支持并与具有理性的合理性的人讨论、必须支持并与反抗者讨论，如果没有说服的**意图**，这种论证过程是无法想象的。并非所有好的论证都同样具有说服力。在该术语的特定意义上，一个有说服力的论证也可能成为**人身攻击**(argumentum ad hominem)。它必须涉及人们想要说服的人的生活经历。它必须准确解释对话者迄今不知道的事实。人们必须意识到使人们坚持他们的行为模式的传统的力量和既得利益的重要性。此外，人们必须理解，如果已经提出了理性论证，那么剩下的最好的论证就是生活经验本
【191】身。生活经验可以使我们对“自为的”对象化的信息很敏感。这一信息或许足以将理智的合理性从纯粹的理性的合理性的束缚中解放出来，但具有理智的合理性的人所呈现出来的论证可以加速并稳定这一过程。理智的合理性应该增强对话者的**自我认识**。这一点更具有决定性，因为自我

认识是具有理智的合理性本身的人以无矛盾的方式运用规范的最重要的先决条件之一。我们不应该忘记，“认识你自己”是实践理性的要求，而理智的合理性是实践理性的最高形式。

（八）理性的合理性对不服从、反抗和理智的合理性的回应

从理性的合理性到理智的合理性的转变的类型学尚未解释具有理性的合理性的人对这种转变的反应，即使已经对应对这一挑战的重要性做出了某些暗示。显然，如果以不同的方式并带有不同的激进性（radicality），不服从、反抗和有论证支撑的理智的合理性的行动确实挑战了一个世界任意的“理所当然性”。当我说“世界”时，我就是这个意思。只要“恶人”接受惩罚，或者至少只要他们接受“规范和规则”对**他人**的有效性，并承认自己是例外，那么违反“规范和规则”本身并不会破坏这个世界的“理所当然性”。小偷在自己被抢劫时感到愤怒、好色之徒在他的邻居事例中谴责“肉体之罪”：这些人的反应，就像一丝不苟、兢兢业业的会计师或极其纯洁的年轻人的行为一样，促进了他们的世界的“理所当然性”。但是，不服从是**令人不安的**，反抗是**令人吃惊的**，理智对规范的**理性拒绝**是**令人担忧的**，因为这些行为暗示了拒绝行为的普遍化，或至少是这种普遍性，尽管它们在不同程度上是这样做。不服从的孩子提出某事是否应该这样以及为什么应该这样的问题，是在含蓄地概括，因为他或她并没有试图为规则创造一个例外，而是在质疑规则本身。不服从的大人也是如此。在公开不服从的情况下，这种一概而论的倾向更为明显。尽管在反抗中，需要和欲望的存在（或缺失）（反抗者求 【192】
助于此）可能纯粹是特殊的，但这种**求助于**需要和欲望而非规范的**姿态**意味着普遍性，因为通过这种姿态，反抗者甚至不会假装承认他或她所违反的“规范和规则”；相反，这一姿态要求承认那些已经被求助的需要和欲望。在这一点上，“普遍性”并不意味着人们可以普及不服从或反抗行为本身。它意味着人们可以普及对不服从的人所不遵守的特定“规范和规则”的**拒绝**，或者意味着如果涉及遵守“规范和规则”的问题，人们

可以普及求助于需要和欲望的存在或缺失的姿态。然而，从规范的角度提出反对遵守“规范和规则”的论点意味着**双重**普遍化。一方面，它意味着拒绝被批评的“规范和规则”的普遍化(“每个人都应该拒绝它”)；另一方面，它意味着用理智的合理性检验“规范和规则”的过程的普遍化(“每个‘规范和规则’都应该被检验”)。因此，从理性的合理性的立场来看，不服从只是令人不安，而反抗是令人吃惊，理智的合理性的批判性运用是令人担忧的就合理了。

具有理性的合理性的人将如何应对挑战取决于各种因素。这里不可能一一分析。我只会仔细研究**有代表性的**回应。

在不服从的情况下，回应可以是：

(1)**说服**。在这个过程中，理性的合理性**求助于**“自在的”对象化领域中**有意义的世界观**，从而解释了“规范和规则”的有效性(例如，“这是上帝的意志”)。如果不服从者认同这种世界观，那么该论证就会被认为是理性的，不服从就会消失。如果这种情况没有发生，我们就已经面临(2)的情形。

(2)**简单地重述**“规范和规则”的**“理所当然性”**(在刚才给出的例子中，现在的答案是“它是这样的，因为它应该是这样的”)。因此，也许反抗会随之消失，但只会同“理智的合理性本身”一起消失。此外，随着最初立场的强硬，可能会导致固执。固执可以引起理智的合理性，也可以在永久的怨恨中稳定下来。

【193】 (3)**采取强制的方式**。不服从可能会随着强制而消失，但这次不仅伴随着“理智的合理性本身”的消失，而且还伴随着理性的合理性的“缺陷”：结果通常是更加没有做出良好判断的能力。不服从也会变得固执。这种固执可能会引起反抗(因此也可能导致理智的理性)，尽管它也可以在永久的仇恨中稳定下来。

(4)**理性的合理性接受挑战**。如果类似的不服从行为的例子不多，接受挑战可能只有通过**爱**才能发生。一个人的爱可能比理性的合理性的“规范和规则”的诱导更强烈。爱人的人与被爱的人一致，因此被爱的人的不服从会在真理和公正的光芒中闪耀。但是，只有当他或她与所爱的人进行交流以决定被违反的“规范和规则”是否仍然是有价值时，爱人的人才能保持理性。爱意味着准备好进行这样的交流。

如果类似的不服从的例子多不胜数，那么不服从的行为在本质上已经包含了理性的合理性。这通常是**改变**“规范和规则”的方式。最后，角色可以互换。坚持陈旧的“规范和规则”可能表明因怨恨、厌世或单纯的怀旧而长期存在的固执。

在反抗的情况下，回应可以是：

(1)强制。考虑到从理性的合理性的角度来看，反抗是完全非理性的，理性的合理性的论证性武器无法为这一挑战提供答案。反抗者必须受到惩罚，反抗必须被粉碎。如果反抗者实际上被强制所镇压，他或她就只会用怨恨与仇恨来遵守“规范和规则”。反抗也可以通过**愤慨**来维持。这里，人们用**暴力**应对强制：强制将被暴力镇压。如果反抗者反而上升到更高的(理智)合理性，他或她将放弃使用暴力，但不一定放弃使用强制。在这种情况下所使用的强制只能是理性的，因为它旨在通过具有理性的合理性的人来**进行**理性的交流，换句话说，如果所使用的强制会导致后者，那么他们需要放弃使用强制。

(2)**孤立和边缘化**。这也是一种强制，虽然是一种微妙的强制。它可能通过反抗者的空间距离或通过动员公众舆论表现出来。当妻子拒绝 【194】
做饭时，丈夫可能会求助于家人或邻居，向她施加舆论压力。即使劝说是无能为力的，那些受尊敬的人们的**一致敌意**也能压制反抗者的抵抗。如果反抗以这种方式被压制，曾经的反抗者可能会变得完全顺从，甚至达到完全**冷漠**的程度(情感生活逐渐消失)。这个人可以用精神错乱、真正的疯狂之类的方式来应对冲突。然而，反抗只有在本质上是特殊的情况下，才能被孤立起来。

(3)理性的合理性**可以接受挑战**。这只能通过**作为同情的爱**来实现，更准确地说，是通过**蕴含同情的爱**来实现。这里，爱的职责不同于不服从中的爱的职责。由于不服从是理性的，如果人们采取了所爱之人和不服从者的立场，那么就会占据一个理性的立场，从这个立场出发可以立即进入讨论，假设另一个人可能是正确的并且可能已经采取了正义的行动。但是反抗者不能给出他或她反抗的正当理由；从理性的合理性的角度来看，他或她的行为是完全非理性的。只有**承认**反抗者的**需要和欲望**，爱才能接受挑战：当我们记住反抗者只求助于这些需要和欲望时，这才是可理解的。显然，承认需要和欲望不等于承认反抗（理性的合理性不能使非理性行为合法化）。但是，既然作为同情的爱承认了反抗者所求助的需要和欲望，那么能够具有作为同情的爱的人就可以与反抗者就承认的需要和欲望的产生**背景**进行讨论。通过爱进行的精神分析比弗洛伊德的精神分析具有更悠久的历史。其结果可能与现代精神分析的预期结果完全相同：反抗者的需要和欲望的"间接性"可以通过反抗者了解他们的家谱得到纠正，变得更好。这样就切断了反抗的源头，恢复了理性的合理性。然而，在这种对意义的特殊追求中，结果可能恰恰相反。表达作为同情的爱的人很可能会找到理由，不仅承认反抗者的需要和欲望，而且还为这些需要和欲望进行论证辩解。这种**做出论证辩解**的行为等同于**拒绝**其他人最终受到的限制。因此，作为同情的爱可以再次引导
【195】理智的合理性。同情与爱一样，也帮助反抗者超越反抗的非理性姿态，走向理智的合理性。

理性的合理性可以回应理智的合理性的挑战：

（1）**借助于攻击性的论证**。这可能通过求助于"自在的"对象化领域中主导性的世界观和/或通过动员一种对理性的合理性的愤慨的**共通感**来实现。攻击性的论证不仅使理智的合理性"**非理性化**"，还使其**不合法**。这是运用强制的不易察觉的方法。理智的合理性对理性的合理性的攻击性论证的回应可以是**自我羞辱**（害群之马的转变）、**坚持**遵守理智的合理性的规范（斯多葛主义），或者由于膨胀的**优越**感而**完全拒绝**理性的合理性（精英主义）。

（2）借助于**防御性的论证**。通过求助于被视为理所当然的"规范和规则"的传统性（traditionality）和可行性。理性的合理性的防御性论证**使理智的合理性"非理性化"，而不使其不合法**。防御性论证表达了焦虑和对稳定的需要。理智的合理性在这种论证中的回应，以及对理性的合理性的焦虑的回应，可以采取与理性的合理性交流的形式，或者坚持膨胀的

优越感的形式，抑或**强制**的形式。我将很快回到这个特殊的问题。

(3)**借助纯粹的和简单的强制**。这里，我必须再次声明，除了“原始”社会，社会分工意味着“自在的”对象化领域的社会分工，而根据定义，主导性的、有意义的世界观就是统治阶级的世界观。因此，遵守“规范和规则”本身意味着强制。但通常统治是合法的，随后的强制不会采取赤裸裸的形式。人们不必对韦伯的统治和合法性概念进行解释，就可以认识到，如果理性的合理性不能通过攻击性的论证来应对理智的合理性，而是必须使用单纯的强制，那么至少一些“规范和规则”已经失去其合法性，或即将失去其合法性。认为人们可以通过解雇一群代表合理性呼声的人或焚毁体现合理性呼声的作品来压制合理性的呼声，这不仅是自欺欺人，而且是自相矛盾的。遵守那种只能通过这种方式加以捍卫的“规范和规则”的合理性，变得非常不可信。具有理智的合理性的人对 【196】
纯粹的和简单的强制的回应可以采取不止一种形式：它可能表现为**反抗的“合理化”**，或**纯粹道德性的抵抗**。它甚至可能是**屈服于强制**，同时伴随着对所屈服的强制和对所有没有屈服于它的人的仇恨。

(4)**用认知之爱**(cognitive love)**接受挑战**。认知之爱也接受理智的合理性的挑战，虽然与理解之爱接受不服从的挑战和作为同情的爱接受反抗的挑战不同。认知之爱在各方面都是无私的爱，它没有表达互惠的需要，甚至没有表达承认的需要。具有理性的合理性的人爱用具有理智的合理性的人的认知之爱，即使他们**不理解**他们的论证；或者即使他们不能也不想在他们的行为中追随具有理智的合理性的人。他们甚至可能将这些拥有理智的合理性的“骑士”视为追求不可能的“梦想家”。但他们使所有这些追求与认知之爱相似，因为即使他们不理解这些论点，或者他们认为所有这些努力都是空中楼阁，他们也明白理智的合理性是对最高认知价值，即真理的追求。对于具有理性的合理性的人来说，具有理智的合理性的人对规范的遵守将成为至高无上的仁慈的彩虹。因此，理性的合理性的认知之爱将把具有理智的合理性的人视为“神圣的傻瓜”：它将使他们的目标“**非理性化**”，而不是使他们的态度“非理性化”。

理智的合理性对认知之爱的回应可以是**理智的爱**，它既是所有人共有的本质，也是理性之爱，它通常与“履行这种承诺”的决心相结合，即借助理性的合理性开始与理智的合理性所设定的目标的可行性进行讨论。它最终可能包括一种对认知之爱过于**务实的**、因而**不成熟的**态度的**轻视**。在论述中，认知之爱可以转化为理智之爱。但认知之爱是一种无私的态度，即使遭到轻视也不会失去动力。如果理智的合理性的目标没有实现，它仍然不会失去动力，因为这种爱的对象不是具有理智的合理性的人所设定的目标，而是它们对规范的反事实的追求。但如果理智的
【197】合理性肆意妄为，斩断了与理性的合理性的脐带，那么，认知之爱就会变成(无私的)**认知之恨**。

在继续讨论“理智的合理性的辩证法”之前①，我应该至少评论一下从上述分析中得出的一个教训。

在这一分析中，爱作为理智的合理性的辅助和促进因素出现：它不仅表现为对具有理智的合理性的人的认知之爱，而且表现为理解之爱或同情之爱。初看之下，这是一个惊人的结论。如果情感在符合特定生活世界的“规范和规则”(期望与习惯)的情况下逐步发展或做出回应，则从理性的合理性的角度来看，情感是理性的。(例如，孩子对父母的爱，以及父母对孩子的爱，被大多数生活世界的“规范和规则”视为一种“理性的情感”。)如果爱——再次依据普遍的“规范和规则”——被认为是好的婚姻的先决条件，但同样的“规范和规则”也规定一个人必须与他或她自己的社会地位相同的某人结婚，那么很明显，一个年轻人对与自己社会地位相同的女孩的爱被视为一种理性的情感，而对社会地位较低的女孩的爱被视为一种非理性的情感。即使 X 爱上 Y 而不是其他人这一现象永远无法被完全“理性化”，但如果 Y 属于在社会层面上符合条件的人的阶层，这种情感就被视为理性的。如果对爱的追求违反了“规范和规则”，那么从理性的合理性的角度来看，爱就是非理性的。但是，理性的合理性的一个特性，即良好的判断力，可以使这个例子中 Y 的选择相对“理性化”或“非理性化”。人们可以批评爱人，因为他们的情感选择与良好的判断力背道而驰，或者赞同这种选择作为良好判断力的表达。但

---

① 参见本书第一章“羞愧的力量”中对“实践理性的狡计”的分析。

只有在不违反现行“规范和规则”的前提下，这种选择才能被“理性化”。即使爱不再与“惯例”有关，它仍然可以与理智的合理性的规范有关。在这种情况下，“遵守规范”和良好的判断力往往是一致的，只有作为爱的对象的人(或原因)的选择才能(相对地)“理性化”或(相对地，并最终绝对地)“非理性化”。如果爱既不与规范有关，也不与惯例有关，那么从定义上讲，它就是**非理性的**。

从理性的合理性的角度来看，无论是对不服从者的理解之爱，还是对反抗者的同情之爱，甚至是对具有理智的合理性的人的认知之爱，都 【198】 不能被定义为理性之爱。但这些形式的爱也不能被定义为非理性的。它们包括对那些不遵守“规范和规则”的人的爱，从这方面来说，它们是非理性的。但它们也包括对那些遵守“规范和规则”的人的爱，从这方面来说，它们是理性的。在平淡无奇的爱中，每个相爱的人都寻求他或她自己的满足，这是基本的常识，这就是他们经常违反“规范和规则”的原因。在理解之爱、同情之爱和认知之爱中恰恰相反：相爱的人只寻求**心爱之人**的满足(和理解)。有意义的世界观必须为这种爱在它们的领域中找到一个位置，必须为日常生活的行动者提供指导，以应对这种异乎寻常的和令人担忧的现象。基督教为这个问题找到了一个简单而恰当的解决方案。只寻求满足和理解他人的爱叫作善(goodness)。善**超越**合理性，并且是学不到的。它不是一种美德，而是一种被神圣光环包围的优秀品质。这种观念有一个限制，即爱与被爱的人都必须是好的基督徒，这个限制不适用于多元化的世界。但是，其他一些限制是并且应该是可以适用于多元化的世界。如前所述，如果理智的合理性切断了将其与理性的合理性联系在一起的脐带，那么认知之爱就会变成(无私的)认知之恨。如果这种情况没有发生，如果对一种从根本上反对理性的合理性的理智的合理性的喜爱继续存在，那么，我们就会面对善的面具之下的邪恶之爱。

（九）理智的合理性的辩证法或理性的狡计

首先，我必须重申前面的两个主张：

（1）理智的合理性是关注规范的能力。从这些规范的角度来看，“自在的”对象化领域的某些“规范和规则”，或其他对象化领域的“规范和规则”会受到批评并遭到拒绝。这两种理性的共同特点是，它们的讨论必须求助于某些**根据**。理智的合理性必须支持对“规范和规则”的拒绝或批评，因此必须求助于被认为是理所当然的规范。

（2）理性的合理性对理智的合理性挑战的回应可以是攻击性的论证、防御性的论证、认知之爱或单纯武力。

【199】通常，理智的合理性**同时**面对这四种回应。这是统治阶级和被统治阶级、各种利益群体和年龄群体、两性等的结果。同样，在各种社会结构中，存在着具有各种满足的可能性的各种需要系统，以及各种数量和各种种类的既得利益。总有一些被遵守的“规范和规则”，也有一些看似被遵守但却被违反了的“规范和规则”。在**个别**情况下，具有理智的合理性的人只能用单纯的强制来面对。在社会层面上，情况永远不会如此，原因很简单，使用赤裸裸的强制本身就是统治结构及其主导性世界观的缺乏合法性的一种表现。

以恰当的方式运用理智的合理性，意味着从至少一个特定的规范的角度，通过论证来证明某些“规范和规则”的贬值与非实质性。因此，在每个理性的合理性提供**任何**类型的论证的事例中，理智的合理性必须始终接受理性的合理性的挑战。我已经指出，当面对理性的合理性的进攻性论证时（一种微妙的强制形式），理智的合理性的主体只能自己使用强制，以使对方听取反驳。在通过理性的合理性进行防御性论证的情况下，理智的合理性在道德上必然会提出自己的论证而没有任何形式的伴随的强制。鉴于具有理智的合理性的人必须预先假设这种合理性的存在，至少在本质上，也在他们的对话者中，他们必须倾听具有理性的合理性的人的论点。因此，按照其自身的定义，**以启蒙和自我启蒙为目的的交流是对理智的合理性的恰当运用**。

如果理智的合理性本身只针对不服从者与反抗者，它的论点就会自我缩减。这是合乎情理的，因为在这种情况下，这些论点不会**理性地**批评任何“规范和规则”，实际上它们不需要也不能这样做，因为“规范和规则”已经被不服从者与反抗者拒绝了。这里，具有理智的合理性的人只主张接受他们的规范，这是一种不符合理智的合理性的全部定义的行为。现在被视为理所当然的不仅是所求助的规范，而且理性的合理性的一种或另一种“规范和规则”的无效性也是如此。这仍然是一个启蒙的过程，尽管是一个受到限制的启蒙过程。因此，被简略的论证，其目的不【200】在于交流，而在于那些已经被“启蒙”的人对理智的合理性的**规范的认可**。如果以同样被简略的论证武装起来的理智的合理性的主体不仅转向不服从者和反抗者，而且转向理性的合理性的倡导者，那么，前者的论证将变得具有**攻击性**，并且必然会巧妙地使用强制。对于那些仍然相信某些(或所有)“规范和规则”的有效性并且能够在理性的合理性的水平上，代表其有效性提出论点的人来说，简单地指出它们的无效性意味着与理智的合理性的定义相矛盾。这样一来，“规范和规则”在没有得到证明的情况下就被简单地**宣布**为无效，而所有仍然遵守这些规范和规则的人都被怀疑是不诚实的，是为了维护他们的既得利益或其他自私的动机。这样，理性的合理性不仅被“非理性化”，而且也被**非法化**了。这是对理智的合理性的**教条式运用**。在这种运用方式中，理智的合理性已经包含了理智的**非合理性**因素。如果以一种教条的方式运用理智的合理性，那么，通过理性的合理性，它的“非理性化”无法像在论述开始的情况下那样只是**暂时的**现象，这是社会生活的一个正常特征。在交流中，“非理性化”失去动力，让位于越来越多的“理性化”，而随着理智的合理性的教条式使用，“非理性化”作为一种公平的惩罚被稳定下来。焚毁书籍不是争论，也不是蔑视或影射。但是，只要理智的合理性遵守规范，并准备将这些规范没有矛盾地应用于所有情况——换句话说，只要理智的合理性的主体在他们的商议和选择中始终如一地诉诸这些规范，即使他们不在乎与理性的合理性的主体争论他们的选择——那么理智的合理性也仍然保持其**合理性**，即使以其教条或不宽容的形式。

但废除传统“规范和规则”的趋势可能会走得更远。理智的合理性可以在批判和拒绝日常生活与稳定的制度中的“规范和规则”而逐步增强。具有它的人不仅可以使理智武器转而反对“规范和规则”，还可以反对规范，最终反对**所有**价值观和规范。这样，理智的合理性就完全切断了与理性的合理性的联系，因为它放弃了理性的合理性和理智的合理性共同
【201】的论证程序。它无法求助于任何“被认为理所当然”的价值或规范，也没有留下任何证据。因此，理智的合理性变得自相矛盾。就其本身的定义而言，它应该遵守规范，但如果这些规范被贬低了价值，它就不能这样做。它只能追求那些现在被剥夺了价值内容的目标。但是，由于不遵守至少某些“规范和规则”人们就根本无法生活，具有理智的合理性的人在不承认它们的有效性的条件下会遵守其中一些“规范和规则”：他们会运用“规范和规则”或者运用作为实现其目标的纯粹**手段**的规范；他们将变得缺乏任何价值。我把这种现象称为**扭曲的理智**(perverted intellect)。它保留了合理性(理性主义)的**形式**，但实际上是**非理性的**。莎士比亚展示了一系列具有扭曲的理智的人：理查三世(Richard Ⅲ)、伊阿古(Iago)、埃德蒙(Edmund)和其他几个人。理性的合理性可能是陈腐传统的炉灶、统治的场所，甚至是监狱(永久不满的根源)，但它永远不会像扭曲的理智那样以绝对的方式摧毁生命和生命的意义。任何疯狂的激情、任何肉体的罪恶、任何非理性的冲动或欲望，只要它们仍然保持冲动和欲望，都不会像扭曲的理智一样有害。它具有最高程度的破坏性，因为它的**目的是破坏**。如果扭曲的理智将自己确定为一种社会力量(或统治)，它就会变成**邪恶的理智**。邪恶的理智不再以理性的合理性的“规范和规则”的伪装出现(就像扭曲的理智一样)：它引入了自己的“规范和规则”，而这些“规范和规则”不再能被理性地遵守，因为它们不能被理性地论证，也不是传统的。(在“羞愧的力量”中，我指出纳粹主义是扭曲的理性的产物，它建立了非理性的“规范和规则”。)这就是理智的合理性的辩证法。如果切断了理性的合理性的脐带，即使是人类最崇高的理智倾向，理性的最高形式也可能成为绝对非理性的根源。理性的合理性是一切合理性的基础，所以它会一直存在。

合理性范畴已经被哲学所发现并建构为实践理性的范畴。实践理性是对行动进行思考和在行动过程中的理性。并非每个人的行为都具有直接的伦理意蕴：确实存在与伦理无关的行为。单一行动的**形式**或单一类型的行动并不表明行动的合理性。每个特定行动(或行动类型)都位于一系列行动中。这一系列行为的合理性最终取决于行为的伦理内容。我所【202】说的“伦理内容”并不是指**道德**内容、向善的意志等，即使这通常或多或少地包含在行为的“伦理内容”中。当然，与理性的合理性不可分割的善的意志和理智的合理性的最高的善的意志必须明确地区分开来。后者可以被称为(与康德一样)道德。虽然我不能在这里对伦理问题进行适当的讨论，但应该重申的是，合理性归根结底是一个伦理问题。从这个角度来看，我把理智的**超越性**(transcensus)称为**扭曲的**理智、**邪恶的**理智，也是有道理的。

当我这样说的时候，我想到的是**实践**理性的超越性：理论理性的超越性与我们的问题没有任何关系。A 可能“证明”上帝的存在，而 B 则“驳斥”上帝的存在，但如果 A 和 B 都始终遵守“减轻所有人类痛苦”的规范，并拒绝那些导致痛苦的“规范和规则”以及制度，同时为他们的拒绝而辩解，那么，A 和 B 都可以以其最崇高的形式成为具有理智的合理性的人。断言理智的实际运用中的超越性并没有唤起理智的实际运用中的超越性，并不意味着理论话语和实践话语的分离。即使是最平凡的实践话语也会受到世界观的影响。如果不是这样，“良好的判断力”将是无法想象的。论证的理论方面只需要扩展到足以提供一个对这个决定有足够了解的实际决定。只有当两种有意义的世界观相互对抗时，话语的理论方面才能完全发挥其自身作用。换言之，当一种特定的理智的合理性与一个不同的理智的合理性对话时，就会发生这种情况：当冲突双方遵守不同的规范，或者以不同的甚至相反的方式解释同一规范时。在这种情况下，为所采取的某一行动提供理论基础是不够的；人们还必须为所采取的所有行动争取理论基础。这只有在理智的合理性参与**关于价值**的讨论中，并且废除了对方的价值观或对价值观的解释时，才能做到这一点[1]。但实践理性的首要地位仍然盛行，因为所有理论论证的提出都是为了贬低受到攻击的世界观所合法化与所支持的“规范和规则”。

【203】

六、理性的个性

（一）我们的智力能力和情感能力

不同形式的理性之间的区别可以追溯到哲学的开端。通常，如果并非总是如此的话，这些不同的形式归因于不同的**智力能力**（mental faculties）。在此思路下，知性（Verstand）和理性（Vernunft）成为康德的两种截然不同的能力。尽管黑格尔对心灵的“划分”进行了尖刻的批评，但他也将知性和理性视为两种不同的能力，尽管它们“辩证地相互联系”。黑格尔主张理性的绝对优势，他的影响一直持续到我们这个世纪。分析理性与辩证理性、工具理性与辩证理性、形而上理性与辩证理性的并置，以及所有类似的排列以不同的方式重新表述了同一观念。在所有这些中，人有两种“理性”的智力能力，而第二种，即“辩证的”形式更具优越性。

无论我从这些伟大的哲学家那里得到了多少帮助，总的来说，理性的合理性和理智的合理性之间的区别与他们的传统关系不大。在我的概念中，“理性的合理性”和“理智的合理性”不被视为两种智力能力。在做出实际决定时，我只将合理性视为正确使用**我们所有的智力能力**，我主要关心的是了解我们如何区分善与恶、是与非、真与假、有用和有害等。我的结论是，我们可以通过两种不同的方式来区分它们：我们要么培养遵守“规范和规则”的意愿，要么培养遵守规范的意愿。我没有把“理性的合理性”和“理智的合理性”视为两种能力，而是两种**态度**。该理论的一个前提是，只是在不同的组合、不同的语境等中，我们才在两种态度中使用完全**相同的能力**。当我坚持认为“为什么会这样”“为什么应该是这样”这些幼稚问题是理智的合理性本身的表达时，我并没有提及

---

① 参见《激进哲学》。

任何具体的智力能力。

然而，很明显，我们称为**好奇心**的倾向是一种经验上的普遍性，它出现在从解决问题到闲聊的完全不同类型的思维和行动中。就幼稚的问题而言，谈到“理智的合理性本身”指的是一种态度，在这种态度中，(主导性的)能力是与生俱来的。好奇心在这里延伸至知识和期望，【204】这些知识和期望应该被成年人视为理所当然的，而且确实被成年人视为理所当然的。**这里**，好奇心的**作用不是**接受人们偶然出生的世界的“理所当然性”。如果我的概念需要一个先驱者和一个源头，那么我将再次涉及笛卡儿，涉及笛卡儿哲学的**良知**(bon sens)或**自然之光**(lumière naturelle)，它们在人们中间平等分配，明确的区别在于，在我的理论中，良知是由对“自在的”对象化领域的占有而主体间性地构成的。如前所述，良知意味着适当的辨别力，我们所有的智力能力——洞察力、记忆和回忆、想象力、判断力、好奇心、论证，最重要的是逻辑思维——都参与适当的辨别。鉴于情感是参与某事，所有智力能力都会引发各种类型的情感。理性的情绪是适当辨别的结果，但它们也可能是激发它的力量。我已经论及能够促使从理性的合理性上升到理智的合理性的三种类型的爱。

然而，理智的合理性并不比我称为理性的合理性的态度更具有主体间性。较低程度的主体间性(甚至根本没有主体间性)只不过是一种表象，因为理智的合理性挑战了世界的“理所当然性”，它由少数人代表，并最终只由极少数人代表。但是，世界上必须存在受到挑战的“规范和规则”，否则它们就无法受到挑战。对主体间性信念的否定总是主体间性的。此外，为具有理智的合理性的人提供规范的“自为的”对象化，其主体间性并不比“自在的”对象化领域的“规范和规则”或制度的“规范和规则”少。不是它们的缺乏，而是**其主体间性的一般-普遍的特征**使得它们的运用有可能成为规范的提供者。

对各种智力能力的分析将更加严格，因为这种方法由于**滥用范式**而被忽视了。通过语言范式构建主体间性是现代哲学和社会学的一种强大趋势。但是，将每种智力的、结构上的和社会的现象都理解为“语言”并不一定遵循“语言”的典型运用。如果一切都被视为语言，那么认识论问题，包括对智力能力的考查，就都被简单地从哲学中引出来了。汉娜·
【205】阿伦特的伟大功绩是回归判断力的问题，而卡斯托里亚迪斯的伟大成就则提出了想象力的问题，尽管到目前为止他们还没有找到很多追随者。我意识到，由于忽略了一个最重要的问题，我在我的理性地图上留下了一个空白，我将在以后的研究中回到这个问题。尽管我的陈述不完整，但我仍然必须陈述我的结论：所有智力能力都执行**与辨别力有关**的任务。因此，分辨善与恶、真与假、美与丑、成功与不成功、愉快与不愉快以及诸如此类的行为**不是**某一特定智力能力的成就，而是包括理性的情感和情绪在内的**所有智力**能力的成就。这里，我们可以回忆一下在本书第二章中已经说明的内容。对“自在的”对象化领域的占有（在三个方面：日常语言、习俗和人造物的使用）发展了人类的辨别能力（良知）。这就是为什么我们所有的智力能力在这个阶段必须得到一定程度的发展。日常生活的主体是**作为整体的人**。良知，即理性和合理性（根据理论行事），构成了**作为整体的人**对他的或她的**作为整体的世界**的态度。就他或她在多大范围和程度上可以被称为“理性的存在”而言，它取决于**作为整体的人**及其与**作为整体的世界**的关系，而不取决于这个人的一个或另一个单一的“智力能力”。

（二）人的整体性的丧失

亚里士多德是第一个将合理性归因于**人的性格**（品质[heksis]）的人。道德高尚的人**是**理性的人，因为它是**逻各斯**（logos），是形式，它把所有具有**阿洛贡**（alogon）①倾向的物质转化为有形的东西，即德行。作为灵魂的前理性部分，阿洛贡**并没有**在理性的人的性格和活动中消失，因为逻各斯没有**简单地支配阿洛贡**，没有**统治**它，而是**塑造**它。快乐、享受、欲望、梦想、恐惧，都属于理性的（道德高尚的）人的生活，也属于非理性的人的生活。但是对于一个善良的（理性的）人来说，这些前理性

① 在希腊语中为“不可说”之意。——译者注

因素并没有错。此外，成为理性的(道德高尚的)意味着一生都是理性的。道德高尚之人在单一行为中的非理性性格并不会削弱性格的合理性。真正重要的是整体趋势，即“总体”。因此，合理性是一种生活形式：它是“善的生活”。

尽管我赞同亚里士多德对合理性的理解(经过某些修改)，但必须面 【206】 对重振这个简单但伟大的思想的困难。在亚里士多德时代，理性的合理性和理智的合理性被区分开来(我们已经知道，哲学正是通过这种区分而诞生的)，但它们并不相互矛盾。城邦的“规范和规则”没有被拒绝；它们被理智的合理性重新解释。相同的主要美德和价值被**共通感**与具有理智的合理性的人视为有效的：后者只是将共同持有的价值的特殊解释与他们的日常解释并列。在现代性中，人们共同持有的价值观的生活基础已经被削弱。科学逐渐成为主导性的世界观，理性化似乎是通往合理性的坦途。由于这一切，合理性的现代解释与亚里士多德的概念相矛盾，而不是强化它。合理性不再归于作为整体的人，而是归于在理性化制度中行动的专业化的人。随着资本主义的出现，传统的和特殊的价值(和美德)被逐步废除，成功已成为善良的标志。以成功为导向的意识形态比科学的意识形态更适合从“性格”的角度来理解合理性。正如赫希曼(Hirschman)在他伟大的著作《激情和利益》(*The Passions and the Interests*)中所表明的那样，在我们的一生中追求我们的利益是对前理性情感和激情的支配地位的一种防御。因此，坚持自私的计算被认为是“理性的性格”。但如果将追求利益与理性的性格等同起来，后者就与亚里士多德的理性性格的概念大不相同了。实践理性(善优先)变成了善于计算的理性，因为善被等同于成功。此外，如果理性的性格被理解为我们一生对利益的追求，那么，每一种不符合我们最大利益的人的倾向都被排除在理性的性格之外——诸如快乐、享受、梦想和亚里士多德包含在理性性格(道德高尚的人)及其生活(“善的生活”)中的整个前理性的情感领域等倾向。最后，虽然民主的出现导致某些价值的普遍化，但这些价值既不能在制度中得到遵守，也不能作为规范在日常生活中得到遵守，因为后者是由计算和合理化所设计与塑造的。理智的合理性对理性

【207】的合理性的“规范和规则”日益增加的敌意是有历史依据的。理性的合理性与理智的合理性的相互“非理性化”，由此深深植根于我们的历史之中。韦伯对价值的合理性和目的的合理性的区分充分地表达了现代性的事实，而没有考虑这种二元性的相对性以及克服这种分裂的努力。

但**非理性主义**的增加同样是由于这种分裂。当然，非理性并不是一种现代现象(有合理性的地方，总会有非理性)，但把非理性吹捧为高于合理性是一种彻底的现代倾向。这似乎与我之前的关于疯狂常常被认为是神圣祝福的标志这一断言相矛盾。但只有当“着魔的人”**按照**主导性的世界观说话或行动时，它才会被视为如此。被吹捧的不是非理性，而是“着魔的人”的舌头所揭示的神圣秩序。此外，服从“自在的”对象化领域的“规范和规则”不仅被认为是善的，而且被认为是正常的，因为有能力这样做是普遍的社会上常态的预设。在前现代时代，当日常的理性行为总是被前理性要素和后理性要素的光环所包围，并且如果理智的合理性浮出表面，它或多或少被认为是“邪恶的”，或至少是犯罪的证据，那么，理性的合理性远比在现代社会中的问题少得多。从几个角度来看，现代比迄今为止所有的历史都要理性得多。但是，由于现代性摧毁了围绕着或多或少是理性的作为整体的人的行动的前理性和后理性的“光环”，这种损失必须由非理性的增加来弥补，包括对非理性的美化。在解释为什么会发生这种情况时，我无法避免某些重复。

科学是现代社会的主导性的世界观。它是一种极其理智的“自为的”对象化。它的占有不是基于接受，而是基于理解；此外，还基于不断积累的认识。它会产生认知剩余，而且是可以学习的。将科学称为“理性的世界观”并不完全正确，但它们肯定不仅仅是一种比喻说法。最重要的是，这是因为即使科学发现是凭直觉做出的，科学假设的真实性也是通过理性讨论和论证来证明的。因此，对任何科学陈述的接受都是在“理智的合理性”(理性主义)这个术语的最严格意义上理性地发生的。前理性和后理性的光环在发现中仍然有效，但科学的理性行动(语言行动)
【208】本身应该与这种光环完全不同。一个“有魅力”的科学家是一个江湖骗子。更准确地说，如果一位科学家有魅力，这种光环只能归因于个性，

而不能归因于科学成就。

为了避免任何误解，我重申，我认为就它指的主导性的世界观的理智化而言，“世界的祛魅”是一种收获而不是损失。只要宗教决定了社会的主导性世界观，知识和信仰之间的区别就不能被普遍化，即使这种区别通常是在日常条件下进行的。但鉴于知识和信仰在宗教世界观中是一致的，在解释自然现象和社会现象时，它们可以而且经常是一致的。即使不使用强制，基督教也从未能够消除魔幻般的信仰和习俗，即所谓的“迷信”。然而，在不使用强制的情况下，对巫术、“法术”或护身符的信仰基本上已经被科学根除了。我强调，这里所说的巫术是指不属于特定社会的“规范和规则”的做法：即使在其原始环境中也被视为“迷信”的做法。科学，作为一种理性的、有意义的世界观，其存在本身就减少了人的轻信。尽管这些事实是众所周知的，但“世界的祛魅”却让我们产生了一种失落感。人们对以前的社会知之甚少，但通常对他们自己的社会了解很多。即使是那些对以前的社会有所了解的人，也会用他们脑海中当前社会的经验来审视它们，从而“从中”读到一些东西，然后将这些东西与我们这个时代的“缺陷”进行对比。

当然，很明显有不足之处。理智的、有意义的科学世界观并不能帮助我们区分善与恶，只能帮助我们区分真、假知识。此外，日常行为者无法为科学做出贡献。他们只是被告知这件事。日常行为者的想象力、直觉和情感世界在这种有意义的世界观面前暴露无遗，将它们视为毫无用处(除非涉及“自然奇迹”的魅力，这不是一种科学理性的态度)。在理性化的制度内恰当行事会带来同样的损失。专业化主体必须以这样一种方式行事，即个性**不应**在行动中表现出来。他或她越是“不带个人色彩”，就越能更好地应付对专业化的“规范和规则”的遵守。这种行为既不是作为一个整体的人的表达，也不是人的整体性的表达。因此，在这 【209】
里起作用的人的理性的比率最小：理性就像一片枯叶，它与生命的整体、与个性、与行动的前理性和后理性的光环隔绝。让我们自己再回想一下亚里士多德。理性的性格(品质)是通过理性的-道德高尚的行为创造的。但按**最小比率**采取的行动不能包含对人的性格的反馈。人们可以理性地、持续地遵守严格的“规范和规则”，但这些行为可能仍然不会导致一种理性的人的性格。理性地追求科学中的真实的知识也是如此。尽管宗教的艺术大师(借用韦伯的术语)通过自己的行动改变了他们的性格，但“科学的艺术大师”却很难做到这一点。穿着睡衣的科学家和穿着睡衣的股票经纪人没有什么不同。当然，他可以逐渐形成一种理性的性格，但其程度并不比股票经纪人高。

通过终生追求自己的利益来逐渐形成一种理性的性格，从而克服激情，这是早期资产阶级的计划，是私人主体的独立宣言。为了实现这一目标，主体不仅必须剥夺自己的道德价值观和宗教价值观，而且还必须剥夺他们行为的前理性和后理性的光环，以及可能阻碍追求利益的每一种情感。随着资本主义的发展，这无疑是一种获得动力的普遍趋势。然而，这并不是一条单行道。利益是一个非常模糊的术语。它可以有各种各样的解释。至少有一种主要在启蒙时期流行的观点认为，“追求利益”意味着所有个人能力的发展。合理性被认为是以这些能力的发展为中心的：理性和情感的和谐被认为是最高理想。复兴亚里士多德的理性个性的形象是启蒙运动的最大承诺。但是这个形象必须被重新塑造，以满足现代性的迫切需要。在将理想付诸实践的过程中所涉及的几乎不可克服的困难，并没有被理论的倡导者所掩盖。从狄德罗(Diderot)到歌德(Goethe)，人们清楚地意识到日益专业化造成的严重后果。

甚至合理性的第三种选择(科学和对利益的追求除外)，即理智的合理性，也有助于消除人类行为的前理性和后理性光环。对规范的遵守，
【210】以及对理性的合理性的“规范和规则”的拒绝，都以作为判断人的行为的终极仲裁者的良心为先决条件。随着实践理性的介入，良心将拥有良心的人的所有失败都归咎于“本性”，换言之，归咎于情绪和情感①。因此，理性和情绪之间的差异得到了加强。唯一无可置疑的情绪是抽象的热情，这种热情的来源和对象是价值与规范本身②。尽管如此，在现代性中，那些终其一生都在遵守规范的人仍然最有机会形成理性的性格。

① 参见“羞愧的力量”，第28-29页。(页码为英文原版的页码。——译者注)

② 参见《情感理论》(*A Theory of Feelings*)，第二部分。

然而，他们在日常生活领域的机会比在公共生活领域大得多，更不用说在理性化的制度中了，这是卢梭(Rousseau)已经发现的一个悖论。

总之，单一行动的合理性的增加并不会导致人的性格的合理性的增加。在各种理性化的框架内采取的单一行动对性格没有反馈：如果你按照这样的框架行动，你就不会从你的性格内部开始行动。单一行动一般采取表象的形式，与作为“本质”的整体的人无关。但理性的性格被认为是理性行动的净收益，它越来越多地源于人们的“本质”。如果这不能也不会发生，那么“本质”似乎是**隐秘的**东西，而不是通过表象表达出来的东西。如果表象是从他人和个性中分离出来的“理性的”行为，那么该人就会变成一种**本我**(id)，一种无法表达的，因此是非理性的“某物”。因此，本质是隐匿的。它被认为是“位于深处的”，因为它不会浮出水面；它被认为是“永恒的”，因为它不会在“适时的行动”中显示自己；它被认为是“非空间的”，因为它不会在“空间行动”中显示自己；它被认为是“真实的”，因为根据定义没有表达自我的行为(表象)是不真实的。就个人而言，我强烈否认在未表达的自我的混乱中有任何特定的深度。但在我未觉察到深度的地方，我却感受到了痛苦，来自被异化的合理性的无声苦难。我不承认对“辩证理性”的任何其他解释，除了这个解释：引导被异化的理性回家。黑格尔关于理性自我认识的梦想是有史以来最勇敢的思想之一。理性的发源地是拥有良知的人。除了作为整体的人，理性没有其他的发源地，作为整体的人是各种理性的源泉。

尽管坚决拒绝非理性主义(对非理性的赞美)，但不能否认它捍卫了 【211】
一些非常重要且值得捍卫的东西。这三种被异化的理性在理论上和实践上都是非理性主义的罪魁祸首。非理性主义是作为整体的人在被异化的理性上应得的报复(除了片面的和误解的《理性的毁灭》[*Destruction of Reason*]一书外，在卢卡奇这里，这一陈述是一个公平的角度)。作为判断人的行为的唯一权威，良心(实践理性)直接构成了非理性，因为它把情感“非理性化”为“纯粹的本性”。此外，一方面是对利益的追求，另一方面是作为占统治地位的世界观的科学，都间接地强化了非理性主义。如果我们的行动不能从整体上扎根于我们的性格(这种状态是品质)，我们就失去了灵魂，生命就像根本没有经历过一样，从我们的指缝中溜走了。来自虚无的焦虑就是虚无的焦虑。非理性主义提供了我们深切需要的东西：相信我们混乱的内部经验的实体性，将我们的虚无投射到理性的合理性中，或者至少将我们的虚无视为人的普遍命运。此外，非理性主义将我们的前理性和后理性的情感与倾向恢复到应有的位置。我想到的是所有那些可以以理性的生活方式交织在一起但却被异化了的理性所驱逐和流放的情感与倾向：梦想、希望、恐惧、快乐、嬉戏、想象、直觉、神秘的沉思、不受限制的自我表达；落泪、哭泣、触摸的权利；在光线刺眼时闭上眼睛的权利；对兴奋的自我放纵、对涅槃的情感的自我放纵；一种独特的(如果不是私人的)语言能力；以及手势的语言能力；"在一起"的能力；聆听"无目的"的声音和拥抱"无目的"的美的能力；等等。非理性主义是正义事业的糟糕顾问，因为它使用理性的手段来捍卫非理性。辩证理性会成为更好的顾问：它会用理性的手段来捍卫自己的正义事业，同时在民主的理性大陪审团面前为所有这些情感、倾向和特质辩护，这样它们就可以宣布非理性是无罪的，因为它们都在理性个体的美好生活中占据了合法的位置。被异化的理性的回归涉及对所有人的需要的承认，只要这些需要的满足不以将任何人作为纯粹手段为前
【212】提①。因此，非理性被认为是人的自我性(ipseity)的一个重要因素。

幻灭的现代世界是异化的理性世界。我们在理性化框架内采取的所有专业化行动中，前理性的和后理性的情感与倾向都被阻止了。如果这些行为不带有性格的印记，或者，在理智的合理性的情况下，如果它们没有作为一个整体反馈到性格中，那么前理性的和后理性的情感与倾向实际上是"非理性化的"。但由于前理性的和后理性的情感与倾向无法被消除，它们就会积聚起来，出人意料地以我们完全无法理解的行动爆发出来。现代合理性会给这些行为贴上"神经过敏的"或"歇斯底里的"标签。因此，我们谈到了"集体神经症"(mass neurosis)和"集体歇斯底里"(mass hysteria)。政治家们是通过迎合前理性的和后理性的情感与倾向来释放这些"情感态度"的专家。一个理性化的世界与轻易释放非理性

① 参见本书第五章"'真实的'和'虚假的'需要能被假设吗?"。

的情绪和态度之间的惊人矛盾，甚至让真正的“普通人”也相信人的性格的与生俱来的非理性。有趣的是，即使是持怀疑态度的理性主义者马克斯·韦伯(Max Weber)，也认为“魅力”在定义上是非理性的，人们很容易因为其非理性的倾向而被魅力所迷惑。但“魅力”只有在现代性中才变得非理性，因为“魅力”与科学的合理性、对自身利益的追求、对专业化制度内“规范和规则”的遵守相矛盾，还因为它无法用其中任何一个来解释。现代魅力释放出与现代合理性的预期相悖的前理性的和后理性的情感及倾向：这就是为什么它确实是非理性的。人们可能会参考前现代历史中无数的反例，但只要参考两个性质截然不同的例子就足够了：苏格拉底的“魅力”，以及神授君王的“魅力”。神授君王的魅力确实没有什么不合理的地方。事实上，恰恰相反，因为神授是国王行事的必要条件，以彰显崇高的地位，而这反过来又是统治的必要条件。因此，完全忠诚于这样一个国王仅仅意味着按照“规范和规则”行事(这是我对理性的合理性的定义)。就他而言，统治者也按照“规范和规则”行事。在臣民对国王的忠诚中，有大量前理性的和后理性的因素在起作用。在这里，所有前理性的和后理性的因素结合起来，构成了理性的合理性意义上的理 【213】
性行为的“光环”。

苏格拉底在这里可能是一个更引人注目的例子，因为他没有任何传统(制度)的光环。尽管如此，至少在柏拉图的表述中，他成了后理性的和前理性的“光环”的载体。他有他的随从和追随者。他的魅力虽然不完全是，但首先是由他的合理性、他的理性哲学构成。但事实上，他不仅教书，而且以他的哲学为生，这在很大程度上影响了他。跟随他的教导和跟随他攀登真理的阶梯是**同一**行为。然而，苏格拉底和他的追随者都是有理智的合理性的人，追随者对老师的依恋中没有非理性的因素。吸引他们的是**作为整体**的老师的性格的合理性，他们求助于他，就像求助于人的“整体性”。这就是为什么这种依恋没有消除前理性的和后理性的光环：它包括色情、姿势、直觉、想象、在一起的快乐、自我放弃和其他几个因素。如果个性是理性的，并且个人理性地行事(无论是依据理性的合理性，还是依据理智的合理性，这都能够塑造整个性格)，那么魅力中绝对没有非理性的东西。也许需要一个特殊的术语来准确描述这种非理性主义的魅力，尽管术语并不重要。一个有代表性的生命(和性格)散发出一种前理性的和后理性的光环，不是因为任何内在的非理性，而是因为这样的生命是善的生活的化身，是最高合理性的体现。

不能肯定地认为理性的魅力已经从现代生活中完全消失了。但由于理性的异化，魅力很自然地会有问题。专业化主体必须按照专业化的“规范和规则”行事。如果人的**整体性**进入这个游戏，那么就会引入一个与制度本身不相关的非理性因素。这可能会扰乱理性化制度的运作，并可能在否认人的能力之间的“分工”时引起沮丧和混乱。这可能很有吸引力，也可能成为不公正的根源。具有理智的合理性的人的魅力也可能是很有吸引力的，因为人们在不理解他们的论点的情况下，准备接受这些论点，这仅仅是出于迷恋。如果具有理智的合理性之人的目标群体表现出绝对非理性的态度(如在反抗者的情况下)，这种吸引力会变得非常危
【214】险。在一个幻灭的世界里施展魅力可以为非理性的吸引者提供土壤。与伟大的人物相比，偏爱神圣的平庸并非完全没有根据，但平庸并不是对抗魅力的危险的解药。如果每个人都能为自己塑造一个理性的性格；如果每一个动作或多或少地都被前理性的或后理性的光环所包围，那么就不会有“被吸引”了。如果不存在“被吸引”，也就没有吸引者。

(三)对爱之中人的整体性的承认

现代生活中，只有一个可以让后理性的和前理性的情感与能力获得批准的领地：**爱的激情**(amour passion)。激情之爱被定义为是伟大的；每个恋爱中的人都是如此。没有什么比爱更民主，同时也更慷慨的了。每个人都在爱中，或者至少能够被爱：爱使每个人都变得崇高。这是我们与所有同类共享的唯一个人体验。同时，这是对我们的个性、我们的“本真存在”、我们的自我性、我们的**整体性**的唯一形式的**承认**，它对我们是开放的。每个被人爱过的人，都会因为自己的人生而不是因为某种专业能力、表现和成功而感受到被认可的快乐。即使爱可以是非理性的，它也不是非理性的：我们能够**理解**爱。此外，爱促使理解；**它就是**

理解。恋爱中的人想要了解对方的全部，包括他或她的动机、欲望、愿望、计划和想法。爱的行动被一种巨大的前理性的和后理性的情感与能力的光环所包围，至少在这里它们是被接受的(而不是被“非理性化”的)。这也是为什么**他人**的爱(在生活中或在艺术作品中)对我们具有不可抗拒的魅力。康德将热情称为一种植根于理性的情感，因为它激发了无私的行动。爱也可以说是类似的东西。仅仅看到恋爱中的人，无论我们认识与否，都会激发我们的感情，使我们高兴，给我们带来没有任何利益关系的享受。在日常生活中，如果保护爱人是无私的行为的话，那么，它是一种诱人的行为。当然，还有一种讽刺性的解释，即将“对爱情的无私投入”视为**偷窥者**的崇高行为。将热情描述为升华并不困难。然而，这种还原论的解释植根于一个最碎片化的理性形象，一个被活体解剖的合理性形象，一个被剥夺了前理性的和后理性的光环的理性行为形象。感官上的满足不能因为它是令人愉快的而变得公正，这是一个多【215】余的论点。它也是一种前后矛盾的论点，因为它暗指感官上的不满可以是公正的，因为它是令人痛苦的，即使“快乐”和“痛苦”具有相同的情感特征。如果“痛苦”被视为合理性光环的一个因素，那么，快乐必须以几乎相同的方式被接受。

对于爱人的人来说，每个被爱的人都有一种魅力。将魅力**归于**所爱之人是迷恋。据说爱是盲目的。但诗歌也是如此，正义经常被描绘为蒙着眼睛。正义的盲目性和爱的盲目性本质上是对立的。蒙上眼睛的正义表达公平；爱的盲目性表明偏心。诗歌的盲目性和爱的盲目性在本质上是相似的：它们都看到了普通肉眼看不到的东西。诗歌可以为每个人把不可见的东西变成可见的东西；爱情则做得没有那么好。这与痴情的爱人只是傻瓜的说法不完全相同。痴情的人可能是傻瓜，就像莎士比亚的泰坦尼亚一样。而傻瓜的爱确实是非理性的。但是将魅力归于所爱的人并不是完全的愚蠢，或者如果是的话，那也是一种被祝福的愚蠢。在这种情况下，“将魅力归于”某种人意味着在只有**潜能**的地方看到**现实**。**假设一个人的潜能不比现实多多少，这比假设相反的情况更愚蠢**。有各种各样的理由让我们相信，这个世界上的人无法最大限度地发挥他们的能力和潜能：他们还没有发展出在更有利的环境下本可以发展出的那种和谐的性格。爱，这首生命之诗，是在他或她的人的整体性中认可所爱之人。迷恋是对看不见的整体性、对从未兑现的承诺、对失去的机会的认可。这不是谎言，不是简单的错误，也不仅仅是自我欺骗：这是一个梦想。这个梦想最终会实现；有时，性格会在爱的魔咒下凝聚在一起。但这当然是例外的。爱的伟大时刻是**乌托邦式的**。然而，这个乌托邦至少包含了“善的生活”乌托邦的一个因素。

在作为一个整体的性格只有在爱中才能得到认可的世界里，失去爱意味着**完全**失去认可。人有一种共同的情感，失去爱就失去了**一切**，这不仅仅是一种主观的幻想。失去认可就是失去生命的意义。爱人的性格
【216】越无保障，他或她就越寻求“生命保障”。被**许多人**所爱似乎是这种生命保障。如果失去了一份爱，其他爱仍然存在。

相爱的行为是理性的行为，带有明显的后理性的和前理性的情感与倾向的光环。但是，如果它们没有得到回应，整个光环就会变得**非理性**了。奥赛罗(Othello)绝望地抱怨说，如果苔丝狄蒙娜(Desdemona)不忠，“混乱”就会回来。这种“混乱”会导致非理性行为：导致奥赛罗的行为，或者在更无辜的情况下，导致仇恨行为。仇恨不一定是一种非理性的情感。它可以是对“规范和规则”的充分回应，也可以仅仅是对规范的充分回应。但是现在自由已经成为一种普遍的价值观念，因为对方的不爱而产生的仇恨确实是非理性的。这种非理性的仇恨在很大程度上是对我们完全失去认可的反应，这一点很容易证明。一份新的爱，一种新的完全认可，通常会消除对以前所爱之人的非理性仇恨。

如果爱是不断的回报，那么，它不会失去其理性的倾向，但它会越来越失去其前理性的和后理性的光环。作为一个整体的人的相互认可，这个独特奇迹在日常生活的惯例中慢慢消散。相互的财产关系取代了人的认可的相互关系。即使心爱之人没有以任何明显的方式让爱人失望，后者也会因为失去了一种光环、一种魅力而感到失望。非理性的相互指责将随之而来，好像心爱之人应该为这种魅力的丧失负责。寻找新的爱情似乎是一种回报。但在每一段新的爱情中，故事都会重演。即使爱包

含“善的生活”的乌托邦因素，它也**不能代替后者**。然而，其失败的罪魁祸首不是爱，而且被异化的合理性世界——在这个世界里，理性的性格仅仅是一个例外，前理性的和后理性的情感与倾向在所有专业化的理性行动中受到阻碍，作为一个整体的个性无法获得认可。

(四)实质的合理性

只有个体才被赋予理性，这是一种司空见惯的，甚至是同义反复的说法。秉承两千五百年的哲学传统，我将合理性定义为“按理性行事”。从这个定义可以得出两个结论。首先，将“理性”归因于任何历史发展、历史趋势、历史“规律”和“必然性”等，都是纯粹的神话，是一种远比将【217】最高智慧归于上帝更蒙昧的神话。上帝仍然是一个人，而“世界精神”，在其所有变种中，却不是。其次，理性的世界观、制度、规范和规则之类的陈述毫无意义，除非它是一种简写形式，代表一种更为复杂的立场。

从理性主义的角度来看，世界观可以分为“非理性的”和“理性的”两类。如果与这种世界观有关并由这种世界所鼓动的行动是通过检验价值的有效性要求和关于事实的陈述的真实性要求来进行的，那么，人们就可以给这种世界观贴上理性的标签。这一说明中确实没有什么新奇之处。任何谈到“理性的世界观”的人都含蓄地表达了这一点。我对“理性的制度”的解释更为特殊。通常，“理性化的”和“理性的”制度在话语中被识别出来，至少从一个方面来看是正确的，因为理性化制度内的行动模式是由理性的世界观(科学)决定的。但从理性主义的角度来看，这种辨识也可以被否定。考虑到如果人们在这些制度的框架内行动，就会将其“规范和规则”视为理所当然，因此，理性化的制度需要与其他任何(非理性化的)类型相同的行动。换言之，从结论性的行动理论的观点来看，前者既不比后者缺少“理性”，也不比后者更“理性”。如果我们认真对待理性主义的问题，并打算进行最终的研究——换言之，如果我们希望将完全相同的标准应用于我们已经应用于世界观的制度——那么，我们必须为那些可以通过从理智的合理性的角度采取的行动来维持和复制的人保留“理性的制度”的外延。简单地说，从结论性的行动理论的观点来看，只有**民主**制度才能被称为是理性的。最后，从理智的合理性的角度，我们可以区分“理性的”和“非理性的”“规范和规则”，从而将“理性的”称为经过理性检验的“规范和规则”，将“非理性的”(non-rational)称为没有经过理性检验的“规范和规则”，而将“反理性的”(irrational)称为经过理性检验并被拒绝的“规范和规则”。

换言之，在谈论“理性的”世界观、制度与“规范和规则”时，人们不是在使用一种修辞手法，而是在使用一种**评价性的**陈述。这一陈述包括坦白和承诺。这里，理性主义等同于合理性，只有理性主义的行动才被
【218】认为符合合理性的**理念**。在整个研究过程中，我一直在没有隐瞒我对理性主义的最终承诺的条件下对这一概念提出质疑。但甚至这一最终承诺也不意味着理性的合理性的“非理性化”，因为它是，并将继续是包括理智的合理性(或理性主义)在内的各种合理性的基础。如果有人认真采取这一立场，那么，将世界观、制度与“规范和规则”称为理性的，而不像其他人那样将其称为“非理性的”，这确实只是一种修辞手法。只有行动才能被称为理性的，无论是通过服从“规范和规则”的能力还是通过服从规范的能力进行的，它们都同样可以被称为理性的。世界观，或制度，抑或“规范和规则”不“拥有”内在的合理性(或非合理性)，它本身也不“携带”合理性。合理性是一个**关系**范畴。

但如果是这样的话，**性格**的合理性也必须同样被理解为一个关系范畴。虽然它确实是一个关系范畴，但它是一个**包罗万象的**关系范畴，我的意思是它有两个不同的特征。一方面，“理性的性格”是包罗万象的，因为它包含了同一主体所采取的所有理性行动(包括所有**可能的**理性行动)。另一方面，它是包罗万象的，因为它设想了**独立于**与主体相关的“规范和规则”的特定(内容)性格。

看来我是落入了自己的陷阱。之前我拒绝了“合理性的活体解剖”。我认为，一个行动的形式化标准不能定义行动的合理性，因为任何单一行动的合理性都取决于前者所根植于的一系列行动的合理性，它最终是使单一行动变得理性或非理性的一系列行动的内容。显然，如果我假设

“性格的合理性”是无所不包的理性范畴，那么我再次拒绝“合理性的活体解剖”，只是这一次是从不同的角度。但通过这样做，我将从历史上不断变化的“规范和规则”的内容中抽象出这个合理性概念。如果从这个角度来看“理性的性格”这个概念，它显然会被证明是一个高度形式化的概念。然而，它同时也是一个**实质性的**概念，因为作为“实体”的人在与“规范和规则”的关系中被描述为**理性的**，无论后者可能包含、暗示或调解什么内容。

“实质的合理性”是韦伯创造的，他将其作为他的法律理论的一个主要范畴。在那里，“实质的合理性”与形式的合理性是相对的。韦伯所说 【219】的实质的合理性与我在提到行为的实质性要素时所想到的关系大致相同，这些要素最终使该行为成为理性的，无论该行为采取何种形式。众所周知，至少就法律行为和法律思维而言，韦伯明确区分了形式(程序)的合理性和实质的合理性。然而，没有强烈的迹象表明韦伯在一般行为理论的框架内做出了同样的区分。在界定一般行动理论的主要范畴时，韦伯区分了有目的的(目的)合理性和价值的合理性。在我看来，这种划分与“形式的”合理性和“实质的”合理性的划分有本质上的不同。对韦伯理论的解释并不完全适用于本研究。我提到这个问题是为了表明我的立场，以便解释我自己对“实质的合理性”范畴的使用。我现在就简要地讨论一下这两个问题。

在“合理性的活体解剖”一节中，我代表以下观点进行了论证：**任何行动的合理性也取决于行动的内容**。一个单一行动只有在它根植到一系列“按照”“规范和规则”或至少按照一个规范采取的行动中时才是理性的。此外，如果行动者至少表达了给定时代(时间和空间)的历史意识的某些要素，那么**在具体的历史背景下**并凭借对行动者的**注视**，行动才是理性的。因此，同样的行动可以是理性的，也可以是非理性的，这取决于注视。我在一般行动理论的框架内明确地表达了这个主题。这种合理性理论并不意味着否认各种形式的行动(工具性的、实用性的、交往性的等)之间区别的相关性。它只是意味着，即使定义(和分类)这些行为的**形式**，还没有定义它们的**合理性**。人们可以通过在法律程序中使用形式合理性来说明这一点。法律程序中的形式性可以被称为理性的，因为我们的**注视**使它如此；因为法律程序**应该形式化**是现代社会普遍接受的**规范**。因此，形式程序的应用是“与规范相一致”的。形式是理性的，因为内容使它变得理性，或至少共同决定了它的合理性。在法律程序的形式化不是规范性要求的社会中，仅仅因为“法律面前人人平等”的规范还
【220】没有诞生，甚至无法提出“如何实现这种平等”的问题，如果理性的范畴已经出现，那么，形式上的法律程序就不能被认为是理性的。或者说，正是**我们的**规范性体系使理性论证成为理性行动的最高形式。

这就很容易理解为什么我没有使用韦伯意义上的“实质的合理性”概念。首先，韦伯只将这一范畴结论性地应用于他的法律理论，而我则关注的是一般行为理论；其次，行为内容共同决定行为的合理性这一论断，与韦伯在他的法律理论中被称为“形式上的”行为相比是同样正确的。

某些理论家以下列方式解释这一范畴。一个人或一群人设定了一个具体的(在实质上定义的)目标。一切行动都必须旨在实现他的目标。这里的“实质的合理性”不是指一种行为，而是指一组行为。在这一组中，所有行动都是有目的的，只要它们都是为了实现实质性目标，但这些行动的形式并不符合目的性理性行为的标准。行动者本身并不考虑适当的手段，因为他们已经被实质性目标评估过。另外，在这组行动中，所有的行动都是有价值的，因为它们都经过实质性目标的评估，但这些行动的**形式**并不符合价值的合理性的标准，因为对价值的遵守被认为与实质性目标的实现是一致的。这种对“实质的合理性”的特殊解释适用于集权社会的行为模式。这种解释的支持者认为，集权社会的**运作方式**(modus operandi)可以理解为实质的合理性的实现。我不能在这里对这个理论进行更仔细的审查。我已经结合对集权政治结构的分析对其进行了批判①，在这一点上，我必须对这项工作的结论进行的简要总结感到满意。即便如此解释的“实质的合理性”是集权社会合法化的辅助模式，但绝不可能

① 参见费伦茨·费赫尔、阿格妮丝·赫勒、乔治·马尔库什：《对需要的专政》(*Dictatorship Over Needs*)，第二部分。

成为主要的合法化意识形态。之所以如此，原因很简单。如果真正将实质的合理性付诸实践，它迟早会重新引入某些与集权社会的实际运作方式不相容的行为(或语言行动)模式(对方式的批判和对价值的批判等)。在这一切中，并不是说上述所定义的实质的合理性**不能**成为任何**现代**社会的实际**运作方式**，我只是说在集权社会中并非如此。同样，在现代社【221】会中，思考最终运用实质的合理性的可能性也不是本书的主题。

一个完全不同的"实质的合理性"概念也是可能的，如果我要说"实质的合理性"是人的性格的一个特征，那么，我只在第二种意义上使用这个范畴。有一些证据表明韦伯偶尔也会想到第二种解释。例如，当他谈到法官-公平之间关系中的"实质的合理性"时，他认为判断的合理性并不取决于任何公平的理性"规则"的应用，而是取决于法官的理性性格。后者经过了理性的判断，因为他的理性的(和公平的)人的性格是这些判断的来源。但在这个问题上依赖韦伯的权威就有些不严格了。相反，我将提出我自己的理论。

(五)个人与个性

在关于日常生活的书中，我区分了两种性格："排他主义的个人"和"个体的人"。为方便起见，我将在下文中将相同的类型称为"个人"(person)和"个性"(personality)。它们是韦伯意义上的理想类型①。

个人和个性都运用良知，但他们运用良知的态度不同。个人把它用作理性的合理性，个性把它用作理性的合理性和理智的合理性。我称个人的合理性为"自在的合理性"，称个性的合理性为"自为的合理性"。这是一个非常真实的区别。它表明，个人在"自在的"对象化领域与"自为的"对象化的"规范和规则"中是理性的，个人认为这是理所当然的，**犹如它们是**"自在的"对象化领域的"规范和规则"，而**个性在"自为的"对象化领域中(包括普遍化的价值)也是理性的**。

个人遵守"自在的"对象化领域的"规范和规则"：它们被认为是理所

① 在《日常生活》中，我详细分析了这两种性格类型。在这里，我一直严格地审视着一个特殊的问题，即合理性问题。

当然的，它们没有被反思，它们的有效性没有被质疑。个人不会远离
【222】“规范和规则”，甚至相对而言也不会遵守它们，即使可能偶尔会“免于”遵守它们。遵守“规范和规则”是顺利的、没有潜在冲突的个人再生产的前提。他们的违背行为通常是在不让他人看到的条件下发生的。认识到这一点就假定了将理性用作“计算”，这绝不意味着与“规范和规则”的有意识的和反映的关系，而是别的东西。它表明个人与自己也没有意识到的和反映的关系。个人一方面认同其环境的“规范和规则”，另一方面认同其自己的排他主义的自我。“规范和规则”被个人认为是“自然的”。在这方面，它没有区分“不变”因素和“可变”因素；但它具有自己的排他主义倾向，就好像它们也仅仅是自然的一样，而且在“不变”因素和“可变”因素之间没有做任何区别的情况下，也是如此。如果“规范和规则”与排他主义发生冲突，那么两个“常量”就会相互冲突。因此，个人要么将他或她自己的“本性”服从于另一个常量（“规范和规则”），并压制前者以便与后者保持和谐，要么就会变得“反常”。但是，由于反常行为会危及个人的顺利的再生产，因此它必须是例外的。通常，被压抑的排他主义情感和倾向在没有被转化的情况下被“非理性化”。然而，偶尔它们也会爆发出来，或者被“自在的”对象化领域重新导向允许的渠道。在非理性化情感和倾向被重新定向的情况下，所采取的理性行动将比同一个个体所采取的其他行动被更强烈与广泛的前理性的和后理性的光环所包围。如果“自在的”对象化领域不能转向非理性化的情感或倾向，那么，它们最终可能会被某种“自为的”对象化所吸收，或者它们可能仍然是非理性的。

如果个人学会了在两个“常量”之间进行移动，也就是说，在“规范和规则”的网络与他自己之间进行移动，那么，他或她会形成一种性格模式，这些模式会随着时间的推移或多或少地变得稳定。个人会在两个方面按照期望行事：他会按照“规范和规则”的一般期望行事，也会按照在面对面关系中与他互动的所有其他人的期望行事。只有将合理性赋予所讨论的人物，才能预测该人在未来的某项表现中得分是更低还是更
【223】高。最终，这种预测可能会被证明是错误的，但如果作为一个整体的人

在与其他作为一个整体的人的互动中，并在其他作为一个整体的人眼前表现出来，那么，严重的错误就不会频繁发生。波普尔的合理性、可预测性标准可以很容易地应用于理性的性格。如果一个人一直遵守“规范和规则”，人们通常会认为这个人已经学会了在这两个常量(一方面是“规范和规则”，另一方面是他的“本性”)之间移动。人们还假设其性格模式已经稳定下来。每个定期与他互动的合作伙伴都能够准确地预测他将来会做什么，他将来会如何行动：他们可以依靠这些知识并相应地指导自己的行为。一个人在引导前理性的和后理性的倾向方面越不成功，这些倾向就会变得越不理性，这个人的进一步行为就越**不可预测**。在作为一个整体的人被作为一个整体的他人看到的传统日常环境中，区分理性的、不太理性的或非理性的性格并不是一件难事。人们通常几乎必定知道一个人是“可预测的”还是“不可预测的”。判断一个个人的性格的合理性一直属于日常思维的程序模式，如果所有这些(或几乎所有)预言都成真，这一直是良好判断力的标志。

我们的现代让我们面临着一种更为复杂的模式。现在要发展一种“自在的”理性性格比以往任何时候都困难得多。因此，几乎不可能根据从他或她的日常行为中得出的观察结果来预测一个人未来所有可能的行为。我已经论证过，一个专业化主体的行为对主体的整个性格完全没有反馈，或者只有非常微弱的反馈。一个个人变得越专业化，他稳定一个“自为的”理性性格的机会就越小。个人不会学习如何在“规范和规则”的网络与他自己的网络中进行操纵，原因很简单，除了家庭外没有这样的网络。专业化制度的期望是专业化的期望；期望从别人那里得到某些东西的人也是专业化的主体。因此，他们将无法预测任何人在不同类型的关系中会做什么；无论如何，这不是他们关心的问题。在家庭内部，相互关联的“规范和规则”网络仍然存在，个人的性格的合理性也受到限【224】
制。如果他或她的主要生活活动在家庭之外，那么在家庭内部个人就不可能完全是一个作为整体的人。难怪在现代性中，女性能够比男性保持相对更理性的状态，至少一般而言，即使在理性化制度的框架内，她们也不太愿意放弃自己的整体性。这就解释了为什么在资产阶级悲剧中女主角比男主角更多，这一现象在《情感理论》的第二章中得到了广泛的分析。此外，家庭是现代社会的亲密领域。这就是为什么“规范和规则”的家庭网络失去了它的客观性①。因此，个人无法令人满意地学习如何在“规范和规则”与他们自己之间进行操纵。在家庭中，人们对自己的绝对认同占据优势，超过了遵守“规范和规则”的要求。个人很容易忘记他人的目光，因为“家庭注视”是一种亲密的目光。人们可以强烈地认同自己的自我，而不必担心被人看到。只要“邻居”什么都听不见，什么都看不见，压抑的非理性情绪就可以自由释放。

我把一个个人的性格称为“自在的”合理性。“自在的”对象化领域越能调节一个个人的全部生活，这个人就会变得越理性。简单地说，如果个人已经获得了一种**生活方式**，那么它或多或少地会发展出一种“自在的”理性性格。这一限定性条件(“或多或少”)指的是“非理性化”情感和倾向从来没有完全从人的性格中消除。然而，“自在的”对象化领域对一个个人的全部生活的调节越少，这个个人就可能变得越不理性。它的行为不是源自它的性格，因此这些行为并不代表这个人。渐渐地，理性行动与性格的合理性几乎没有关系。个人也不能获得自我认识。“外部”生活和“内部”生活完全分开，内部生活被视为非理性化的情感和倾向的混乱。诚然，“自在的”性格的合理性永远不会完全为零，因为人仍在发展应对各种“规范和规则”的能力。但由于后者被原子化了，只要异质的“规范和规则”不再相互连接在一个包罗万象的网络中，“自在的”性格的
【225】合理性就变得不稳定，稍有推动力就足以将其推向非理性。总的来说，马尔库塞和弗洛姆的主要成就是阐明了这种不稳定的危险，尽管他们为此提供了不同的解释和补救措施。但无论解释是什么，它们都让我们意识到异化的合理性的脆弱。如果理性的承载者只能发展**最小比率**，异化的合理性确实是脆弱的：如果性格的合理性只是岌岌可危，它确实是脆弱的。

正是由于合理性的大量增加，即使是由其异化版本产生的，我们的

① 关于亲子关系，参见“羞愧的力量”，第 17-18 页。(页码为英文原版页码。——译者注)

世界也不是完全被上帝遗弃的。由于我从几个角度谈到了这种增长，因此，在这个阶段回顾之前的分析就足够了。由于理性主义可能被普遍化，发展一种更高类型的理性性格、一种**“自为的”理性性格**的机会，远比前现代社会要好得多。在所有社会中或多或少地都有可能成为一种**个性**而不是一个个人，但这是“更少”而不是“更多”。古代民主国家在这方面是个很大的例外。因此，理性的个性的形象最初是在雅典和伊奥尼亚民主国家设计出来的也就不足为奇了。但是，一旦这个形象被设计出来，它就永远不会被遗忘。理性的个性的理念比它所源自的社会更长久。斯多葛主义和伊壁鸠鲁主义的延续见证了这一永不褪色的记忆。此外，理性的个性的形象并非只根植于欧洲传统。类似的个性理念在东方传统中也有发展，如佛教和道教。但是“自为的”理性性格从来没有机会被普遍化；它甚至没有机会传播开来。除了古代的民主政体，理性的个性是例外的；非常例外地学习和“锻炼”表明他们的方式。他们甚至不强烈地需要社会的顺利运转；“自在的”合理性就足以达到这个目的。人们宁愿认为，个人比个性更好地、更有效地完成了再生产社会的任务，因为前者完全认同“规范和规则”。在传统社会中，甚至是将个性的态度相对一般化也会被证明是致命的。现代性的车轮已经转动。在以未来为导向的社会中，“规范和规则”迅速衰落并被取代；生活方式的丧失；(异化的)合理性的增加；一些价值观的普遍化——由于所有这些事情——个性，而不是单纯的个人，必须获得动力。然而，从个人到个性的转变【226】既是相对的，也是片面的，它无法从根本上抵消“自在的”(个人的)合理性的丧失。要回答为什么会以这种方式发生这一问题，我必须首先关注理性的个性的品质是如何出现的。

与个人相比，个性在其所处的环境的“规范和规则”与自身中都有一种反思的关系。个性不会简单地将其环境的“规范和规则”之网视为理所当然。个性同样把其**良知**用作理智的合理性。它遵守一个或几个规范，并且从这些立场出发，能够检验其环境的“规范和规则”的有效性。这类“检验”并不总是意味着拒绝某些“规范和规则”。它可以导致在“规范和规则”之间形成一种特殊的等级结构。由于这种等级结构是从价值的角度构建的，因此，对于个性来说，按照这种等级结构行事是**有约束力的**。因为至少“规范和规则”的等级结构是由个性改变的，所以这个“规范和规则”之网不能被接受，就好像它是“自然的”一样。这个网被个性或多或少地视作恒定的，**所以**，也或多或少地视作可变的。因此，个性不会轻易屈服于“规范和规则”。相反，在遵守它们的地方，个性本身被刻上了不可磨灭的个性印记。如果个性不只是遵守它们，而是改变它们，那么这个过程会在更大程度上发生。事实上，个性会自觉地对这些“规范和规则”的认可与贬低做出贡献。这里，理性的行动并不简单地意味着服从“规范和规则”，而是在这样被服从的“规范和规则”中承认我们自己的理性。通过这样的行动，个性在一定程度上结合了主体间构成的合理性与主观构成的合理性。主体间性变成自觉的主体性，反之亦然。但我们知道，个性也与其自身的自我有一种反思的关系。它从所遵守的价值与这些“规范和规则”的角度出发看待自身的自我，它也不简单地认为自身的自我是理所当然的。个性使德尔菲神谕(“认识你自己”)生效。它的“自我”没有被视为纯粹自然的，而被视为“或多或少”地恒定的和“或多或少”地可变的：作为**潜能**。这种潜能必须在合理的“规范和规则”的指导下加以转变。此外，“规范和规则”的等级结构以一种双重的方式
【227】运作：它必须与所遵守的最高规范相一致，同时也必须与自我的潜能相一致。个性不只是追求他自己的保护，它也追求作为一个个性的保护和它自己的展开。个性的生活是**善的**生活；简单地生活对他们来说毫无价值。当然，人的尊严被他们视为生活的重要组成部分。

个性的活动源于性格：它们表达并强化了性格。这些活动本身具有一种后理性的和前理性的光环。由于个性不服从“规范和规则”之网的准自然性，它通常也不会使前理性的和后理性的情感与能力“非理性化”，而是发泄它们。作为一种“自为的”理性性格，个性能够成功地应对其非理性的情感、冲动和倾向。它不屈服于“规范和规则”，并且将这些情感和冲动重新导向“允许的”渠道。给自己的非理性冲动亮起红灯或绿灯的正是个性：个性负责，非理性冲动受到控制。它能这样做是因为它很了解这些非理性冲动。这就是为什么非理性的冲动、倾向和情感不会**无意**

识地伴随着理性性格的行动。个性不需要使自己的行动“合理化”，因为它们是理性的。“自为的”理性性格熟悉梦想和希望、恐惧和快乐、嬉戏、想象力、直觉、神秘的沉思、不受限制的自我表达。它没有放弃悲痛、哭泣的权利，没有放弃触摸的权利，没有放弃在光线刺眼时闭眼的权利，也没有放弃自暴自弃、兴奋、涅槃、特殊的(如果不是私人的)言论、手势的语言、在一起、倾听“无目的的”声音和拥抱“无目的的美”等的能力。只有“何时”“何地”和“如何”受到个性的控制，以便使非理性不妨碍对规范与“规范和规则”的遵守，规范与“规范和规则”的等级结构才构成个性的特征。

对于这个“自为的”理性性格组成部分的简要目录，还必须添加两点。首先，“自为的”理性性格假定将良知用作理智的合理性，这一事实并不意味着每个将良知用作理智的合理性的人都是，或将成为一个“自为的”理性性格。根据定义，理智的合理性意味着遵守一种(或几种)规范，同时批判性地拒绝至少一种“规范和规则”。但是，将良知用作理智【228】的合理性并不一定涉及与我们自己的自我的反思关系，更不用说发展自己“本性”的可能性的意图。不是每个具有理智的合理性的人都阐明了其自身的“总体性”，这是一个不充分的陈述。对理智的合理性的偏狭式的运用可能会以他们对具有理性的合理性的人所表现出来的同样偏狭来反对自己。

形成个性、一个“自为的”理性性格，与任何专业领域的所谓“伟大成就”几乎没有关系。一个特殊领域的伟大成就表现的是性格的力量，但不一定是其合理性。如果成就是有益的，那么这个坚强而有成就的人值得称赞。但个性，即“自为的”理性性格，即使没有什么惊人的成就，也值得高度赞扬。“自为的”理性性格是快乐地期待理性回归的人。

(六)从现代性到亚里士多德，从亚里士多德到现代性

性格的合理性不是一种内在的品质，而是通过一系列的活动占有“规范和规则”、规范、社会关系和人际关系的合理结果。如果它真的发

生了，它就是通过学习过程、对象化行为、相互作用和交往来实现的。再次引用亚里士多德的观点，**品质**是在**实践**中建立起来的。但是，一旦它被确立，**进一步的**实践（和**理论**）就会越来越植根于品质本身。当我说到"实质的合理性"时，我指的是作为所有活动的根源的**品质**。因此，没有任何单一的行动可以被称为"实质的合理性"，因为没有任何单一的行动是所有活动的根源。这同样适用于一系列特定的活动。

初看起来，这些介绍性评论似乎存在缺陷。断言人的性格是行动的结果，而已经确立的性格因此成为未来所有活动的来源，断言就成为所有活动的来源而言，已经确立的性格是"实质上理性的"，这是两个截然不同的问题。有人可能会反对，认为非理性的性格也是他们所有行动的根源。但事实并非如此。不需要熟悉对斯宾诺莎的《伦理学》（*Ethics*）的分析，就可以知道一个非理性的性格的活动总是由短暂的对象"从外部"决定的，这些引发了无法控制或引导的激情。如果一个人（一种"自在的"性格）接受了他人对"规范和规则"有效性的判断，但由于外部现象引发了它无法抗拒的冲动与激情而无法遵守这些"规范和规则"，那么他就
【229】是非理性的。如果对象以一种反复违背自己良心的方式影响个性（即"自为的"性格），那么它便是非理性的。一种非理性的性格是**不可预测的**，无论是对自己还是对他人。它可以最坚定地下定决心不再继续违背自己的意愿行事，它会这样做。因此，正如斯宾诺莎所言，非理性的性格是**不自由的**，而理性的性格是自由的，这正是因为它是其所有活动的根源。因此，只有这种性格是其所有活动的根源，谈及"实质的合理性"才是完全正确的。

显然，性格既不是完全非理性的，也不是完全理性的。它们要么更理性，要么更不理性。实质的合理性是一种规范性思想，而不是一种经验的事实。但是，如果所讨论的有个性的人通过这种思想来规范自己的行为，那么提到"实质的合理性"就是正确的。这远远不是反事实的。

关于个人，我们只提到"实质的合理性"，因为在这里，实践理性在本质上仍然存在。就个性而言，谈及"适当的实质的合理性"是合理的，因为，在这里起作用的实践就是适当的实践理性。正如我已经指出的那

样，“自在的”理性性格(换言之，理性的个人)已经失去了现代性的生活基础，下面我将专注于分析“自为的”理性性格；专注于**个性**的实质的合理性。

理性的个性(就像理性的个人一样)是积极占有与辨别范畴(以价值为导向)相一致的主体间性知识的一种合理结果。只有这样，它才成为其所有理性行动的源泉。显然，主体间性知识和主观知识(被主体占有的主体间性知识)永远不会重合。所谓个性作为“一切理性行动的源泉”，并不是主体间性和主体性的结合，后者只会产生像伊壁鸠鲁的诸神一样独立的原子。我想到的是，主体准备好并能够理性地处理主体间性关系，这是出于其社会化的主体本质的内在品质。**结合在一起的不是主体间性和主体性，而是两种类型的“整体性”：作为整体的人和完整的人**。在此回顾卢卡奇对这两种整体性的区分是恰当的。作为整体的人是日常【230】生活的主体，而通过中止日常活动而上升到“自为的”对象化领域的主体成为一个完整的人。这两种人的总体性的结合并不意味着持续参与“自为的”对象化的同质领域，而是意味着作为整体的人对每个人的活动的**同质化**。因此，生活世界和专门机构的异质活动不会保持分离。相反，它们中的每一个都成为一个**同质性**的(自我)表达：个性的同质性。

我已经明确表示，我的作为“实质的合理性”的个性形象是根据亚里士多德对“好人”(具有美德的人)的设计而形成的。但我也暗示了用古代的方法解决现代问题时人们可能面临的困难。我指的是这样一个事实，即亚里士多德仍然把他那个时代的主要美德视为理所当然的，因此，他可以把理性的个性描绘成能够在其一生中践行这些美德的人。但是，如果美德不是大家都认可的，如果我们不将理性的个性定义为践行美德的人，那么我们的理性个性就不会与“好人”完全一致。然而，只有当个性是“好的”个性，或者用现代的说法，只有当它是**有道德的**个性，那么，理性的个性才是无可争议的财富。有道德的个性以个性为前提，但成为一个有个性的人并不能保证是道德的。

这里我只列出有个性的人成为有道德的个性的三个条件。首先，它必须承认所有人的个性(或人)。这意味着除了那些只能通过将他人用作纯粹手段来满足的需要外，承认人的所有需要①。其次，个性必须愿意以就其本身而言已准备好进行讨论的每一个立场进行理性讨论。再次，个性必须承认至少一种普遍规范的有效性(除了承认其他的个性和理性论述的规范)，并在实践中予以认可。我同意阿佩尔和哈贝马斯的观点，即没有准备好进行理性讨论的现代有道德的个性是不存在的，但我不接受他们的论点，即构成道德的正是理性论述。只有理性的(和好的)个性才能保证未来论述的合理性。另一方面，理性论述只是有道德的个性的
【231】一种表现形式。为了解释这些陈述中的第一个，有两点需要说明。我们带着自己的激情和兴趣进入讨论，只有那些与自己的自我有反思关系的人才能意识到这些激情和兴趣，因此，如果需要的话，可以在讨论的过程中暂停它们。此外，对他人观点的开放态度也以承认他人的个性为前提，包括他或她的需要。关于第二个陈述，必须做出两个补充说明。在价值观的解释或行动的建议上与他人达成一致，这本身并不能创造有道德的个性。语言行动确实是行为，但它不能代替行为本身。达成共识并不一定意味着按照共识行事，除非对话者的性格是理性的。只有当语言行动和行为本身源自同一实质的合理性，源自同质的作为整体的人，行动才足以做出讨论的决定。个人采取的行动不是理论上不应该考虑的“剩余”。正是个人行为才是道德的承载和表现。此外，如果正在辩论中的有个性的人的行动不支持它，那么，好的论据也不能打动对话者。人们无法从作为整体的个性中抽象出作为话语代理人的个性。个性作为一个整体的个性与他人相互作用。他或她的明智和良好的判断力在这些互动中起着决定性的作用。没有被“自为的”理性性格“非理性化”的前理性的和后理性的情感与倾向有助于他或她的道德实体。有一些至高无上的道德品质根本不可讨论，但在行动中却非常重要：机智、周到、慷慨、幽默、直觉、理解、同情等。

这里，我必须重复关于实践理性的首要性的说法——它不仅是一个应当(Ought)，而且也是一个经验事实。我反对“合理性的活体解剖”的整个论点都是由这一信念主导的。然而，需要明确的是，作为应当的实

---

① 参见《激进哲学》，“‘真实的’和‘虚假的’需要能被假设吗?”。

践理性的首要地位和作为经验事实的实践理性的首要地位在性质上是不同的。现在，我将从审查该问题的角度来举例说明这个问题，即实质的合理性问题。

实践理性已经被定义为根据它们的等级地位(善优先)来区分善与恶、真与假、有用与有害、成功与不成功、美与丑等的能力。这种区分【232】能力被认为是人类社会生活的先决条件。如果个人只学习在“自在的”对象化领域中已被区分的东西，那么实践理性就纯粹是被动的，还不是一个相对独立的东西。只有当必须单独地、有选择性地和批判性地应用习得的辨别力时，它才会变得独立。

在大部分的人类历史中，实践理性和实用理性没有得到区分。只有现代资本主义和工业化出现，才会有这种区分。更确切地说，是现代资本主义和工业化的发展造就了这种区分。在这里，我必须再次提及亚里士多德，因为他是第一个区分“目的的合理性”和“价值的合理性”的人，尽管其方式与两千多年后的韦伯完全不同。亚里士多德假定了价值和目的的各方面的统一，价值的等级结构对他来说意味着目的的等级结构。一群人共享的每一个目标都是善的，但至善是每个人共同的和单独共享的目标。这方面的两个最高目标是幸福和国家的善，两者都基于美德①。“价值的合理性”和“目的的合理性”仅在此框架内进行区分。就“价值的合理性”而言，行动和目的没有区别，但它们在结构上是**不同的**，因为行动是“自身的目的”，而在“目的的合理性”的情况下，目的在行动**之外**。因此，如果达到了目的，行动就会停止。第一种行动是**活动**(既是实践也是理论)；第二种行动是**技艺**(工艺、艺术、科学，甚至起草和实施新宪法)。对**技艺**本身的分析在亚里士多德的哲学中发挥了非常重要的作用②。但是，只有当运用技艺的人分享了善，只有当这个人是，或者至少能够成为一个好人或一个好公民(他必须拥有财产，他必须独立于其他人)时，**技艺**才被视为技艺(而不是一种低等的工作)。简而言之，

---

① 二者是好人和好公民，参见本书第四章“合理性与民主”中的“好人和好公民”。

② 参见我的《亚里士多德伦理学与古代道德意识》(*The Ethics of Aristotle and the Ancient Ethos*, Barcelona: Edicions Peninsula, 1983)一书。

在亚里士多德看来，所有种类的合理性都是有目的的，它们都源于好人和好公民的“实质的合理性”。但成为理性的有个性的人的社会前提条件也已经明确：个人自由、财富的相对平等、人人都能进行统治和被统治
【233】的国家，以及适当的教育(对作为一个整体的个人的教育)。我稍后将回到这些前提条件。

在实践的行动和实用的行动已经分裂并仍然分裂的地方，这种争论与我们的问题、与现代性有何关系呢？毫无疑问，亚里士多德为实践理性事实上的首要性提出了理由，这一事实在我们这个时代并不能证明这种首要性。因此，在这一点上，我必须回到这个问题上，即为什么在今天，实践理性事实上的首要性和它作为应当的首要性在性质上变得如此不同？首先，我将假定这种事实上的首要性并没有完全消失。

承认一个人为个人，这取决于他们在考虑到这个人的社会地位的同时，根据社会设定的标准区分善与恶、真与假等的能力。直到现代，人们才可以在某种特殊意义上谈论对个人本身的承认，因为他们主要被认为是他们所属的社会集群的成员。亚里士多德用以下方式阐述了这一点：一个奴隶可以被视为一个个人，只要他是一个好奴隶，只要她是一个好妻子，等等。无条件地承认作为一个个人，而不是作为一个特定社会集群的成员的人，是现代性的一项基本成就，这一点再怎么强调也不为过。某些价值的普遍化和民主的(可能发生的)激进化正是基于这一成就。然而，我们越仔细研究这个问题，我们就越会意识到，现代社会中，如果人们学会了如何区分善、恶等，他们就会被认可。也就是说，他们是根据他们对实践理性的运用而得到承认的。正如黑格尔所说，**相互**认可是现代市民社会的基础。相互承认作为人的人是对彼此的实践理性、彼此的**良知**的相互承认，他们以此来区分善与恶等。这正是康德所称的从自我招致的依赖监护的状态中解脱出来。认为今天人们行事纯粹是实用的，因为据称，他们对承认其人的道德上的“正确”品质完全漠不关心，这种看法不仅完全是不切题的，而且与我们所有的个人经验相矛盾。如果说某人是个恶棍，那么，现在他犯罪的程度不亚于前现代时期。我们都至少需要几个人来证明我们已经正确地区分了善、恶，并且

我们所做的一切都是为了善而努力的。我们甚至可以呼吁后代，希望后【234】代能够认识到我们的**功绩**(而不仅仅是我们的**成果**)。如果实践理性没有继续保持其事实上的优先性，我们就不会使我们的行为合理化(这一次在弗洛伊德意义上的)。我们失去的不是辨别力，也不是声称我们所做的事情做得正确的权利，而是善的标准，以及可能适用于每个人的善的标准中尚未出现的东西。这就是为什么我们可以使我们的所有(或几乎所有)行为合理化，这是我们在标准固定的时代里无法做到的。总而言之，实践理性的首要地位仍然是生活中的事实，但只是一个空洞的事实(如果几乎所有的行为都能被合理地解释为善，那它一定是空洞的)。作为一种**应当**，实践理性的首要性是对至少一个绝对规范的再次辩护的乌托邦，任何人在任何情况下都**无法**使违反这种规范的行为**合理化**。但是，在现代性中没有这样的普遍规范。如果有的话，作为一种区分善与恶的绝对尺度，实践理性的首要性就不会是反事实的(就不会是应当)。我已经提到过，少数普遍化的价值没有普遍的**规范性**力量。只有实践理性首要性的应当构成了它们的规范性力量。这涉及从理智的合理性的立场上进行区分。

在继续探讨之前，我的某些结论需要重述要点。每个人都获得了**良知**。**良知**在理性的合理性的态度中被动员起来，偶尔也会在理智的合理性的态度上被动员起来。每个健康的人都能够占有“自在的”对象化领域的“规范和规则”。“自在的”对象化领域的主体是作为整体的人。在科学已经成为主导性世界观的现代性中，这些“规范和规则”或多或少地失去了伦理内容。渐渐地，这个主体变成了一个专业化的主体，作为一个整体，只有在亲密的领域，特别是在爱中，才能与作为整体的其他人相遇。在资本主义的冲击下，追求利益的生活策略已成为一种普遍现象。在民主化的影响下(在现代民主中)，人被认为是这样的，不仅从“自为的”对象化的角度来看，还从普遍化的价值角度来看，理智的合理性的态度也同样是普遍的。理性的合理性立场可以使性格表现为“自在的”理性，而不是“自为的”理性。采取理智的合理性的立场，可以将性格转变【235】为“自为的”理性性格，但不一定如此。作为一个事实，实践理性的首要性继续存在，但它是空洞的。作为一种应当，实践理性的首要性是理智的合理性的立场。普遍的价值并不是普遍的规范——它们只对实际遵循它们的拥有理智的合理性的人具有规范性力量。如果拥有理智的合理性的人反对拥有理性的合理性的人，那么，它们的普遍化是不可想象的。理性的合理性是合理性的基础。如果它被压制，非合理性就会占据主导地位。因此，拥有理智的合理性的人必须在相互承认的基础上与拥有理性的合理性的人建立一种话语关系。但只有个性(“自为的”理性性格)能够并准备进入话语。此外，只有至少一个价值(或规范)被对话者所共享，并且被所有对话者所采用，人们才能只持有一个结论性的话语。只有在拥有理性的合理性的人和拥有理智的合理性的人之间，普遍化的价值观才是共同的。因此，如果拥有理智的合理性的人是个性，那么这是不够的。为了与具有理性的合理性的人进行理性讨论，他们也必须是好的个性。如果他们是理性的，他们所有的行动都将根植于合理性之中。如果他们是好的，不仅他们的理性行为，而且他们行为的前理性的和后理性的光环也会是好的。因此，我们又回到了亚里士多德的观点：过着善的生活的人是合理性的源泉。这些人的所有专业化行为都根植于两个“整体性”中。其一是人的整体性，即作为整体的人与人的整体性的结合；其二是至善，这是最高的目的和目标：由至少一种规范引导的体面行动，作为贯穿整个生命的“自在的”目的。

我看不到用任何其他的**理论解决方案**来解决现代性的主要问题：该问题曾被描述为实践理性的首要性已失去魅力。当我分享对实践理性的首要性的承诺时，我的理论是出于实践的目的而制定的。但理论不能改变生活，即使是具有实践意图的理论也不能。理论属于**活动**，这也许是一种安慰。因此，它本身也是一种目的——否认它将是虚伪的。

【236】

(七)第二个社会学插曲

让我再次回忆一下，亚里士多德为了对理性的个性进行概括而列出了以下社会前提：个人自由、财富(财产)的相对平等、每个人都能够轮流进行统治和被统治的国家，以及作为一个整体的人的适当教育。在这些前提条件中，今天只有第一个条件得到满足——至少在世界的某些地区是这样。因此，即使按照亚里士多德的理论框架来思考，也必须认识到，作为一种生活方式的善的生活（对所有人开放）是遥不可及的。此外，现代社会是令人不满意的社会，其中普遍不满意的感觉是由与民主态度相同的价值所塑造的，也就是说，是由普遍化的价值观所塑造的。这一事实使我们面临更多的困难，因为普遍的不满是对作为生活方式的善的生活的一个巨大障碍。但是，如果有人因此认为“自为的”理性性格不能从这种情况中出现，那么实践理性的首要性的应当就将不再作为我们行动中的一种规约性的观念发挥作用。让我用另一种方式来阐述。只要实践理性的首要性的“应当”作为一种规约性的观念没有消失，就不排除出现“自为的”理性性格。诚然，理性的生活方式对我们这个时代的个性是不开放的。但**理性的生活行为**却仍然可以。

一种修正版本的亚里士多德关于善的生活的概念，可能会启发我们设计一个激进民主的乌托邦①。然而，就我们的“当下”而言，它并没有为我们提供一种我们可以应对的模式。我们应该转向与我们的任务和可能性更相关的传统。我想到的是斯多葛-伊壁鸠鲁哲学的传统。这恰恰是一个为我们在黑暗时期提供良好生活行为的蓝图的传统。当我们说到这个传统时，我们不必再加上“已修正的版本”这一限定，因为传统本身就允许根据当时的紧急情况不断地修正。斯多葛主义和伊壁鸠鲁主义中一直存在的因素，就是一种理性的生活行为。世界理论重构的变化，理论理性态度的变化，甚至社会结构和对这些结构的理解的重大变化，都没有影响斯多葛主义和伊壁鸠鲁主义**核心**的相关性。从古希腊人到罗莎·卢森堡（Rosa Luxemburg），这个核心一直都是并且保持相关性。斯【237】多葛主义和伊壁鸠鲁主义提出了一种符合我们时代要求的伦理学，因为它呼吁将“自为的”理性性格作为我们所有行动的源泉。

初看，将斯多葛-伊壁鸠鲁伦理学问题引入一项提出日常生活和合理性问题的研究似乎是不合理的。到目前为止，我已经提供了一种社会理论，或者更准确地说，是一种一般行为理论，它是从“自在的”对象化

① 我在《激进哲学》和本书第四章“合理性与民主”中进行了这种有争议的尝试。

领域范式的角度构想出来的。在这样做时，只有在解释型事实证明此类伦理学的**相关性**时，我才只求助于解释型事实。我不能求助于这种伦理学的存在，至少不能求助于解释型事实，当然也不能求助于它的广泛存在。此外，如果斯多葛–伊壁鸠鲁伦理学与我们的时代相关，这究竟意味着什么？在这里，“相关性”的概念包括一个建议，可以解读为：那些有强烈的意愿在当今环境下过上善的生活的人仍然可以这样做，如果他们准备好并能够根据斯多葛–伊壁鸠鲁伦理学共同的规范性要素来组织他们的生活。

（八）斯多葛–伊壁鸠鲁伦理学

斯多葛–伊壁鸠鲁伦理学包括对个人自由的价值的承诺。个人自由被解释为“自为的”理性性格。所有的行动越是出自这样的性格，这个人就会变得越自由。个人自由的价值和将个人自由解释为“自为的”理性性格，都非常适合现代性的行动和行为领域。自由已成为一种普遍的价值，因此可以有任何解释。个人自由是众多解释中的一种合理的且普遍的解释。在理性主义时代，理智的合理性有公平的发展机会，虽然人的合理性是支离破碎的，但个性的合理性在不遇到社会障碍的情况下比以往的历史有更大的范围，可见在这样的社会中，斯多葛–伊壁鸠鲁的伦理学似乎比以往任何时候都更合适。此外，民主迄今为止发展出的唯一具体的美德，即平民的勇气，以非常符合斯多葛–伊壁鸠鲁伦理学的坚定性格为前提。最后，这种伦理学建议在一个不再有任何“生活方式”的世界中阐述一种生活行为。这种损失正是我们必须应对的当前人类状况。

对于这一切，可以提出三种反对意见（事实上，在 1982 年我的理论
【238】发表后，这三种意见在公开讨论中多次被提出）。首先，斯多葛–伊壁鸠鲁伦理学可能足以解决我们这个时代的**问题**，但由于我们**社会结构**的具体特征，它是不可行的；其次，这种伦理可能足以解决我们这个时代的问题，但它的普遍化与**人的本质**相矛盾；最后，即使这种伦理学在我们这个时代是可行的和普遍的，**它也不能解决**这个时代的主要问题，因为

它不是一种**责任**伦理学。这些反对意见既是严肃的又是实质性的，值得单独回答。

（1）对于以前社会的斯多葛派和伊壁鸠鲁派来说，选择退出每种社会活动总是可能的。像这样的选择现在既不开放也不可取。当今的斯多葛派和伊壁鸠鲁派必须在经济制度与权力制度中作为专业化的主体工作。他们必须采取的行动并非源于他们的性格，而是由分工强加给他们的。只有少数那些只采取源于他们性格的行动的有特权之人，才有机会遵守斯多葛-伊壁鸠鲁伦理学。当然，还有另一种可能性：在没有参与的情况下，**冷漠**地执行所有强加的任务。这种缺乏参与可能意味着两件事：缺乏对活动本身的参与，或者缺乏通过所采取的活动来参与承认一个人的个性。前者意味着身体和理智以及身体与"灵魂"的完全分离；后者意味着对成功或失败不感兴趣。在较早的历史时期，要求对个人的成功、晋升或公众的认可漠不关心要比在这个普遍不满意的时代容易得多。

然而，至少相对的漠不关心并非完全遥不可及。这也是非常需要的，因为仅依赖于承认的外部迹象或符号(舆论、晋升、社会声望等)的自尊是自己造成的不快乐。但这说起来容易，做起来难。即使我们对承认的外部迹象或符号变得相对不感兴趣，我们也不能对承认本身不感兴趣。伊壁鸠鲁有一个"花园"，一个由朋友组成的共同体，每个人都根据自己的优点被认为是有个性的人。如果不提及"花园"，就不可能对斯多葛-伊壁鸠鲁伦理学的普遍性进行彻底的评价。今天，只有核心家庭才能将人视为"整体"。但对共同体的追求仍然存在。这种追求表明，需要建立一个斯多葛-伊壁鸠鲁伦理学在其中是可能的框架。无论他们的社 【239】
会目标是什么，在其他事情中，现代社会运动都表达了这种需要的力量。

（2）第二个针对斯多葛-伊壁鸠鲁伦理学的普遍性的反对意见涉及一般的人性，尤其是现代的人性。

与该反对意见相关的第一个论点如下。即使理性的生活行为不再是社会精英的特权，它仍然是**遗传意义上的精英**的特权。否则，我们无法解释为什么即使在有利的环境下，也只有少数被选中的人才能变得有个性(“自为的”理性性格)。第二个论点进一步说明，在当今环境下，人性已被破坏和扭曲到无法迈出走向人的整体性的第一步的程度。因此，遵循斯多葛-伊壁鸠鲁伦理学的提议只是一个白日梦。

我只是以一种简短的方式陈述的这一反对意见，实际上暴露了我的实质的合理性理论中的一个缺漏。我曾说过，有个性的人一方面与他或她的世界、其“规范和规则”与规范有一种反思的关系；另一方面也与他或她自己的自我有一种同样的反思的关系。然而，尽管我详细分析了“规范和规则”与“规范”的全部内容，但我对自我，尤其是关于**心理性格**的论述却很少。这种忽视具有双重性质。我们的一些潜能是与生俱来的，不仅我们的身体素质如此，某些心理倾向也是如此。即使是非常简单的生物模式，例如，我们的甲状腺激素分泌过多或不足，或者我们的血压升高或降低，也可能会影响心理特征。我们新大脑的特殊模式也是如此。早在我们的道德意识出现之前，甚至在我们学会说话之前，我们出生所在的社会就开始长期形成并塑造我们的心理，我们的环境对我们心理性格的某些基本模式的发展产生什么样的影响，并不取决于我们的意志或决心，而取决于简单的好运或坏运。我们小时候摄入了多少蛋白质，我们是被爱、被恨还是被冷漠对待，我们出生时被“分配”的社会地位，我们必须应对什么样的恐惧，所有这一切在我们的心理构造上留下了最深刻的印记。这就是为什么详尽阐述一种“自为的”理性性格对某些
【240】人来说是很容易完成的，而对其他人来说却很难甚至是不可能完成的。如果心理性格是和谐的，那么在理性的生活行为中，前理性的和后理性的情感与倾向的安放就会顺利进行。心理性格一旦被撕裂，严重的内部矛盾在所难免。如果人尽一切努力去了解他或她自己的自我，并对其进行反思，冲突仍然可以持续下去，否则，他或她可能会以情感生活的贫乏为道德上的坚定和合理性付出代价。只有在最初的好运或坏运不会从根本上决定我们的道德上的性格的程度上，我们在道德上才是自由的。但即使在道德上，我们也只有在最初的好运或坏运很可能会影响我们一

生的命运的程度上才是**相对**自由的。即使正派和诚实可能是每个人都能做到的，但愉快的性格和成功地处理问题可能不是每个人都能做到的。亚里士多德一针见血地指出，幸福可以通过一生的善行来实现，但完全的幸福需要额外的“运气的善”(goods of luck)。每个“自为的”理性性格都与幸福密切相关，但实质的合理性本身并不能保证幸福。然而，“与幸福密切相关”不仅仅是“值得拥有幸福”。

关于斯多葛-伊壁鸠鲁伦理学的第二种反对意见的第二种论点更是令人费解。它声称，当今的社会环境破坏和扭曲了人性，以至于“自为的”理性性格几乎不可能出现。那么，残缺的人如何飞跃到同质的个性呢？

通过求助于弥赛亚的传统来处理这个问题是一个明显的(但轻率的)解决方案。可以说，屈辱越大，就越接近救赎(或者异化程度越高，解放的意志就越强烈)。但我反对这种“辩证法”。如果没有救赎者，那么它就取决于受辱者提升自己。此外，受辱者和被异化的人可能会造反，但应该事先认识到，从这种造反中产生的不仅是解放，还有一种新的奴役。

但是，当一切都说了、做了之后，针对斯多葛-伊壁鸠鲁伦理学建议所提出的第二个反对意见可以针对**所有**伦理学提出。所有伦理学都以相同的规范面对不平等。“你不应该杀人”的规范对于具有强烈攻击性冲动的人和那些不会伤害一只苍蝇的人同样有效。即使我们将所有的道德规范简化为一个单一的规范，即**正义**(这一原因是许多现代道德哲学的顶峰)，我们仍然无法规避不平等，因为某些人的心理构成使他们很难 【241】
按照正义的规则行事，而另一些人的性格使他们这样做很容易，而且是相当“自然的”。相同的道德规范的不平等只能在**单个案例**中通过的伦理判断来缓解。这就是良好的判断力在伦理学中如此重要的原因之一。就斯多葛-伊壁鸠鲁伦理学而言，道德判断是非常宽容的。既然建立在“自为的”理性性格基础上的善的生活是自我奖励(self-rewarding)的，那么，对那些无法实现善的生活的人的同情就比任何其他伦理学都强。诚然，同情可以转化为轻视(这是应该避免的)，但它永远不会转化为仇恨。因此，这种可能阻碍正义规范实施的所有情绪中最强烈的情绪根本不存在于斯多葛-伊壁鸠鲁的性格中。依照存在已久的伊壁鸠鲁哲学传统，这种性格很容易认识到人的所有需要，而将那些需要通过将他人用作纯粹手段来满足的需要排除在认识之外(因为理性性格被认为是“自在的”目标)。因此，即使斯多葛-伊壁鸠鲁伦理学涉及不平等(因为对每个人来说，遵守其规范并不是同样的困难或容易)，从这种伦理学的立场出发做出的判断比其他伦理学更好地考虑了人的需要和心理特征的不平等。

(3)斯多葛-伊壁鸠鲁伦理学的第三个反对意见不仅质疑它的普遍性，而且质疑它与我们时代的相关性。该论点可以归结为以下几点。如果斯多葛-伊壁鸠鲁伦理学的优点在于它能帮助我们在黑暗的世界中理解自己的生活，那么，仅在这一点上，它就是一种逃避现实的伦理学。此外，如果这也是一种伦理学，接受它可能会使我们更接受民主的激进化(社会主义)，那么，它就会让我们回到作为社会代理人的友善(仁慈)的陈腐观念，回到认为社会问题可以通过伦理上的改进来解决的宿命般的幻想。但由于情况并非如此，而解决社会问题是我们的主要**义务**，因此，正是这种伦理学与我们的时代无关。认为**活动**(我们一生中的善行)本身可以被视为目的，即使只是相对而言，这种建议本身就是令人无法容忍的，因为它破坏了我们履行最高职责的决心：在我们的活动**之外**追
【242】求社会目标。然而，有人认为，这样的追求意味着把我们自己，顺便也把别人，仅仅作为实现这些目标的手段。

我已经说过，斯多葛-伊壁鸠鲁伦理学是实质的合理性的伦理学。当“实质的合理性”这一范畴首次被引入时，我指的是这类合理性的**形式上的**能力。人们可以在接受完全不同的规范和价值的基础上成为一个“自为的”理性性格，而这些规范和价值对他们来说却涉及完全不同的目标。正是这种形式上的倾向解释了斯多葛-伊壁鸠鲁伦理学的长期存在，以及它对具体的和抽象的规范、价值和目标的改变的“抵抗”。斯多葛-伊壁鸠鲁伦理学有时意味着逃避现实，有时则恰恰相反。(例如，罗

莎·卢森堡可能被称为斯多葛-伊壁鸠鲁派的代表，但绝不是逃避现实者。）此外，在社会行动和政治行动方面，斯多葛-伊壁鸠鲁派是最可靠和最值得信赖的活动者。他们代表社会正义和政治自由，因为“代表他们”——也就是说，活动本身——源自他们的性格。他们从不把社会-政治行动作为获得权力、威望或财富的纯粹手段。因为希望和恐惧不会成为他们的动机，他们不会因为失败而失去信心。因为他们的信仰不需要幻想，所以他们不会经历空洞的幻想，也不会成为幻灭的牺牲品。没有人比斯多葛-伊壁鸠鲁派更愿意为理性论证做好准备，他们不需要将行动或信念合理化（在弗洛伊德的术语意义上）。如果他们错了，他们会承认的。他们不必为承认失败后可能崩溃的脆弱做自我辩护。

但是，如果在特定的情况下，没有任何社会行动可以源自“自为的”理性性格，那么，会发生什么呢？如果所有可能的社会行动都被个性视为非理性的，并被拒绝，那么，会发生什么呢？如果我们认可社会实践的替代品最终可能非常有限，那么此类情况可能会经常发生。为了保持其实质的合理性，理性的个性实际上可能会选择“逃避现实”。这里我要区分两种逃避主义。在第一种类型中，直接行动被语言行动（劝说、论证、讨论、启蒙）所取代，以拓宽和改变行动的备选方案。这不是退出，而是以其他手段继续社会行动，其中手段（语言行动）源于个性的本质。这种“逃避主义”不只是理性的。它远比决定留在混乱中更符合民主政治的规范，尽管有时是以失去颜面和决心的形式付出代价。但即使考虑到 【243】
这一点，我们也可以认为有比依照实质的合理性行事更强大的道德承诺，或者至少是同样强大的承诺。然而，在这里我要提醒读者，“自为的”理性性格是通过采取理智的合理性的态度而出现的：不断遵守的规范构成了使理性性格形成的核心。只有行为不是从作为一个同质的整体的理性性格中产生，最高规范才能被遵守。在这种情况下，人必须在单一的价值理性行为和源自实质的合理性的行为之间做出选择。罗莎·卢森堡为一项她认为没有得到广泛支持的事业而死，换句话说，这是不合理的，但她遵循了团结的价值。既然我们与他人一起行动，我们就不可避免地做出妥协。如果人们只有在每一个字都符合他们的喜好才签署抗议请愿书，那么，很可能就不会有请愿书被签了。但很明显，签署一份内容与我们的信念完全**矛盾**的抗议书，是一种不恰当的妥协。

还有第二种形式的逃避主义，它相当于完全退出社会行动，以保持我们性格的合理性：这是培育我们的花园的著名选择。与对我的理论的反对意见之一相反，我不会说这总是一个错误的选择：好的事物不会是错的。我也不会说这样的选择是完全无能为力的，因为它的存在本身就可以施加影响。但在可怕的时代，在邪恶和危险的时代，它的不作为是有罪的。

因此，我采取了第三个反对意见的观点。在某些临界情况下，甚至我们的“实质的合理性”都可能为了单一的价值理性行动而牺牲。如果我们采取的行动既不违背我们的信念，也不是出于我们的性格，我们就必须做出妥协。在我们的时代里，我们意识到我们的任务是“情境性”(situatedness)，该任务要意识到实质的合理性的限度。斯多葛-伊壁鸠鲁伦理学必须处理“情境性”，因为它把良好的判断力描述为决定追求共同目标过程中可接受的弹性程度的仲裁者。好的判断可以是前瞻性的，也可以是回溯性的。一个理性的个性可以判断他或她以前的行为是过于灵活还是不够灵活，像这样的回溯性判断可能会影响前瞻性判断。

对斯多葛-伊壁鸠鲁伦理学相关性的同样反对意见为自我牺牲提供
【244】了强有力的理由。显然，斯多葛-伊壁鸠鲁伦理学并不把**自我牺牲**排除在外，即使它最着重地排除了**自我牺牲**。正是斯多葛-伊壁鸠鲁伦理学总是反思临界情况，并建议如果一种行为剥夺了你过上善的生活的机会，那么就选择死亡。在这种情况下，选择死亡可以被理解为自我牺牲，但不是自我的牺牲；事实上，恰恰相反。抛开临界情况不谈，不太壮观的情况也是如此。“自为的”理性性格抵制了非常常见的诱惑形式，“自为的”理性性格克服了非常常见的恐惧类型，这样做不是尽管如此，而是事实上因为，他或者她认为善的生活就是目的“本身”。

我不想对个别情况下判断，因为可能真的存在个别情况，其中自我的牺牲作为一种自我牺牲的形式是真实的。但是，我强烈反对将此类事例视为典范的伦理学（例如，卢卡奇以《圣经》中朱迪斯诛杀暴君为例的“道德牺牲”理论）。这种拒绝不仅得到了我迄今为止所提出的论点的支持，而且也得到了我的信念的支持，该信念是：作为自我牺牲的自我的牺牲，通常是不真实的，并且主要是由排他主义的个人实施的一种合理化形式，它是另一种牺牲的合理化，即为了一种自我追求的力量而牺牲自我。我不认为陀思妥耶夫斯基的审判官只不过是个审判官。

有一个问题仍未得到讨论，至少没有以明确的方式得到讨论：对介绍斯多葛-伊壁鸠鲁伦理学的指责还暗示了另一项建议；通过道德改善来解决社会问题。后一项建议不是我立场的一部分，尽管反对意见并非完全无关紧要。

很容易理解为什么我不认同上述立场。实质的合理性本身就是一个目标。符合斯多葛-伊壁鸠鲁伦理学标准的“自为的”理性性格，无论他们所致力于的事业成功还是失败，他们都此时此刻拥有善的生活。此外，伦理上的改良或“道德上的改良”的概念本身就是误导。我们没有共同的标准来整体地衡量和比较各种文化的道德与伦理。各种各样的基础主义者会把斯多葛-伊壁鸠鲁伦理学视为一种伦理衰退的形式，而不是相反，因为它没有规定每个人必须遵守的特定规范（如贞洁、谦逊等）。

然而我重申，上述反对意见并非完全无关紧要。我已经明确表示，【245】
我认为“自为的”理性性格就是**民主性格**的**模式**。而且，由于我公开承认我对作为社会主义的激进民主的承诺，因此，斯多葛-伊壁鸠鲁伦理学的建议和我对民主激进化的承诺是真正相互关联的，越早理解这一点越好。但是，将**民主性格**描述为民主激进化的可能推动者，并不是说社会变革是通过道德改进来实现的。相反，这种结构是将韦伯著名的新教伦理类比为资本主义发展的推动者来构想的。当然，对过去的历史做出解释总是比对现在的（包括现在的、未来的）相互关系提出建议更安全。但是，断言一个激进的民主社会不可能出现，除非有人采取行动使它能够出现，而且只有个性模式是激进民主的人才能这样行事，这仍然不是理论上的虚张声势。我将现代西方社会解释为三种不同逻辑的独特组合：资本主义、工业化和民主。我还断言，因为这些逻辑的动力已经变得越来越矛盾，其中一种动力——所有这些都确实存在——将限制其他两种动力，并最终确立自己的主导地位。我不自诩自己知道这三种逻辑中哪一种事实上会取得成功。不可否认的是，我们的历史可能以人类文化，甚至整个人类的自我毁灭而告终。我只是认为，如果民主的现有动力确实取得了成功，那么，民主的有个性的人的伦理道德将对这一结果做出决定性贡献。我的观念与善意是通向救赎之路的信条无关。考虑到理性性格被认为是理性行为的来源，而不仅仅是理性意志的来源，这一点尤其如此。

（九）日常生活、理性的合理性、理智的合理性——从实质的合理性的角度来看

“基本性格类型”这一范畴已被文化人类学学派重新引入社会理论。在调查部落社会时，这些人发现，占有特定的“规范和规则”与占有一种
【246】“社会性格”或一定数量的社会性格是相伴而生的。如果人们考察前现代艺术，就会得出这样的结论，即同样的事情，或者至少是类似的事情，适用于所有其中对“自在的”对象化领域的占有独自限定着人们的行动范围的社会。这些艺术作品所代表的人的类型并不是个体类型，而是社会性格类型，即“面具”。在这里，理性的合理性（根据“规范和规则”，根据理性行事的能力）意味着“符合”**这种**社会性格或其他某种社会性格类型。我所谓的“自为的”理性性格（个人的理性）并不是某种能或不能发生的东西：它只是必须发生。人必须“符合”社会性格类型。如果他们做不到这一点，这个人的性格将是非理性的。性格的合理性不是我为了一种价值或为了批判“合理性的活体解剖”而引入话语或建构的合理性。我只是用这个概念来指代人的普遍性。

只要“自在的”对象化领域**仍然**发挥社会化的作用，人们就**仍然**可以发现社会性格类型的痕迹。如果一个人说 X 是典型的英国工人，Y 是典

型的英国贵族，他指的是这些性格类型。然而，现代社会的主要特征（其成因已被仔细研究过）是社会性格类型的逐步消除。人们一方面变得更加独特（个人主义），另一方面变得更加因循守旧。我所说的“因循守旧”并非意味着所有性格都彼此相似或相同；我想到的是降低了的性格结构的合理性。当提到因循守旧时，里斯曼创造了“外向性”（outer-directedness）这个词，这个表达非常符合我的理论。如果某人完全以外部为导向，他或她的性格就是非理性的，因为他或她的行为不是源自性格。尽管如此，完全地以外部为导向是一个非常极端的例子；更恰当的说法是，朝向以外部为导向的倾向。此外，以外部为导向不可能是一种社会性格类型，因为它根本就不是一种性格类型。以一种外部导向的方式行事的倾向已变得普遍，这一事实表明，仅根据理性的合理性行事并不足以稳定我们这个时代的性格结构。

以一种**持续的**方式只是按照理智的合理性行事，是根本不可能的。从一个或几个规范的立场来质疑“规范和规则”的有效性是一种认识论上的转变。在这种转变过程中所采取的态度可以成为我们终生的态度，但【247】我们不能每天都质疑“规范和规则”，尤其是不能质疑所有“规范和规则”的有效性，因为如果人们不至少遵守其中一个（最好是几个）“规范和规则”，他就不可能继续生活。“自为的”理性性格被定义为作为总体的人与人的总体性的同质化统一，这意味着理智的合理性与理性的合理性的和谐一致，是在理智的合理性的引导下实现的和谐一致。

“自为的”理性性格是个体的性格，而**个性**概念是指这种性格的**独特性**。但它仍然是一种**社会性格**。正是我们这个时代使理性主义的态度盛行，正是我们这个时代高度重视个性的独特性。因此，如果人们成功地将作为整体的人和人的整体性、理智的合理性和理性的合理性结合在一起，并成功地将一个个人同质化成一个独特的个性，那么他就充分地适应了现代社会的“社会性格”模式。

社会性格类型是每种文化和每个时代的理性性格类型。实质的合理性本身是后传统时代唯一的社会性格类型：是这个时代的理性性格类型。这就是我们完全的外部导向性理论只不过是一种**消极的乌托邦**的原因。当然，同样正确的是，每个人都成为同质的且实质上是理性的个性的世界理论设计只不过是一种**积极的乌托邦**。在现实中，我们面临的现实却是三个特征的结合。首先是外部导向性的增加；其次是至少有一些理性的个性特征的稳定化；再次是回归到前现代的、传统的"规范和规则"，它或多或少地稳定了"自在的"理性性格，即个人的合理性。但从实质的合理性本身(个性的合理性)来看，退回到"自在的"性格(个人的合理性)是**非理性的**；它**被认为**是向非理性的倒退。由于实质的合理性本身是我们后理性时代的理性(社会)性格类型，我们不能将"虚假意识"归因于一种将传统的和特殊的性格类型"非理性化"的观点。尽管上述三种倾向通常由不同的人、运动和社会群体表现出来，但它们也可能在这
【248】些相同的实体中以不同的比例共存。对基础主义运动来说，从更加外向型的人那里招募追随者比从稳定的个性中招募追随者更容易，因为前者比后者所经历的更大程度的生活方式的丧失，并没有被任何——甚至是更弱或更不持续的——生活行为所抵消，因此，即使是从实质的合理性角度来看是"非理性的"，它也使这些人容易受到任何生活方式的影响。

在这一点上，提供进一步的理由来解释为什么这种重要性应该归因于加强实质的合理性本身，归因于或多或少的民主性格的普遍化，这是合适的。如果人们将民主行动等同于政治行动，将民主行为等同于政治行为的性质，那么"民主"这一概念在某种程度上可能会产生误导。我用"民主性格类型"这个术语，只是指当涉及社会-政治行动时，实质上的理性性格在本质上是民主的。但是，如果人们指的是一种个性的生活行为，以及围绕斯多葛-伊壁鸠鲁伦理学建立的特定生活行为，那么人们不仅要考虑政治行动和行为，还要考虑包括日常生活在内的作为一个整体的生活。而正是在日常生活中，生活行为才是最重要的。但是，即使在日常环境中，将一种性格类型称为"民主的"，也不简单是一种修辞手法。承认他人的需要、尊重他人的个性、随时准备使用理性论证，以及决议、良好的判断力、与情感主义和同情相结合的客观性、自我反思而

不自卑能力：所有这些态度、行动和能力在人道的日常生活中是最重要的，即使它们可以被称为民主的。作为整体的人和人的整体性的统一首先在日常生活中受到考验。我们不应忘记，作为一个整体的人是日常生活的主体。

关于我的理论的最终结论，人们有可能提出一个严肃的反对意见。在这个理论中，我提出了一些理论建议，它们可以这样表述：①实质的理性性格本身是现代社会的理性性格类型（它是一种**社会**性格类型）。②现代性是以发展出独立逻辑并最终相互冲突的三个组成部分为特征：工业化、资本主义和民主。③资本主义和工业化都比民主态度更深入地渗透到日常生活与合理化的制度中。④实质的理性性格本身就是民主性格。鉴于这些提议，反对意见认为，尽管它们可能是相互关联的，但它【249】们肯定不是高度一致的，并且结论不是从这些命题中得出的。简而言之，这表明一种相当糟糕的逻辑贯穿始终。然而我不能接受这种说法。

的确，工业化是现代性的一个主要组成部分。但是我已经详细分析了为什么工业化无法给现代性提供任何性格类型。事实上，工业化最终倾向于破坏传统的性格模式，或者至少有助于它们的破坏。除了负责创造失去人的整体性的专业化主体之外，它还给这个个体留下了一种生活方式的废墟。另一方面，如果价值没有同时普遍化，工业化可以继续进行，同时保留了从理性主义的角度使之“非理性化”的传统的和排他主义的生活方式，或者它可以建立新的和非理性的性格类型。因此，当我们谈论现代性所推动的“社会-理性性格模式”时，我们可以合理地忽略工业化。

资本主义并非如此。我们一生对利益的最终追求稳定了一种理性的性格类型，即**理性的利己主义**。不仅民主，而且资本主义也重视个性，重视“实质的合理性”。在这个意义上，当里斯曼提到早期资本主义所提倡的性格类型时，他所说的“内向性”（inner-directedness）是合理的。但是，即使早期资本主义赞同“内向性的个性”，我也不相信——就像里斯曼所做的那样——它能够实现这样的个性。如果理性的性格是通过追求利益的价值来实现的，那么成功或失败是幸福或不幸的唯一来源。但是，幸福或不幸也取决于外在于人的东西，而不是内在于人的东西：个人的生活仍然取决于机遇。即使人们没有对理性的利己主义者做出道德判断，而只是审查他或她的合理性有多么的实质性，人们也必须得出结论，即它是相当有限的。当然，理性的利己主义者的一切行为都源于他或她的性格，在这个程度上，性格在实质上是理性的，但这种实质的合理性是脆弱的，因为它依赖于外部环境。如果遇到厄运，性格就会土崩瓦解。

事实上，实质的合理性是现代社会的社会性格类型，因为它是由资本主义和民主共同塑造的。现代性的第三个组成部分一直并且现在仍然
【250】无法提供任何性格模式。这就是我把实质的理性性格称为现代性的理性性格类型的原因。然而，我还没有把这种性格类型称为民主的提议具体化。

资本主义适当地提出了实质的合理性的观念，但理性的利己主义一直无法满足这一观念的迫切需要。但是民主的性格却可以成功地满足“实质的合理性”真正的要求。就民主的性格而言，不仅有个性的人的所有可能行动都源于该性格，而且任何可能行动的目标和宗旨也是如此。这些目标和宗旨是依据普遍的或可概括的价值提出的，对这些价值的遵守已经“融入”在该性格之中。正是基于这些理由，人们才有资格说，在最后一种情况下，“自为的”理性性格只有在民主性格中才等于其理念。

真正的民主性格是相当罕见的。我们从不同的角度考察了民主性格普遍化的巨大障碍，即可以将民主的个性结构粉碎在萌芽状态，将我们推回到空虚中或使我们寻求新的基础主义，以及外向性和理性的利己主义的庇护的日常压力。从残缺不全的和扭曲的人到“自为的”理性性格，没有单一的“大飞跃”。就性格结构而言，这样的飞跃无论如何都是不可能的。此外，激进民主不是可以通过法令建立的制度。如果真能实现这一目标，它只会通过一个漫长的过程来实现，在这个过程中，越来越多的民主制度得以建立，古老的制度得以振兴，并伴随着越来越多的民主人士的积极贡献。如果激进需要和普遍的价值能够得到满足，那么，概括“自为的”理性性格的社会障碍即使不能完全消除，也会大大减少。但

所有这一切往往会引导我们远离我们的现在，并越来越远地进入我们称为“乌托邦”的规范性思想领域。在我的合理性理论所提供的指引下，这种规范性思想是“理性的回归”的乌托邦。

【251】 # 第四章　合理性与民主[1]

一、民主政治的道德准则

至少在当代，政治与道德之间的关系可以用以下自相矛盾的论断和理论命题来表述。

(1)政治是一种**技艺**。在政治生活中，我们不遵循道德规范，而是遵循技术规则。任何一种政治的成功都取决于对一些基本规则的熟练运用。这些规则是可以学会的。在某种程度上，这些基本规则的熟练应用需要特殊的才能。这在一定程度上也是经验问题。任何形式的政治，如果不遵守一套技术规则，就不能实现其目标。认为政治是一种**技艺**的断言也可以理解为一种假设：政治应该作为一种**技艺**来实践。

(2)在实践中，政治是作为**技艺**来学习和应用的。然而，它**应该**建立在道德的基础上。政治的真正任务不是简单地夺取权力或加强对权力的控制，而是改善人类和世界。任何政治制度的功绩取决于那些相信它并按照它行事的人的道德目的。任何不遵守某种道德规范的政治制度都肯定是错误的，因为它没有设定很高的道德目标，而且也无法激发任何实现这些目标的热情。

【252】 尽管这两种主张所建立的规范之间存在矛盾，但它们都一致强调，在实践中，政治遵循技术规则，而不是道德规范。我们现在将继续对这一主张的真实性提出疑问，并审查这些规范中的任何一种或两种在多大程度上是合理的。

---

① 本章的第一部分是发表在《实践(国际版)》(*Praxis International*, vol. 1, 1981)上的《民主政治的道德准则》(The Moral Maxims of Democratic Policies)一文，第二部分是发表在《哲学与社会批判》(*Philosophy and Social Criticism*, vol. 8[3], 1981)上的《合理性与民主》一文。

认为政治只遵循技术规则而不是社会规范的主张，只有在一种特殊情况下才是正确的，即当所有的政治决定都只由一个人做出，而且那个人凌驾于所有社会法则和社会控制之上——或是一个绝对的君主、有魅力的领导人，抑或是一个专制者。马基雅维利建议君主运用他的政治**技艺**，这并非巧合。如果一个人凌驾于一切社会规则之上，那么他就不必遵守这些规则。然而，与此同时，他的权力完全取决于他政治决定和军事决定的巨大成功。他的目标和实现这些目标的方式都不是以共识为前提的；无论如何，出于恐惧而产生的错误共识得到保证。然而，必须承认，无限制的政治权力不是以稳定为特征，而是以责任为特征。如果政治家的行动自由是有规定的，并且只限于一定的程度，那么，人们对他失败的宽容度要远远高于对他享有无限权力时的失败的宽容度。此外，人类的心智不适合运用无限制的权力。这一切的后果很容易理解。虽然只要政治家凌驾于社会规则之上，政治就只能作为**技艺**来实践，但在这种情况下，政治的实践实际上很少受到理性考虑的支配。当权力是无限的时候，政治通常会丧失所有理性的痕迹。这是相对次要的要点，在这里重复它只是为了消除认为政治只是**技艺**的偏见。

除了这一种情况，政治永远不可能作为纯粹的**技艺**来实践，这在今天仍然如此。一方面是传统，另一方面是法律，它们在很大程度上限制了目标的选择和实现目标的方式。而且，这些社会规范不仅规定了在不引起反对的情况下不能超过的限度，而且也或多或少地包含了关于公正行为的确切规则。当然，存在着各种支配单个国家内部的行为和与其他国家(盟友和敌人)的关系的限制与规则。把政治作为纯**技艺**来实施，在后者中比在前者中更为常见，但即便在后者中，这种做法也属于例外。那种关于规则——特别是在外交政治领域中——经常被违反的争论，也是与此不相干的。道德规范经常受到侵犯，却没有失去其有效性。【253】

当然，所有形式的政治都有技术规则。然而，“政治”本身并没有一般的技术规则，因为不同的社会规范决定了在不同社会中运行的规则的性质。例如，只有在举行选举的国家才能运用获取选票的技术。某人无论是扮演贵族角色还是快乐角色，都取决于社会规则而不是其议会方式。

在一个个人权利和自由受法律保护的现代国家中，其社会规范在其宪法(无论是成文还是不成文)中得到正式确立。官方不允许任何政治手段侵犯宪法，当然在实践中是可以的。但除了法律控制外，还有许多必须在政治机制中加以考虑的纯粹的传统规则。

社会规范**约束着**那些投身于政治的人。个人是把它们视为对自己的约束，还是纯粹出于实用主义的原因遵从它们，是另一个问题。从这个角度来看，政治家的态度不太重要。只要他们不违反社会政治规范，在这个框架内从事政治活动，他们的动机是关心国家的繁荣还是追求权力，都无关紧要。正如康德指出的那样，政治规范与道德无关。它们是法律规范，反映的是社会价值，而不是道德价值。

在人权从宪法上得到保障的国家中，政治家们必须把人权界定为对他们自己行动的限制(和机会)。人权作为所有政治活动的道德框架而发挥作用。然而，这并不意味着人权也具有支配这一活动的道德准则的地位。参与政治的人并没有**被强迫**去考虑他们的决定是否促进每个公民的自由、平等，等等。他们需要考虑的只是那些把他们选出来的人的反应、他们的支持者的反应和其他权力集团的反应，以及他们可能采取的反对行动。也就是说，他们必须考虑到他们的决定是否会引发抗议活动，而抗议活动会使这些决定无法付诸实施，并可能危及他们自己的权力地位。因此，很明显，人权法案中表达的道德规范可以被公认为明智的政治行为准则，事实上，它们通常被公认为是这样的。有人可能会怀疑，在人权得到保障的国家，政治道德状况要比在人权得不到保障的国
【254】家健康得多。然而，由此无法推断出政治道德处于同样合理的状态。这在外交政治领域最为明显。尽管联合国的每个成员国都以书面形式承诺尊重人权，但今天大多数国家仍然没有在宪法上承认人权的存在，更不用说通过制定法律来保障人权。毫不奇怪，这些使国家无所作为的空洞姿态未能在国际事务中提供一致性的社会规范。即使在民主国家，承认人权也在内部给民主国家规定了道德限制，并使得制定明智的政治行为准则成为可能，但由于缺乏导致类似承诺的社会道德，这种准则不适用

于外交政治领域。因此，目前对以明智的行为为座右铭的外交政治进行民主管理是不可想象的。只有当政治准备遵循道德准则时，才有可能在国际关系领域引入真正的民主政治。然而，有必要在此假定，外交政治和国内政治不能完全分开。此外，我们应该重视马克思的名言，即压迫人民的国家是不可能自由的。本着同样的精神，我要提出以下的理论观点：一贯的民主政治形式并不只是以国家承认人权是社会规范的组成部分，并据此为明智的行为选择其准则为特征。它还必须按照一套道德准则来处理其政治事务。

我们曾假设我们关于政治与道德之间关系的两种相互矛盾的观点都一致地认为今天的政治只是**技艺**。我们已经拒绝了这种主张，认为它是错误的。我们的结论是，除一些例外情况外，政治活动受社会规范的约束，其技术规则也必须符合这些规范。在承认人权的宪法保障规定了民主政治的道德规范和法律地位时，我们也驳斥了政治应该简单地遵守技术规则的观点。我们还提出了一个理论观点，即一贯的民主政治形式应该接受某些道德准则。因此，我们似乎都认为政治应该建立在道德的基础上。然而，事实并非如此。

一种道德化的政治形式以改善人类和世界为目的。如果人们想要改 【255】
善人类，就必须清楚地认识到真正的美德是什么。真正的美德关系到整个人类，关系到人类在公共生活和私人生活中行为的方方面面。道德化的政治采取一种特殊的生活方式，并准备要求至少在某一特定国家或政治运动中普遍采用这种生活方式。然而，现代社会以其异质性为特征。它包含多种习俗和个人选择，并通过一个国家内部的各种文化传统进一步加强。道德化的政治与所有文化、运动、阶级，甚至个人对立，具有相异的生活方式。因此，它只能通过诉诸武力来实现根据其美德观念改善人类的目标。道德化和压迫在政治中相互联手。清教徒式的政治制度史，特别是雅各宾主义(它公开宣称自己相信道德和恐怖)的历史，本身就说明了问题。

道德化的政治有两个截然不同的传统。一个是坚持以宗教为基础的美德观念和生活方式，是启蒙运动之前的东西，尽管它在我们这个时代重新出现。另一个则是在一系列革命(作为反对自由主义的一种反应)中形成的，可以被描述为启蒙运动的倒退。在第二种情况下，根据黑格尔的观点，道德上的邪恶也可能成为政治的基础。道德化的政治与马基雅维利的政治一样残酷。目的证明手段的合理性的主张是其意识形态武器的一部分，而不是政治机制的一部分(后者不承认“神圣”的目标，只承认“有利”的目标)。如果要在政治**技艺**和道德化政治之间做出选择，选择前者必然会减少人类的痛苦。

从迄今所讲的情况可以清楚地看出，任何关于接受政治行为的某些道德准则的理论观点，绝不是要求所有政治都建立在道德之上。但是，在我们开始分析一种**不以**道德为基础的政治形式可能具有的道德原则之前，我们必须首先仔细审视政治活动的另一个领域。

【256】在政治中，人们要么遵循某些规定的原则，要么以纯粹**实用主义的**方式行事。这两种可能性也可以以各种方式结合在一起。实用主义政治是**适应的**政治。它涉及几个权力集团或游说集团的熟练操纵，每个集团都试图维护自己的权力地位。在这里，计划和目标必须被视为纯粹的权力工具。一个实用主义政治家永远不会因为不能推行他的政策而自愿退职；相反，他会支持其他一些政策。实用主义政治通常被称为“经验主义的”(因为它对经验非常敏感)，这是有道理的。有时它甚至被称为“**官僚主义的**”(因为它不冒任何风险，也不开发任何新项目)。然而，这个标签是不恰当的。如今，所有类型的政治活动都需要某种形式的官僚机构，实用主义的政治不亚于以原则为动力的政治。

“有原则的”政治开始实施预先设想好的方案、计划和目标。一个致力于某些原则的政治家如果不能实现自己的目标，他就会辞职，并会等到实现这些目标的时机成熟；在一个不承认自由主义价值观的国家，如果可以的话，他只会通过武力实现自己的目标。政治原则本身可以有很大的不同，不仅是在性质上，而且也是在范围上。它们可以包括全面调整经济或外交政策或改变政党的政策，也可以涉及一个具体的目标或决定。当然，这并不意味着“有原则的”政治家们对权力漠不关心，只是他们总是把权力看作“实现某种目标的权力”。

可以公开争论实用主义政治和有原则的政治哪个“更好”。严格地从基于个人良知的道德立场来看，有原则的政治是可取的。这两种政治行为中哪一种被证明是更好的可能取决于政治家生活在民主国家还是不民主的国家。在一个不民主的国家里，有原则的政治可能比实用主义政治造成更大的伤害。然而，如果有人提出这样一个问题：如何用道德准则来规范政治，那么他就不得不站在有原则的政治一边。但必须始终牢记的是，有原则的政治不一定优于纯粹实用主义的政治。因此，关于应该鼓励政治家接受道德准则的原则，通常的确是能够确保有原则的政治优于纯粹实用主义政治行为的原则。

当我们研究有原则的政治时，我们讨论的是**政治**原则，而不是**道德** 【257】
原则。有原则的政治只有一种道德含义——忠于选定的一套原则。这些原则本身并不是道德的。如果能够制定出普遍的政治原则，这些原则能够作为各种形式的民主政治的原则(不论其个人目标如何不同)，并能够作为普遍道德的准则，那么，至少**在理论上**，我们的问题就能得到解决。原因很简单。

如果政治是建立在道德的基础上的，那么它可以用任何手段来实现它所设定的对人类的任何“改善”。但是，没有一种生活方式(没有一种道德价值体系)是普遍的，即使它声称具有普遍性。因此，它的政治原则是**意识形态的**，在本质上是**不民主的**，因为它概括了特定的价值观念，因此，如果可能，它阻止了所有其他价值体系的表达和表现。事实上，它排斥并压制了其他价值体系的表达和表现。然而，如果不是某一种(错误地)普遍化了的特殊价值体系，而是政治原则本身，那么这些政治原则就对所有人具有约束力，不管他们的价值体系或生活方式如何。政治原则只有在具有多种价值体系和生活方式的情况下才能得到普遍适用。为了使政治原则发挥道德准则的作用，它们必须在形式上(尽管不是内容上)与所有道德决定一致。

遵循普遍原则(作为道德准则)意味着什么？当然不是(或不仅是)宣布自己对它们的信仰。相反，它意味着：考虑政治决定是否符合那些原则；准备根据那些普遍原则为任何政治决定提供论证；如果被证明与那些原则相矛盾，则将个别公民(或国家)所做的一切政治决定列为非法的。

似乎我们已经找到了一些非常抽象的、乌托邦式的和假设的东西。但事实并非如此。我们所做的一切只是通过一些修改来重建一个已经存在并且断断续续实施了两百多年的程序。更准确地说，我们是本着民主**传统**的精神进行辩论的。

《独立宣言》(*Declaration of Independence*)足以说明这一点。

【258】《独立宣言》首先声明它所提出的政治决定需要合理的理由。然而，这种表达方式使得它不仅仅与这一政治决定相关。它对**所有类似的**决定都表示："在人类事件的发展过程中，当一个民族必须解除同另一个民族的联系时……出于对人类意见的尊重，必须把要求独立的原因予以宣布……"《独立宣言》继续列出了**作为道德准则也有效的普遍原则**。各国政府都应维护三项"不可剥夺的"人权，即生存权、自由权和追求幸福的权利。如果不这样做，那么"他们就有权利(人民有权利)、有**义务**推翻这样的政府，为他们未来的安全提供新的保障"。从"义务"的提法中可以清楚地看出，这三项普遍的政治原则也被视为道德准则。"义务"并非政治义务，因为它要求推翻现有的政治秩序。然而，由于《独立宣言》继续列出了美国殖民地人民对英国王室的不满，而这些不满的条款最终都是政治性的，很明显，这些不满的条款最初是作为政治原则制定的。殖民地人民不满的性质证实，国王一贯违反一切普遍的政治原则。这足以证明在此提出的具体政治行动是合理的。结论是："因此，我们……庄严地公开并宣布，这些联合起来的殖民地是，而且理应是自由和独立的国家。"

这是一部政治演绎的杰作，没有一丝意识形态煽动的痕迹。当然，论证取决于最初前提的真实性(正确性)。然而，最初前提的真实性(和正确性)不需要理由。上面写着："我们认为下述真理是**不言而喻的**，人人生而平等，造物主赋予他们某些不可剥夺的权利，其中包括生命权、自由权和追求幸福的权利。"《独立宣言》适当地假定了政治的普遍原则(也具有道德准则的地位)是不言自明的，这不仅仅是因为它重申了当时已经广泛持有的观点，或者因为这种《独立宣言》不能关注哲学上的问题，而且还有更深刻的原因。

人们可以批评《独立宣言》的文本，理由是它的出发点是错误的。首先，所有人生而平等，并享有不可剥夺的生存权、自由权和追求幸福的权利的主张，在18世纪末绝不是不证自明的。它只是在特殊的世界观 【259】
背景下是不证自明的，此外，（根据我们的观点），按照目前的情况，它是一个虚伪的断言。我们稍后将回到第二点。然而，关于第一点，我认为，不可能在《独立宣言》所表达的观点基础上做出重大改进，更不用说规避它们了。诚然，最初前提的政治原则只有在具体的政治世界观中才是不证自明的。然而，很明显，一旦开始详细研究所有可能的政治行为形式，就根本不可能制定任何一般的政治行为原则。说到普遍原则，只能指一种与普遍政治原则有关的政治形式。我的这篇文章的题目是："**民主**政治的道德准则"。事实上，政治必须是民主的，这是**不言而喻**的；但在这一分析的框架内，它是假定的。它是我们论证的公理。因此，在这里，我也在追随那些起草《独立宣言》的人的脚步。我认为，在《独立宣言》的最终版本中，以"不可剥夺的"取代最初的表述，即"神圣且不可否认的"，这个想法涉及其作者的类似见解，而其根本原因在于这些原则的不证自明的有效性。

在提出民主政治制度的普遍原则时，我必须再次强调，这些原则只是对传统民主原则的重新规定。但是，只有在一种特定的世界观中，人们才能重新拟订那些有时已经被认为是不言而喻的原则。它们必须被重新表述，以便使它们在当代哲学的背景下更有说服力，并通过这样做，避免认为它们是"错误"的指控。与此同时，这些原则只有在受到某种社会激进形式的影响时，才能以当代哲学的精神加以重新表述。

原则如下：

（1）行动起来，就好像每个公民的个人自由和每个国家的独立取决于你们的行动。这是**自由**的道德准则和政治原则。

（2）按照所有社会规则和法律行事，即使是对一个公民（或一个国家）的社会规则和法律的违背，你也应加以反对。这是（**政治**）平等的道德准则和政治原则。

【260】 (3)在你所有的政治交往中，假设所有人都有能力做出政治决定。所以，把你的计划交给公众讨论，并根据这些讨论的结果采取行动。如果你做不到这一点，那就辞去你所有的权力职位，要着手让别人相信你的观点是正确的。这是(**理性的**)平等的道德准则和政治原则。

(4)承认所有人的需要，只要这些需要能够得到满足而不与自由、政治平等和理性发生冲突。这是**正义**的道德准则和政治原则。

(5)在所有的交往中，只要不与其他政治行为准则相冲突，就要支持那些忍受最大痛苦的阶级和国家。这是**公平**的道德准则和政治原则。

在我看来，这些是民主政治的普遍道德原则。它们同时是道德准则，因为它们可以作为所有道德决定的指导方针。运用这些准则，我们也可以制定民主政治的**基本法则**：以一种让所有自由和理性的人都同意你的行动的政治原则的方式行动。

该基本法则假定了**全部达成共识**的可能性，不是在所有政治决定中达成共识，而是就这些决定的政治原则达成共识。仅仅因为自由和理性的人赞同决定与行动的原则，这并不妨碍他们质疑、批评甚至反对个人的决定或行动。**全部达成共识**将是例外，而不是规则。如果个人被迫达成这种共识，这将确立一种规范，这种规范首先是不可实现的，其次从民主政治的观点来看是不必要的，再次是不可取的。通常不只有一个而是几个符合第一项、第二项、第四项和第五项原则的决定，并且在一个拥有许多不同生活方式和不同需求、愿望的社会中，每个人都不太可能做出同样的决定。无论如何，决定总是在时间的压力下做出的。民主政治的第三项原则要求，在有几种选择和时间紧迫的情况下，应接受大多数人通过讨论做出的决定。少数服从多数的原则经常受到批评，但没有办法完全避免它。这可能会让少数人感到不快和沮丧，但每当必须迅速
【261】做出决定时，人们就不得不说：**人民的呼声**(vox populi vox dei)。在实践中，**全部达成共识**(consensus omnium)假定某一特殊决定或行动中的同质性，并且不会留下不满或反复试验的空间，这是一种远非令人满意的状态。然而，如果所需要的只是一种必须遵守政治原则的**全部达成的**

共识，那么一致和不一致就不需要被认为是相互排斥的。

为了避免误解，应该强调的是，基本法则并不是更严格意义上的合法化原则。要求人们按照能够使所有自由和理性的人都同意你行为的政治原则来行事，这不仅对政府而且对所有从事政治活动的人都有约束力，也就是说，它是本着绝对互惠的精神制定的。如果所有人都能够而且应该合法地行事，也就是说，根据基本法则来行事，就不可能有狭义上的合法性，即统治的合法性。那么，就没有统治这样的事情了。

看起来好像我们已经迷失在白日梦中，并陷入矛盾。我们谈论的是政治，是一种行动，在这种行动中权力是压倒一切的因素。但与此同时，我们假定存在着一种政治行为的基本法则，该法则排除了一个群体或个人受他人统治的可能性。我们还概括了合法政治行为的概念，使其能够适用于所有从事政治活动的人。然而，在马克斯·韦伯的经典公式中，控制(control)被等同于合法的权力。这里，我想指出，韦伯的第三种统治合法化的形式，即法律合法化，是高度模糊的，可以根据我们自己的分析来解释。

“统治”描述的是命令和服从之间的关系。如果所有人都平等地遵守法律(或仅仅是一个单一的法律)，那么“统治”这个词只不过是一个没有任何社会内涵的隐喻。说到这一点，我绝不想否认统治不能被法律所合法化，只是强调法律的合法性并不一定意味着统治的合法性。

在我们对民主政治的普遍原则(道德准则)的分析中，没有提到任何社会的结构。不言而喻，如果所有人(以及所有国家)都有平等的机会参与决策过程，那么普遍原则和基本法则**在实践中**只能作为行为准则。如果这种条件没有得到满足，它们**只能作为道德准则**来发挥作用，而道德准则只在某些个体的意识中具有约束力。财产关系决定人是否**足够平等地享有平等自由**，这是一个古老的真理。亚里士多德认为(相对的)财富 【262】
平等是自由平等的首要前提。将“**存在**”(being)和“**占有**”(having)作为人类存在的两种可能形式进行对比很诱人，但只有鸟类可以自由而不拥有任何财产，而且只能在寓言领域。我在另一篇文章中详细讨论了一种主张，即所有人都必须是财产所有者才能获得自由，我在这里只是重复这一主张。在现代工业化的世界中，财产的普遍所有权只能以集体所有制和自治的形式出现。如果个人不享有可以将自己的政治意愿强加于人的压倒性的经济实力，如果每个人都享有能够将一些精力用于政治决策过程的足够的经济实力，那么，个人只是“服从于”法则，而不是其他个人或团体，那么，就可以想象个人服从于普遍的政治原则和基本法则。其结果是一个没有统治精英的社会。

然而，这并不意味着存在一个没有权力的社会。想象一个没有权力的社会是很有吸引力的，但这也是一个没有政治的社会。

如果人们将权力定义为某些个人或社会阶级将自己的意志强加于他人的能力，那么在一个普遍的政治原则对每个人都具有约束力的社会中，人们就无法谈论权力。但这对权力的定义过于狭隘。当某些人被赋予拒绝他人，而按照自己意愿行事或满足其需要的权利时，它仍然是一种权力。从这个意义上说，普遍原则与权力的行使没有任何矛盾。

如果在公开辩论后，人们都同意根据多数意见做出决定(按照第三条一般准则)，那么就禁止少数人坚持其意愿(按照第一条准则)。第四条准则要求承认所有的人的需求(只要它们的满足不与任何其他准则相抵触)，但不满足所有这些需求。不同社会群体需求的相对优先性也是公众讨论的问题。所以在任何时候，一定会有一些群体的需求得不到满足。这意味着，一方面，权力是分散的，另一方面，权力冲突是通过理性讨论来解决的(在哈贝马斯的意义上)。当然，这并不意味着权力不再存在。

【263】 此外，一个致力于普遍政治原则(道德准则)的政治体系既不排斥实用主义，也不排斥政治**技艺**。在讨论过程中，能够提出所有相关人员都能接受的理性的折中方案，需要一定的实用技术。一旦根据原则做出决定，就必须遵守某些可学习的规则，并在实施时发挥其作用。这些可能有理由被描述为政治的技术技能。建立在这些原则基础上的政治体系所排斥的是意识形态和道德政治，因为坚持这些原则就不可能建立任何个人的生活方式或者作为一种绝对的、“普遍良善的”或“一切都是可取的”目标。

因此，关于普遍原则应被视为对民主政治制度具有约束力的道德准则的理论建议，似乎根本不是乌托邦，因为这些原则本身是在两百多年的一个长期传统的过程中制定出来的。然而，同样清楚的是，今天它们只能作为建立在个人良知基础上的纯粹道德准则而具有效力，因为作为政治原则而使其普遍化的先决条件在社会中是缺乏的。即使在人权和自由得到尊重的自由民主国家里，由于其中的财产关系，这些原则也不存在，而且它们完全不存在于各种形式的专制主义中，在这些专制主义中还没有出现任何这种原则的痕迹。在外交事务中，原则的确立存在许多困难。在这里，财产关系的不平等甚至比在个别国家中更为突出。政治权力也更加集中，自由民主国家更多地与专制国家，而不是其他自由民主国家相抗衡。无论是从哲学角度还是从政治角度，我们都不能简单地承认自由民主国家是无能为力的。虽然，一方面，那种极力主张应该把强制(即强迫他人做某事的权力)从现代政治战略的武器库中完全消除的做法，无异于自杀性的行为；另一方面，放弃普遍政治原则所代表的规范，并且由此而帮助和怂恿所有民主传统的敌人的做法，更加是自杀性的行为。

你不能强迫任何人获得自由。然而，你可以迫使他们进入一种情境，在这种情境中，他们**必须**倾听理性的论证，并与之争辩。如果一个 【264】
人迫使其他人进入他们必须在短期内平等分享权力的情境，那么，就有可能出现理性的论证方式。这不是一个新过程，当罢工工人迫使雇主倾听他们的不满时，这是常有的事。但是，从民主的观点来看，除了摧毁或镇压另一群体之外没有其他目的的权力是不能容忍的。在一个尊重人权和自由的自由国家中，将上述过程纳入所有政治事务绝不是不可能的。同样的过程却很难应用于外交事务。然而，只要一个人决心不放弃民主政治能够普遍建立的希望，如果一个人不希望看到世界更接近第三次世界大战的灾难，那就没有其他选择。当然，这种政治制度的原则既不符合民主政治的基本规则，也不符合民主政治的原则。它将是：在你们所有的政治决定和活动中争取权力的平衡，以便使政治原则(作为道德规范)得到普遍接受。从民主传统和民主精神来看，接受这些原则不仅是诚实的(有原则的)，而且也具有良好的实用的意义。我所说的“良好的实用的意义”是指，所有其他选择只能导致所有民主传统的自我毁灭。

二、好人和好公民

在本章的第一部分(“民主政治的道德准则”)中，我论证了以下命题：

(1)政治不应该以道德为基础。

(2)只有当一个特定政治团体的每个成员都接受那些可以作为所有政治辩论、决定和行动的道德准则的政治原则时，民主政治才能普遍化。

(3)这些原则虽然不多，但应该在双方同意的情况下被接受。但是，关于每一个特定决定和行动的**全部达成共识**是既不可能也不可取的。

很明显，这三个命题包含了一种伦理学理论，在下文中，我想阐明这一理论。为此，我假设已经就民主政治的原则达成共识。对理想情况的分析有助于阐明我们此时此地必须应对的基本伦理问题。

【265】如果政治原则在双方同意的情况下被接受，那么它们将成为每个政治决定和行动的有效规范。然而，即使人们自愿就正确决定或行动的标准达成一致，也远不能确定他们会按照这些标准做出决定或采取行动。尽管**共识**的理想情况是以人的行为的外在权威和内在权威的结合为前提的——换句话说，在这个国家里，有效的社会规则得到了实践理性的支持和维护——很明显，私利和激情仍然是人们忽视这种一致所强加的义务的动机。因此，接受一些政治原则并不是建立真正的民主政治伦理的最后阶段，而是其前提。真正的道德困境既不会自动地，也不会完全地由关于该原则所达成的**共识**的理想情况来解决：遵守这些原则并将它们应用于所有行动和决定的特定情况的不变任务同样属于这个综合体。

民主政治的普遍原则也应该作为道德准则，但政治不能也不应该以道德为基础，这些建议暗示着政治伦理只是一般伦理的冰山一角。但是，普遍原则是否会被应用或者违反，这并不完全独立于公认的道德价值和非政治领域践行的行为形式。多元化是世界观和行为方式的标志，而且永远如此。即使这些普遍的政治原则在双方同意的情况下被接受，这种价值的多样性也永远不会消失，任何认为这种多样性会消失的想法都是完全没有根据的。此外，生活行为的多元化和随之而来的道德规范的多元化本身应该被视为一种价值，它与自由原则和对所有人的需要的承认相联系。激进民主的乌托邦模式设想了一个接受不同价值体系教育的世界公民。原则上，所有不同的价值体系必须有一个共同点，即它们伴随的社会化过程必须尽可能确保遵守民主政治的普遍原则。我的意思并不是说，除了每个特定的生活行为途径所共有的道德准则之外，不能也不应该有普遍的价值。我稍后会谈到这个问题。

为了找到我们的一般问题的理论解决方案，我们必须摆脱现代道德哲学的各种范式。无论是康德的形式主义，还是道德判断理论、交往理 【266】论和实用主义理论，都无法说明道德行为的这两个层次如此不同却又不能相互独立的原因。同样，在其他几个领域，我们可以在古老的理论方法、亚里士多德的伦理学和政治哲学中找到可靠的指南。

亚里士多德的伦理学范式关注的是**好人**（the good man or the good person）①。亚里士多德是唯一能清楚区分好人和好公民的哲学家。他写道：

> 所有公民，不管他们有多么不同，其目标都是共同体的安全，换言之，都是他们作为公民所遵守的宪法的安全。因此，公民的善必须是与宪法相关的善。……另一方面，我们确实说，好人之所以好，是因为他有一种完美的善。显然，即使没有那种造就好人的善，也有可能成为一个好的且认真的公民……因为不可能所有的公民都是一样的，所以就不可能存在一种公民和好人相同的善。因为好公民的善良必须触手可及；只有这样，国家本身才能真正好。但不可能所有人都有好人的善。

① “good man”与“good person”在亚里士多德伦理学中并未做出明确区分，但赫勒更强调用“good person”一词表明“好人”的内涵。——译者注。

不考虑亚里士多德对好的统治者和好公民的区分，因为它与这里描述的社会模式无关，我们可以转向好公民的定义，其内容如下：“……好公民的善是善于统治和服从。”

亚里士多德对好人和好公民的区分显然并不包含公共道德与私人道德的对比：因为众所周知，对于亚里士多德来说，一个人如果不同时成为一个好公民就根本不可能是好人。此外，只有自由的公民才能获得好人的完美善良。任何一个依赖他人谋生的人(奴隶、妇女、雇佣工人)都无法拥有好人的善良。亚里士多德没有将道德划分为私人的和公共的，而是将一个人视为各种道德品质的总和，所有这些品质都在人的活动中得到锻炼，尽管程度不同，形式也不同。与柏拉图相比，尽管亚里士多德区分了私人领域、私密领域和公共领域，但它们并不是对立的，而是
【267】通过有道德的人、好人相互联系的。如果我们考虑到构成未来世界公民的各种自我管理的社会的理想，我们就可以接受亚里士多德的理论建议，但要稍加修改。我们可以放心地接受它，因为在自我管理的模式中，那些关于共同拥有财产的决定显然会发生在一个同时是私人的和公共的领域中。因此，私人道德和公共道德之间的现代鸿沟是由一个梯子架起的，梯子的梯级从私人领域逐步通向公共领域。由同一观点所提出的修正是公民的普遍化，换句话说，这意味着没有人将依靠他人来维持生计。这就是为什么我用“the good person”(好的个人)概念代替亚里士多德的“good man”(好人)概念。当然，可能会对重启“好人”(the good man 或 the good person)的概念提出异议，因为我们共同的基督教传统给这个概念烙上了非常具体的含义，一个不容易摆脱的内涵。这就是为什么我必须非常清楚地表明，我所说的“好人”的概念只是指过诚实生活的人。但我也要强调，我已出于某种目的重新启用了这一概念。善良是道德的导向因素，任何过着诚实生活的人都有良好的品性，即使偶尔会出现道德上的错误。因此，如果一个人品性好，他或她必须被称为“好人”(the good person)。这个词没有合适的替代品。

我以如下方式明确地表达了民主政治的基本法则：以任何人都可以同意你的行动原则的方式行事。实现这一基本法则的前提是一个由**好公**

民组成的公民。好公民始终遵守这一基本法则，他或她只同意与民主政治的普遍原则相一致的行动和决定。即使普遍的政治原则被一致接受，每个人会成为好公民的假设也无疑是愚蠢的，但好公民的理想必须具有约束力。只有这种理想才能在民主社会中成功地规范所采取的各种行动和所做的各种决定。由此可见，所有不同的伦理体系和基于它们的生活行为类型都必须有一个共同的理想：好公民的理想。

然而，亚里士多德并没有提出不同伦理体系如何共享好公民这一共同理想的问题。因为他对各种各样的宪法做出解释，所以他认为一个好【268】公民的理想在君主政体、贵族政体和民主政体中是不同的。相反，所有好宪法的共同点是好人的理想。尽管亚里士多德也讨论了各种形式的生活行为，但后者在数量上受到限制(准确地说是三种形式的生活行为)，并且在等级上是有顺序的。他从不质疑整个城邦的价值体系和价值等级：他认为这是理所当然的。他将特定社会的风俗普遍化，并勾勒出与之相适应的“好人”的特征。这就是为什么尽管我接受了亚里士多德的区分，但我必须从不同的角度去思考好人和好公民之间的关系。

我曾建议我们接受亚里士多德关于好人和好公民的区分，但我还没有对此进行论证。因此，有必要简略地讨论一下这个问题。

如果我们在一个制度化的公共领域中行动，我们就不能在没有进一步限定的情况下以我们作为人的身份行动，而必须用莱辛的限定语来说，以“这个”人或“那个”人的身份行动。我们是男人和女人，我们拥有不同的技能和行业，我们以不同的身份代表不同的群体。政治是权力的范围。即使权力不再包括统治或对他人行使权力，而是意味着在该词的真正民主意义上，被群体或国家“授权”，它也仍然是一个单方面互动的领域。当然，公共生活有不同的层次，其中一些的代表恰恰是“无条件的完整的人”。这主要适用于面对面的关系。但一个包罗万象的民主必须在许多方面超越直接民主和面对面关系的水平：如果没有既定的行为规则，制度化的互动是不可想象的。例如，如果群体授权某人就议程上的某个项目表达其意见或执行其意愿，则因此被授权的人不能以他或她的全部个性进入决策过程：事实上，他或她绝对不能这样做。讨论中的对手可能是他的最好的朋友，但该人无权以朋友的身份行事，并在友谊的祭坛上牺牲指派给他的使命。他必须执行那些赋予他权力或委托他的
【269】人的意志。即使我不认为官僚的行为是民主的必要条件，但我确实同意韦伯的一个基本观点：完全个人化地处理公共事务与民主原则相矛盾。此外，好人的一些人的品质与好公民根本无关。它们的存在与否，在个人交往中如此重要，在公开表演中却完全无关紧要。一个没有爱与慷慨分享能力的人也能成为一个好公民：从这个意义上说，即使"信守诺言"也不是好公民的特征。激进民主的好公民确实承诺遵守民主政治的普遍原则，而且他或她必须完全遵守这一承诺。但是，他或她是否遵守了对爱人忠诚的承诺，与做一个好公民无关。

这种激进民主的好公民理想与"守法公民"的理想相去甚远。让我再次提及亚里士多德：一个好公民拥有所有的统治能力，而不仅仅是服从。在这里概述的模式中，适当的裁决意味着以一种其解释适合于特定情况的方式重新断言、验证和应用普遍原则。统治能力不是天生的倾向，而是后天获得的能力。根据亚里士多德的说法，这是一种特殊的思考能力，叫作**明智**（prudence）（**实践智慧**［phronesis］）。亚里士多德写道：

> 有一种叫做"聪明"的能力……这是做事的能力。……由于有助于摆在我们面前的目标，因此也有助于实现这一目标。聪明和明智是不同的，尽管明智中包含着聪明的成分。另一方面，灵魂的"眼睛"……除非先获得美德，否则不能获得明智或睿智。

如果我们在这一点上追随亚里士多德，那么对普遍政治原则的持续应用和解释在任何特定的情况下都是以明智为前提的。明智是价值的合理性和目的的合理性的合作关系；实践理性和聪明才智的合作。它使我们能够在遵守民主政治的普遍原则的同时，彻底审视一种特定的情况，并选择适当的手段来实现适当的目的。显然，明智是好公民的至高无上的美德。所有已经拥有明智的公民都可以为结合了价值的合理性和目的

的合理性的决定进行辩论。**因此，一个好公民的最高美德是理性的美德**。我要再次强调，明智和其他美德一样，也是后天养成的。它是通过【270】一种对明智的教育和做出决定而获得的。由于教育（在希腊语的**教化**［paideia］概念的原初意义上）和做出决定植根于各种生活形式与多元化的道德体系，尽管它们可能有所不同，但它们都应该平等地培养明智的品质，即使以非常不同的方式这样做。

这一切远非只是猜测。每个人都知道明智是什么，我们通常欣赏那些不仅在公共场合，而且在生活的各个领域能够明智地将有效原则应用于特定情况的人。我们敬重有坚定原则的老师和同事（条件是我们分享或至少尊重他们），也敬重能够考虑到特定情况、时间、地点和人，从而预知他们的建议、决定与行动的后果的老师和同事。这里所说的好公民的主要优点只是已经存在的人的品质的普遍化。

将伦理问题局限于政治领域，并认为一旦公共生活变得理性和民主，所有的道德问题都将得到妥善解决，这是一种严重的理论谬误。这与在私人领域，尤其是在家庭中划定伦理界限的谬误一样严重。我已经暗示了这种解决方案和类似解决方案不足之处的一个方面：即使一个好公民在所有人的品德方面都不是强制性地成为一个好人，但鉴于公民的品性通常只构成人的行为的一个方面，因此，我们每个人都有一个不可分割的人格。总之，一个坏人不能成为一个好公民。如果只有一种伦理（即公共的伦理）存在，那么“善”和“恶”各自的范畴就绝对没有关联，有人可能会反对这一点。但这样一个概念的前提条件是公共生活和非公共生活之间的彻底决裂，这种决裂甚至比现在的更深。无论如何，人们无法想象在“随心所欲”（do as you like）精神下长大的人会在进入公共领域的那一刻接受普遍原则并遵守理性论证的假设。此外，必须提出这种二分法和碎片化的生活方式是否可取的问题。没有直接的个人交往，生活就不值得过。诚然，没有人有义务发展这种交往，但在所有相关的哲学观点中，道德上的善的范围远比“应该”的范围要广得多。甚至一些实【271】证主义者也允许两种类型的道德判断：好的判断和应该的判断。此外，如果人们进入这种直接的个人关系，那么他也因此接受某些必须遵守的规范，这取决于所讨论的关系的性质。更重要的是，每个人的生活中都有一些无论是普遍的政治原则或其他的政治原则都无法适用的情况。我们必须面对所爱之人和我们自己的死亡与疾病。我们经常需要个人和真诚的建议，只有好人的建议才能成为好建议。我们最关心的深层的存在的问题不能通过公共话语来解决，也不能仅仅通过成为好公民来消除。我们需要不同的规范和道德实践，而产生这些规范正是多元道德体系和生活行为方式的任务。当今的道德体系在这方面有缺陷。人们完全陷入穷困和痛苦之中，最终寻求制度化的帮助，这是我们非常清楚的反常现象。

在这一点上，我可以转向必须在我的模型框架内提出但亚里士多德没有处理的问题。各种生活方式、各种道德表达方式如何在公共生活中和谐相处？同样，各类好人如何才能一致地成为好公民呢？

以下条件是这种状态的先决条件。

(1)具体生活方式的特定价值不应与民主政治的普遍原则相抵触。如果它们相抵触了，那么普遍的政治原则就不能作为它们应该成为的道德准则。

(2)所有的道德体系，以及与其相当的生活方式，都必须在其特定的框架内承认明智是一种美德。任何一种道德规范，尽管可能有所不同，都不应仅仅作为人类行为的外在权威，而应根据情况、时间、地点和有关人员加以应用与解释。换句话说，必须根据公认的价值和规范做出正确的决定，这是实践理性。在这里，我再次追随亚里士多德的脚步，他认为在特定决定中，明智是主要的理性道德权威。

(3)民主政治的原则之一是要求承认人的一切需要(除了满足那些将
【272】他人用作纯粹手段的需要)。由于需要是在价值体系中使用的，因此遵守这一原则也意味着承认所有人的价值和规范(再次受到以前的限制)。虽然此时此地承认所有人的需要的必要性产生了满足所有人的需要的观念，但此时此地承认所有人的价值并不会产生一种规制性的观念，而是一种构成性和实践性的观念：**尊重所有人的价值**的观念。我们可以尊重所有人的价值，而不必共享所有价值。只有当我们能够尊重人的所有价

值(即使是我们不共享的价值)时，我们才能尊重——用康德的术语来说——“人自身”。

现在让我们假设满足了这三个条件：没有任何道德规范与普遍原则相抵触，每一种道德体系都表现出明智的美德，所有人都尊重人的一切价值和规范。很明显，即使在这里，好公民也会通过他们自己的道德体系来解释普遍的政治原则。因此，关于具体的实际决定的讨论可能是价值讨论。价值讨论通常不是关于价值的讨论：后者很少能得到解决。相反，这里所涉及的争论与选择几个价值中的哪个作为普遍原则和特定情况下的决定之间的中介有关。所有参与任何形式的讨论的公民都必须解释他们倾向于以一套价值而不是另一套价值来调解和解释普遍原则的原因。如果没有一个讨论者有义务否认他或她的价值的有效性，那么，这些讨论和类似的讨论原则上是可以解决的，尽管他或她应该避免在无法给出应用价值的充分理由的情况下去应用它。(这里之所以如此，是因为价值的相互尊重是一个方法论前提。)然而，只有当每个参与者都能把至少一种普遍接受的普遍价值视为终极价值，才能解决这种讨论和类似的讨论。尽管我假设(在理想的前提下)没有任何价值体系与民主政治的普遍原则(道德准则)相矛盾，但如果这些价值体系适用于那些涉及不同生活方式的人的决定，这种矛盾就不是不可能的。从合作伙伴的立场上相互消除这种矛盾，是所有价值讨论的主要步骤之一。

众所周知，某些价值——可以被称为“终极”价值或“绝对”价值——我们要么不准备支持其有效性，要么无法用论证来支持其有效性。这就 【273】
是为什么某些实证主义者与“批判的理性主义者”通常将价值和规范视为人的决定中的非理性因素。我会完全从其反面来阐述这个问题。人们可以，而且经常会为他们的价值决定给出理由，因此他们原则上能够解决价值讨论问题，因为他们认为有些价值，或者至少一个价值是绝对的和终极的。这几个终极价值(或者甚至可能是一个终极价值)的有效性是任何价值讨论和价值理性讨论的前提。如果这种终极价值不存在，我们就无法为代表任何价值的决定或判断提供理由。而且，如果是这样的话，就只剩下一种合理性了：纯粹的工具合理性。

然而，将合理性还原为工具合理性是实证主义的消极乌托邦。更重要的是，这在任何相关的社会交往中都是根本不可能的。纯粹的工具合理性不会追求任何特殊的目标。当然，人们可以用成功代替善，就像现代社会通常发生的那样，但成功同样是一种价值，即使它主要不是道德价值。但是，如果我们用成功代替善，那么即使在这里，规范性规制也不会停止存在。在这种情况下，我们会赞成成功，不赞成失败，但赞成和不赞成本质上是道德判断。如果我们为不成功而感到羞愧时，这就是我们设想的不赞成的方式。在这种情况下，人的行为的外在权威也不会停止存在；它反而会得到加强。良心变成善于计算的良心，如果计算错误，良心就会感到痛苦。如果成功的规范可以同化社会行动者的行为，那么规范本身将不再受到质疑，成功将成为超越理性的终极价值。如果成功的规范不能使整个社会同质化，人们就会按照不同的规范行事，他们不仅会质疑工具理性规范的有效性，也会质疑工具理性规范的合理性。如果不遵守某些规范，人永远无法行动。在这种情况下，如果我们只能借助于一种或几种终极价值来解释我们的价值决定，那么接受这些终极价值或绝对价值就不能被视为一种非理性行为。任何一种价值的合理性的基础都不能被视为“非理性的”。

让我重复一遍：只有当我们共享某些我们认为是终极的共同价值
【274】时，才能为我们的评价提供理由，才能解决价值争端，这些共同价值是完全不证自明的，如果它们受到质疑，我们就会以绝望的姿态举起我们的手臂。如果没有共同拥有的终极价值被视为不证自明的这种姿态，那么，任何价值争端都无法解决。如果我们所有价值的有效性被突然中止，就没有一丝达成共识机会的价值争论。但是，**存在着**被认为是有效的价值。它们的普遍有效性不是一个理想，而是一个简单的事实。我称为“价值理念”。价值理念是所有那些其对立面不能具有也不具有有效性的价值观。正是由于这个原因，它们可以通过一种姿态被识别出来，所有价值争论都可以求助于它们。在我的哲学著作中，我特别指出，自由观念正是这样一种被普遍接受的价值理念。其他价值理念可能是正义或减轻人的苦难。毫无疑问，一些人确实压迫他人，剥夺他人的自由；他

们确实犯了不公正的错误，造成了痛苦，却又往往没有减轻其他痛苦，但同样可以肯定的是，他们不会**选择**不自由、不公正或痛苦作为有效的价值。我们可以通过一种姿态安全地将有效的价值确认为终极价值。这种姿态并不是一种非理性的行为，因为它只是证明了这样一个事实，即在这样的事情上真的没有选择的余地。我宁愿使用康德的范畴，将价值理念的有效性称为“**实践理性的事实**”。这就是为什么人们有权把所有那些不承认价值理念有效性的人视为“道德上的疯子”。

我提出了一个问题，即在存在着不同的价值体系和生活形式的条件下，世界公民如何解决价值争端？我得出的结论是，如果至少有一种每个参与者都可以使用的、共同分享的、普遍的和绝对的价值——尽管事实上并非总是如此——那么，价值争论就可以得到解决。这里我必须补充一点，不仅普遍持有的价值(价值理念)可以作为各种价值体系、各类生活行为的**终极**价值。每个价值体系都可能包含其自身的一个或另一个终极价值，即使它不一定如此。马克斯·韦伯著名的例子是，灵魂的救赎可以——而且通常是——一个宗教团体的终极价值，但显然并非世界公民的每一个道德体系都认同这一点。这就是为什么我要在我的模式中加上以下的限制：如果公共事务必须在具有不同生活方式和价值体系的团体之间解决，那么参与讨论的人只能依赖于所有公民所共有的终极价值，换句话说，就是依赖于普遍有效的价值理念。【275】

在此，有必要简要地回到民主政治的普遍原则上来。其中一些原则在特定的解释中依赖于价值理念(例如，自由或正义原则)；然而，另一些则依赖于尚未被接受为价值理念的价值。承认人的所有需要并不是一种价值理念，平等也是如此。由此可见，由于**事先**存在一些价值理念，民主政治的普遍原则只能在双方同意的情况下被接受，这些原则可以在没有任何内部矛盾的情况下依赖于这些价值理念。如果没有共同的价值理念，关于民主政治原则的共识将不仅是乌托邦式的(事实上是如此)，而且完全是不可能的。

我之前说过，“好人”的形象会因价值结构的不同而不同，没有理由假设未来会有所不同。然而，我也认为，在一种激进民主中的所有生活道路中，**明智**都应该被视为一种美德。明智是指根据每个人的性格结构，个体将具有约束力的规范和价值应用于特定情况。因此，明智的价值说明了每个不同的道德体系中道德人格多样性的原因。这样，它意味着**所有**人都有可能遵守有效的规范，无论他们的身体、精神和情感构成如何。如果明智被认为是一种普遍价值，人们就有权假设每个人都可以或多或少地成为好人，因为道德体系不是根据有机联系来构想的，所以更是如此。每个人都可以根据自己的倾向选择不同的人生道路，并通过遵守最适合自己个性的规范而成为“好人”。即使我一开始就假设好人和好公民是不同的，假设一个人不做好人也可以成为好公民，我也可以得出结论，任何人都可以同时成为好人和好公民。很明显，“做一个好人触手可及”这句话，并不能证明每个人都会成为真正的好人。它意味着社会环境、生存斗争和异化的伦理规范的运作，并不限制人的道德自主性。

现在有必要进一步阐述。在当今社会，存在着一种与价值理念一样
【276】具有跨文化意义的人的善良。为了区分这种善与“好人”的概念，我将其称为“跨文化的好人”。

“跨文化的好人”也不是一个理论构想，因为我们从生活经验中完全熟悉它。我们都遇到过可以在**跨文化**意义上称为好人的人。

保罗·爱德华兹(Paul Edwards)在《道德话语的逻辑》(*The Logic of Moral Discourse* [1955])中认为，具有完全不同道德体系和世界观的人们，在评估任何政治决定或行动时永远不会找到共同点的人们，在谈及一个人作为“好人”的资格时，却很容易达成一致意见。关于X，当我们认为她从不嫉妒和虚荣，她为了帮助有需要的人而牺牲了她所拥有的一切，她总是自愿照顾孤独、生病或垂死的人，以及她的幽默感和她的勇气帮助他人克服了生活中的磨难时，无论是保守派还是左派，僧侣还是无神论者，没有一个人会否认她是个好人。在这种情况和类似情况下，人们从不争论价值，只争论事实。人们可以反对说“X不好，因为X没有做A、B、C”，但即使A、B、C是这样，人们也永远不会简单地说X不好。卢卡奇曾经讲述了一个匈牙利作家的故事；在恐怖的年代，他每

周都邀请一个受害者的孩子吃饭，而且每周都寄一个包裹(里面装着食物和衣服)给集中营里的陌生人。多年来，他一直用一个装着他的必需品的袋子当枕头，他确信有一天早上他会被秘密警察逮捕。卢卡奇为这个故事补充道："他已经失去了所有的信念和原则，他不相信任何原因，但他是一个好人；是的，一个非常好的人。"就我个人而言，我会将他描述为英雄；其他人或许会将他视为一个愚蠢的、过于为他人着想的人。但我相信，没有人会质疑卢卡奇的判断，即"他是一个非常好的人"。

在"好"这个字的跨文化意义上，没有任何命令可以要求人成为"好人"。毕竟，又是韦伯指出，某一宗教的**艺术大师**永远不会组建他的教会。但在涉及"跨文化的善"这个概念时，我甚至会反对"艺术大师"这个概念。跨文化的善不需要，也不是由日常练习构成。一个跨文化的好人是道德天才。即使这种善与沿袭下来的道德法则(例如，十诫)有关，它 【277】也有一种天生的同情，这是任何法律都无法解释的。就像艺术家一般不能用天才的标准来衡量，普通人的善也不能用道德天才的标准来衡量。后者必须并且是用一种姿态来接受的。因为道德天才更是用姿态来交流的。给集中营里不知名的人寄包裹、在肆虐的和不分青红皂白的恐怖时期邀请他们的孩子到你的餐桌旁、把你所有的东西都给需要的人、自愿为身体和精神上的伤口包扎、愿意握住那些在痛苦中死去的人的手：所有这些都是姿态。跨文化的好人通常甚至不能为他们所做的事给出充分的理由。无论如何，具有相关性的不是讨论，而只是姿态。这种姿态通常被理解为本质上是善的。

再说一遍，用道德天才的标准来衡量自己是不合适的。做一个好人，过诚实的生活就足够了。但是艺术天才和道德天才之间还是有区别的。试图模仿艺术天才是愚蠢的，而模仿道德天才却完全不愚蠢。后一种动作对于好人来说不是强制性的，但至少是可能的。

有人提到，做一个好人与做一个好公民是相关的。即使两者远非相同，原因也很简单，即好人善于"明智"，如果没有明智，就没有人有资格成为好公民。但是，我们可能想知道，跨文化的好人的存在及其可能的模仿(鉴于他们不可能普遍化)是否对一个激进的民主领域的生活有根本影响。

很容易理解的是，在极端暴力和恐怖的时代，跨文化的善的姿态同时也是政治姿态。在纳粹德国，每个为逃亡者提供庇护的人都采取了政治行动。但在自由或民主的国家，跨文化的善并没有进入政治领域。这就是它在政治话语中不被考虑的原因、自由主义国家的左派通常认为提及这种善只会危及政治激进主义共同事业的虔诚的和道德化的胡言乱语的原因。当然，如果仅仅因为它是跨文化的，那么跨文化的善不会改变社会，这是千真万确的。但这个平凡的事实不能降低这个概念与激进民主社会的相关性。

【278】民主政治的普遍原则之一是承认人的所有需要。鉴于相对匮乏和不可能同时满足所有公认的需要这一事实，必须在公开讨论中决定满足需要的优先次序。如果恰巧有几种需要具有同样正当的要求，那么必须决定它们之间的优先次序。在这种和类似的讨论中，跨文化的好人，以及所有那些模仿他们的人，可能会同意以仁慈的姿态将满足他人的需要作为首要任务。如果没有这种仁慈的姿态(这并不意味着自我牺牲，因为对一个跨文化的好人来说，做好人的需要比其他所有人都更强大)，一个运转良好的激进民主根本无法想象。

我已经描述了两种类型的合理性，交往的合理性和明智(后者是价值的合理性和目的的合理性的结合)，两者在任何一种激进民主中都是同等必要的。我们必须以明智的方式进行沟通，即使在排除对话的情况下(例如，必须立即做出决定)，我们也必须在运用明智的同时应用同意的原则。我还认为，对话也意味着价值讨论，这些讨论可以通过诉诸普遍的价值理念来结束，并且这种关于满足需要的优先次序的解决，可能也预先假定了仁慈的姿态。我想澄清这个概要的基本思想：这两种类型的合理性(交往的合理性和明智)涉及了两个实际上都不适用的边界(价值理念和跨文化的好人)。我已经说过，价值理念不能被悬置，不能通过对话来理性地证明——从这个意义上说，它们不是非理性的，而是超越理性的——因为没有事先接受它们的最终有效性，任何理性的对话都是不可能的。明智也是如此。指导我们明智决定和讨论的正是价值理念，因为在任何时候，当我们明智行事和做出决定时，我们解释的正是这些价值理念。但遵守价值理念与明智无关。亚里士多德指出，明智是指变化着的事物和情况，而不是永恒。价值理念与境况无关，因为它们是终极和绝对的。这同样适用于跨文化的好人。我们不怀疑跨文化的好人的善是否是“真实的”；我们不加思索地接受它，就像我们接受价值理念一样。明智也不能成为判断跨文化的好人的理性权威。道德上的天才是不明智的，因为这个人超越了明智。如果我之前将拒绝（不承认）价值【279】理念描述为“道德失常”，那么我有权将拒绝跨文化的好人的善描述为“道德盲视”。

如果我的论点是正确的，那么价值理念和跨文化的好人的善都不是也不应该成为论证的主题，也不应该将明智与它们联系起来，而且人们不得不得出这样的结论：即使是激进的民主伦理也不能完全合理化。但是，所有那些出于理性而存在偏见的人，如果他们面对着理性交流和伦理明智的限制，面对着一方面是价值理念，另一方面是跨文化的好人，就不应该得出怀疑的结论。我已经把前者称为实践理性的事实。我确实可以将后者称为人性的事实。如果有人说我们所有的道德努力都是徒劳的，因为我们的类在本质上是邪恶的，我们也可以有把握地指出跨文化的好人，以及他们的善被认为是（即使不是普遍模仿）跨文化的善这一事实。这两个事实（实践理性的事实和人性的事实）是一切理性伦理的基础、来源和资源。

再次回到亚里士多德，让我们接受他的论点，即我们不能将明智应用于永恒的事物。诚然，这些相同的永恒事物确实能够受到理论的-哲学的思辨。我所说的价值理念和跨文化的好人也可以成为哲学思辨的主题。有些人会通过上帝的诫命来解释它们，有些人会通过柏拉图的理念的存在来解释它们，还有人会通过历史来解释它们。即使我赞同历史解释，我也认为，就实践-伦理行为而言，理论解释根本不重要，重要的是姿态。但是，从实践理性的角度来看，它很可能并不重要，我应对此给予一个简短的解释。

人类文明史一直是谋杀、抢劫、掠夺和人的苦难的历史——现在仍然如此。如果我们审视历史，它们看起来像是一场混乱，而不是任何进步、理性和自由的进程。我们从(某些)历史中继承下来的唯一可以依靠的支柱就是那些通常被违反的价值理念，以及那些总是例外的道德天才。如果我们可以合理地称某事物为“历史中的理性”，这个称号应该只保留给价值理念和跨文化的好人，因为我们必须回归它们才能获得理性
【280】伦理和善的生活的任何概念。但由于价值理念一直受到侵犯，而跨文化的好人通常被证明是无能为力的，因此历史中的理性同时在历史中也是非理性的。只有有理性的地方才会有非理性。显然，违反价值理念和嘲笑好人是不合理的，而按照弗洛伊德的说法，正是因为这些行为是不合理的，它们通常才被合理化。然而，合理化并不能减轻人们通过集体神经症和集体发疯来消除的负罪感。没有人能有把握地预言历史上的非理性是否能够被克服；我们这个类是否会成为理性和非理性的受害者，前者是否会突破后者、驯服后者。这就是指向价值理念的跨文化的好人的姿态是星球责任的姿态的首要原因。诚然，如果没有真正致力于交往的合理性和明智，即善的生活的理念，这种姿态是毫无意义的。但是，实践理性的首要地位使这种姿态的首要地位成为必要。

到目前为止，我已经提到了亚里士多德对好人和好公民的区分。但亚里士多德也区分了善的人的性格的第三种方式：“擅长某事”。这个概念适用于**技艺**，适用于目的理性的活动。**技艺**包括政治**技艺**和自由工艺。亚里士多德将建立好的宪法视为**技艺**，就像演奏好一样乐器或成为一个建造大师一样。这里，人们只有对目标有清晰的认识，通过知识和练习获得一定的技术规则，并且有能力将这些规则应用于特定的任务或问题，才能擅长做某事。后一种能力，即选择适合于目标的手段的能力也是一种明智，它被称为技术的实践智慧。在下文中，我将把擅长做某事、做一个好人、做一个好公民的概念应用到激进民主的模式中，而不考虑亚里士多德对它们之间相互联系的分析。

如果所有公民都应该参与物质和文化财富的生产，那么显然每个人除了具有参与公共事务的能力之外，还必须擅长做某事(或至少要擅长做一件事)。这个附带条件不仅仅意味着每个人都必须获得符合目的的

合理性的行动能力，因为目的的合理性与价值的合理性一样，是人的普遍原则。包括对使用语言、遵守社会规范和使用人造物在内的对象化领 【281】
域的占有，是我们人类健康个体的社会化模式。"擅长做某事"不仅仅涉及正确使用人造物，它还是一种或多或少地专门为**社会效用**服务的目的理性的活动。这是最广泛意义上的工作。民主政治的原则之一是承认人的所有需要，这涉及对满足人的所有需要这一观念的规制。因此，为了遵守这个原则，每个人都必须为物质或文化财富做出贡献——无论我们是在谈论一个社会、群体还是个人的财富。这就是"擅长做某事"的意思。但是，必须强调的是，工作在这里被视为目的理性的活动。如果个人不再自由选择和自由实现自己的目标，不再自由选择适当的手段来达到自己的目的，如果工作的脑力和体力方面被分开(就像现在这样)，那么工作就会从一种目的理性的活动转变为一种纯粹的工具理性的活动。后一术语意味着一种客观地合理化的工作过程。一个社会，其中民主政治的所有普遍原则都得到不断遵守，而这种行为却没有对工作的性质产生根本性的改变，这是无法想象的。目的的合理性的回归一方面意味着自我管理，另一方面又意味着新技术。如果人们设想一个具有多种生活方式的未来，那么人们不仅应该设想拥有一种新技术，而且应该设想拥有几种新技术。时间不允许我们详细说明这个问题，但必须得出结论。因为就激进民主的模式而言，不擅长做某事的人不可能成为好公民，既然不能成为好公民就不可能成为好人(即使反过来未必如此)，人们可能会得出这样的结论：每个好人都必须擅长做某件事。

我已经说过，我认为政治领域和所有其他人类领域之间的严格划分与激进民主是不相容的。尽管在**狭义的**政治领域内，作为总体的个体在某种程度上的去个性化(depersonalization)似乎是不可避免的，但在私人领域和政治领域的交汇处还存在对话与决定的其他层面(例如，在一个自我管理的工厂中)，在这里，这种去个性化可能是不必要或不可取的。在直接民主的层面上，在面对面的沟通中，好人可以在没有任何去个性化的情况下或仅在轻微程度去个性化的情况下充当好公民。由于每个人 【282】
都参与不同层次的决定和讨论，这种严格的政治层面上的去个性化不应导致僵化的官僚行为。但这并不排除或不使合理性制度化，至少在任何庞大的政治团体的公共事务中是如此。实施公共决策的合理化机构将由适当支持它们正在努力实现的目标并且也擅长工作的人所组成。如果目标或任务是共享的，那么活动的合理化就没有错。如果他们比我们更善于组织共同的努力，我们很乐意接受这样的权威。

公共政治领域是人类行动的最高领域，而将政治问题主题化是人类言论的最高尚形式，这是一个普遍的观点，并得到汉娜·阿伦特和其他人的大力支持。我会以更大的保留意见来说明这一点。一方面，阿伦特是对的，这一点毋庸置疑：良好而理性的政治制度是善的生活的先决条件。然而，良好而理性的政治制度与善的生活并不完全相同。我宁愿说，从这个角度来看，政治活动和对话虽然是最高类型的活动和对话，但它们同时也代表了它的最低级别的类型。善的生活是好人的生活，而不是好公民的生活。一种活动越能吸引好人并为他们的整体发声，这种活动的地位就越高；这种情况通常不会发生在政治领域。如果简单地结合在一起本身就是目标的话，那么，对话和交流就会更人性化，质量也会更高。此外，将人们彼此联系在一起的个人关系。包括作为朋友和爱人在内的人的全部个人关系；表示我们不将他人称为“这个”或“那个”人的关系的个人关系。换句话说，我们不把人看作由社会决定的角色的化身，而仅仅把人看作自我决定的个体，这些纽带代表了人类所能达到的最高的善。只有这些交往才能在我们的灵魂中唤起兄弟情谊和姐妹情谊，这种情感无形地将我们与我们的同胞联系在一起，其强烈程度不亚于任何一个国家看得见的联系。这种兄弟情谊和姐妹情谊的感觉不等同于情感与友谊，即使友谊可能暗指这种感觉。兄弟情谊的感觉包括我们
【283】甚至不认识的人，超越了我们的价值体系和生活行为的界限。它不受时间和空间的限制，是无限的，甚至可以容纳过去和未来的一代人。正是这种情感促使我们去模仿跨文化的好人：这种情感本身就变成了跨文化的。

反思和言语显然不局限于公共领域：它们存在于人的生活的各个领域。即使在阿伦特如此偏爱的雅典城邦，不仅公共事务受到讨论，友

谊、爱情、艺术、工作、自然——尤其是人性也是如此。把人类生活的一切问题都当作问题，换言之，进行哲学思考，是一种不能局限于公共生活，更不能局限于政治的活动。它的习惯性的**场域**是朋友间的交往，有时发生在两个朋友之间。在后一种情况下，反思、言语和姿态是如此交织在一起，以至于很难区分。对共同真理的追求甚至可能具有一个性爱的维度，但这一维度倾向于加强而不是削弱理性反思。哲学是对智慧的爱，而爱总是有性爱的一面。

我不明白为什么工作、创造力或任何其他属于目的理性的活动领域、**技艺**的领域的东西，在活动等级上的排名应该低于政治对话和行动。诚然，从社会环境中抽象出来的工作和创造力没有道德含义，而且总是社会评价、规范和规则定义了工作中追求的目标类型。同样真实的是，在创造的过程中，我们被自己抛弃，一个思想和一个身体专注于一项任务。但是，在我们的生命活动中，独处有什么错呢？如果成功地完成任务会让我们充满喜悦和幸福，那么，专注于该任务又有什么错呢？唯一能让我们与想象中的神相媲美的表演的结构有什么问题吗？通过社会交往将人神化的想法是邪恶的诱惑，因为任何一个人都不应该将自己置于与他或她的同胞的联系之外。但是，从道德的角度来看，由于创造是与价值无关的，我们可以成为神，因为我们能够**创造**。

我不相信激进民主的诸神会用“非此即彼”的方式与我们对峙。宙斯、普罗米修斯、雅典娜和厄洛斯都可以在人类的生活与关注中发挥作用。在这方面，我完全赞同马克思的观点，认为人类个体有丰富的需要，在实践中具有普遍性。人们甚至无权将这些神按等级顺序排列，因 【284】
为人们有不同的性格、欲望、价值、思想和才能，因此需要相应地创造他们的价值等级。如果人们喜欢宙斯，他就会完全被公共生活所吸引：对这样的个人来说，好公民和好人是一样的。其他所有人都可以履行好公民的职责，也可以在他们自己的主神的指引下成为好人。在这方面，激进民主的乌托邦也指向现在。在左翼言论中，有时每个人都完全献身于普罗米修斯。还有一些时期，宙斯成为社会主义天堂的丰裕之神。如今，雅典娜和厄洛斯似乎占据了特权地位。但是，没有任何理由认为，只有政治行动，或只有工作，或只有理性交流，或只有友谊、姿态、兄弟情谊，应被视为通向未来的，同样可以被指定为激进民主、社会主义或自治社会的唯一坦途。没有政治行动，没有理性的沟通，没有改变工作结构，没有发展新的生活品质，就不可能有一个更美好的未来。当然，在社会理论和哲学中，我们通常选择一种范式。但是这个范式必须详细说明的是，它为其他范式所依赖的所有主要问题提供了有意义的答案。只有满足这个条件，我们才能想象一个每个人都能理解自己生活的社会。**理解我们的生活就是合理性的全部**：工作和创造中的目的的合理性、言语中的交往的合理性、行动中的明智，所有这些都以最后姿态诉诸绝对价值的两个层面，所有这些共同构成激进民主，它是一种包罗万象的生活方式，在人的交往的各个层面和所有形式中都存在。这必须是我们人的努力的目标。如果我们成功了，这个想象中的世界就会重新充满魔力，不再用神话，而是用意义。作为一个乌托邦，这个意象首先可以作为一种对行动、交往和生活的规范性的实践理念，其次作为一种规范性的理论理念，从这个立场出发，基于我们已经获得的理性，对当下的非理性进行各种形式和表达的批判。

第五章 “真实的”和“虚假的”需要能被假设吗? 【285】

对需要做出“真实的”和“虚假的”这种常见的划分包含了理解的需要与/或评价的需要的三个不同方面。为了分析对需要的批判的合法性和局限性，必须分别考察这三个方面。

一、本体论方面

用于需要的“真实的”和“虚假的”范畴意味着区分**现实的**与**非现实的**(想象的)需要。在这个概念中，当今社会的一部分有意识的需要最终成为大多数人的需要，它们不能被认为是“现实的”，因为它们只是社会存在的拜物教或操控需要的衍生物。当认为这些需要类型与自身相关，并且设法满足这些需要的个体达到“正确的意识”水平时，“想象的”需要就会被“实际的”需要所取代。

上述思路存在着理论缺陷，即把审判者(即理论家)置于被审判的世界之外。将“现实的”需要与“想象的”需要区分开的姿态，迫使理论家站在上帝的立场上，对社会需要体系进行评判。只有假设人们**知道**哪些是“现实的”需要，即“真实的”需要，他才能将现实的需要与想象的需要区分开来。当需要的非现实性被操控的理论所解释时，做出判断的理论家的知识只能来源于这样一个事实，即他的意识没有被拜物教化，它是“这种”正确的意识。但是理论家如何知道他的意识就是“这种”正确的意识呢?如果理论家假设社会正在被客观地拜物教化，那么，他就没有资 【286】
格使他的知识成为“这种”正确的知识，因为他的意识也是社会的产物。因此，将需要划分为“真实的”和“虚假的”被证明是荒谬的。如果理论家**不从**上述假设出发，那么，他的意识**可能**是正确的。每个个体表达不同需要体系的意识可能同样是正确的，然而，整个划分就再次变得毫无意义。为了避免这种恶性循环，“真实的”与“虚假的”理论的倡导者们不需要严肃地面对这样一个问题，即一个人如何知道自己的意识是否是一种拜物教化的意识。或者即使他们面对这个问题，他们也不会以一致的方式面对这个问题。卢卡奇在《历史与阶级意识》中就是这样，他得出结论，即无产阶级凭借其社会地位就能够表达真实的(正确的)意识。从卢卡奇宣称无产阶级的经验的(实际的)意识是虚假的意识，并简单地将“真实的意识”归之于该阶级的存在这一事实中，可以看出他对这个问题自相矛盾的处理方式。这样，卢卡奇就将自己置身于社会之外，甚至置身于所谓的代表了“真正的意识”的阶级之外。所有基于拜物教的理论将需要划分为真实的需要和虚假的需要的人，都假设进行判断的人的地位超越了所要研究的社会。

当然，也存在将**特定的**需要本身划分为现实的需要和非现实的需要的这种(“真实的”需要和“虚假的”需要)经验主义分类。例如，人们可以声称对食物的需要是现实的，但对肉的需要是想象的；对肉的需要是现实的，但每天吃肉的需要是想象的；或者对一件冬装的需要是现实的，但对两件冬装的需要是想象的。在这种情况下，划分的基础是自然主义的。它忽略了这样一种情况，即需要是历史发展起来的，每个特定的需要在每个特定情况中受历史决定。在上述例子中，构成这种划分的价值是平均主义，实际上是最原始形式的平均主义。从判断者的角度来看，任何超过生存最低限度的东西都被降低到“想象的”需要的水平。由于人的需要是历史决定的，因此它们本身并不提供将需要划分为“现实的”或“想象的”种类的客观标准。

除了理论缺陷外，“真实的”需要和“虚假的”需要的概念也具有内在的实践危险。每当攫取区分现实的需要和想象的需要的权利不是孤立的
【287】理论家，而是社会制度体系时，就产生了对需要的专政。权力结构允许满足的仅仅是它认为现实的需要。它不能满足任何其他需要，并压制对其他需要的一切渴望。

为了打破这种理论僵局并避免这种危险的实践，我们必须避免将

“真实的”需要和“虚假的”需要等同于“现实的”需要和“非现实的”(想象的)需要。人们认为现实的一切需要都必须被认为是现实的。它们包括人们意识到的需要、由人们制定的需要、人们试图满足的需要。因此,就其现实性而言,需要之间没有区别,其结果就是**必须承认每种需要**。

将需要划分为“真实的”和“虚假的”不仅包括否认被认为是非现实的需要,而且也意味着对它们的满足的要求是无关紧要的。“真实的”需要与“虚假的”需要概念的倡导者认为,非现实的需要不应得到满足。正是这种观点使得每一种决定人们的需要的专政得以建立。

然而,如果我们接受这样的观点,即所有需要都应该得到承认,因为它们都是现实的,那么,我们也能够接受这样的观点,即所有需要都应该得到满足吗?一致性会要求这样做。如果不这样做,就会以具体方式重蹈刚刚被拒绝的那种划分的覆辙。

但是,所有需要都有可能得到满足吗?毫无疑问,当今动态社会中的需要总是比在特定条件下社会能够满足的需要要多。即使忽略现存社会中的社会不平等,其中有些不平等是露骨的,上述观点也依然正确。因此,应该建立一种在任何时候都优先满足特定时间内的某些需要,而不是满足其他需要的体系。

然而,如果我们不承认所有需要,不承认满足这些需要的合法性,那么,确定优先次序就假设了一种不同于将需要划分为现实的需要和非现实的需要的社会制度体系。最适合决定这种优先次序的体系是通过公开的-民主的争论将这种决定本身制度化的体系。在这种争论中,代表了相同的现实的需要的社会力量决定(总是通过一致同意的方式重复)满足哪种类型的需要,而不是满足其他同样被承认的需要。因此,建立优先次序并不与一致同意的民主原则相冲突。

二、伦理方面 【288】

既然所有需要都是现实的,那么所有需要都应该被承认和满足,这一结论忽略了道德判断的问题。“真实的”需要和“虚假的”需要这种划分的第二个方面并没有区分“现实的”需要和“想象的”需要，而是区分了**善的**需要和**恶的**需要。如果我们也抛弃后一种区分，我们就应该假设任何现实的东西同时在伦理上是善的，或者至少是与价值无关的，并且绝不应在道德上受到谴责。

这样的命题无法假设。比方说，压迫他人的需要无疑是现实的，同样，羞辱或剥削他人的需要也是如此。如果人们坚决要求以它们是现实的为由，不加任何道德约束地承认和满足所有需要，那么，剥削与压迫他人的需要就必须得到承认和满足。然而，承认和满足这些需要会与第一种命题相矛盾，根据这种命题，所有需要都应该得到承认和满足。对它们的承认和满足同承认和满足所有其他需要，特别是承认和满足那些从剥削与压迫中解放出来的现实的需要相冲突。

现在就可以清楚地看出将“善的”与“现实的”等同起来的主要矛盾。不将需要划分为“善的”和“恶的”，承认和满足所有需要实际上都是不可实现的。同时，恶的需要不应该被承认和满足。因此，要求承认和满足所有需要在理论上是站不住脚的。

我们试将需要划分为“善的”需要和“恶的”需要。我们从这样一个事实出发，即在所有具体的社会制度中，这种划分实际上是由规范来完成的。某些特定的需要被谴责为是恶的，而其他需要则被颂扬为是善的。有时它是色情的需要，有时它是脱离社会隐居的需要，在其他文化中，或者是体力劳动的需要，或者是从体力劳动中解放出来的需要；有时它是对自由选择度假或伴侣的需要，从社会规范体系的角度来看，有时它又是被谴责为“恶的”宗教的需要。

因此，上述需要仍未得到承认，或者更准确地说，它们是些其满足
【289】被视为一种罪恶或错误行为的需要。在资产阶级社会发展过程中，随着固定的价值等级的解体，就需要的具体性质来说，善的需要与恶的需要的划分变得越来越可疑、越来越不可行。即使后来的发展(在欧洲也是如此)产生了重新引入具体的进一步分工，并通过强制手段维持其运行的社会制度体系，那么，上述观点也仍然是正确的。

原则上，如果我们提出一份新的道德清单，我们就可以避免上述的

混乱。然而，这里产生了一个问题：对此我们的理由是什么？还有，以谁的名义？该问题也蕴含了答案。通过详细说明一套道德清单，我们就会与这样的理论家处境相同，他知道当面对所有其他人的虚假意识时，他的意识是唯一正确的。这里，仅仅能做的修正是，我们并且只有我们知道哪些特定的需要是“善的”，哪些是“恶的”，而其他人则生活在对道德的善的无知之中。这将再次意味着超越我们所属社会的立场。只要我们的道德清单能在各处被接受(当然，以一种假设的方式来说)，它就会再次导致对需要的专政，对所有被我们的道德清单认为是恶的特殊需要进行压迫。

然而，还有另一种解决办法。必须将妨碍所有需要被承认和被满足的那些需要排除在承认之外。然而，是否存在一种**伦理规范**，以此为基础，可以在理论上和实践上进行排除，而不会回到已经被拒绝的划分特定的“善的”需要和“恶的”需要的立场呢？

有这样一个伦理规范，康德以非常清晰的方式将其表述为绝对命令的公式之一：人不应该仅仅成为他人的手段①！这种规范是形式上的，因为它忽略了在满足特定的需要过程中，一个人成为或可能成为另一个人的纯粹手段这一情况。同时，这种规范也是一个**实质的**规范，因为从内容的角度来看，一个人在完成作为其他人的纯粹手段的作用中所采用的满足需要的形式总是可以被把握和被认识的。

康德本人曾谈到过三种“渴望”(Süchte)，每种渴望都以将他人作为 【290】
一种纯粹的手段为前提。这些渴望是对占有的渴望、对统治的渴望和对雄心的渴望(**贪婪**[Habsucht]、**权势欲**[Herrschsucht]、**求名欲**[Ehrsucht])。这些“渴望”显然是异化需要的形式。被“渴望”驱使的人不会力图满足某一个或其他特定的需要，因为他所有的特定的需要都被“渴望”本身成倍增加了。原则上，所有具体的实质的需要都是可以满足的，但需要的量化体系**原则上**(ex principio)是无法满足的。一个人无法

① “你的行动，要把你自己人身中的人性，和其他人身中的人性，在任何时候都同样看作是目的，永远不能只看作是手段。” Immanuel Kant, *Grundlegung zur Metaphysik der Sitten*, in Werke (Akademiker-Ausgaese), vol. 4, Berlin, 1903. (参见伊曼努尔·康德：《道德形而上学原理》，苗力田译，上海人民出版社 2005 年版，第 48 页。——译者注)

拥有足够的权力，或者无法拥有令一个人会不渴求更多的财富。接受康德的命令式，即人不应该仅仅成为他人的手段——从**伦理的**角度来看——也就排除了所有那些不是具体的实质的需要的需要，也就是说，排除了纯粹的量的、异化的需要。这样，三个不同的但又相互关联的问题就得到了解决。

首先，康德的绝对命令为区分“善的”需要和“恶的”需要提供了一个标准，基于该标准，我们可以忽略将特定的需要划分为“善的”需要和“恶的”需要的做法。其次，排除了**原则上**不可满足的量的需要，使之与以前的要求有关，根据该要求，所有需要都应得到满足。再次，我们打破了上述的理论僵局。对全部需要的满足构成困境的所有需要都属于这样一类需要，即满足这类需要会要求人成为他人的纯粹手段，例如，剥削或者压迫。如果我们用康德的绝对命令将这种需要排除在承认和满足之外，那么，所有其他特定的需要的承认和满足就会立即变得有意义。

那么，让我们通过拒绝将需要划分为现实的和非现实的需要，并接受道德规范的引导来构建这个命题。这样就形成了下述命题：除了那些其满足会使人成为他人的纯粹手段的需要外，所有需要都应该得到承认和满足。因此，绝对命令在评定需要过程中具有一种限制性作用。

【291】

三、政治方面

目前为止，讨论的重点是对“真实的”需要和“虚假的”需要的划分的两种解释。第一种解释将“真实的”和“虚假的”这两个术语理解为“现实的”与“非现实的”二分法，但由于其不相关性而被拒绝。第二种解释依据“善的”和“恶的”进行区分，这种解释以具体的方式被接受了。接下来的问题是，这种区分是否遮蔽了一些迄今尚未得到分析的“第三个”问题。拒绝康德意义上的“恶的”需要意味着所有未被排除的需要同时都是“善的”，或者更确切地说，都是**同等的**善的吗？

在具体的解释中，接受“善的”需要和“恶的”需要概念是经过深思熟虑的。首要的也是最简单的原因是，我们选择承认和满足除了被排除在外的需要外的所有需要。另一个原因是，在评价具体需要时，我们认为所有的道德清单都是不相关的。实际上，这相当于说，在关于满足需要的优先顺序的制度化民主辩论中，将需要划分为“善的需要”和“不那么善的需要”根本不起任何作用。不言而喻的是，对所有需要的承认必须等同于对所有需要的同等承认。因为在一场关于满足需要的优先顺序的辩论中，将需要评价为“较善的”需要或“不那么善的”需要也意味着对其现实性的评价。要求满足那些被评价为“不那么善的”需要是无法得到认真地承认的，关于优先顺序的辩论将沦为一种伪辩论，甚至辩论的相关结论也无法达成共识，因为被贬低为所谓的“不那么善的需要”的倡导者不再达成一致意见。通过一种迂回的方式，我们将再次实现了对需要的专政。

个人意识到的作为他们需要的东西，实际上就是他们的需要。它是现实的，必须被承认，必须被满足。但是，**人们是否有权希望**自己拥有其他的或额外的需要呢?有可能并合理地将“真实的”需要和“虚假的”需要划分为首选的需要与非首选的需要吗?有一种不同于“善的”和“恶的”划分(因为它在道德意义上不谴责任何事物)但仍然有选择的解释是可能的与合理的吗?

这类选择的存在不是我们在这里关心的问题，因为它们显然一直存在。问题在于它们的合理性和功能。最重要的是，这些选择不会将具体 【292】
需要排列到任何连续的系列中。如果应该提出的问题是对食物的需要还是对创造性活动的需要“更重要”、对友谊的需要还是对健康的需要“更重要”，那么我们就会陷入完全毫无意义的辩论中，所有这些需要都出现在人类生活和活动的各个不同方面。然而，选择并没有将特定的需要排列成一个连续的序列，它们指的是**需要的体系**。这是反映在需要体系中的生活方式。因此，在需要系统内采取的选择意味着对一种或多种生活方式的偏爱。

然而，对一种生活方式的偏爱总是受到价值的引导。由于现代社会的价值是多元化的，人们对不同生活方式的偏爱也是多元化的。此外，价值之间也存在矛盾，这些矛盾与利益冲突或不同类型的**世界观**

(Weltanschauung)有关，或者与两者皆有关。因此，在生活方式和需要方面也存在着竞争或矛盾的选择。

对需要的各种选择都主张要实现满足需要的功能，但实际上它们却无法做到。该主张可以表述如下：人的需要体系应该与人们所选择的需要体系相一致。它**影响**了需要体系的发展，最终直接引导了需要体系的发展，而且对与满足这一功能的首选需要体系不相符的需要体系提出批评。

该功能的实现有一种实际形式和一种伪形式。伪形式由需要的归因(imputation)组成。

需要的归因意味着人们把某些需要归于个人或群体的需要，而这些个人或群体却没有意识到他们有这种需要。这可以通过两种形式发生，首先是质疑特定的人寻求满足的需要是他们现实的、真正的需要这一事实；其次，假设人们也有他们未意识到的其他需要(但是，如果他们意识到这些需要，他们的需要体系就将与当前的需要体系不同)。

在进行进一步分析之前，让我们先将两种需要-归因的方式区分开来。已经证明前者(宣称有意识的需要是不真实的需要)在理论上是站不住脚的，在实践上是危险的。然而，是否有可能认为整个人群——除了他们意识到的需要外——还有其他的、无意识的需要，而这些意识到了的需要会改变他们的整体需要体系吗?

【293】 我们从这样的假设出发，需要是有意识的，且只有一个人意识到的需要才能被视为他或她的需要的假设。目前，我们的问题集中在意识的水平和形式是否同质的问题上。

萨特提出了一个关于需要的意识的形式的非常重要的区分。根据他的观点，存在着作为**匮乏**(manque)的需要和作为**计划**(projet)的需要。第一种需要仅仅是意识到需要的存在，第二种需要是对需要的**满足形式的意识**和关于满足需要的有意识的活动。如果某人意识到了孤独，他就会觉得生活是无意义、无目的的；甚至这也是一种有意识的需要的形成，即对于一般群体或他人而言，这是对有意义的生活行为的需要的表述。如果这样的感觉在**众多**人中出现，那么可以假设所讨论的需要以一种一般的形式存在。不存在的是旨在满足需要的活动，这种活动是关于需要的可满足的特征或其满足的形式的意识。

人们可能会问，为什么那种意识和那种活动形式消失了。答案是明确的。原因是可以引导需要的满足，换句话说，能够将需要从匮乏转变为计划的社会对象化、社会目标和社会制度消失了。这是一个合理的假设。

在这种情况下，归因是什么意思?需要本身没有被归因，因为它是以**匮乏**的形式被假定为存在的。被归因的是如下假设：如果引导需要的对象化存在，那么一种**匮乏**类型的需要将变成一种**计划**，随之而来的是人的需要体系将发生转变。这无疑是一种归因，因为没有人能够对未来做出真正的断言。即使满足了所有的先决条件，也没有人能**确切地**知道这个断言是否**真的**会实现。但毫无疑问，这种归因是合理的。值得注意的是，在人们喜爱的需要体系的引导下，价值可以指出当前社会中现存的需要，满足这些需要至少可能引向更受喜爱的需要体系。

如果我们承认需要-归因的第二种形式是合理的，我们就必须重新提出一个问题，即为什么我们把两种形式的需要的归因都视为引导需要的伪形式?原因是观念和价值——无论它们属于哪一种——都不能凭其 【294】
自身完成这一引导功能，或者即使它们能够完成这种作用，也只是在社会处于一触即发的“伟大时刻”暂时地起到这种作用。即使第二种合理的需要-归因形式的代表也必须承认它是反事实的。只有体现在对象化、制度和社会生活本身之中，它才能成为改变需要的实际力量。确实，理想的对象化(在给定的例子中：理论)可以展现出足够的力量根据特定的人的想法来改变他们的需要结构。但是，即使这种需要结构上的变化在内容上是民主的，它也具有一种精英主义的特征，而且正因如此，它几乎全部消失了。一种新的需要结构应该是根深蒂固的，并且必须提供一种真正的社会替代方案以使其变得普遍化。

我将回到最初的问题，即需要的各种选择都声称能够实现相同的功能，但实际上却不能。每一现存的社会权力结构——关于生产和社会共存——都内在地包含对具体需要体系的偏爱。然而，不同的权力中心能够做到那些部分失去或完全失去权力的人所无法做到的事情，即实现引导需要及其满足形式的对象化(产品、制度等)体系。正是这种通过对象化和制度对需要体系的引导才被称为操纵。

当然，操纵可以采取各种形式。格奥尔格·卢卡奇区分了它的两种极端形式。他称其中一种为野蛮的操纵，另一种是优雅的操纵。野蛮的操纵把第一种归因摆到显著的位置上来。它断言现存的需要是不存在的，并通过任意的决定禁止意在满足现存的需要的对象化的出现。正是这一点才可以被称为对需要的专政。与此相反，优雅的操纵体系是通过对现存的需要的承认而发挥作用。优雅的操纵体系以不断增长的速度，为已经存在的普遍**计划**生产并提供制度。它忽略的是作为**匮乏**的需要。它并不产生可供选择的生活方式；它不会建立相反对的机构。结果，通过**计划**无法被满足(无法被引导)的**匮乏**聚积起来，并且它们的表现采取了非理性形式：神经症和暴力的形式。

这两种形式的操纵都实现了(以明显的或隐蔽的形式)将需要划分为
【295】“现实的”需要和“非现实的”需要。所有类型的对需要的操纵都违反了这样一个规范，即除了那些将一个人变成其他人的纯粹手段的需要外，所有需要都应该得到承认，所有需要都应该得到满足。

四、可供选择之物：激进需要

如此一来，在更为理论化的水平上所阐述的一切在这里都具有社会相关性。有一点要强调的是，除非绝对命令的某个公式被用来限制对需要的承认和满足，否则对所有需要的承认和满足**原则上**就变得不可能。上述绝对命令的公式排除了将他人贬低为一种纯粹手段的需要。无论何地，只要社会关系建立在依附和等级制度的基础上，只要就权力而言存在拥有者和缺失者，只要将财产的占有(支配权)赋予某些人而不赋予其他人，就存在着将其他个体用作一种纯粹手段的需要。在这些社会中，实际上不可能承认所有的需要，更不用说满足这些需要了。然而，由此也得出，否定将需要划分为“现实的”需要和“非现实的”、想象的需要，这本身就是不现实的，也就是说，它并非源于对事实的经验描述。恰恰相反，它被证明是反事实的，它是一种只能与废除以依附和等级制度为基础的社会关系的思想一同构想出来的价值及规范。

然而，该规范是以这样一种方式制定的，即不质疑每个人意识到他或她自己的需要的能力(对于他们早已具有这种意识也不质疑)，但正是这种能力创造了出发点。需要-操纵的事实与需要-拜物教的主张无关。我们没有把自己置于人类之外。这需要进一步澄清。

马克思认为，那些超越了以依附和等级制度为基础的社会的人是那些拥有激进需要的人。这些人的有意识的需要不能被形成这些需要的社会所满足。为了满足他们的需要，这些人必须通过建立“联合生产者的社会”来超越他们特定的社会。只有当进步力量在反对压迫和剥削的持续斗争中创造出能够满足他们的激进需要的社会先决条件时，“联合生产者的社会”才不再是一种纯粹的猜测性构想。

我试图在我的一些作品中证明，在世界上——以及在其各种结构形式中——存在着激进需要，并且不断出现新的运动来满足这些需要。我也反复声明，我自己的关于超越以依附和等级制度为基础的关系的概念，表达了同这些现存的激进需要的一种亲密关系。我愿意做进一步解释。【296】

以激进需要为中心并围绕着激进需要组织起来的运动代表了少数人，至少迄今为止是这样。然而，这些运动始终认为，它们超越社会依附和等级制度的目标与愿望代表了全人类的价值及需要。问题是这种意识是否是意识形态的，以及由此表达对激进需要的亲密关系的社会乌托邦是否不带有意识形态特征的痕迹。

在激进需要与非激进需要之间不存在中国式的长城 。以激进需要为中心的运动也代表了非激进的需要，也就是说，在特定的社会中可以得到满足的需要。即使是对激进运动的需要也可以在当今民主法治国家的社会中得到满足。此外，激进需要可以被明确表达出来，而且经常在不围绕激进需要来规定其需要的所有运动、政党和利益集团中被明确表达出来。最后，如果我们假设承认和满足所有需要只能通过超越以依附与等级制度为基础的社会来实现，那么下面的断言就意味着：承认**所有**人的需要也是一种激进的主张。

因此，将激进需要归于所有人并不一定是意识形态上的，但这并不意味着它不能成为意识形态上的。当非激进需要或没有围绕激进需要而规定的需要体系因此被宣布为“虚假的”或“非现实的”，激进需要就变成了意识形态上的。此外，如果激进需要违背其存在的前提，即民主法治国家，那么它将成为意识形态上的。

然而，我们还必须回到将需要划分为“真实的”和“虚假的”第三种形式。即使激进运动拒绝对需要的“现实的”和“非现实的”划分，并将自身假定为非意识形态的运动，但基于其价值，它们仍然有理由偏爱某些需要体系并相应地影响社会。如何做到这一点？其功能是什么？

【297】首先，激进需要本身就是多元的。没有这样一种其需要体系能够包含所有激进需要的运动。不同的激进需要构成了自我管理运动、生活方式革命和女权运动的核心。因此，不同的激进需要不喜欢相同的需要体系；它们不想从同一个角度对社会施加影响。然而，这些激进需要都有一个共同特征，而就是这一特征使它们成为激进运动，该特征便是：所有激进需要都将那些压迫他人或将一个人假定为他人的纯粹手段的需要体系排除在首选的需要体系之外。

当谈到争取对需要体系产生影响的激进需要时，我们假设这种引导本身也是多元的，因为它是从生活方式的不同模式的角度实现的。多元的影响不会变得具有操纵性。然而，这本身只是一个消极的特征。当激进运动在其潜力的极限中做出自己的选择时，这从一开始就排除了操纵，那么，消极性将转变为积极性。而每当激进运动停止这样做，每当它们不再排除那些使一个人成为他人的纯粹手段的需要时，**无论**它们所提倡的思想的激进主义特征如何，它们都不再是代表激进需要的运动。简而言之，如果激进运动旨在通过违背人们的意愿而使人们快乐，那么在此处所描述的概念意义上，它不再是激进的。

显然，对其他需要体系的选择只能以一种形式产生影响，即通过建立这样的对象化和机构，其中包括反驳对现有对象化和机构的替代性方案，从而使作为纯粹、作为**匮乏**的现存的需要有可能变成作为**计划**的需要。同时，选择的结果不能转而反对任何存在着现实的需要或满足现有的需要(除了使一个人成为他人的纯粹手段的需要)的对象化或机构的存在或相关性。因此，必须逐步废除操纵和权力的社会分工。在这个框架内，所有需要——也包括激进需要——可能以平等的形式出现，满足需要的对象化(客体、机构)与各种生活方式的选择相称。

五、共　存

引导需要只有一种非操控的方式，即以对象化的形式为本质上不同的需要和需要体系创造平等机会，这个事实绝不意味着放弃**批判**某些需要体系的权利和义务。然而，这种对需要的批判的公开形式不可能是一种民主的机构体系，在这种机构体系中，将根据同样合法的需要中的优先顺序做出决定。对需要的批判必须具有个人特征。该术语并不是指严格意义上的人与人之间的交流；公共生活也可以成为批判需要的渠道。相反，它旨在表达批判的非强制性特征。例如，一个异质的教育系统倾向于选择与该系统所服务的生活方式相适应的教育形式，这是合理的。为这种教育形式进行私下的和公开的辩论是合法的，而为了试图说服反对者对其他教育形式的批判也没有错。但是没有人有理由要求废除一个有需要的机构。批判和辩论必须只集中于修正需要，以便使对受批判的对象化体系的需要最终会逐渐消失。这也是直接的个人需要批判的规范。该规范绝不能是拒绝满足需要，而必须是对他人的呼吁。例如，如果我们的兄弟整天无所事事，而其他家庭成员则在努力维持生计，那么我们不应该呼吁父母不去供养他，而是呼吁我们的兄弟。我们试图让他相信他的行为是不民主的，我们试图唤起他对他有天赋所从事的那类活动的兴趣，唤起对他可能会逐渐从中找到乐趣的那类活动的兴趣。在这种情况下，确实存在对一种生活方式的偏爱和对需要的批判，但它们不是强制性的。 【298】

甚至民主的多元化国家及其机构体系也不能成为详细阐述新的需要

体系和新的生活方式的源泉。此外，它不应该成为它们的来源。它只能为这一切建立一个框架。消除使一个人成为其他人纯粹手段的需要是一个长期的过程，它是**作为劳动的民主**。这种劳动的趋势是使所有个人都能参与社会决定，并使权力分散。

正是在这个过程中，个人应该按照商定的优先顺序来运用承认和满足需要的规范。但是，如果对不同生活方式的选择和对生活方式或需要体系的转变赋予了权力，那么它就同这种劳动相矛盾。

对生活方式、需要的选择的转变，以及对需要的批判的功能是社会
【299】共存的形成。换句话说，该功能是以个体和群体的形式展开的相互教育。然而，这只有在民主国家和机构从实际转变的需要中得到反馈时才会发生。当然，这并不排除——实际上，它甚至预先假定——新的需要体系和新的生活方式应该拥有新的对象化。对新的需要拥有的对象化越多，这些需要被承认和满足的机会就越大。

第六章　令人不满意的社会 【300】

让我从一个显而易见的事实开始：现代西方世界的需要结构与以往社会的需要结构明显不同。但必须指出的是，在最近的讨论中，现代需要结构发展模式的独特性主要表现为两个最为显著的特征：一方面是物质生产的恶性增长；另一方面是对越来越多的新商品的需要的不断增长。工业的增长为物质需要带来新的满足者，同时，它也创造了新的需要；新的需要的迅速扩张进一步加速了工业生产。对现代需要结构的批评往往把所有的注意力都集中在这两个显著特征上。消费主义被认为是当代社会所有弊病的罪魁祸首。现代人被认为是**消费者**，因为他们假定自己是资本家，或者用另一种说法，社会实际上已经把人沦为了消费者。一些批评者特别指责大众媒体传播危险的消费主义需要模式，并让广告对所谓的"需要的操纵"负责。他们寻求一种能够识别"真实的"需要并消除"虚假的"需要的灵丹妙药，或者他们主张由世界权威机构通过施加一种科学确定的"增长限制"对需要的演变和满足进行集中控制。

但问题的关键在于，需要无限扩展的趋势是我们现代需要结构的**整体**特征，而不仅仅是把人视为消费者。为了理解作为消费者的人，我们 【301】
首先必须将现代人的需要体系理解为一种符号结构。这样，显而易见的是，消费主义的批评者提出的补救措施要么是无效的，要么是有害的。

古典社会学家——马克思（Marx）、滕尼斯（Tönnies）、韦伯（Weber）、齐美尔（Simmel）——对现代需要体系有更深入的理解。马克思认为，在前资本主义时代，需要的发展受到一系列行为规范的限制。个人的需要体系只能在这些固定的界限内发展。这就是为什么"伟大的个人"只是表面上的伟大，而实际上他们心胸狭窄（**目光短浅**[borniert]）——他们把一个具有象征意义的特殊世界所给予的限制视为他们"自然而然的"限制。只有在资本主义废除了所有特殊主义的行为体系之后，个人需要体系才能不受阻碍地拓展。现代的个人之所以优于前现代的个人，是因为他或她的自我发展是**无限的**。废除对个人发展的一切限制所引起的普遍不满是共产主义社会的前提。虽然没有任何乌托邦的观点，韦伯仍然以与马克思大致相同的术语描述了现代性。在他看来，现代人不能再像他的祖先那样“对生活满意”地死去。在分析作为一种志业的科学时，韦伯强调了现代科学知识的无限性。今天的所有发现和理论在明天都会被证伪与超越。我们不再可能知道足够多的东西。鉴于我们的生命是一项有限的事业，我们不仅在不满意中活着，也在不满意中死去。韦伯的“世界的祛魅”描述了与马克思所称赞的超越所有“神圣界限”相同的趋势——即使有相当多的疑惑和怀疑。

我称现代社会为令人不满意的社会，称现代个人为不满的个人，这是跟随马克思和韦伯的脚步。正是本着他们的精神，我强调了不满意的无所不包的特性。但我必须为此加上一些我自己的思考。

马克思将不满意归咎于商品生产的普遍扩散和由社会主导的特征——尤其是在由资本主义制造业所创造的条件下。韦伯将其主要归因于合理化。我认为以“现代性”为特征的社会时代可以而且应该被理解为三种不同的、绝不是必然相互关联的趋势的独特组合：资本化、工业化
【302】和民主化。这三种趋势中的每一种都有其自身的逻辑，每一种的发展都可能，而且往往与其他两种相矛盾。商品生产本身，无论它可能采取何种强化形式，都不会带来“令人不满意的社会”。要实现这一点，民主的价值必须存在，至少作为规制的理念而存在。与马克思同时代的拉萨尔仍然不得不抱怨德国工人“可恶的满足”。即使是现在，在缺乏民主社会想象的资本主义国家中，粗暴世界中的满足在这个可恶的地球上也绝非例外。这就是我轻视没有民主运动和民主制度的资本主义国家对需要的专政制度的原因。

但是，即使资本主义、工业化和民主有它们自己的逻辑，即使各自都有相互矛盾的发展趋势，就这里所讨论的问题而言，它们反而是在相互增强。因此，最令人不满意的社会是那些结合了这三个方面的社会。原因似乎很明显。

我已经把现代需要结构称为一种象征结构。当然，这不是我们时代的**类别差异**(differentia specifica)：所有的需要结构一直是，而且仍然是象征结构，换句话说，它们是由各自社会的价值体系塑造的。一种自然的本能欲望，例如，饥饿，不是需要；对某种东西(其他东西除外)的渴望是需要。这是因为，所需要的“某物”与被排除的“其他某物”是由人类所出生的社会单位的规范和规则所定义的。毋庸置疑，需要结构的象征性特征并不意味着任何复杂社会的价值结构和需要结构具有完全的同源性，任何复杂社会都允许有各种各样的个人需要体系。但至少要对这类需要进行评估，无论是积极的还是消极的。个人需要发展的模式是根据特定类型的行动、态度、行为和事物的社会价值而形成的。我们需要的东西**成为商品**。很明显——只有在任何特定社会中被评价为“商品”的事物和活动才是“商品”。当马克思强调只有**使用价值**(use values)才具有交换价值时，他恰恰暗示了这种相互联系。

现代人的需要是无止境的，因为我们的价值是这样**规定**的。

在接下来对“令人不满意的社会”的分析中，我将构建一个理想类型。我打算用这种理想类型来描绘现代性的各个方面，但并不声称它涵 【303】
盖了我们时代的每个需要结构特征。

在传统行为规范被废除的同时，一些规范和价值也逐渐普遍化。特殊的整合不再成为有尊严的、体面的或高尚行为的无可争议的参照点。成为一个“人”，而不是成为一个“好公民”“好基督徒”或“好仆人”的观念正在蓬勃发展。通过放弃对每个有机的、传统的纽带和制度的忠诚，用“我是一个人(a Man)”“我是一种人的存在(a human being)”①这种强调的句子来建立一个人的自我认同，这是从那时起就再也没有受到过根本性挑战的启蒙运动的代表性状态，它基于两个相互关联的价值承诺。其一是对**人类**作为唯一有约束力的整体的承诺，其二是对**人的个性的独特性**的承诺。所有普遍化的价值，如自由、平等、博爱、科学知识、减

① 我们通常把“person”译为“个人”，把“man”译为“人”，同时把“human being”直接译为“人”。在这里，为了区分“a man”和“a human being”，而把“a human being”译为“一种人的存在”。——译者注

轻痛苦等，要么依赖于人类，要么依赖于独特的个性，或者两者兼而有之。无论是资本主义还是工业化都不能单独带来以人的需要的**无限性**为特征的新需要结构。正是价值的新普遍化趋势重塑了需要体系。资本主义的发展为这种普遍化扫清了道路，而这种普遍化反过来又有助于加速资本主义工业生产的普遍扩散。现代性的象征性体系促使个人认为他们的需要是无法满足的。

如果自由的价值具有具体而有限的含义，如果这种含义是由任何特定社会的行为规范所规定的，那么对自由的需要也同样是被具体规定的，因而是有限的。例如，对亚里士多德来说，“自由人”是有资格在城邦担任公职的公民，这是不言而喻的。没有人比成为自由公民更“自由”了。通过获得这种地位，一个人对自由的需要得到了完全的满足。对他而言，同样不证自明的是，出于原则原因，妇女是不可能有自由的；这就是按照这个理论她们根本不需要自由的原因。与自由的这种具体而有限的价值相反，普遍化的形式并没有规定自由的真正**含义**。原则上，普遍化的自由可以涵盖从自由贸易到所有人类能力的自由发展的各方面。另一方面，自由的普遍化价值并没有将自由和对自由的需要归之于任何
【304】特定的社会群体或阶级：每个人都可以要求自由，也都需要自由。但鉴于自由无法定义，它也就没有限制。走向解放的每一步都趋向一种新的限制，一种必须克服的新的约束，一旦克服这一限制，就会感受到另一种新的限制。以自由的普遍化价值标准来衡量，每个人都是**不自由的**。我们无法满足于我们最终享受的自由的特殊品质，我们会不满足地死去。

现代人确实是浮士德式的人；但他并不乞求停留于此，因为这是如此美丽。任何事情都不应该一成不变。实现某事并非是完成：人们会立即寻求下一件事情。我们应该怀有希望，即通过取得某些成就减轻“需求”(wants)带来的痛苦，当我们真正得到想要的东西时，这种希望就消失了，因为我们感觉到了另一种需求，这一过程**永无止境**(ad infinitum)。将我们的命运视为“自然给予”或由天意设计已成为一种荒谬的观念。我们总是对自己的命运不满，因为我们将其与无限的可能性进

行比较，这在实际上而不是在想象中超出了我们的能力范围。对满足不断更新的需要的渴望不仅激发着人们作为消费者的能力。新需要的产生和迅速传播也不局限于消费——对独立性、教育和令人满意的工作的需要只是可能的例子中的几个。现代社会中所想、所做、所寻求的一切同样都与需要的同一象征结构有关。为获得更高工资而罢工的工人、为获得家庭内部认可或性解放而奋斗的妇女、旨在通过彻底革命的救赎行动来改造整个世界的激进分子、渴望探索宇宙或消除所有疾病的科学家，他们是令人不满意的社会的孩子，这与不满于他或她所支配的物质商品的消费者一样。在某一方面是伟大的东西在另一方面可能是微不足道的。但伟大和渺小都是由同一个乳房养育的。如果“令人不满意的社会”出现了“脱节”，这问题就必须从整体上来看。要提出的问题是，不满意的(现代)个人是否自身应该是一个无可争议的价值，在一个令人满意的社会中是否能够发展出同一类型的个人，“令人满意的社会”是否可能，如果是这样，它是否也是值得拥有的，对任何满意的任何限制是否会妨碍个人的自我发展。稍后我将回到这些问题上。目前，必须首先审查“令人不满意的社会”的某些深层的特征。

康德认为现代个人有三种无法满足的欲望：对占有的渴望、对名誉的渴望和对权力的渴望。有趣的是，在早期社会中大多数社会弊病都被归咎于对性欲(快乐)的渴望，而这并没有出现在该目录中。其具有合理性的原因在于：对性欲的渴望是可以满足的。首先，因为它受我们的机体限制：一个人能够被快乐所满足，直到冷漠，甚至厌恶它的程度。其次，因为它在时间上是有限的：死亡会终结一切快乐。然而，名誉是不朽的，在这个意义上它是无限的；权力和财富是可以继承的，至少在原则上可以无限地增长和成倍地增加。从这个意义上说，后者在空间和时间上同样是无限的。当然，对权力、名誉和财富的渴望并不是现代个人所特有的，因为它不是像某些哲学家(例如，休谟)所认为的那样，可以从人性的“占有欲”中获得对占有的渴望。但很容易理解的是，康德的三种“欲望”本质上不同于**拥有某物**的欲望、不同于**因某物而受尊敬**的喜好，或者不同于**对某物拥有强大力量**的欲望。一名骑士可能希望通过成 【305】

为最优秀的剑客而获得荣誉；希望通过捍卫基督教信仰而获得荣誉。他最终会想要掠夺异教徒的城市以满足自己的贪婪，但他从来没有想过要以商人的身份寻求荣誉，并通过商业积累财富。因此，他的欲望可能是强烈的，但肯定不是无限的。在所有前资本主义社会中，**规定了**值得实现的特定类型的权力、财富和名誉，**以及**实现它们的适当方法的当然是占主导地位的价值体系。甚至名誉、权力和财富的等级也由各种价值体系塑造；值得尊敬的激情和不守规矩的激情之间的区别也由它们设定。此外，就权力、财富和名誉的完全不同的最佳目标被归于所有参与分工的人而言，分工被神圣化了。等级最低的阶层通常被排除在追求权力、名誉，有时甚至是占有之外。在奥斯曼帝国，一个奴隶如果不加入禁卫军，就无法获得任何名誉。

在现代，这种图景开始不断变化，尽管在具有封建背景的国家中，这种变化比在如美国这样的国家中要慢。但在当今世界，令人不满意的
【306】社会的基本动机模式已经变得相当普遍。对名誉的需要不再是需要在某一特定领域以适当的手段获得荣誉：人们可以在**任何事情**上获得荣誉，而实现这一目标的手段并不重要。在奥运会上赢得一枚金牌和成为一个著名演员、学者、商人、将军、选美皇后、政治家、**高级时装**设计师、作家、冒险家、革命领袖、探险家、新教派的领袖、高级罪犯几乎一样。特定的名誉不再是目标，**名誉本身**才是目标，同样的，权力本身、财富本身才是目标。没有任何一种名誉、权力或财富是有损现代人的尊严的。

在此回顾启蒙运动引以为傲的这样一种陈述是恰当的，即我是一个人，我是一种人的存在，除此以外别无他物。对权力、名誉和财富的渴望的不明确的特征是由这种自我认同的建构在多个方面塑造的。

首先，个性的价值成为最高价值。正如歌德所说：“尘世凡人的最高的幸福在于保持自己的个性。”(Höchstes Glück der Erdenkinder sei nur die Persönlichkeit.)由于人的性格不再按照严格的等级规范发展，尊严只与个体的个性有关。正如马克思所说：出生在一个阶级，成为其中一员，这被认为是偶然的。或者，用另一种方式来表述同样的陈述：与等

级相比，社会阶级的特征恰恰在于个人与其在劳动分工中所处位置之间的偶然关系。个人已经成为他或她的功绩、成就和命运的唯一主宰，如果不是在现实中，至少在主导意象中是这样。制造、创造、做一些以**独特性**为标志的事情，现在是个人尊严的表达和储存库。

“我是一种人的存在”，其他人也同样是一种人的存在。如果名誉、权力和财富可以在任何事情上求得，那么**任何人**皆可得。每个人都可以追求任何一种名誉、权力和财富——贵族和平民（只要这种区别存在）、男人和女人、富人和穷人。拿破仑（Napoleon），这个白手起家，让欧洲世袭君主俯首称臣的人，是未来时代的象征。

“我是一种人的存在”也意味着其他的东西：人类替代了任何局部的和有限的整合。如果与世界范围内的成就相比，在当地社会框架内取得的成就是毫无价值的。

没有人能坦率地否认“我是一种人的存在”这一自豪的说法对我们来说是宝贵的，因为它既指向我们的普遍存在又指向我们独特的存在。我 【307】
将使该声明更加个人化：它对我和所有不想废除启蒙运动的人来说都是珍贵的。我希望没有含糊不清的是，尽管我将在此分析其所有致命的副作用和后果，但我确实认为某些价值的普遍化是人类历史上取得的唯一伦理上的进步。同样，我拒绝一切旨在将消除启蒙运动（de-Enlightenment）作为回归的体现的新基础主义运动。但这种坚定的立场并不能阻止我面对这样一个事实，即我们的价值体系及其形成的需要体系出了问题。

拿破仑只有一个，但有数百万年轻人梦想着成为他。白手起家的商业大亨很少，但有数百万一生都在工厂或小商店里辛勤劳作的人怀有成为其中一员的梦想。大众媒体无疑具有腐化作用，不是因为他们为电动刀做广告，而是因为他们为名誉、权力和财富的普遍标准做广告。但引文和国际奖项的列表也是如此：所有这些都会导致普遍的不满意。如果与上流社会的人相比，任何名誉都不够高；如果与上流社会的人的权力相比，任何权力都不够大；如果与上流社会积累起来的财富相比，任何财富都不够多。即使是那些处于社会顶端的少数人也无法感到满足，因为他们很容易在全球竞争中被其他人超越。

人是消费者只能从这个方面来理解。我甚至大胆地提出一种非正统的观点，即消费主义是三大欲望中最民主的形式。

如果一个女售货员正在看电视上的玛丽莲·梦露(Marilyn Monroe)的故事，那么她成为著名演员的可能性和梦想之间的差距是绝对无法逾越的。但是，如果她专注于女演员的着装，而不是职业，那么为自己购买一件至少在颜色和款式上相似的连衣裙原则上并非遥不可及。如果人们的野心不是与权力或名誉有关，而是与消费品有关，那么，作为一种以感觉为背景的基本情感的不满意不会消失，但如果人们用上了与索菲亚·罗兰(Sophia Loren)相同品牌的肥皂、与洛克菲勒(Rockefeller)相同的领带，或者与列宁同款的帽子，那么，至少有一段时间，这个人可以感觉到自己是女王或国王。如果人的尊严与名誉、权力和占有联系在一起，如果这些领域不是至少在某种程度上向所有人开放，那么人应该去
【308】哪里寻找尊严呢？消费主义是现代性中不满意的一种**可模仿的**减速器。这种态度可能会给这个充满挫折和令人不满意的社会中的每个人提供一些尊严的机会。但它不是唯一的。

对名誉、权力和财富的渴望可以投射到“为我们意识”(we-consciousness)中。在这种情况下，这个人可以说是“分享”了一个共同主体的成就，无论是国家、阶级、种族、文化精英还是政党等。如果我们国家的足球队赢得了世界杯，荣誉也属于我。初看，这并没有什么新意。此外，似乎“为我们意识”与特定的集体意象日益认同，使我之前关于现代性价值日益普遍化的断言无效。但是，正如足球队的例子所暗示的那样，对集体名誉、权力和财富(“为我们意识”的意象)的渴望可以是无限的(与**一切事物**有关)，并且可以用人类的尺度来衡量，就像以个人的尺度衡量一样。问题的关键在于，由于这种新形式的“为我们意识”，不满意不仅仅是个人的。我们不仅对我们自己有很多不满意，而且也不满意我们的国家、阶级、政党、文化精英和种族等。我将把我的分析限定在这类不满意的最典型的例子中：与**进步**的价值相关的例子。

当然，进步的观念是在令人不满意的社会中出现的。这一观念不仅

意味着完美，而且还意味着无限地、不断加速地朝着“更高”“更好”和“更多”的方向发展。从进步观念的优势来看，目前的情势是暂时的。现在的事情介于之前“较低”的发展阶段和未来“较高”“较好”的发展阶段之间。普遍回归的概念只是作为硬币的反面与普遍进步的概念同时出现，但它是一种哲学理论，而不是一种流行的、包罗万象的意象。然而，进步的观念在普遍化的规制性观念的万神殿中占有一席之地：从那时起，它就规范了行动、行为和想象。正如费尔巴哈(Feuerbach)所言，一往无前的船长(Captain Forward)成了现代性之神手中的鞭子。最新的总是被认为是最好的。但是，分娩中的社会无法因新生儿而感到快乐，因为它还在摇篮里就已经衰老了。不断进步使社会永远处于分娩状态。但是在这个过程中产生了什么呢？

普遍化的价值(诸如自由、平等)和康德的三种“欲望”与进步的观念 【309】
一样，是不明确的。这就是进步的观念可以与两者联系在一起，并且可以以各种组合形式存在的原因。进步可以用权力、财产和名誉来衡量，也可以用实现自由、平等和减轻痛苦来衡量。这两个标准不一定会出现两难困境，尽管它们可以并且越来越多地带来了这种困境。进步可以主要或完全用生产发展的尺度来衡量，即创造不断变化的需求，而满足这些需求的代价越来越昂贵。但它也可以用逐步实现自由、全人类的平等和减轻全人类的苦难来衡量。鉴于我们的需要结构是由我们的价值体系所塑造的象征性结构，我们必须得出这样的结论，即进步的观念可以带来**两种不同的**需要模式，它们都由同一观念象征性地代表。其中一种模式是寻求并刺激增加生产、增加消费主义、增加权力和支配的需要结构；另一种模式是旨在并促进自由、平等和减轻痛苦的需要结构。但是，当我们进一步审视这两种新的需要结构时，会发现它们是完全交织在一起的；事实上，它们构成了一种内部矛盾的需要结构。后者表现了资本主义与工业化发展逻辑同民主发展逻辑之间的张力。进步的观念在这两种情况下都暗含着**不满意**，但它推动参与者朝两个不同的方向发展。

这里，我必须回到前面提到的一个问题。我认为，“消费主义的态度”仍然是这三种欲望发挥作用的最民主的渠道。我还可以补充道，对于任何欲望来说，它都是最不危险的安全阀。通过购买不断“更新的”商品，我们不会对任何人造成伤害，出于对权力的渴望而采取的行动，以及最终出于对名誉的渴望而采取的行动却恰恰相反。但这种更民主，甚至更天真的消费主义倾向限制了消极性（即一种破坏性激情的缺乏），而没有限制任何积极的特性。消费主义是天真的，因为它是幼稚的：它是一种没有道德意蕴的行为，因此没有任何责任。如果我们从“民主的激
【310】进化”的进程来看，与其他欲望的含义相比，消费主义相对更民主的特征将证明其民主**价值**的缺失。每个认真对待自由、平等和减轻全人类苦难的价值的人都会认为，世界上一小部分地区的消费主义是对那些在我们共同生活的地球上死于饥荒或经常遭受营养不良的人的暴行。如果我们不关心各种人的存在，我们又怎能骄傲地声称“我是一种人的存在”？在问这个问题时，人们应该意识到这样一个事实，即包括所有对苦难、屈辱、压迫和统治的抗议在内的普遍不满意是同一文化、同一价值体系，以及对其进行批评、拒绝并试图进行克服的同一进程的产物。对令人不满意的社会的不满意属于同一个社会。

鉴于作为象征结构的现代价值体系是由普遍性的价值塑造的，塑造它们的最高价值正是由于具有普遍性，才不能像早期排他主义的和等级制度的价值体系那样构成**任何特定生活方式**。韦伯所描述的合理化过程与某些价值的普遍化是同一枚硬币的两面。一方面是马克斯·韦伯所说的“世界的祛魅”或者卡尔·马克思所阐述的所有传统规范体系的瓦解，另一方面是合理化的进程，它们在规范性的规制生活和个人服从于纯粹的规则之间制造了巨大的鸿沟。后者发生在从学校到工厂、办公楼、市场、政治制度等各种机构的框架内。所有这些机构都拥有其“成员”必须遵守的不同的规则，并且这里要么没有价值需要遵守，要么只有完全被阉割的价值。只有家庭生活可以为整个人类行为提供一些规范，但如果是这样，“初级社会化”会使人不适合而不是适合高度理性化制度中的“成人生活”。

将亚里士多德的“善的生活”概念草率地应用于现代性是相当错误

的。“生活”和“善的生活”之间的区别只有在能够建立一种与一套价值保持一致的独特的“生活方式”，并不断付诸实践的情况下才有意义。“善的生活”在其最初的、非常合理的意义上，与人类主要通过实践美德所能达到的幸福生活是一致的。生活中的需要体系与“善的生活”中的需要体系，在本质上是完全不同的。生活是快乐带来的满足，“善的生 【311】活”(the good life)是美德带来的幸福。“生活”上的满足在数量上的增长无法带来“善的生活”的幸福感。“生活”与“善的生活”之间的这种区分显然不能简单地应用于现代性。在现代社会，人们通常追求的是成功。该欲望是指向“相同”中的“更多”：更多的权力、更多的名誉、更多的财富。由于没有公认的美德可以实现或实践，所以根本就没有“生活方式”，崇高和卑贱之间的质的差别多多少少被成功的量的差别所取代。即使是进步的观念也不一定会产生“善的生活”的可能性。如果某人热情地投身于企业的发展、公共医疗机构的建立或者一项新的科学发现——换句话说，投身于某种进步事业——这种参与本身并不会为他或她提供一套规范性的“美德”。由于进步事业是在特定机构的框架内实施的，因此参与并不意味着，也不构成整个人的交往的任何框架或形式。

仅仅指出上述趋势的致命影响将是纯粹的浪漫主义。人们不应该忘记，牢固确立起来的“生活方式”属于这样的世界，即在这样的世界中，特定的生活方式归属于特定阶层，而“善的生活”仅属于最高阶层。只有当“善的生活”的需要体系是由不矛盾的普遍性的价值所塑造时，“生活”的需要体系与“善的生活”的需要体系之间在性质上的完全差别才能吸引我们，并为我们提供一个规制的观点——但这只是解释普遍性的价值。这就是试图废除普遍性的价值的新基础主义倾向除了回归外，不能以任何其他方式提供“善的生活”的原因。

激进需要、对激进民主的需要和非激进需要都是由**同一**普遍性的价值体系所塑造的，尽管满足它们的方式正朝着相反的方向寻求。但是激进需要并没有因为它们的存在而构成一种不同的生活方式，更不用说“善的生活”了。它们是通过对普遍性的价值的**反思**而产生的，而其他需要仅由后者塑造，而没有对普遍性的价值的反思。对普遍性的价值的反思**可以**为人们提供即使不是一种生活方式，至少也是一种**生活行为**（conduct of life）。我所说的后者指的是一种连贯的、特殊的，但可模仿
【312】的生活策略，其基础是遵守由普遍性的价值的解释所设定的义务。就目前而言，在某种意义上，“生活行为”是一种贵族的冒险行为，不能被普遍化。然而，它或多或少是围绕激进需要组织起来的运动所固有的。今天，如果我们认真对待“善的生活”概念，只有“生活行为”才能被称为“善的生活”。

在对令人不满意的社会的需要结构进行简要梳理之后，我们有必要回到尚未回答的问题，即①不满的（现代）个人是否应该被推崇为一个无可争议的远离价值的自我（value-for-itself）；②在使人感到满意的社会中能否可以发展同类个体；③一个“使人感到满意的社会”能否出现；如果能出现，④它是否也是值得拥有的；⑤对任何满意的限制是否会阻碍个人的自我发展。

在这些问题中，第三个和第四个可以得到明确的否定性回答。马克思的梦想不可能实现。出于多种原因，我们无法想象将不断扩大的个人需要结构和同时满足所有人类需要相提并论。我们不再相信19世纪理所当然相信的我们星球的自然资源是无限的，我们也不能相信即使在不断扩大对物质商品的需要的情况下，也可以实现彻底富足的状态。反对这样一种保留意见，即无限扩大的只是精神需要而非物质需要，是无关紧要的。首先，这是因为即使是所谓的精神需要的满足也以一定数量的物质投入为先决条件（生产书籍、钢琴，尤其是科研设备的成本并不比生产汽车或食品加工器的少）；其次，这可能更重要，因为每个特殊的需要都包含在一个需要结构中，而一个需要结构包含了几个无限的需要和其他有限的需要，这是难以想象的。因此，完全的富足与无限的需要的扩张，二者是无法同在的。但是，一个完全令人满意的“富足”社会是否值得拥有的问题应该被提出。同时满足人类所有需要将结束人类生活中的**紧张局面**：它将使解决冲突的机构变得完全多余。但民主政体是解决社会冲突的制度化框架。在激进民主中，每个人都能够平等地参与解决冲突的过程。在这一点上，我同意亚里士多德的观点：没有政治活

动、没有有意识地参与解决冲突的生活，不可能是“善的生活”。因此，一个完全富足的社会，一个同时满足人类所有需要的社会，不可能是一个“善的社会”，因为它不能保证“善的生活”。正是出于这个原因，对第二个和第三个问题的否定性回答并不等于发出一种悲观的声调。 【313】

第一个和最后一个问题的答案要模糊得多。

我已经表明了我对现代个体的偏爱。但我也强调过，对权力、占有和名誉的永不满足的渴望，对可量化的进步的想象，对社会的不满意，激进需要——所有这些都来自同一个源头。不可否认的是，无限性想象的破坏性和自我破坏性后果日益明显。但是这里我要回到主要观点，即对无限性的破坏性后果的强烈抗议同样是现代个人的自我表达，它不亚于对同样的无限性的想象。现代个人意识到了一个令人尴尬的事实，那就是应该对肆无忌惮的现代个人采取一些措施。但我们**能**做些什么呢？

宣传反对“虚假的需要”是无关紧要的。这样做的理论家只是以历史上的圣诞老人(一个象征性的、不存在的实体)的名义“希望”摆脱困难。另一种选择，即组织一个世界性的机构来控制所有可用的物质资源，并按照科学计划限制人们的满足程度，这具有非常危险的后果；或者，它被证明是无效的。反对它的第一个论点来自汉娜·阿伦特，她带着黑色幽默，但又带着严肃的洞察力问道：如果有一个世界性的政府，我们到哪里去躲避它的警察呢？第二个反对意见是指这种全球安排的无效性。鉴于一个被委派控制所有物质资源的世界性机构只能是一个高度理性化的机构，并且鉴于机构的理性化不仅与不满意的个人的出现同时发生，而且也是后者的生命要素，因此，通过限制物质上的不满意，这样一个理性化的机构根本不会改变需要结构。充其量，它只能把对占有的需要以其他两种渴望的方式进行重新定位：以对名誉的渴望，尤其是对权力的渴望。但我们知道，后两者不如消费主义那样民主和无害。发生这样 【314】
的事情并非完全不可能，但前景黯淡到人们更喜欢现在这个有问题的世界。

从理论上讲，这个问题不需要扮演历史上的圣诞老人的角色，也不需要仅仅依靠制度上的解决办法，就可以得到回答。答案当然是纯理论的，但不一定是虚假的。现代需要是无止境的，因为普遍性的价值根本没有在任何方面规定它们。以往的需要结构是可满足的，因为它们由各种特定的规范所塑造。如果不想废除价值的普遍化，我们至少可以设想有几套特定的价值在普遍的价值与对这些相同价值的个人解释之间，在人类与个性之间进行调解。为此，必须建立具有不同生活方式的各种人类群体，所有这些群体都能够为“善的生活”提供规范性道德模式，但又是多种多样的规范性道德模式。不同的价值体系可以以不同的方式规定需要体系，它们中的每一种都有其独特性。个人可以自由地加入或离开每个群体，选择最适合他们个性的群体。再者，对占有的需要可能会变成对拥有**某物**的需要、对有权使用**某物**（执行特定任务）的需要、对在与“善的生活”特征的共识相一致的**事情**上出名的需要。如果是这样的话，有限性和无限性就可以结合在一起，因为关于“善的生活”的共识规定了该限制，但个人可以自由选择和重新选择生活方式，从而选择无限性。此外，由于各种特定的价值体系将以以不同的方式规定需要，因此没有一种需要会在整个人类的层面上疯狂地增长。即使不能同时满足所有需要，甚至在一种单一的生活形式的框架内也不能满足，冲突也不会变得无法解决。人们可以再次死于“对生活的满意”，而不会成为马克思主义意义上的“心胸狭窄”的个体。“令人满意的”生活并不意味着一个人经历了、知道了、他所能做的一切事情，而是说他经历的、知道的和他所做的每一件事都是**有意义的**。

这至少是那些不愿废除普遍性的人提出的解决价值冲突的备选方案之一，但正是因为这个原因，他们认为我们的进步是可耻的。我不知道
【315】这个备选方案是否有机会发挥作用。我所知道的是，为了限制生产和满意，该方案发挥作用的机会不亚于建立任何中央权力机构。不管怎样，如果我们做梦，我们最好享受美梦，而不是做噩梦。此外，梦想一旦传播开来，通常有助于其实现，即使结果与该梦想完全不符。普遍的梦想表达了价值和对价值的解释，他们认为，这也可能有助于重塑需要体系。当然，即使是许多人所共有的，也并不是所有梦想都能实现，但至少有一些梦想是可能实现的。将梦想公之于众意味着要为其最终实现承

担全部责任。

令人不满意的社会使个人对社会不满意。在过去的两百年里，各种类型的不满意给令人不满意的社会带来了各种结构性的变化。在目前情况下，如果有人断言人们普遍感到失去了生命的意义，也不是太牵强：我们越来越不满意生活在文化的不稳定状态中，生活在我们无力面对的致命危险之中；在一种幼稚的无责任感的氛围中，不断地追求，却什么都没有实现，并且有一种不确定的感觉，觉得事情不可能像现在这样永远继续下去。

在孩提时代和核时代，我们生活在持续的恐惧之中。如果我们不对这种恐惧采取行动，我们不相信人类将会存活下去。而摆脱这种恐惧可能是一种比不满意更强烈的冲动。

在布莱希特(Brecht)的《四川好人》中，演员在戏剧结束时转向观众感叹道："必须有答案!"对于令人不满意的社会的困境，也必须有一个答案。而且答案可能不止一个。

索　　引

（词条中的页码为原书页码，即本书边码）